KB231863

REACT 18
디자인 패턴과 베스트 프랙티스

4/e

보다 나은 사용자 인터페이스 만들기

REACT 18
디자인 패턴과
베스트 프랙티스

4/e

카를로스 산타나 롤단 지음   김모세 옮김

에이콘

 에이콘출판의 기틀을 마련하신 故 정완재 선생님 (1935-2004)

이 책을 내 사랑하는 딸 빅토리아에게 바친다.

– 카를로스 산타나 롤단

카를로스 산타나 롤단 Carlos Santana Roldán

16년 이상의 경력을 가진 소프트웨어 엔지니어이다. 『리액트 디자인 패턴과 모범 사례』(에이콘, 2017)의 2, 3, 4판을 썼다. 라틴아메리카에서 가장 잘 알려진 개발자 커뮤니티 중 하나인 시리즈 프론트엔드Series Frontend를 창설했으며, 이 커뮤니티에서 개인을 대상으로 다양한 웹 기술을 교육하고 있다(유튜브: https://www.youtube.com/@SeriesFrontend).

로이 덕스^{Roy Derks}

웹 개발 분야에서 15년의 경력을 갖고 있다. 여러 스타트업을 창업했으며 스타트업의 CTO 인 동시에 개발자 옹호자로 일하고 있다. GraphQL, 리액트, 타입스크립트를 초기부터 사용했고 해당 영역에서 뛰어난 리더로 인정받고 있다. 최근 팩트출판사와 함께 『React Projects』(1, 2판)과 『React and React Native』(3, 4판) 등을 출간했다.

조나단 리브스^{Jonathan Reeves}

5년 경력을 가진 소프트웨어 엔지니어이다. 자바스크립트, 타입스크립트를 주로 사용했으며 리액트, GraphQL, Node with Express를 전폭적으로 활용한다. 현재 C++와 .NET 기술 스택을 사용하는 비디오 게임 업계에서 소프트웨어 엔지니어로 일하고 있다.

먼저 아내에게 감사를 전한다. 그녀의 인내심과 자녀들의 도움이 없었다면 이 책을 감수하는 데 충분한 시간을 들일 수 없었을 것이다. 정말 사랑한다. 자녀들에게 한 번 더 감사를 전하고 싶다. 이 책을 감수하면서 아이들 역시 곧 소프트웨어 개발을 학습하는 여행을 시작할 것이라는 희망을 가졌다. 아바(Ava)와 그레이슨(Grayson), 너희들을 사랑한다.

| 옮긴이 소개 |

김모세 (creatinov.kim@gmail.com)

소프트웨어 엔지니어, 소프트웨어 품질 엔지니어, 애자일 코치 등 소프트웨어 개발의 다양한 분야에 참여했다. 재미있는 일, 나와 조직이 성장하도록 돕는 일에 보람을 느껴 2019년부터 번역을 하고 있다.

| 옮긴이의 말 |

리액트React는 컴포넌트Component라 부르는 작은, 격리된 덩어리를 사용해 복잡한 사용자 인터페이스를 구성하게 하는 혁신적인 오픈 소스 자바스크립트 라이브러리입니다. 2013년 페이스북(현 메타)에 의해 발표된 리액트는 단순히 사용자 인터페이스를 개선하는 것에 그치지 않고 깨끗하고 유지보수할 수 있는 코드를 작성하도록 함으로써 개발 생산성도 높여주는 도구로 인지도가 급격하게 상승했으며, 이제는 자바스크립트 프로젝트 개발에 없어서는 안 될 필수 라이브러리가 됐습니다.

이 책은 사용자 인터페이스를 개선하는 리액트의 기능과 특성은 물론 리액트의 본질을 이해하는 데서 시작해, 재사용 가능한 컴포넌트를 구성하고 애플리케이션을 구조화하는 방법에 관해 설명합니다. 이를 바탕으로 애플리케이션의 미적 매력을 살리면서도 전체적인 성능을 향상시키는 방법에 관한 지식을 얻을 수 있습니다. 리액트 훅, 리액트 라우터, 최신 버전인 리액트 v18의 새로운 기능에 또한 리액트를 사용한 개발에서 필요한 테스팅과 디버깅 방법을 익힘으로써 리액트 코드의 품질을 한층 높일 수 있는 통찰력도 얻을 수 있을 것입니다. 마지막으로 여러분이 작성한 코드를 배포하는 과정을 통해 리액트라는 강력한 무기를 자유롭게 사용할 수 있게 될 것입니다.

번역을 통해 유익한 지식을 공유할 수 있게 해주신 하나님께 감사드립니다. 좋은 책을 번역할 수 있는 기회를 주신 에이콘출판사 옥경석 대표님과 편집 과정에서 도와주신 모든 분께 감사드립니다. 마지막으로 한결같은 응원을 보내주는 아내와 인, 주, 봄 세 딸에게도 감사의 마음을 전합니다.

차례

1장　리액트 처음 사용하기　029

2장　타입스크립트 소개　045

3장   코드 정리하기   061

10장　리액트 18의 새로운 기능들　　241

11장　데이터 관리하기　　263

12장 서버 사이드 렌더링 287

14장   단일 저장소 아키텍처 387

15장 　애플리케이션 성능 개선하기　467

16장 　테스팅과 디버깅　477

17장　프로덕션으로 배포하기 503

| 들어가며 |

리액트^{React}는 혁신적인 오픈 소스 자바스크립트 라이브러리로 컴포넌트^{Component}라고 부르는 작고 고립된 덩어리를 사용해 복잡한 사용자 인터페이스를 구성하도록 함으로써 웹 애플리케이션에 생명을 불어넣었다. 이 책은 로드맵의 역할을 할 것이다. 리액트가 제공하는 멋진 세계로 여러분을 안내하는 동시에 품질에 타협하지 않는 효율적인 워크플로우를 도입함으로써 생산성을 개선하도록 할 것이다.

이 과정에서 가장 먼저 리액트의 핵심적인 측면을 깊이 살펴보고 리액트의 내부 메커니즘과 아키텍처에 관해 충분히 이해할 것이다. 이를 기반으로 깨끗하고 유지보수할 수 있는 코드를 작성하고, 복잡한 개념들을 어렵지 않게 관리할 수 있는 덩어리로 분해하는 방법을 알려줄 것이다.

이어서 애플리케이션 전체에 걸쳐 일회성이 아니라 재사용 가능한 컴포넌트를 구성하는 기술을 살펴본다. 애플리케이션을 구조화해 조금 더 체계적이고 관리 가능하게 만드는 방법을 알아본다. 효과적인 전략과 기술을 갖춰 나감에 따라 기능적인 형태를 만드는 겉으로 보기에 다소 어려워 보이는 작업이 쉬워질 것이다.

한걸음 더 나아가 리액트 컴포넌트 스타일링에 관해 다룬다. 애플리케이션의 신속함과 반응성을 유지하면서 미적 매력을 살려내는 방법을 배울 것이다. 또한 애플리케이션의 성능을 향상시키고 구성 요소들을 세세하게 조정해 속도와 효율성을 높이는 비결도 알게 될 것이다.

여행의 마지막 단계에서는 효과적인 테스팅 방법론을 다루면서 이를 활용해 애플리케이션의 품질과 신뢰성을 개선한다. 또한 지속적으로 진화를 주도하는 개발자 대열에 합류해 리액트 및 그 생태계의 번영에 기여하는 방법에 관한 통찰력도 얻을 수 있게 될 것이다.

이 책을 모두 읽고 나면 시행착오 중심의 프로세스, 개발 허들, 추측에 의존하던 업무들은 모두 과거의 유산이 될 것이다. 여러분은 실제 리액트 웹 애플리케이션을 자신 있게, 능숙하게 구성하고 배포하는 데 필요한 기술로 무장한 리액트의 힘을 활용하게 될 것이다.

⁝▶ 이 책의 대상 독자

리액트를 더욱 잘 이해하고 이를 실세계의 애플리케이션 개발에 적용하고자 하는 웹 개발자를 위해 썼다. 리액트 및 자바스크립트에 대한 중간 수준의 경험을 가졌다고 가정한다.

⁝▶ 이 책에서 다루는 내용

1장, 리액트 처음 사용하기 리액트를 이해하기 위한 여정을 시작한다. 여기에서는 선언적 코드declarative code를 작성하고 컴포넌트와 리액트의 엘리먼트element를 구분해본다. 로직과 리액트의 템플릿을 조합한 이유에 관해 논의한다. 다소 논란의 여지가 있을 수 있지만 궁극적으로는 이익이 되는 결정이다. 매우 빠르게 진화하는 자바스크립트의 세계에서 압도되는 느낌을 받을 수 있는 가능성을 알고 있으므로 작고 관리 가능한 단계를 택함으로써 피로를 피한다. 새로운 create-vite 도구를 소개하고 리액트를 사용해 직접 코딩할 수 있는 경험을 준비하면서 1장을 마무리한다.

2장, 타입스크립트 소개 타입스크립트의 기본을 배운다. 간단한 타입과 인터페이스 생성하기, 열거형과 이름 공간 및 템플릿 리터럴 사용하기를 포함한다. 그리고 첫 번째 타입스크립트 구성 파일(tsconfig.json)을 설정하고 이를 두 부분(공통 부분과 특정 부분 - 단일 저장소MonoRepo를 사용해 작업할 때 특히 편리하다)으로 나누는 방법에 관해 살펴본다. 2장을 마친 뒤에는 3장에서 JSX/TSX 코드를 사용하는 것에 대해 자세히 알아보고, 더 좋은 코드를 만드는 방법에 관해 알아본다. 리액트 앱을 쉽게 사용하고 유지 관리할 수 있도록 타입스크립트를 사용하자.

3장, 코드 정리하기 JSX 파일을 작성하는 방법과 그 기능을 알아본다. 아울러 Prettier와 ESLint를 사용해서 코드를 깔끔하게 유지하고 실수를 방지하는 방법에 관해 알아본다. 또한 함수형 프로그래밍에 관해 학습한다. 함수형 프로그래밍을 사용하면 코드를 쉽게 관리하고 테스트할 수 있다. 코드를 정리한 다음 리액트에 한층 깊게 뛰어들어 4장에서 컴포넌트를 반복적으로 재사용할 수 있도록 만드는 방법을 배운다. 좋은 습관을 도입함으로써 간단하게 관리하고 확장하며 확인할 수 있는 리액트 앱을 만들 수 있다.

4장, 인기 있는 합성 패턴 살펴보기　props를 사용해 재사용할 수 있는 컴포넌트들이 함께 더 잘 동작하도록 만드는 방법을 익힌다. props를 사용하면 컴포넌트들을 분리하고 잘 정의된 상태로 유지할 수 있다. 컴포넌트를 조직화하는 두 가지 일반적인 방법인 컨테이너 패턴container pattern과 프레젠테이셔널 패턴presentational pattern에 관해 살펴본다. 이러한 방법을 사용해 컴포넌트 분리의 규칙과 형태를 유지한다. 또한 고차 컴포넌트HOC, Higer Order Component를 사용해서 컴포넌트 사이의 의존성을 너무 높이지 않으면서 컨텍스트를 다루는 방법, Function as Children 패턴을 사용해 실시간으로 컴포넌트를 생성하는 방법을 배운다.

5장, 브라우저를 위한 코드 작성하기　웹 브라우저에서 리액트를 사용해 폼을 생성하고, 이벤트를 처리하고, SVG를 움직이는 방법을 관찰한다. DOM 노드에 쉽게 접근할 수 있는 useRef 훅에 관해 학습한다. 리액트는 간단하고 직관적인 접근 방식을 제공해 복잡한 웹 앱을 좀 더 쉽게 관리하게 해준다. 또한 리액트에서는 필요한 경우 DOM 노드에 직접 접근할 수 있으므로 리액트를 다른 라이브러리와 간단하게 사용할 수 있다.

6장, 컴포넌트를 아름답게 보이게 만들기　리액트에서의 스타일링에 관해 살펴본다. 메타Meta에서의 경험을 예로, 큰 프로젝트에서 CSS를 작성하는 작업의 문제점에 관해 살펴본다. 이후 리액트 컴포넌트에 스타일을 직접 작성하는 방법을 알아본다. 이를 활용하면 코드를 깨끗하고 읽기 쉽게 유지할 수 있다. 동시에 이 방법의 제한점에 관해 살펴보고 그와 동시에 CSS 모듈이라 부르는 다른 스타일링 방법에 관해 살펴본다. 이 방법을 사용하면 CSS를 별도의 파일에 작성하면서도 개별 컴포넌트에 대한 스타일 적용 범위를 유지할 수 있다. 마지막으로 리액트 스타일링에 관한 인기 있는 라이브러리인 styled-components에 관해 살펴본다. 6장을 마치면 리액트 앱을 멋지게 보이도록 만들 수 있는 많은 도구를 갖게 될 것이다.

7장, 피해야 할 안티 패턴　웹 앱의 속도를 낮추고 엉망으로 만들 수 있는 네 가지 컴포넌트 사용 방법에 관해 논의한다. 각 방법마다 예시를 통해 무엇이 잘못될 수 있으며 어떻게 수정할 수 있는지 살펴본다. 상태를 설정하기 위해 속성을 사용하는 것이 해당 상태와 해당 속성 사이에 문제를 일으키는 이유를 학습한다. 또한 잘못된 key 속성을 사용함으로써 리액트가 컴포넌트를 업데이트하는 방법을 망칠 수 있음에 관해 살펴본다. 마지막으로 DOM 엘리먼트에 비표준 속성을 퍼뜨리는 것이 나쁜 아이디어인 이유를 살펴본다. 이 문제를 이해함으로써 리액트를 좀 더 효과적으로 활용하면서도 공통적인 실수들을 피할 수 있다.

8장, 리액트 훅　　새로운 리액트 훅에 관해 학습하며 즐거운 시간을 보낼 것이다. 리액트 훅이 동작하는 방법, 데이터를 가져오는 방법, 클래스 컴포넌트를 훅으로 변환하는 방법에 관해 학습한다. 또한 effects, memo, useMemo, useCallback의 차이점에 관해서도 익힌다. 마지막으로 useReducer 훅이 작동하는 방법과 react-redux와의 차이점에 관해서도 알아본다. 이 모든 것으로 인해 우리가 만드는 리액트 컴포넌트는 더 빠르고 나아질 것이다.

9장, 리액트 라우터　　리액트 라우터에 관해 학습한다. 리액트 라우터를 리액트와 함께 사용해 싱글 페이지 애플리케이션 안에서 페이지 간 이동을 관리할 수 있다. 리액트 자체적으로는 이를 수행하지 않기 때문에 리액트 라우터를 사용한다. 리액트 라우터를 사용해 앱이 어떻게 다른 URL에 대해 응답하고 탐색을 관리하는지 살펴본다. 9장을 마치고 나면 리액트 라우터가 작동하는 방법과 프로젝트에서의 사용 방법에 관해 알게 될 것이다. react-router, react-router-dom, react-router-native 패키지들의 차이점과 리액트 라우터 설정 방법, <Routes> 컴포넌트 추가 방법, 라우트에 매개변수를 추가하는 방법에 관한 차이점도 배울 것이다.

10장, 리액트 18의 새로운 기능들　　새롭게 개선된 리액트 18에 관해 살펴본다. 리액트 18은 멋진 대화형 앱을 더욱 쉽게 구축할 수 있도록 다양한 기능을 제공한다. 자동 상태 업데이트 그룹화, 동시 렌더링, 데이터 취득을 위한 대기, 더 나은 오류 처리 및 새로운 컴포넌트 유형을 사용해 매력적이고 빠른 앱을 만들 수 있다. 리액트를 사용한다면 리액트 18로 업그레이드를 고려하는 것이 좋다. 또한 웹 프로젝트를 더욱 개선할 수 있는 노드 18과 19의 주요한 새로운 기능에 관해서도 살펴본다.

11장, 데이터 관리하기　　리액트 Context API에 관해 배우고 리액트 Suspense와 SWR을 함께 사용하는 방법을 살펴본다. Context API의 기본 개념을 학습하며, 여기에는 컨텍스트 생성 및 사용 방법과 useContext 훅을 사용해 이를 더욱 간편하게 만드는 방법이 포함된다. 또한 리액트 Suspense에 관해 살펴보고, 더 부드러운 사용자 경험을 위해 로딩 상태를 잘 처리하는 데 어떻게 도움이 되는지 확인한다. 더불어 리액트 Suspense와 함께 사용해서 데이터를 더 쉽게 가져오고 캐시하는 데 도움이 되는 SWR에 관해서도 학습한다. 마지막으로 새로운 리덕스 툴킷Redux Toolkit의 사용 방법을 익힌다. 이들을 활용하면 더욱 빠르고 사용자 친화적인 리액트 앱을 구축할 수 있다.

12장, 서버 사이드 렌더링   리액트를 사용한 서버 사이드 렌더링^{SSR, Server-Side Rendering}에 관해 살펴보면서 여정을 마무리한다. 이제 여러분은 SSR을 사용해 앱을 만드는 방법과 이것이 **검색 엔진 최적화**^{SEO, Search Engine Optimization}, 소셜 공유 및 성능 향상과 같은 목적을 위해 유용한 이유에 관해 알게 될 것이다. 서버에서 데이터를 로드하고 HTML 템플릿에서 넣음으로써 클라이언트 사이드 앱이 브라우저에서 시작되는 시점에 이미 준비되도록 하는 방법을 배운다. 마지막으로 Next.js와 같은 도구를 사용해 어떻게 SSR 설정을 더 쉽게 하고, 추가 코드 양을 줄이며, 어려운 부분을 감출 수 있는지 알게 될 것이다.

13장, 실제 프로젝트를 통해 GraphQL 이해하기   GraphQL에 관해 학습한다. GraphQL은 일반적인 REST API와 달리 정확히 필요한 내용만 요청할 수 있는 멋진 도구로, API 및 데이터를 효율적으로 다룰 수 있게 도와준다. GraphQL을 사용해서 실제 프로젝트를 위한 간단한 로그인 및 사용자 등록 시스템을 만들 것이다. PostgreSQL 설치, .env 파일을 사용한 환경변수 설정, Apollo 서버 설정, GraphQL 쿼리와 뮤테이션 생성, 리졸버^{resolver} 조작, Sequelize 모델 생성, JWT 사용, GraphQL Playground 사용 및 인증 방법에 관해 학습한다. 13장을 마치면 자신의 프로젝트에서 GraphQL을 사용하는 방법을 알게 될 것이다.

14장, 단일 저장소 아키텍처   단일 저장소^{MonoRepo, Mono-Repository}에 관해 설명한다. 일반적으로 앱을 구축할 때 하나의 앱, 하나의 깃 저장소 및 하나의 빌드 결과물을 갖는다. 하지만 많은 조직은 단일 저장소를 사용해서 모든 앱, 컴포넌트 및 라이브러리를 쉽게 개발한다. 이것이 바로 단일 저장소이며 작은 여러 바구니가 아니라 큰 하나의 바구니에 모든 코드를 모아두는 것처럼 생각할 수 있다. 이를 활용하면 모든 것을 더 쉽게 업데이트할 수 있으며 시간을 절약할 수 있다. 단일 저장소를 사용해 새 버전을 매번 출시하지 않고도 코드 리팩터링을 더 쉽게 만들고, 팀워크를 개선하며, 패키지 종속성을 업데이트하는 데 도움이 되는 방법에 관해서 논의할 것이다.

15장, 애플리케이션 성능 개선하기   여러분의 앱을 좀 더 부드럽고 빠르게 동작시켜 더 나은 사용자 경험을 만드는 기법을 탐색한다. 리액트가 앱 화면을 업데이트하는 방법과 키를 사용해서 효율성을 개선하는 데 도움을 얻는 방법에 관해 자세히 살펴본다. 앱 성능을 향상시키기 위해 잘 구조화된 작업 중심 컴포넌트의 중요성을 발견하게 될 것이다. 또한 불변성^{immutability}의 개념과 불변성이 React.memo 및 shallowCompare가 효과적으로 작동하는 데 얼마나 중요한지 알아볼 것이다. 마지막으로 애플리케이션을 더욱 빠르게 만드는 다양한 도구와 라이브러리를 소개한다. 15장에서는 앱의 속도와 성능을 향상시키기 위한 가치 있는 지식을 제공하는 것을 목적으로 한다.

16장, 테스팅과 디버깅 테스팅에 관해 배운다. 테스트가 중요한 이유, 리액트 컴포넌트가 제대로 작동하는지 확인하는 데 사용하는 다양한 도구와 기술을 탐험한다. 리액트 테스팅 라이브러리^{React Testing Library}와 Jest 같은 라이브러리를 사용해 테스트를 작성하고 실행하는 방법에 관해 학습하고, 고차 컴포넌트나 다양한 필드가 있는 템플릿과 같은 애플리케이션의 복잡한 부분의 테스트 방법에 관해서도 살펴본다. 또 리액트 DevTools, 리덕스 DevTools 같은 도구를 사용해 더 나은 앱을 개발하는 데 도움을 받는 방법도 익힐 것이다. 16장을 마치면 효과적인 테스트를 통해 앱을 원활하게 유지하는 방법을 견고하게 이해하게 될 것이다.

17장, 프로덕션으로 배포하기 여러분이 구축한 리액트 앱을 세상에 공개한다! 이를 위해 DigitalOcean이라는 클라우드 서비스를 사용할 것이다. Node.js와 nginx를 사용해 서버에서 앱을 실행하는 방법을 학습하고, 이를 위해 DigitalOcean의 Ubuntu 서버를 활용할 것이다. DigitalOcean Droplet의 설정 및 구성, 도메인에 대한 연결 방법을 안내할 것이다. 또한 변경 사항의 양에 관계없이 항상 사용자에게 준비된 상태로 앱을 유지할 수 있도록 도와주는 도구인 CircleCI에 관해 소개한다. 17장을 마치면 여러분의 앱이 인터넷을 통해 공개되고 모든 사람이 그 앱을 볼 수 있을 것이다!

⁙ 이 책의 활용 방법

리액트를 마스터하려면 자바스크립트와 Node.js에 관한 기본적인 지식을 갖추고 있는 독자를 대상으로 한다. 주로 웹 개발자를 대상으로 하며, 집필 시점을 기준으로 독자가 다음과 같다고 가정한다.

- 독자는 최신 버전의 Node.js를 설치하는 방법을 알고 있다.
- 독자는 자바스크립트 ES6 구문을 이해하는 중간 수준의 개발자이다.

- 독자는 CLI 도구와 Node.js 구문에 대한 경험을 갖고 있다.

예제 코드 다운로드

이 책의 예제 코드 파일은 깃허브(https://github.com/moseskim/React-18-Design-Patterns-and-Best-Practices-Fourth-Edition/)에 호스팅되고 있다. 동일한 코드를 에이콘출판사 도서정보 페이지(http://www.acornpub.co.kr/book/react-18-patterns)에서도 다운로드할 수 있다.

컬러 이미지 다운로드

이 책에 사용된 스크린샷, 다이어그램의 컬러 이미지가 포함된 PDF 파일도 제공된다. 다음 링크(https://packt.link/o1WtB)와 에이콘출판사 도서정보 페이지(http://www.acornpub.co.kr/book/react-18-patterns)에서 다운로드할 수 있다.

편집 규약

이 책 전반에 걸쳐 사용되는 여러 텍스트 표기 규약이 있다.

코드체: 코드 단어, 데이터베이스 테이블 이름, 폴더 이름, 파일 이름, 파일 확장자, 경로명, 임의의 URL, 사용자 입력 및 X(전 트위터) 핸들을 나타낸다. 예를 들면 다음과 같다. "여러분은 이 `util`을 생성한 뒤, `packages/utils/src/index.ts`에 `index.ts` 파일을 생성해야 한다."

코드 블록은 다음과 같이 표기한다.

```
{
  "name": "api",
  "version": "1.0.0",
  "main": "index.js",
  "author": "",
  "license": "ISC"
}
```

명령줄 입력 및 출력은 다음과 같이 표기한다.

```
cd packages/api
npm init -y
```

굵게: 새로운 용어, 중요한 단어 또는 화면(예: 메뉴나 대화 상자)에 표시되는 단어를 나타낸다.
예: "다른 패키지를 컴파일하기 위해 생성해야 할 첫 번째 패키지는 **devtools**이다."

NOTE

경고나 중요한 메모는 이와 같이 나타낸다.

TIP

팁과 요령은 이와 같이 나타낸다.

문의

일반 문의: 내용과 관련해 문의 사항이 있다면 메일 제목에 책 제목을 적어서 이메일(feedback@packtpub.com)로 보내면 된다. 이 책에 관한 질문이 있으면 다음 주소(questions@packtpub.com)로 이메일을 보내면 된다. 한국어판에 관한 질문은 옮긴이의 이메일이나 에이콘출판사 편집 팀(editor@acornpub.co.kr)으로 문의할 수 있다.

정오표: 책의 정확성을 보장하기 위해 모든 주의를 기울였음에도 불구하고 실수가 있을 수 있다. 만약 당신이 이 책에서 오류를 발견했다면 웹사이트(www.packtpub.com/support/errata)에 방문해서 책을 선택하고 정오표 제출 양식 링크를 클릭한 다음 세부 정보를 입력하면 된다. 한국어판의 정오표는 에이콘출판사의 도서정보 페이지(http://acornpub.co.kr/book/react-18-patterns)에서 찾아볼 수 있다.

저작권 침해: 인터넷에서 어떤 형태로든 당사 저작물의 불법 복제물을 발견한 경우 주소 혹은 웹사이트 이름을 알려주길 바란다. 자료 링크와 함께 다음 이메일(copyright@packtpub.com)로 알려주길 바란다.

01

리액트 처음 사용하기

독자 여러분, 안녕하십니까!

이 책은 여러분이 이미 리액트가 무엇이며 리액트를 사용해 어떤 문제를 해결할 수 있는지 알고 있다고 가정한다. 리액트를 사용해 소규모 또는 중간 규모의 애플리케이션을 작성해 봤고, 여러분은 자신의 기술을 향상시키고 모든 질문에 대한 답을 찾기 원하고 있다. 리액트는 메타의 개발자들과 자바스크립트 커뮤니티 안의 수백 명의 기여자들이 유지하고 있다. 리액트는 UI를 생성하기 위한 가장 인기 있는 라이브러리의 하나이며, **문서 객체 모델**DOM, Document Object Model을 활용해 현명하고도 빠른 속도로 작동하는 것으로 알려져 있다. 리액트는 JSX와 함께 제공되며, JSX는 자바스크립트에서 마크업을 작성하기 위한 새로운 문법을 사용한다. 그로 인해 여러분은 역할 분리에 관한 생각을 바꿔야 한다. 또한 서버 사이드 렌더링 같은 여러 멋진 기능을 활용해 유니버설 애플리케이션universal application을 작성할 수 있다.

1장에서는 리액트를 효과적으로 사용하기 위해 반드시 숙달해야 할 몇 가지 기본 개념에 관해 다룬다. 이러한 개념은 매우 직관적이므로 초심자들도 충분히 이해할 수 있다.

- 명령적 프로그래밍^{imperative programming}과 선언적 프로그래밍^{declarative programming}의 차이

- 리액트 컴포넌트와 그 인스턴스 그리고 리액트가 요소를 사용해 UI 흐름을 제어하는 방법

- 리액트가 웹 애플리케이션을 구축하는 방식을 바꾼 방법 그리고 역할 분리에 관한 새로운 개념의 강조와 대중적이지 않은 설계 방법을 선택한 이유

- 사람들이 자바스크립트에 피로를 느끼는 이유와 개발자들이 리액트 생태계에 접근할 때 흔히 범하는 실수를 피하기 위한 방법

⁘ 기술 요구 사항

이 책을 따라 실습을 수행하기 위해서는 터미널에서 몇 가지 유닉스 명령어를 사용할 수 있어야 한다. 또한 Node.js를 설치해야 한다. 두 가지 중 한 가지를 선택할 수 있다.

- 공식 웹사이트(https://nodejs.org)에서 Node.js를 직접 다운로드한다.

- 깃허브(https://github.com/nvm-sh/vnm)에서 **Node Version Manager(NVM)**를 설치한다(권장).

NVM을 사용하면 원하는 Node.js 버전을 설치하고 `nvm install` 명령어를 사용해 버전을 자유롭게 변경할 수 있다.

- `node`는 최신 버전의 별칭이다.

```
nvm install node
```

- 또는 글로벌 버전의 Node.js를 설치할 수도 있다(nvm은 사용자의 컴퓨터에 Node.js의 최신 버전을 설치한다).

```
nvm install 19
nvm install 18
nvm install 17
nvm install 16
nvm install 15
```

- 또는 특정 버전을 설치할 수도 있다.

```
nvm install 12.14.3
```

- 여러 버전을 설치했다면 다음과 같이 nvm use 명령어를 사용해 버전을 변경할 수 있다.

```
nvm use node      # 최신 버전 선택
nvm use 16        # node 16.X.X버전의 최신 버전 선택
nvm use 12.14.3 # 특정 버전 선택
```

- 마지막으로 다음 명령을 실행해 기본 Node.js 버전을 지정할 수 있다.

```
nvm alias default node
nvm alias default 16
nvm alias default 12.14.3
```

다음은 1장을 완료하기 위해 필요한 요구 사항 목록이다.

- **Node.js(19+)**: https://nodejs.org

- **NVM**: https://github.com/nvm-sh/nvm

- **VS Code**: https://code.visualstudio.com

- **TypeScript**: https://www.npmjs.com/package/typescript

해당 코드는 이 책의 깃허브 저장소(https://github.com/moseskim/React-18-Design-Patterns-and-Best-Practices-Fourth-Edition)에서도 확인할 수 있다.

선언적 프로그래밍과 명령적 프로그래밍의 차이

리액트 문서나 관련 블로그 글을 읽을 때 분명 **선언적**declarative이라는 용어를 마주쳤을 것이다. 리액트가 강력한 이유 중 하나는 선언적 프로그래밍 패러다임을 강제로 시행하기 때문이다.

따라서 리액트를 잘 다루기 위해서는 선언적 프로그래밍이 무엇이며 명령적 프로그래밍과 선언적 프로그래밍의 주요한 차이를 이해해야 한다. 이를 이해하는 가장 쉬운 방법은 명령적 프로그래밍 작업 방식은 수행하는 방법이 무엇인가를 설명하는 방식, 선언적 프로그래밍은 달성하고자 하는 결과가 무언인지 설명하는 방법으로 생각하는 것이다.

맥주를 주문하기 위해 바에 들어가라는 것은 명령적 세계의 실제적인 예시이다. 일반적으로 바텐더에게 다음과 같이 지시할 것이다.

1. 컵을 찾아서 선반에서 꺼내라.

2. 컵을 탭 아래 놓으라.

3. 컵이 가득 찰 때까지 탭의 핸들을 아래로 당겨라.

4. 나에게 컵을 가져와라.

선언적 세계에서는 바텐더에게 이렇게 말할 것이다. "맥주 한 잔 할 수 있을까요?"

선언적 접근 방식에서는 바텐더가 이미 맥주를 제공하는 방법을 알고 있다고 가정하며, 이것은 선언적 프로그래밍이 동작하는 방식에 있어 매우 중요하다.

자바스크립트의 예로 돌아가보자. 여기에서는 간단한 함수를 가정했다. 이 함수는 소문자의 문자열 배열을 받아 동일한 문자열을 대문자 문자열 배열로 반환한다.

```
toUpperCase(['foo', 'bar']) // ['FOO', 'BAR']
```

이 문제를 해결하는 명령적 함수는 다음과 같이 구현될 것이다.

```
const toUpperCase = input => {
  const output = []
  for (let i = 0; i < input.length; i++) {
    output.push(input[i].toUpperCase())
  }

  return output
}
```

먼저 결과를 저장할 빈 배열을 생성한다. 다음으로 함수는 입력 배열의 각 엘리먼트에 대한 루프를 돌면서 해당 문자의 대문자 값을 빈 배열에 넣는다. 마지막으로 출력 배열을 반환한다.

선언적 해결책은 다음과 유사하다.

```
const toUpperCase = input => input.map(value => value.toUpperCase())
```

입력 배열의 각 아이템은 map 함수에 전달되고, 이 함수는 대문자 값을 포함하는 새로운 배열을 반환한다. 이 두 함수에는 주목할 만한 차이가 있다. 앞의 예시는 덜 우아하며, 이해하는 데 더 많은 노력이 필요하다. 뒤의 예시는 훨씬 간결하고 읽기 쉬우며, 이는 유지보수성이 매우 중요한 큰 코드 베이스에서 큰 차이를 만들어낸다.

또 다른 주목할 만한 점은 선언적 예시에서는 변수를 사용하거나 실행하는 동안 변숫값을 최신 상태로 유지하지 않아도 된다는 점이다. 선언적 프로그래밍에서는 상태를 생성하거나 변화시키는 것을 피하는 경향이 있다.

마지막 예시로 리액트가 선언적이라는 것의 의미에 관해 살펴보자. 여기에서 해결하고자 하는 문제는 웹 개발에서 매우 흔한 태스크인 토글 버튼 생성하기이다.

토글 버튼과 같은 간단한 UI 컴포넌트를 떠올려보자. 토글 버튼이 회색(off)이었을 때 클릭하면 녹색(on)으로, 녹색(on)에서 클릭하면 회색(off)으로 바뀐다.

이런 버튼을 명령적 방식으로 구현하면 다음과 같을 것이다.

```
const toggleButton = document.querySelector('#toggle')

toggleButton.addEventListener('click', () => {
  if (toggleButton.classList.contains('on')) {
    toggleButton.classList.remove('on')
    toggleButton.classList.add('off')
  } else {
    toggleButton.classList.remove('off')
    toggleButton.classList.add('on')
  }
})
```

앞의 코드는 클래스를 변경하기 위해 필요한 모든 명령을 갖고 있으므로 명령적이다. 이와
비교해 리액트를 사용한 선언적 접근 방식은 다음과 같을 것이다.

```
// 토글을 켠다
<Toggle on />

// 토글을 끈다
<Toggle />
```

선언적 프로그래밍에서 개발자는 단지 그들이 달성하고자 하는 바가 무엇인지만 기술하며,
그것을 달성하기 위한 모든 단계를 나열하지 않는다. 리액트는 선언적 접근 방식을 제공하
기 때문에 사용하기 쉽다. 결과적으로 생성된 코드는 매우 단순하기 때문에 버그가 적고 유
지보수성이 높다.

다음 절에서는 리액트의 엘리먼트가 동작하는 방법에 관해 학습하고, 리액트 컴포넌트에
props를 전달하는 방법에 관한 맥락에 대해 더 깊이 이해하게 될 것이다.

리액트 엘리먼트가 동작하는 방법

이 책에서는 여러분이 컴포넌트와 컴포넌트의 인스턴스에 친숙하다고 가정한다. 하지만
리액트를 효과적으로 사용하려면 다른 한 가지 객체에 관해서 알아야 한다. 그것은 바로
엘리먼트이다. 엘리먼트는 경량의 변하지 않는 설명으로서 무엇을 렌더링해야 하는지 기술
한다. 반면 컴포넌트는 엘리먼트 생성을 담당하는 좀 더 복잡한 상태 저장 객체이다.

여러분이 **createClass를 호출**하거나 **컴포넌트를 확장**하거나 **상태가 없는 함수**를 선언할 때마다
컴포넌트가 생성된다. 리액트는 여러분이 만든 컴포넌트의 모든 인스턴스를 런타임에 관리
한다. 그리고 특정 시점에 메모리에는 동일한 컴포넌트의 인스턴스가 하나 이상 존재할 수
있다.

앞서 언급한 것처럼 리액트는 선언적 패러다임을 따르기 때문에 DOM과 상호 작용하는 방
법을 지시할 필요가 없다. 여러분이 화면에서 보고자 하는 것이 무엇인지 선언하면 리액트
가 여러분을 위해 그 작업을 대신한다. JSX를 사용하면 이 과정을 좀 더 표현적이고 읽기 쉽

게 만들 수 있다. JSX를 사용하면 HTML과 유사한 구문을 자바스크립트 코드에 직접 기술할 수 있다. JSX를 사용하는 것이 필수는 아니지만 이미 리액트 커뮤니티에서 널리 사용되고 있다.

리액트는 엘리먼트라 부르는 특정한 타입의 객체를 사용해 UI 흐름을 제어한다. 이 엘리먼트는 React.createElement() 함수를 사용해 생성하거나 JSX 구문에서 일반적으로 사용된다. 엘리먼트는 인터페이스를 표현하기 위해 꼭 필요한 정보만을 포함한다.

다음은 JSX를 사용해 생성한 엘리먼트의 예시이다.

```
<Title color="red">
  <h1>Hello, H1!</h1>
</Title>
```

이 JSX 코드는 다음과 같은 자바스크립트 객체로 변환된다.

```
{
  type: Title,
  props: {
    color: 'red',
    children: {
      type: 'h1',
      props: {
        children: 'Hello, H1!'
      }
    }
  }
}
```

엘리먼트의 타입은 매우 중요하다. 엘리먼트 타입에 따라 리액트가 엘리먼트를 다루는 방법이 달라지기 때문이다. 타입이 string이면 해당 엘리먼트는 DOM 노드, 타입이 function이면 해당 엘리먼트는 컴포넌트를 나타낸다.

DOM 엘리먼트와 컴포넌트를 중첩해서 렌더 트리^{render tree}를 생성할 수 있다. 렌더 트리는 애플리케이션의 사용자 인터페이스 구조를 나타낸다. 엘리먼트와 컴포넌트를 계층적으로 구조화해서 복잡하고 동적인 UI를 만들 수 있다.

리액트는 **가상 DOM**Virtual DOM이라 부르는 기법을 사용한다. 가상 DOM은 실제 DOM을 메모리 안에서 표현한 것in-memory representation이며, 현재 트리와 새로운 트리를 비교해 실제 DOM 업데이트 수를 최소화한다. 이 프로세스는 **조정**reconciliation이라 부른다. 리액트 DOM과 리액트 Native 모두에서 사용되며 각 플랫폼에서 UI를 생성한다.

엘리먼트 타입이 function일 때, 리액트가 해당 함수를 호출하면 함수는 해당 엘리먼트의 props를 전달해 그 기반 엘리먼트를 획득한다. 그리고 재귀적으로 그 결과에 대해 이 프로세스를 반복해서 화면에 렌더링될 수 있는 DOM 노드 트리를 구성한다.

요약하면 엘리먼트는 리액트의 선언적 패러다임에서 핵심적인 역할을 한다. 이를 활용해 여러분은 DOM 엘리먼트의 생성과 파기를 직접 관리하지 않고도 복잡한 사용자 인터페이스를 생성할 수 있다.

엘리먼트와 컴포넌트가 함께 동작하는 방법, 리액트가 가상 DOM과 조정을 사용해 UI를 효과적으로 업데이트하는 방법을 이해함으로써 여러분은 동적이고 효율적인 웹 애플리케이션을 잘 구축할 수 있게 될 것이다.

⸭ 모든 것 버리기

리액트를 처음 다룰 때는 열린 마음으로 접근해야 한다. 리액트는 웹과 모바일 애플리케이션은 설계하는 새로운 방법이며, 기존의 많은 전통적인 베스트 프랙티스를 파괴하기 때문이다.

지난 20년 동안 우리는 **관심사 분리**가 중요하다고 학습했으며, 이는 자주 템플릿으로부터 로직을 분리하는 것을 포함했다. 우리는 자바스크립트와 HTML을 별도의 파일로 작성하고자 했고, 개발자들이 이 목표를 달성하는 것을 돕기 위해 다양한 템플릿 작성 솔루션이 만들어졌다.

하지만 이 접근 방식의 문제는 이것이 자주 분리의 환상을 만들어낸다는 점이다. 사실 자바스크립트와 HTML은 어디에 위치해 있든 상관없이 강하게 결합돼 있다. 다음 예시 템플릿을 살펴보자.

```
{{#items}}
  {{#first}}
    <li><strong>{{name}}</strong></li>
  {{/first}}
  {{#link}}
    <li><a href="{{url}}">{{name}}</a></li>
  {{/link}}
{{/items}}
```

앞의 스니펫은 머스태시^{Mustache} 웹사이트에서 가져온 것이다. 머스태시 웹사이트는 매우 유명한 템플릿 작성 시스템이다.

첫 번째 행에서는 머스태시에게 아이템 컬렉션에 대한 루프를 돌도록 지시한다. 루프 안에서는 몇 가지 조건부 로직들이 #first, #link 속성이 존재하는지 확인하고, 그 속성 값에 따라 다른 HTML을 렌더링한다. 변수들은 중괄호로 둘러싸여 있다.

여러분의 애플리케이션이 단지 몇 개의 변수만 표시한다면 템플릿 라이브러리는 좋은 해결책이 될 수 있다. 하지만 복잡한 데이터 구조를 다뤄야 한다면 이야기는 달라진다. 템플릿 시스템과 그 **도메인-특화 언어**^{DSL, Domain-Specific Language}는 일련의 피처들을 제공하며, 이 피처들은 완전성의 입장에서 동일한 수준에 도달하지 않고 실제 프로그래밍 언어의 기능을 제공하고자 노력한다. 앞선 예시에서 볼 수 있듯이 템플릿은 정보를 표시하기 위해 로직 계층으로부터 받는 모델에 크게 의존한다.

한편 자바스크립트는 UI를 업데이트하기 위해 템플릿에 의해 렌더링된 DOM 엘리먼트와 상호 작용한다(비록 그들이 별도의 파일에서 로딩됐더라도). 스타일에서도 같은 문제를 적용할 수 있다. 자바스크립트와 스타일은 다른 파일에 정의돼 있지만 이들은 템플릿에서 참조되며 CSS 셀렉터는 마크업의 구조를 따르기 때문에 어느 한쪽을 부수지 않고 다른 쪽을 변경하는 것은 불가능하다. 그리고 이것이 바로 **결합**^{coupling}의 정의이다. 이것이 고전적인 역할 분리는 기술의 분리로 귀결되는데, 물론 나쁜 것은 아니지만 그 어떤 실제적인 문제도 해결하지 못한다.

리액트는 템플릿을 그들이 속해야 할 위치, 즉 로직 바로 옆에 위치시킴으로써 한 단계 전진한다. 이렇게 하는 이유는 리액트가 컴포넌트라고 부르는 작은 블록을 조합해서 애플리케이션을 구성하는 것을 권장하기 때문이다. 프레임워크는 역할 분리 방법을 지정해서는 안 된다. 모든 애플리케이션은 고유한 구조를 가지며, 오직 개발자만이 그 경계를 제한하는 방법을 결정해야 하기 때문이다.

컴포넌트 기반 접근 방식은 웹 애플리케이션 작성 방법을 극적으로 바꾸었다. 그래서 역할 분리라는 전통적인 개념은 점차 훨씬 더 현대적인 구조로 대체되고 있다. 리액트가 강제하는 패러다임은 새로운 것이 아니고, 그 창조자들이 발견한 것도 아니다. 하지만 리액트는 이 개념을 주류로 만드는 데 기여했고, 무엇보다 이를 다양한 수준의 개발자들이 쉽게 이해할 수 있는 방법을 널리 퍼뜨렸다.

리액트 컴포넌트는 다음과 같이 렌더링한다.

```
return (
  <button style={{ color: 'red' }} onClick={handleClick}>
    Click me!
  </button>
)
```

처음에는 이상하게 보일 것이다. 우리가 이런 구문을 사용하는 데 익숙하지 않기 때문이다. 하지만 이내 이 방법을 학습하고 이 구문이 얼마나 강력한지 깨닫고, 그 잠재력을 이해하게 될 것이다. 로직과 템플릿 모두에 대해 자바스크립트를 사용함으로써 더 나은 방식으로 관심사 분리를 할 수 있을 뿐만 아니라 복잡한 UI를 구축하기 위해 필요한 많은 힘과 표현력을 얻을 수 있다.

이것이 바로 자바스크립트와 HTML을 뒤섞는 아이디어가 처음에는 이상하게 들릴지라도, 리액트에 5분만이라도 시간을 할애하는 것이 중요한 이유이다. 새로운 기술을 시작하는 가장 좋은 방법은 작은 사이드 프로젝트에서 시도하고 어떤 결과가 나타나는지 확인하는 것이다. 일반적으로 장기적으로 얻을 수 있는 이점에 가치가 있다면 모든 것을 잊고 다시 배우고, 마음가짐을 바꾸는 준비를 하는 것이 올바른 접근 방식이다.

상당히 논란이 되고 받아들이기 어렵겠지만 한 가지 아이디어가 더 있다. 리액터를 지지하는 엔지니어들이 커뮤니티로 이 개념을 확산시키려고 하고 있는데, 그것은 스타일링 로직도 컴포넌트 내부로 이동시키는 것이다. 최종 목표는 컴포넌트를 만드는 데 사용된 모든 기술을 캡슐화하고 도메인과 기능에 따라 역할을 분리하는 것이다. 다음은 리액트 공식 문서에서 가져온 스타일 객체에 대한 예시이다.

```javascript
const divStyle = {
  color: 'white',
  backgroundImage: `url(${imgUrl})`,
  WebkitTransition: 'all', // 대문자 'W'를 사용한 점에 주의한다
  msTransition: 'all' // 'ms'는 유일한 소문자 벤더 접두사이다
}

ReactDOM.render(<div style={divStyle}>Hello World!</div>, mountNode)
```

여기에서는 자바스크립트를 사용해 스타일을 작성했는데, 이는 **#CSSinJS**라 부르며 6장, '컴포넌트를 아름답게 보이게 만들기'에서 자세히 살펴볼 것이다.

다음 절에서는 자바스크립트 피로감^{JavaScript fatigue}을 피하는 방법에 관해 살펴본다. 이 피로함은 리액트 애플리케이션을 실행하기 위해 필요한 수많은 구성(주로 웹팩^{webpack})에서 기인한 것이다.

자바스크립트 피로감 이해하기

리액트는 다양한 기술과 도구의 집합이기 때문에 이를 사용하고 싶다면 패키지 관리자^{package manager}, 트랜스파일러^{transpiler}, 모듈 번들러^{module bundler} 및 다양한 라이브러리의 무한한 목록을 다뤄야 한다는 주장이 널리 퍼져 있다. 이 생각이 사람들 사이에 너무나도 널리 퍼져 있기 때문에 **자바스크립트 피로감**이라는 이름으로 정의될 정도였다.

리액트에 관한 오해

자바스크립트 피로감의 이유를 이해하기는 그리 어렵지 않다. 리액트 생태계의 모든 저장소와 라이브러리들은 반짝이는 새로운 기술, 최신 버전의 자바스크립트, 가장 발달된 기법과 패러다임을 사용해 만들어졌다. 또한 깃허브에는 수많은 리액트 보일러플레이트 코드가 존재하며, 이들은 모두 특정한 문제를 해결하기 위해 수십 가지의 의존성을 갖는다.

하지만 리액트가 실제로는 매우 작은 라이브러리이며, 제이쿼리^{jQuery} 또는 백본^{Backbone}을 사용하는 것과 같은 방식으로 body 엘리먼트를 닫기 전에 페이지에 스크립트를 포함시키

기만 하면 어떤 페이지 안에서도 _(심지어 JSFiddle 안에서도) 사용할 수 있다는 것을 이해하는 것이
중요하다.

피로감 없이 리액트 시작하기

리액트는 2개의 패키지로 나눠진다.

- react: 라이브러리의 핵심 기능을 구현한다.
- react-dom: 브라우저와 관련된 기능을 모두 포함한다.

핵심 패키지는 다양한 대상을 지원하는 데 사용된다. 예를 들어 브라우저의 리액트 DOM
및 모바일 기기의 리액트 Native 등이 포함된다. 단일 HTML 페이지 내에서 리액트 애플리
케이션을 실행하는 데는 패키지 매니저나 복잡한 조작이 필요하지 않다.

다음은 리액트를 사용할 때 HTML에 포함해야 할 URL이다.

- https://unpkg.com/react@18.2.0/umd/react.production.min.js
- https://unpkg.com/react-dom@18.2.0/umd/react-dom.production.min.js

간단한 UI인 경우 createElement(jsx는 리액트 17 이후에 사용)만 사용하면 되며, 좀 더 복잡한 것을
구축하기 시작할 때 JSX를 활성화하고 이를 자바스크립트로 변환하기 위한 트랜스파일러
를 포함시킬 수 있다. 앱의 규모가 커짐에 따라 라우터[router, API] 엔드포인트API[endpoint API] 및
외부 디펜던시가 필요할 수 있다.

자바스크립트 생태계가 주는 이점

자바스크립트 생태계는 매우 빠르고 지속적으로 변화하지만 여러 이점을 제공한다. 커뮤니
티는 혁신과 빠른 진화를 주도하는 데 중요한 역할을 한다. 명세가 발표되거나 초안이 작성
되면 그 즉시 커뮤니티 안의 누군가가 이를 트랜스파일러 플러그인이나 폴리필[Polyfill]로 구현
해 다른 모든 사람들이 실험해볼 수 있게 만든다. 그러는 동안 브라우저 제작자들은 이에

합의하고 지원을 시작한다.

이는 자바스크립트와 브라우저를 다른 언어나 플랫폼에 비해 독특한 환경으로 만든다. 변화가 너무 빠른 것은 단점이지만, 그것은 단지 새로운 기술에 베팅하는 것과 안전하게 머무는 것 사이의 균형을 잡은 문제일 뿐이다.

Create-React-App은 이제 그만, Vite 만나기!

최근 리액트 팀은 create-react-app을 공식 문서에서 제거하기로 결정했다. 이는 create-react-app이 더 이상 리액트 프로젝트를 시작하는 기본 방법이 아님을 나타낸다. 대신 이제 리액트는 Next.js, Remix, Gatsby 등을 좀 더 종합적인 해결책으로 사용하는 것을 권장한다. 그러나 이런 것들이 여러분의 필요에 부합하지 않고 좀 더 간단한 대안을 찾는다면 Vite나 Parcel 같은 도구를 사용할 수 있다.

Vite 사용하기

Vite는 Vue.js를 만든 에반 유$^{Evan\ You}$가 만든 빌드 도구 및 개발 서버이다. 모던 브라우저의 원시 ES 모듈 기능을 활용해 빠른 개발과 효율적인 프로덕션 빌드를 지원한다.

Vite를 리액트와 함께 사용하려면 먼저 다음 명령어를 실행해 Vite를 글로벌로 설치한다.

```
npm install -g create-vite
```

다음으로 리액트 타입스크립트 템플릿을 사용해 새로운 Vite 프로젝트를 생성한다.

```
create-vite my-react-app --template react-ts
```

마지막으로 새롭게 생성한 프로젝트 폴더로 이동해 개발 서버를 기동한다.

```
cd my-react-app
npm install
npm run dev
```

기본 포트인 5173포트에서 프로젝트가 실행되는 것을 확인할 수 있다.

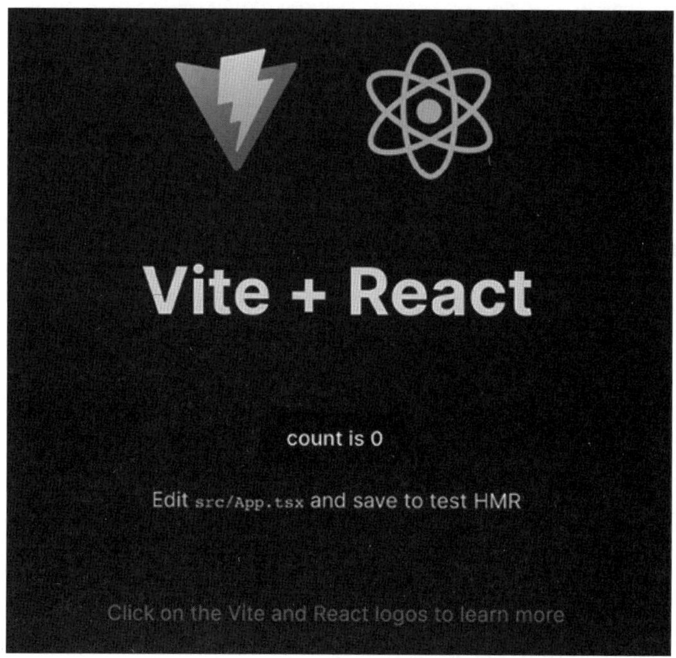

그림 1.1 Vite 기본 애플리케이션

포트 번호를 3000으로 변경하고 싶다면 vite.config.ts 파일을 다음과 같이 수정한다.

```ts
import { defineConfig } from 'vite'
import react from '@vitejs/plugin-react'
// https://vitejs.dev/config/
export default defineConfig({
  plugins: [react()],
  server: {
    port: 3000
  }
})
```

Vite를 사용하면 최소한의 의존성을 가진 리액트 애플리케이션을 스캐폴딩하고 실행할 수 있다. 물론 여전히 최신의 고급 기법들을 사용하는 완전한 리액트 애플리케이션을 만들기 위해 필요한 모든 피처들에 접근할 수 있다.

⁞⁞ 정리

1장에서는 이 책을 읽어가는 데 매우 중요한 몇 가지 기본 개념, 매일 리액트를 다루는 데 핵심적인 개념에 관해 학습했다. 선언적 코드를 작성하는 방법을 알았고, 우리가 생성한 컴포넌트와 리액트가 화면에 인스턴스를 표시하기 위해 사용하는 엘리먼트의 차이점에 관해 명확하게 이해했다.

로직과 템플릿을 함께 위치시키는 선택의 기반이 되는 이유, 인기 없는 이 결정이 리액트에 큰 이익을 가져온 이유에 관해 학습했다. 자바스크립트 생태계에서 일반적으로 피로를 느끼는 이유와 반복적 접근 방식을 따름으로써 그 문제를 회피하는 방법에 관해 살펴봤다.

마지막으로 새로운 create-vite CLI가 무엇인지 살펴봤고, 실제 코드를 작성할 준비를 마쳤다.

2장에서는 타입스크립트가 무엇이며 프로젝트에서 타입스크립트를 사용하는 방법에 관해 학습한다.

02

타입스크립트 소개

2장에서는 여러분이 자바스크립트에 대한 경험을 이미 가지고 있으며 **타입스크립트**^{TypeScript}를 사용해 코드 품질을 개선하는 데 흥미가 있다고 가정한다. 타입스크립트는 자바스크립트의 타입을 가진 상위 세트^{superset}이며 자바스크립트로 컴파일된다. 다시 말해 타입스크립트는 근본적으로 자바스크립트에 몇몇 피처를 추가한 것이다.

타입 스크립트는 마이크로소프트에서 C#을 만든 아네르스 하일스베르^{Anders Hejlsberg}가 설계한 오픈 소스 언어이며 자바스크립트의 능력을 개선한 것이다. 정적 타이핑과 다른 고급 피처들이 도입됐으며, 타입스크립트를 사용하면 더욱 신뢰성 있고 유지보수성이 좋은 코드를 작성할 수 있다.

2장에서는 타입스크립트의 피처와 기존의 자바스크립트를 타입스크립트로 변환하는 방법에 관해 살펴본다. 2장을 마치고 나면 타입스크립트가 제공하는 장점 및 이들을 활용해 좀 더 강건하며 확장 가능한 애플리케이션을 만드는 방법에 관해 알게 될 것이다.

2장에서는 다음 주제에 관해 다룬다.

- 타입스크립트의 기능

- 자바스크립트 코드를 타입스크립트 코드로 변환하기

- 타입

- 인터페이스

- 인터페이스와 타입 확장하기

- 인터페이스와 타입 구현하기

- 인터페이스 병합하기

- 열거형

- 이름 공간

- 템플릿 리터럴 타입

- 타입스크립트 구성 파일

⁝⁝ 기술 요구 사항

2장의 내용을 완료하려면 다음이 필요하다.

- Node.js 19+

- Visual Studio Code

⁝⁝ 타입스크립트의 기능

타입스크립트는 마이크로소프트가 개발하고 유지보수하는 인기 있는 오픈 소스로, 개발자 사이에서 전 세계적으로 빠르게 유명세를 얻고 있다. 타입스크립트는 자바스크립트의 상위 셋으로 도입됐으며 대규모의 애플리케이션을 쉽게 만들면서도 코드 품질과 유지보수성을 개선하는 것을 목표로 한다. 타입스크립트는 정적 타이핑과 컴파일을 사용해 깨끗하고 단순한 자바스크립트 코드를 생성하고, 기존 자바스크립트 환경과의 호환성을 보장한다.

이 강건한 언어는 강력한 피처를 지원하며 이는 이 언어를 다른 언어와 구분되게 하고 많은 프로그래머에게 매력적인 선택지로 만들었다. 그중에서도 타입스크립트는 강력한 타이핑을 자바스크립트에 녹여내 더 나은 에러 검사를 제공하고 런타임 버그를 줄인다. 또한 클래스, 인터페이스, 상속 등의 고급 기능과 함께 객체지향 프로그래밍을 완벽하게 지원한다.

모든 유효한 자바스크립트 코드는 동시에 타입스크립트 코드이므로 자바스크립트에서 타입스크립트로의 변환은 점진적으로 진행할 수 있으며, 개발자들은 코드 베이스에 타입을 점진적으로 적용할 수 있다. 결과적으로 타입스크립트는 프로젝트 규모에 관계없이 유연하고 확장할 수 있는 해결책이 된다.

이번 절에서는 여러분이 반드시 활용해야 할 타입스크립트의 필수적인 기능에 관해 소개한다.

- **타입스크립트는 자바스크립트이다**: 타입스크립트는 자바스크립트의 상위 세트이며, 이는 여러분이 작성한 자바스크립트 코드가 타입스크립트와 함께 잘 동작함을 의미한다. 여러분이 이미 자바스크립트를 사용하는 방법을 알고 있다면 여러분은 이미 타입스크립트를 사용하기 위해 필요한 모든 지식을 가진 것이다. 코드에 타입을 추가하는 방법만 알면 된다. 모든 타입스크립트 코드는 결과적으로 자바스크립트 언어로 변환된다.

- **자바스크립트는 타입스크립트이다**: 모든 유효한 .js 파일 확장자를 .ts 파일 확장자로 바꿀 수 있다. 바꿔도 아무 문제없이 동작할 것이다.

- **에러 체킹**Error checking: 타입스크립트는 코드를 컴파일하고 에러를 체크한다. 이를 통해 코드를 실행하기 전에 이슈를 식별할 수 있다.

- **강한 타이핑**Strong typing: 기본적으로 자바스크립트는 강한 타입이 아니다. 타입스크립트를 사용하면 모든 변수와 함수에 타입을 지정할 수 있음은 물론 반환값에 타입을 지정할 수도 있다.

- **객체지향 프로그래밍 지원**: 타입스크립트는 클래스, 인터페이스, 상속 및 다른 고급 개념을 지원한다. 이를 활용해 코드를 더 낫게 구조화할 수 있고 유지보수성을 개선할 수 있다.

타입스크립트의 주요 핵심 피처에 관해 논의한 뒤, 자바스크립트를 코드를 타입스크립트 코드로 변환하는 실질적인 데모를 살펴본다.

⋮⋮⋮ 자바스크립트 코드를 타입스크립트로 변환하기

이번 절에서는 자바스크립트 코드를 타입스크립트로 변환하는 방법에 관해 살펴본다.

어떤 단어의 회문palindrome 여부를 확인해야 한다고 가정하자. 이 알고리듬을 구현한 자바스크립트 코드는 다음과 같을 것이다.

```
function isPalindrome(word) {
  const lowerCaseWord = word.toLowerCase()
  const reversedWord = lowerCaseWord.split('').reverse().join('')

  return lowerCaseWord === reversedWord
}
```

이 파일의 이름을 palindrome.ts로 지정할 수 있다.

위 코드에서 볼 수 있든 우리는 하나의 문자열 변수(word)를 받고 하나의 불리언 값을 반환한다. 그래서 이 코드는 타입스크립트로 어떻게 변환될까?

```
function isPalindrome(word: string): boolean {
  const lowerCaseWord = word.toLowerCase()
  const reversedWord = lowerCaseWord.split('').reverse().join('')

  return lowerCaseWord === reversedWord
}
```

아마도 이렇게 생각할 것이다, "훌륭하다. word를 string 타입으로, 함수 반환값을 boolean 타입으로 지정했다. 이제 무엇을 해야 하는가?"

위 함수를 문자열이 아닌 다른 값을 사용해서 시도한다면 다음과 같은 타입스크립트 에러를 얻게 될 것이다.

```
console.log(isPalindrome('Level')) // true
console.log(isPalindrome('Anna')) // true
console.log(isPalindrome('Carlos')) // false
console.log(isPalindrome(101)) // TS Error
console.log(isPalindrome(true)) // TS Error
console.log(isPalindrome(false)) // TS Error
```

만약 여러분이 이 함수에 숫자를 전달한다면 다음과 같이 에러를 얻게 될 것이다.

```
console.log(isPalindrome(          Argument of type 'number' is not assignable to parameter of type
console.log(isPalindrome(          'string'. ts(2345)
console.log(isPalindrome(          Peek Problem (⌥F8)    No quick fixes available
console.log(isPalindrome(101)) // TS Error
console.log(isPalindrome(true)) // TS Error
console.log(isPalindrome(false)) // TS Error
```

그림 2.1 number 타입은 string 타입의 매개변수에 할당할 수 없다

이것이 타입스크립트가 유용한 이유이다. 타입스크립트는 여러분이 코드에 좀 더 엄격하고 명시적일 것을 강제한다.

⠿ 타입

앞의 예시에서 함수 매개변수와 반환값에 대해 원시 타입을 지정하는 방법을 살펴봤다. 아마도 여러분은 객체나 배열을 기술하는 상세한 방법에 관해 궁금해할 수도 있다. 타입을 사용하면 객체와 배열을 좀 더 나은 방법으로 기술할 수 있다. 예를 들어, 여러분이 데이터베이스에 정보를 저장하기 위한 User 타입을 기술하고 싶다고 가정해보자.

```
type User = {
  username: string
  email: string
  name: string
  age: number
  website: string
  active: boolean
}

const user: User = {
```

```
  username: 'czantany',
  email: 'carlos@milkzoft.com',
  name: 'Carlos Santana',
  age: 33,
  website: 'http://www.js.education',
  active: true
}


// Sequelize를 사용해 이 데이터를 삽입한다고 가정하자...
models.User.create({ ...user }}
```

만약 여러분이 노드 중 하나를 추가하는 것을 잊어버리거나 유효하지 않은 값을 입력하면
다음과 같은 에러를 얻을 것이다.

```
type User = {
    username: string
    email: string
    name: string
    age: number
    we
    ac  const user: User

        Property 'age' is missing in type '{ username: string; email: string; name: string; website:
        string; active: true; }' but required in type 'User'. ts(2741)

        user.ts(19, 5): 'age' is declared here.

        Peek Problem (⌥F8)    No quick fixes available
const user: User = {
    username: 'czantany',
    email: 'carlos@milkzoft.com',
    name: 'Carlos Santana',
    website: 'http://www.js.education',
    active: true
}
```

그림 2.2 Age는 User 타입에 필수이지만 누락됐다

옵셔널 노드가 필요하다면 다음 코드 블록과 같이 노느 오른쪽 끝에 ?를 붙이면 된다.

```
type User = {
  username: string
  email: string
  name: string
  age?: number
  website: string
  active: boolean
}
```

type의 이름은 원하는 대로 지정할 수 있다. 하지만 접두사 T를 붙이는 것이 좋은 프랙티스
이다. 예를 들어 User 타입의 경우는 TUser라는 이름을 붙인다. 이렇게 함으로써 이것이 타
입임을 쉽게 파악할 수 있으며, 이것이 클래스나 리액트 컴포넌트인지 고민하지 않을 수
있다.

인터페이스

인터페이스는 타입과 매우 비슷하며 종종 개발자들은 이 둘의 차이를 모르기도 한다. 인터
페이스는 타입과 같이 객체의 형태나 함수 시그니처를 기술하기 위해 사용할 수 있지만, 그
구문은 다소 다르다.

```
interface User {
  username: string
  email: string
  name: string
  age?: number
  website: string
  active: boolean
}
```

인터페이스의 이름은 원하는 대로 지정할 수 있다. 하지만 접두사 I를 붙이는 것이 좋은 프
랙티스이다. 예를 들어 User 인터페이스의 경우는 IUser라는 이름을 붙인다. 이렇게 함으로
써 이것이 타입임을 쉽게 파악할 수 있으며, 이것이 클래스나 리액트 컴포넌트인지 고민하
지 않을 수 있다.

인터페이스는 확장, 구현, 병합될 수 있다.

인터페이스와 타입 확장하기

인터페이스 및 타입은 확장될 수 있지만, 그 구문은 다음 코드 블록과 같이 다소 다르다.

```typescript
// 인터페이스 확장하기
interface IWork {
  company: string
  position: string
}

interface IPerson extends IWork {
  name: string
  age: number
}

// 타입 확장하기
type TWork = {
  company: string
  position: string
}

type TPerson = TWork & {
  name: string
  age: number
}

// 인터페이스를 타입으로 확장하기
interface IWork {
  company: string
  position: string
}

type TPerson = IWork & {
  name: string
  age: number
}
```

앞선 코드에서 볼 수 있듯이 & 문자를 사용해 타입을 확장할 수 있다. 한편 인터페이스를 확장할 때는 extends 키워드를 사용한다.

인터페이스와 타입의 확장을 이해하는 것은 이를 구현하기 위한 길을 열어준다. 타입스크립트의 클래스가 이런 인터페이스와 타입을 구현하는 방법에 관해 설명할 것이다. 이때, 유니온 타입을 다룰 때 내재된 제약 사항을 염두에 두는 것이 중요하다.

⠿ 인터페이스와 타입 구현하기

클래스는 인터페이스 별명과 타입 별명을 동일한 방식으로 구현할 수 있다. 하지만 클래스는 union 타입으로 이름 지어진 타입 별명을 구현_(혹은 확장)할 수 없다. 다음 예를 살펴보자.

```
// 인터페이스 구현하기
interface IWork {
  company: string
  position: string
}

class Person implements IWork {
  name: 'Carlos'
  age: 35
}

// 타입 구현하기
type TWork = {
  company: string
  position: string
}

class Person2 implements TWork {
  name: 'Cristina'
  age: 34
}

// union 타입을 구현할 수 없다
type TWork2 = {
  company: string;
  position: string
} | {
  name: string;
  age: number
}

class Person3 implements TWork2 {
  company: 'Google'
  position: 'Senior Software Engineer'
}
```

앞의 코드를 작성하면 편집기에서 다음과 같은 에러가 발생할 것이다.

```
// You can't implement a union type
type TWork2 = { company: string; position: string } | { name: string; age: number }

class Person3 implements TWork2 {
  company: 'Google'
  position: 'Senior Softw
}
```


그림 2.3 클래스는 하나의 객체 타입 혹은 정적으로 알려진 멤버들을 가진
여러 객체 타입의 교집합만 구현할 수 있다

앞선 코드에서 볼 수 있듯이 여러분은 union 타입을 구현할 수 없다.

⁝⁝⁝ 인터페이스 병합하기

타입과 달리 인터페이스는 여러 차례 정의할 수 있고 동시에 단일 인터페이스로 다뤄질 수
있다(모든 선언이 병합된다). 다음 코드 블록을 살펴보자.

```
interface IUser {
  username: string
  email: string
  name: string
  age?: number
  website: string
  active: boolean
}

interface IUser {
  country: string
}

const user: IUser = {
  username: 'czantany',
  email: 'carlos@milkzoft.com',
  name: 'Carlos Santana',
```

```
  country: 'Mexico',
  age: 35,
  website: 'http://www.js.education',
  active: true
}
```

이것은 여러분이 다른 시나리오에서 같은 인터페이스를 재정의하는 것만으로 인터페이스를 확장해야 할 때 매우 유용하다.

﹕ 열거형

열거형enum은 자바스크립트를 타입 수준에서 확장한 것이 아닌 타입스크립트의 몇 안되는 피처 중 하나이다. 열거형을 사용하면 일련의 **이름을 가진 상수**를 정의할 수 있다. 열거형을 사용하면 의도를 쉽게 문서화하거나 구분된 일련의 케이스들을 쉽게 생성할 수 있다.

열거형은 숫자 혹은 문자열 값을 저장할 수 있으며 일반적으로 미리 정의된 값들을 제공하기 위해 사용한다. 나는 다음과 같이 테마 시스템의 색상 팔레트를 정의하는 데 열거형을 사용하기를 좋아한다.

```
export enum Base {
  WHITE = '#FFF',
  BLACK = '#000',
  TRANSPARENT = 'transparent'
}

export enum Blue {
  V050 = '#DBEDFF',
  V100 = '#C9E3FF',
  V150 = '#4AA3FF',
  V200 = '#009ED6',
  V250 = '#007BC5',
  V300 = '#004481'
}

export enum Gray {
  V050 = '#EFF2F7',
  V100 = '#F1F4F8',
  V150 = '#74788D',
  V200 = '#636678',
  V250 = '#343A40',
  V300 = '#2C3136'
}

export type ColorPalette = Base | Blue | Gray
```

그림 2.4 색상 팔레트를 위한 열거형 사용

타입스크립트의 다른 유용한 기능인 이름 공간에 관해 살펴보자.

⠿ 이름 공간

자바 혹은 C++와 같은 다른 프로그래밍 언어에서 **이름 공간**[namespace]이라는 용어를 들어봤을 것이다. 자바스크립트에서 이름 공간은 글로벌 범위에서 이름을 갖는 객체를 가리킨다. 이들은 변수, 함수, 인터페이스 또는 클래스가 지역 범위 내에서 구성되고 그룹화되는 지역으로 작용해 전역 범위 내의 구성 요소 간의 이름 충돌을 피하기 위한 역할을 한다.

모듈은 코드 구성을 위해 사용하지만 이름 공간은 간단한 사용 사례에 대해 더 직관적으로 구현된다. 하지만 모듈은 이름 공간이 제공하지 않는 코드 격리, 번들 지원, 구성 요소 다시 내보내기 및 구성 요소 이름 변경과 같은 추가적인 이점을 제공한다.

개인적으로 프로젝트를 진행해본 경험을 토대로 styled-components를 사용할 때 스타일을 그룹화하는 목적으로 이름 공간이 유용하다고 생각한다.

```
import styled from 'styled-components'
export namespace CSS {
  export const InputWrapper = styled.div`
    padding: 10px;
    margin: 0;
    background: white;
    width: 250px;
  `

  export const InputBase = styled.input`
    width: 100%;
    background: transparent;
    border: none;
    font-size: 14px;
  `

}
```

이후 이름 공간은 다음과 같이 사용한다

```tsx
import React, { ComponentPropsWithoutRef, FC } from 'react'
import { CSS } from './Input.styled'
export interface Props extends ComponentPropsWithoutRef<'input'> {
  error?: boolean
}

const Input: FC<Props> = ({
  type = 'text',
  error = false,
  value = '',
  disabled = false,
  ...restProps
}) => (
    <CSS.InputWrapper style={error ? { border: '1px solid red' } : {}}>
      <CSS.InputBase type={type} value={value} disabled={disabled} {...
restProps} />
    </CSS.InputWrapper>
)
```

여러 스타일 컴포넌트를 익스포트해야 하는 걱정을 하지 않아도 되기 때문에 이는 매우 유용하다. CSS 이름 공간만 익스포트하면 해당 이름 공간 안에 정의돼 있는 모든 스타일 컴포넌트를 사용할 수 있다.

⠿ 템플릿 리터럴

타입스크립트에서 **템플릿 리터럴**^{template literal}은 **문자열 리터럴 타입**에서 기반하며 **유니온**을 사용해 여러 문자열 리터럴로 확장할 수 있다. 이 타입들은 예를 들어 테마명을 정의하는 데 유용하다.

```ts
type Theme = 'light' | 'dark'
```

Theme는 유니온 타입으로 두 문자열 리터럴 타입 light 혹은 dark 중 하나에만 할당될 수 있다. 이는 타입 안전함을 제공하며 테마명으로 유효하지 않은 값이 전달됨에 따라 발생할 수 있는 런타임 에러를 방지한다.

이 접근 방식을 이용하면 변수, 인수, 매개변수가 가질 수 없는 일련의 값들을 정의할 수 있고 이를 통해 컴파일 타임에 유효한 값들만 사용됨을 보장할 수 있다. 결과적으로 여러분의 코드는 가독성이 높아지고 유지보수하기 쉬워진다.

타입스크립트 구성 파일

tsconfig.json 파일이 위치한 디렉터리는 타입스크립트 프로젝트의 루트 디렉터리임을 나타낸다. tsconfig.json 파일은 루트 파일들과 프로젝트를 컴파일하는 데 필요한 컴파일러 옵션들을 명시한다.

공식 타입스크립트 사이트(https://www.typescriptlang.org/tsconfig)에서 모든 컴파일러 옵션을 확인할 수 있다.

다음은 내가 프로젝트에서 일반적으로 사용하는 tsconfig.json 파일이다. 나는 항상 이 파일을 2개로 나눠서 사용한다. 첫 번째 파일은 tsconfig.common.json 파일로 모든 공용 컴파일러 옵션을 포함한다. tsconfig.json 파일은 tsconfig.common.json 파일을 확장한 뒤 프로젝트에 국한된 옵션들을 추가한다. 이 방법은 단일 저장소를 사용할 때 매우 유용하다.

내가 사용하는 tsconfig.common.json 파일은 다음과 같다.

```json
{
  "compilerOptions": {
    "allowSyntheticDefaultImports": true,
    "alwaysStrict": true,
    "declaration": true,
    "declarationMap": true,
    "downlevelIteration": true,
    "esModuleInterop": true,
    "experimentalDecorators": true,
    "jsx": "react-jsx",
    "lib": ["DOM", "DOM.Iterable", "ESNext"],
    "module": "commonjs",
    "moduleResolution": "node",
    "noEmit": false,
    "noFallthroughCasesInSwitch": false,
    "noImplicitAny": true,
```

```json
    "noImplicitReturns": true,
    "outDir": "dist",
    "resolveJsonModule": true,
    "skipLibCheck": true,
    "sourceMap": true,
    "strict": true,
    "strictFunctionTypes": true,
    "strictNullChecks": true,
    "suppressImplicitAnyIndexErrors": false,
    "target": "ESNext"
  },
  "exclude": ["node_modules", "dist", "coverage", ".vscode", "**/__tests__/*"]
}
```

내가 사용하는 `tsconfig.json`은 다음과 같다.

```json
{
  "extends": "./tsconfig.common.json",
  "compilerOptions": {
    "baseUrl": "./packages",
    "paths": {
    "@web-creator/*": ["*/src"]
    }
  }
}
```

14장에서 단일 저장소 아키텍처를 만드는 방법에 관해 살펴본다.

정리

2장에서는 타입스크립트의 기본에 관해 다뤘다. 기본 타입과 인터페이스를 만들고, 이들을 확장하고, 열거형과 이름 공간 및 템플릿 리터럴을 사용했다. 또한 첫 번째 타입스크립트 구성 파일(tsconfig.json)을 만들고, 이를 두 부분으로 나눴다. 한 파일은 공유를 위한 것이고 다른 한 파일은 `tsconfig.common.json`을 확장하기 위한 것이다. 이 접근 방식은 단일 저장소 를 다룰 때 특히 유용하다.

3장에서는 JSX/TSX 코드를 사용하면서 코드 스타일을 개선하는 데 적용할 수 있는 다양한 구성에 관해 살펴본다. 여러분은 타입스크립트의 힘을 활용해 효율적이고 유지보수 가능한 리액트 애플리케이션을 만드는 방법을 배우게 될 것이다.

03

코드 정리하기

3장에서는 여러분이 **JSX**(자바스크립트 XML)를 사용한 경험이 있으며 이를 효과적으로 사용하는 기술을 개선하는 데 흥미가 있다고 가정한다. JSX/TSX를 문제없이, 혹은 예상치 못한 동작을 하지 않도록 사용하려면 내부적인 동작 방법과 함께 UI를 구현하는 유용한 도구인 이유를 이해하는 것이 매우 중요하다.

3장의 목표는 깔끔한 JSX/TSX 코드를 작성 및 유지보수하고 내부 동작에 관해 잘 이해하는 것이다. 또한 이들이 자바스크립트로 변환되는 방법 및 JSX/TSX가 제공하는 기능에 관해서도 학습한다.

JSX/TSX의 복잡성을 이해함으로써 모든 잠재력을 활용해 효율적이고 확장 가능한 UI를 구축할 수 있다. 3장에서는 다양한 팁과 기법을 탐색함으로써 여러분이 더 나은 코드를 작성하고 일반적인 실수를 피하는 데 도움을 줄 것이다. 3장을 마치고 나면 JSX/TSX의 작동 방식을 확실히 이해하고 이들을 리액트 애플리케이션에서 효과적으로 사용하는 방법을 알게 될 것이다.

3장에서는 다음 주제에 관해 다룬다.

- JSX는 무엇이며 사용해야 하는 이유는 무엇인가?

- 바벨^{Babel}은 무엇이며 모던 자바스크립트 코드를 작성하기 위해 바벨을 어떻게 사용할 수 있는가?

- JSX의 주요 기능 및 HTML과의 차이점

- JSX 코드를 우아하고 유지보수할 수 있도록 작성하는 베스트 프랙티스

- 린팅^{linting}(특별히 ESLint)을 사용해 자바스크립트 코드를 여러 애플리케이션과 팀 사이에서 일관적으로 유지하는 방법

- 함수형 프로그래밍^{functional programming}의 기본과 함수형 패러다임^{functional paradigm}을 따르는 것이 더 나은 리액트 컴포넌트를 만들도록 하는 이유

⋮⋮ 기술 요구 사항

3장을 완료하려면 다음이 필요하다.

- Node.js 19+

- Visual Studio Code

⋮⋮ JSX 사용하기

1장에서 리액트가 경계를 컴포넌트 안으로 옮기면서 관심사 분리 개념을 어떻게 바꿨는지 살펴봤다. 또한 리액트가 컴포넌트에서 반환된 엘리먼트를 사용해 화면에 UI를 표시하는 방법에 관해 살펴봤다.

이제 컴포넌트 안에서 엘리먼트를 선언하는 방법에 관해 살펴보자.

리액트에서는 두 가지 방법으로 엘리먼트를 정의할 수 있다. 첫 번째 방법은 자바스크립트 함수를 사용하는 것, 두 번째 방법은 JSX(옵셔널 XML 유사 구문)을 사용하는 것이다. 다음 그림은 React.js(https://react.dev)의 새로운 공식 문서 화면이다.

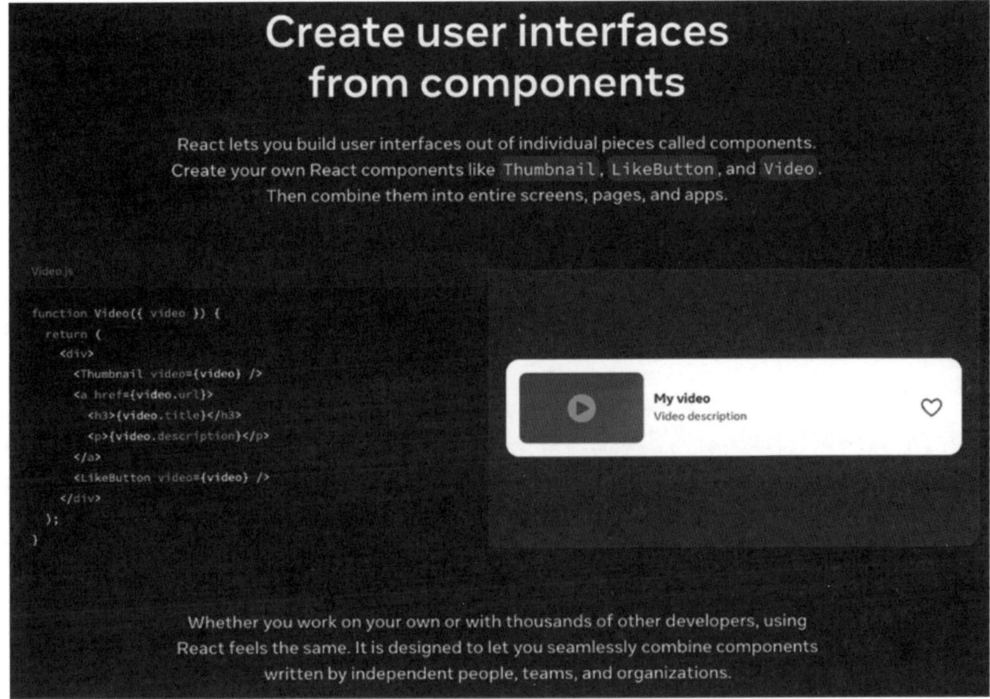

그림 3.1 React.js의 새로운 공식 문서 사이트

먼저 JSX는 리액트에 접근할 때 사람들이 실패하는 주요한 이유 중 하나이다. 홈페이지의 예시에서 자바스크립트와 HTML이 뒤섞인 모습이 처음 보이는 것은 우리들 대부분에게 매우 이상할 수 있기 때문이다.

그러나 막상 익숙해지면 그것이 대단히 편리하다는 것을 알게 된다. 특히 이것은 HTML과 비슷하며 웹에서 UI를 만들어본 사람이라면 HTML에 매우 친숙할 것이기 때문이다. 열기 태그와 닫기 태그는 중첩된 엘리먼트 트리를 쉽게 표현할 수 있다. 일반적인 자바스크립트를 사용하는 경우에는 가독성이 낮고 유지보수 또한 어려운 부분이다.

다음 하위 절에서 JSX에 관해 좀 더 세부적으로 살펴보자.

바벨

바벨^{Babel}은 인기 있는 자바스크립트 컴파일러이며 리액트 커뮤니티에서 널리 사용하고 있다. 바벨을 사용하면 최신의 JSX, ES6(아직 모든 브라우저에서 지원하지는 않지만)와 같은 여러 최신 언어 피처를 사용해 코드를 작성할 수 있다. 바벨은 작성한 코드를 좀 더 널리 지원되는 ES5로 트랜스파일함으로써 여러분의 애플리케이션이 다양한 브라우저에서 원활하게 실행되는 것을 보장한다.

바벨을 사용하려면 먼저 필요한 패키지들을 설치해야 한다. 오래된 버전(바벨 6.x)에서는 `babel-cli` 패키지를 설치해야 하며 이 패키지에는 `babel-node`와 `babel-core`가 포함된다. 좀 더 최근 버전에서는 3개의 패키지가 개별 모듈로 나눠졌다(@babel/core, @babel/cli, @babel/node 등).

바벨은 다음 단계를 따라 설치한다.

1. 필요한 패키지들을 글로벌로 설치한다(로컬 설치가 일반적으로 선호되지만).

```
npm install -g @babel/core @babel/node
```

2. 바벨을 사용해서 자바스크립트 파일을 컴파일하려면 다음을 실행한다.

```
babel source.js -o output.js
```

3. 바벨은 구성 자유도가 높으며 프리셋을 사용해 커스터마이징할 수 있다. 가장 일반적인 프리셋을 설치하려면 다음을 실행한다.

```
npm install -g @babel/preset-env @babel/preset-react
```

4. `.babelrc` 구성 파일을 프로젝트 루트 디렉터리에 만들고 다음 내용을 추가해서 바벨에 설치된 프리셋을 사용하도록 지시한다.

```
{
  "presets": [
    "@babel/preset-env",
    "@babel/preset-react"
  ]
}
```

이제 소스 파일에 ES6와 JSX 코드를 작성할 수 있다. 바벨은 이들을 브라우저 호환성이 좀 더 높은 ES5 자바스크립트 코드로 트랜스파일한다.

첫 번째 엘리먼트 만들기

이제 개발 환경이 JSX를 지원하므로 기본 예시를 살펴보자. 하나의 `div` 엘리먼트를 만든다. `_jsx` 함수를 사용해 다음과 같이 작성할 수 있다.

```
_jsx('div', {})
```

JSX를 사용한다면 간단하게 다음과 같이 작성할 수 있다.

```
<div />
```

일반적인 HTML과 비슷하게 보인다. 하지만 핵심적인 차이는 마크업을 .js 파일에 작성한다는 점이다. JSX는 단지 구문적 설탕^{syntactic sugar}일 뿐이며 브라우저에서 실행되기 전에 자바스크립트로 트랜스파일된다.

바벨을 실행하면 `<div />` 엘리먼트는 `_jsx('div', {})`로 트랜스파일된다. 템플릿을 만들 때는 이 점을 기억하자.

리액트 17부터 `React.createElement('div')`는 사용하지 않게 됐으며, 해당 라이브러리는 이제 내부적으로 `react/jsx-runtime`을 사용해 JSX를 렌더링한다. 이는 JSX 코드를 작성하기 위해 `React` 객체를 더 이상 임포트할 필요가 없음을 의미한다. 앞의 예시에서 본 것처럼 여러분은 JSX를 직접 작성할 수 있다.

DOM 엘리먼트와 리액트 컴포넌트

JSX를 사용하면 HTML 엘리먼트와 리액트 컴포넌트를 모두 만들 수 있는데, 유일한 차이는 시작하는 문자의 대소문자 여부이다. 예를 들어 HTML button을 렌더링한다면 `<button />`을 사용한다. 한편 Button 컴포넌트를 렌더링한다면 `<Button />`을 사용한다.

첫 번째의 button은 다음과 같이 트랜스파일된다.

```
_jsx('button', {})
```

두 번째의 Button은 다음과 같이 트랜스파일된다.

```
_jsx(Button, {})
```

위 두 경우의 핵심적인 차이점은 첫 번째 호출에서는 DOM 엘리먼트 타입을 문자열로 전달한 반면, 두 번째 호출에서는 컴포넌트 자체를 전달했다는 점이다. 그 결과 컴포넌트가 올바르게 동작하기 위해서는 그 범위scope 안에 존재해야만 한다.

JSX는 또한 자기 종료 태그self-closing tag를 지원한다. 코드를 간결하게 유지하고 불필요한 태그 반복을 피하는 데 유용하다.

Props

DOM 엘리먼트나 리액트 컴포넌트가 props를 갖고 있다면 JSX는 매우 편리하다. XML을 사용하면 엘리먼트의 속성을 매우 쉽게 설정할 수 있다.

```
<img src="https://www.ranchosanpancho.com/images/logo.png" alt="Cabañas
San Pancho" />
```

이와 동일한 코드를 자바스크립트로 작성하면 다음과 같다.

```
_jsx("img", {
  src: "https://www.ranchosanpancho.com/images/logo.png",
  alt: "Cabañas San Pancho"
})
```

이것은 훨씬 읽기 어렵다. 속성이 몇 가지뿐임에도 불구하고 추론하지 않고는 이해하기 힘들다.

자녀

JSX를 사용하면 자녀^{children}를 정의해 엘리먼트 트리를 기술하고 복잡한 UI를 구성할 수 있
다. 링크 안에 텍스트가 있는 기본적인 예는 다음과 같다.

```
<a href="https://ranchosanpancho.com">Click me!</a>
```

이는 다음과 같이 트랜스파일된다.

```
_jsx(
  "a",
  { href: "https://ranchosanpancho.com" },
  "Click me!"
)
```

링크는 일부 레이아웃 요구 사항에 따라 div 엘리먼트 안에 포함될 수 있다. 이를 달성하는
JSX 스니펫은 다음과 같다.

```
<div>
  <a href="https://ranchosanpancho.com">Click me!</a>
</div>
```

이는 다음 자바스크립트와 동등하다.

```
_jsx(
  "div",
  null,
  _jsx(
    "a",
    { href: "https://ranchosanpancho.com" },
    "Click me!"
  )
)
```

이제 XML와 유사한 JSX의 구문을 사용함으로써 모든 것을 더 가독성 있고 유지보수하기
쉽게 만들 수 있음이 명확해졌을 것이다. 하지만 항상 엘리먼트의 생성을 제어하는 JSX에

대한 자바스크립트의 쌍을 알아두는 것이 중요하다. 좋은 점은 엘리먼트를 그 자녀로서만 갖는 것이 아니라 함수나 변수 같은 자바스크립트 표현식을 사용할 수 있다는 것이다.

이를 위해서는 표현식을 중괄호 안에 감싸야 한다.

```
<div>
  Hello, {variable}.
  I'm a {() => console.log('Function')}.
</div>
```

비문자열 속성에 대해서도 동일한 원칙이 적용된다.

```
<a href={someFunction()}>Click me!</a>
```

예시와 같이 모든 변수 또는 함수는 중괄호 안에 포함돼야 한다.

HTML과의 차이점

지금까지 JSX와 HTML의 유사점에 관해 살펴봤다. 이제 두 언어의 차이점에 관해 살펴보고 그러한 차이점이 존재하는 이유에 관해 함께 살펴본다.

속성

JSX는 표준 언어가 아니며 자바스크립트로 트랜스파일된다는 점을 항상 염두에 둬야 한다. 이로 인해 일부 속성attribute은 사용할 수 없다.

예를 들어 class 대신 className, for 대신 htmlFor를 사용해야 한다.

```
<label className="awesome-label" htmlFor="name" />
```

이것은 class와 for가 자바스크립트에서의 예약어reserved word이기 때문이다.

스타일

가장 눈에 띄는 차이점은 style 속성이 동작하는 방식이다. 6장, '컴포넌트를 아름답게 보이게 만들기'에서 이를 사용하는 방법에 관해 더 자세히 살펴보겠지만, 여기에서는 이것이 동작하는 방식에 집중해보자.

style 속성은 HTML의 style과 달리 CSS 문자열을 받아들이지 않으며, 스타일명이 캐멀 케이스로 작성된 자바스크립트 객체를 기대한다.

```
<div style={{ backgroundColor: 'red' }} />
```

위에서 볼 수 있듯이 style prop에 객체를 전달할 수 있다. 이는 여러분이 원한다면 여러분의 스타일을 별도의 변수에 가질 수도 있다는 의미이다.

```
const styles = {
  backgroundColor: 'red'
}

<div style={styles} />
```

이는 여러분의 인라인 스타일을 더 잘 통제할 수 있는 최고의 방법이다.

루트

HTML과의 중요한 차이점 중 하나는 JSX 엘리먼트는 자바스크립트 함수로 변환되고 자바스크립트에서는 두 함수를 반환할 수 없기 때문에, 같은 수준에서 여러 엘리먼트를 가져야 할 때마다 이들을 부모 안에 감싸야 한다는 점이다.

다음의 간단한 예시를 살펴보자.

```
<div />
<div />
```

이 예시는 다음과 같은 에러를 발생한다.

```
Adjacent JSX elements must be wrapped in an enclosing tag.
(인접한 JSX 엘리먼트들은 태그로 감싸야 한다)
```

한편 다음 코드는 에러 없이 동작한다.

```
<div>
  <div />
  <div />
</div>
```

과거에 리액트는 `<div>` 또는 다른 태그로 감싼 하나의 엘리먼트를 반환하도록 강제했다. 그러나 리액트 16.2.0부터는 다음과 같이 배열을 직접 반환할 수 있다.

```
return [
  <li key="1">First item</li>,
  <li key="2">Second item</li>,
  <li key="3">Third item</li>
]
```

심지어 다음 코드 블록과 같이 문자열을 직접 반환할 수도 있다.

```
return 'Hello World!'
```

또한 이제 리액트는 엘리먼트에 대한 특별한 래퍼^{wrapper}로 동작하는 Fragment라는 새로운 기능을 제공한다. 이는 React.Fragment로 명시할 수 있다.

```
import { Fragment } from 'react'
return (
  <Fragment>
    <h1>An h1 heading</h1>
    Some text here.
    <h2>An h2 heading</h2>
    More text here.
    Even more text here.
```

```
    </Fragment>
  )
```

혹은 빈 태그를 사용할 수 있다(<></>).

```
return (
  <>
    <ComponentA />
    <ComponentB />
    <ComponentC />
  </>
)
```

Fragment는 DOM에 표시되는 어떤 것도 렌더링하지 않는다. 이것은 그저 리액트 엘리먼트 또는 컴포넌트를 감싸는 헬퍼 태그일 뿐이다.

공간

처음에는 다소 까다롭게 느껴질 수 있는 사항이 한 가지 있다. 다시 말하지만 JSX의 구문이 XML의 그것과 유사할지라도, 항상 JSX는 HTML이 아니라는 사실을 명심해야 한다. JSX는 텍스트와 요소 사이의 공백을 HTML과 다르게 처리하는데 이는 그다지 직관적이지 않다. 다음 스니펫을 살펴보자.

```
<div>
  <span>My</span>
  name is
  <span>Carlos</span>
</div>
```

HTML을 해석하는 브라우저에서 이 코드는 우리가 예측한 대로 My name is Carlos라는 문자열을 표시할 것이다.

JSX에서 동일한 코드는 MynameisCarlos로 렌더링된다. 3개의 중첩된 행은 div 엘리먼트의 각 자녀로 트랜스파일되며, 공백을 고려하지 않는다. 동일한 결과(즉, My name is Carlos)를 얻기 위해서는 다음과 같이 엘리먼트 사이에 명시적으로 공백을 추가해야 한다.

```
<div>
  <span>My</span>
  {' '}
  name is
  {' '}
  <span>Carlos</span>
</div>
```

위에서 알 수 있듯이 빈 스트링을 자바스크립트 표현식으로 감싸서 컴파일러가 엘리먼트 사이에 공백을 적용하도록 강제했다.

불리언 속성

실제 시작하기 전에 JSX에서 불리언 속성boolean attribute을 정의하는 방법에 관해 몇 가지 더 언급하는 것이 좋겠다.

값이 없이 속성을 설정하면 JSX는 그 값이 true라고 가정하며, 예를 들어 HTML의 disabled 속성과 동일하게 동작한다.

즉, 한 속성을 false로 설정하기 원한다면 명시적으로 false라고 선언해야 한다.

```
<button disabled />
_jsx("button", { disabled: true })
```

다음은 불리언 속성의 또 다른 예시이다.

```
<button disabled={false} />
_jsx("button", { disabled: false })
```

이것은 처음에는 혼란스러울 수 있다. 속성을 생략하면 false라고 생각하기 쉬운데, 그렇지 않다. 리액트를 사용할 때는 혼돈을 피하기 위해 항상 명시적이어야 한다.

전개 속성

중요한 기능으로 전개 속성spread attribute 연산자(...)가 있다. 이것은 ECMAScript의 "제안proposal"에 대한 rest/spread 속성에서 기인한 것이며 하나의 자바스크립트 객체의 모든 속성을 하나의 엘리먼트에 전달할 때 매우 편리하다.

버그가 줄어드는 일반적인 방법은 전체 자바스크립트 객체를 참조로 전달하지 않고, 그들의 원시 타입을 사용하는 것이다. 이 방법을 사용하면 쉽게 검증이 가능하며, 결과적으로 컴포넌트를 더욱 강건하고 에러에 강하게 만든다.

이것이 어떻게 동작하는지 확인해보자.

```
const attrs = {
  id: 'myId',
  className: 'myClass'
}
return <div {...attrs} />
```

앞선 코드는 다음과 같이 트랜스파일된다.

```
var attrs = {
  id: 'myId',
  className: 'myClass'
}
return _jsx('div', attrs)
```

템플릿 리터럴

템플릿 리터럴은 문자열 리터럴로 내장 표현식, 멀티라인 문자열, 문자열 보간을 허용한다. 템플릿 리터럴은 작은따옴표나 큰따옴표가 아닌 백틱 문자(` `)로 감싼다.

템플릿 리터럴의 가장 유용한 기능은 달러 기호와 중괄호를 사용해 플레이스홀더를 포함시킬 수 있다는 점이다(${표현식}). 이를 활용하면 쉽게 변수나 복잡한 표현식을 문자열 템플릿으로 보간할 수 있다. 다음 예시를 살펴보자.

```javascript
const name = 'Carlos'
const age = 35
const message = `Hello, my name is ${name} and I am ${age} years old.`
console.log(message)
```

다음과 같은 로그가 출력될 것이다.

```
Hello, my name is Carlos and I am 35 years old.
```

문자열 보간과 함께 템플릿 리터럴은 멀티라인 문자열을 지원하기 때문에 더하기 연산자(+)를 사용해 여러 문자열을 연결할 필요 없이 복잡한 문자열을 쉽게 쓰고 읽을 수 있다.

일반적인 (공통) 패턴

이제 JSX가 동작하는 방식과 이를 마스터할 수 있는 방법을 알았으므로 다음에서 소개하는 몇 가지 유용한 컨벤션과 기법을 따라 이를 올바르게 사용하는 방법에 관해 살펴보자.

멀티라인

가장 간단한 것부터 시작해보자. 앞서 언급한 것처럼 리액트의 _jsx 함수보다 JSX를 선호하는 것은 JSX가 XML과 유사한 구문을 제공하며, 열기/닫기 태그의 매칭이 노드 트리를 표현하기에 완벽하게 적합하기 때문이다.

따라서 우리는 이를 올바른 방식으로 사용하고 최대한 활용해야 한다. 다음 예시를 살펴보자. 중첩된 엘리먼트가 있을 때마다 항상 멀티라인을 사용해야 한다.

```jsx
<div>
  <Header />
  <div>
    <Main content={...} />
  </div>
</div>
```

이는 다음과 같은 기술보다 선호된다.

```
<div><Header /><div><Main content={...} /></div></div>
```

자식이 텍스트나 변수와 같이 엘리먼트가 아닐 때는 예외이다. 그런 경우에는 마크업의 노이즈를 줄이기 위해 같은 행에 기술하는 것이 바람직하다.

```
<div>
  <Alert>{message}</Alert>
  <Button>Close</Button>
</div>
```

엘리먼트를 여러 행으로 작성할 때에는 항상 괄호로 감싼다는 것을 기억하라. JSX는 항상 함수들로 대체되며, 새로운 행에 기술된 함수들은 자동 세미콜론 삽입으로 인해 여러분의 예상과 다른 결과를 야기할 수 있다. 예를 들어 렌더링 메서드에서 JSX를 반환한다고 가정해보자. 이것이 리액트에서 UI를 생성하는 방법이다.

다음 예시는 올바르게 동작한다. div 엘리먼트가 return과 같은 행에 존재하기 때문이다.

```
return <div />
```

하지만 다음 예시는 올바르지 않다.

```
return
  <div />
```

그 이유는 위 코드가 다음과 같이 변환되기 때문이다.

```
return
_jsx("div", null)
```

따라서 다음과 같이 구문을 괄호로 감싸야 한다.

```
return (
  <div />
)
```

다중 속성

하나의 엘리먼트가 여러 속성을 갖고 있는 경우 JSX를 작성할 때 일반적인 문제가 발생한다. 한 가지 해결책은 모든 속성을 같은 행에 작성하는 것이다. 하지만 이렇게 기술하는 경우 행이 너무 길어지게 되며 이는 바람직하지 않다(코딩 스타일 가이드를 강제하는 방법에 관해서는 다음 절을 참조하라).

일반적인 해결책은 각 속성을 새로운 한 행에 들여쓰기와 함께 기술한 뒤 여는 태그와 함께 닫는 괄호(홑화살괄호)를 정렬하는 것이다.

```
<button
  foo="bar"
  veryLongPropertyName="baz"
  onSomething={this.handleSomething}
/>
```

조건절

conditionals를 다루기 시작하면 더욱 흥미로워진다. 예를 들어 특정한 조건이 일치했을 때만 어떤 컴포넌트를 렌더링하기 원한다고 가정해보자. 조건에서 자바스크립트를 사용할 수 있다는 사실은 큰 장점이다. 하지만 JSX는 조건을 표현할 수 있는 여러 가지 방법을 제공한다. 가독성과 유지보수성을 만족하는 코드를 작성하기 위해 각 방법의 장점과 문제점을 이해하는 것은 중요하다.

사용자가 애플리케이션에 로그인한 상태에서만 로그아웃 버튼을 표시하고 싶다고 가정하자.

다음과 같은 간단한 스니펫으로 시작할 수 있을 것이다.

```
let button

if (isLoggedIn) {
  button = <LogoutButton />
}

return <div>{button}</div>
```

이 코드는 동작하긴 하지만 가독성이 좋진 않다. 특히 컴포넌트와 조건이 여럿일 경우에는 더욱 그렇다.

JSX에서는 인라인 조건$^{inline\ condition}$을 사용할 수 있다.

```
<div>
  {isLoggedIn && <LoginButton />}
</div>
```

이 코드도 동작한다. 조건이 false이면 아무것도 렌더링되지 않고, 조건이 true이면 LoginButton의 createElement 함수가 호출되고, 해당 엘리먼트가 반환되고 결과 트리를 구성한다.

조건이 하나의 대안을 가지고 있고(전통적인 if...else 구문), 예를 들어 사용자가 로그인한 상태에서는 로그아웃 버튼을 표시하고, 반대 상태에서는 로그인 버튼을 표시하고 싶다면 다음과 같이 자바스크립트의 if...else 구문을 사용할 수 있다.

```
let button

if (isLoggedIn) {
  button = <LogoutButton />
} else {
  button = <LoginButton />
}

return <div>{button}</div>
```

혹은 더 나은 방법으로 삼항 조건을 사용해서 코드를 좀 더 간결하게 만들 수 있다.

```
<div>
  {isLoggedIn ? <LogoutButton /> : <LoginButton />}
</div>
```

리덕스의 실제 예제(https://github.com/reactjs/redux/blob/master/examples/real-world/src/components/List.js#L28)와 같은 인기 있는 저장소에서 삼항 조건을 사용한 것을 찾아볼 수 있다. 예시에서 삼항 조건

은 isFetching 변숫값에 따라 해당 컴포넌트가 데이터를 가져오는 동안에는 버튼 안에
Loading 라벨 혹은 Load More 라벨을 표시한다.

```
<button [...]>
  {isFetching ? 'Loading...' : 'Load More'}
</button>
```

상황이 더욱 복잡해졌을 때 최고의 해결책이 무엇인지 살펴보자. 예를 들어 한 컴포넌트의
렌더링 여부를 결정하기 위해 하나 이상의 변수를 확인해야 한다고 가정하자.

```
<div>
  {dataIsReady && (isAdmin || userHasPermissions) &&
    <SecretData />
  }
</div>
```

이 경우 인라인 조건을 사용하는 것이 좋은 해결책임은 명백하다. 하지만 가독성에 큰 영향
을 준다. 대신 컴포넌트 안에 헬퍼 함수를 만들고 JSX에서 이를 사용해 조건을 검증할 수
있다.

```
const MyComponent = ({ dataIsReady, isAdmin, userHasPermissions }) => {
  const canShowSecretData = () => {
    return dataIsReady && (isAdmin || userHasPermissions)
  }

  return (
    <div>
      {canShowSecretData() && <SecretData />}
    </div>
  )
}
```

코드에서 볼 수 있듯이 코드의 가독성이 좀 더 높아지고, 동시에 조건도 더욱 명시적으로
된다. 여러분이 6개월 후에 이 코드를 본다 하더라도 함수명만 읽으면 그 의미를 명확하게
파악할 수 있을 것이다.

동일한 것이 계산된 속성에도 적용된다. 화폐^{currency}, 값^{value}을 위한 2개의 단일 속성을 갖고 있다고 가정하자. render 안에 가격^{price} 문자열을 만드는 대신 함수를 만들 수 있다.

```
const MyComponent = ({ currency, value }) => {
  const getPrice = () => {
    return `${currency}${value}`
  }


  return <div>{getPrice()}</div>
}
```

이 방법이 훨씬 좋다. 함수는 격리돼 있으며 로직을 포함하고 있다면 쉽게 테스트할 수 있다.

조건 구문으로 돌아가자. 커스텀 컴포넌트를 만들고 RenderIf라 부르자. 이 함수는 컴포넌트를 조건에 따라 렌더링한다.

```
import React, { FC, ReactElement } from 'react'
interface Props {
  children: ReactElement | string
  isTrue?: Boolean
  isFalse?: Boolean
}

const RenderIf: FC<Props> = ({ children, isTrue, isFalse }) => {
  if (isTrue === true) {
    return <>{children}</>
  }

  if (isFalse === false) {
    return <>{children}</>
  }

  return null
}
export default RenderIf
```

이 함수를 프로젝트에서 다음과 같이 쉽게 사용할 수 있다.

```
import RenderIf from './RenderIf'

const MyComponent = ({ dataIsReady, isAdmin, userHasPermissions }) => {
  return (
    <div>
      <RenderIf isTrue={dataIsReady && (isAdmin || userHasPermissions)}>
        <SecretData />
      </RenderIf>
    </div>
  )
}
```

루프

UI 개발에서 아이템 리스트를 표시하는 것은 매우 일반적인 조작이다. 리스트를 표시할 때 템플릿 언어로 자바스크립트를 사용하는 것은 대단히 좋은 아이디어이다.

JSX 템플릿 안에 배열을 반환하는 함수를 작성하면 배열의 각 엘리먼트가 하나의 엘리먼트로 컴파일된다.

앞서 본 것처럼 중괄호 안에 모든 자바스크립트 표현식을 사용할 수 있으며 주어진 객체 배열로부터 엘리먼트 배열을 생성하는 가장 일반적인 방법은 map을 사용하는 것이다.

실제 세계의 예시를 살펴보자. 여러분은 사용자의 리스트를 갖고 있다. 각 사용자는 하나의 name 속성을 갖고 있다.

사용자를 보여주는 순서가 없는 리스트를 만들기 위해 다음과 같은 코드를 작성할 수 있다.

```
<ul>
  {users.map(user => <li>{user.name}</li>)}
</ul>
```

이 스니펫은 놀랍도록 단순함과 동시에 놀랍도록 강력하다. HTML과 자바스크립트의 강력함이 합쳐졌다.

서브 렌더링

우리는 항상 컴포넌트를 매우 작게, 렌더링 메서드를 매우 깨끗하고 간단하게 유지하기 원한다는 것은 강조할 만한 가치가 있다.

하지만 그 목표를 달성하기란 쉽지 않다. 특히 애플리케이션을 반복적으로 만드는 경우에는 더욱 그렇다. 첫 번째 이터레이션에서는 컴포넌트를 더 작은 단위로 자르는 방법을 정확히 알지 못한다. 렌더링 메서드가 너무 커서 유지보수할 수 없는 상태가 되면 어떻게 해야 하는가? 한 가지 해결책은 동일한 컴포넌트 안에서 모든 로직을 유지할 수 있는 방법으로 메서드를 작은 함수들로 자르는 것이다.

다음 예시를 살펴보자.

```
const renderUserMenu = () => {
  // 사용자 메뉴용 JSX
}

const renderAdminMenu = () => {
  // 관리자 메뉴용 JSX
}

return (
  <div>
    <h1>Welcome back!</h1>
    {userExists && renderUserMenu()}
    {userIsAdmin && renderAdminMenu()}
  </div>
)
```

이것이 항상 최선의 방법은 아닐 수 있으며, 컴포넌트를 더 작은 부분으로 분리하는 것이 더 명확해보일 수 있다. 그러나 때로는 렌더링 메서드를 더 깨끗하게 유지하는 데 도움이 된다. 예를 들어 리덕스의 실제 예시에서는 서브 렌더링 메서드를 사용해 더 load more 버튼을 렌더링한다.

이제 우리는 JSX 파워 사용자이므로 다음 단계로 나가서 스타일 가이드를 따라 코드에 일관성을 부여하는 방법에 관해 살펴보자.

코드 스타일링하기

이번 절에서는 **EditorConfig**와 **ESLint**를 구현해 코드 스타일을 검증함으로써 코드 품질을 개선하는 방법에 관해 학습한다. 팀에서 표준 코드 스타일을 마련하고 서로 다른 코드 스타일을 사용하는 것을 피하는 것이 중요하다.

EditorConfig

EditorConfig를 사용하면 서로 다른 IDE에서 코딩 스타일의 일관성을 유지하는 데 도움이 된다.

많은 편집기들이 EditorConfig를 지원한다. 여러분이 사용하는 편집기가 EditorConfig를 지원하는지 공식 웹사이트(https://www.editorconfig.org)에서 확인할 수 있다.

프로젝트 루트 디렉터리에 .editorconfig 파일을 만들어야 한다. 나는 다음 구성을 사용한다.

```
root = true

[*]
indent_style = space
indent_size = 2
end_of_line = lf
charset = utf-8
trim_trailing_whitespace = true
insert_final_newline = true

[*.html]
indent_size = 4

[*.css]
indent_size = 4

[*.md]
trim_trailing_whitespace = false
```

[*]를 지정하면 모든 파일, [.extention]을 지정하면 특정 파일에 구성을 적용할 수 있다.

Prettier

Prettier는 완고한 코드 포매터^{formatter}이며, 많은 언어에서 지원하기 때문에 대부분의 편집
기에 통합할 수 있다. 파일을 저장할 때 코드의 포맷을 적용할 수 있기 때문에 매우 유용하
다. 코드 리뷰에서 코드 스타일에 관해 의견을 다툴 필요가 없어지므로 코드 리뷰에 드는
많은 시간과 노력을 줄여준다.

여러분이 Visual Studio Code를 사용한다면 먼저 Prettier 확장 기능을 설치해야 한다.

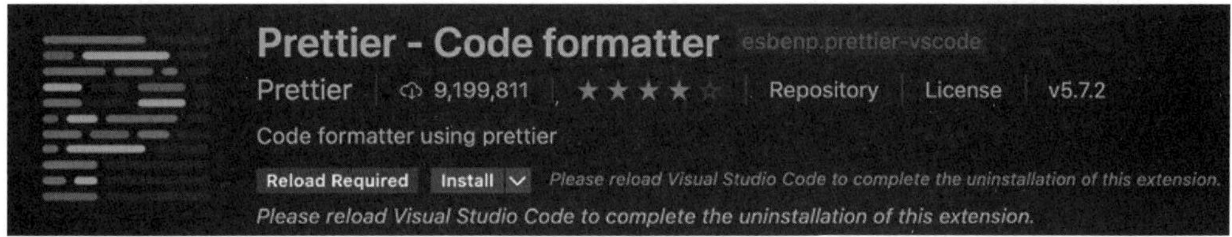

그림 3.2 Prettier – Code formatter

다음으로 파일 저장 시 포매팅을 적용하는 옵션을 구성하고 싶다면 **Settings**에서 **Format on
Save** 옵션을 찾아 체크한다.

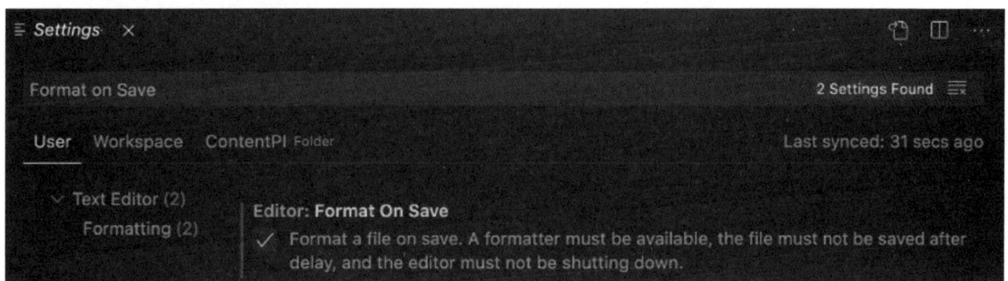

그림 3.3 파일 저장 시 포매팅 옵션 구성하기

이것은 글로벌 설정이므로 여러분의 모든 프로젝트에 영향을 미친다. 특정한 프로젝트에만
이 옵션을 적용하고 싶다면 프로젝트 폴더 안에 `.vscode`라는 폴더를 만들고, 그 안에
`settings.json` 파일을 만든 뒤 다음 내용을 입력하자.

```
{
  "editor.defaultFormatter": "esbenp.prettier-vscode",
  "editor.formatOnSave": true
}
```

다음으로 여러분은 여러 옵션을 .pretterrc 파일에 구성할 수 있다. 다음은 내가 일반적으로 사용하는 구성이다.

```
{
  "arrowParens": "avoid",
  "bracketSpacing": true,
  "jsxSingleQuote": false,
  "printWidth": 100,
  "quoteProps": "as-needed",
  "semi": false,
  "singleQuote": true,
  "tabWidth": 2,
  "trailingComma": "none",
  "useTabs": false
}
```

이는 여러분의 팀 안에서 코드 스타일을 표준화하는 데 도움이 될 것이다.

ESLint

높은 품질의 코드를 작성하는 것은 언제나 우리가 목표하는 바이지만, 에러는 항상 발생한다. 하찮은 오타로 인해 발생한 버그를 잡는 데 수 시간을 들이는 것은 대단히 짜증나는 일이다. 다행히 우리가 타이핑을 할 때 이런 에러를 잡도록 도와주는 다양한 도구들이 있으며, 이를 사용하면 단순한 문법적 실수들을 피할 수 있다.

만약 여러분이 C#과 같은 정적 타입 언어를 사용했다면 IDE 안에서 경고를 받는 데 익숙할 것이다. 자바스크립트 세계에서 유명한 코드 린팅 도구는 ESLint이다. ESLint는 2013년 릴리스된 오픈 소스 프로젝트로, 설정의 자유도가 높고 확장성이 크다.

라이브러리와 기법이 자주 변화하는 빠른 속도의 자바스크립트 생태계에서는 필요에 따라 활성화/비활성화할 수 있는 플러그인과 규칙으로 쉽게 확장할 수 있는 도구를 갖는 것이 매우 중요하다. 또한 바벨과 같은 트랜스파일러 또는 표준 자바스크립트 버전에 포함되지 않은 실험적인 언어 피처들이 있기 때문에 린터에게 소스 파일에서 어떤 규칙을 따르고 있는지 지시할 수 있어야 한다. 린터는 에러를 조기에 발견하도록 도울 뿐만 아니라 공통의 코딩 스타일 가이드를 강제한다. 이는 일관성이 핵심인 대규모 팀에서 특히 중요하다.

다음 절에서는 ESLint에 관해 자세히 살펴보고 이를 활용해 더 좋고 더 일관성 있는 코드를
작성하는 데 도움을 받는 방법에 관해 알아본다.

설치

먼저 ESLint와 몇 가지 플러그인을 다음 명령으로 설치한다.

```
npm install -g eslint eslint-config-airbnb eslint-config-prettier eslintplugin-
import eslint-plugin-jsx-a11y eslint-plugin-prettier eslint-pluginreact
```

실행 파일이 설치되면 다음 명령어로 실행할 수 있다.

```
eslint source.ts
```

파일 안에 에러가 있으면 해당 내용이 출력된다.

처음 설치하고 실행하면 아무런 에러도 나타나지 않는다. ESLint는 구성이 자유로우며, 아
무런 기본 규칙도 설정되지 않기 때문이다.

구성

그럼 ESLint를 구성해보자. 프로젝트 루트 폴더에 .eslintrc 파일을 만들고 이를 사용해서
구성할 수 있다. 몇 가지 규칙을 추가하기 위해 타입스크립트를 위한 .eslintrc 파일을 만
든 뒤 우선 기본 규칙 하나를 추가하자.

```
{
  "parser": "@typescript-eslint/parser",
  "plugins": ["@typescript-eslint", "prettier"],
  "extends": [
    "airbnb",
    "eslint:recommended",
    "plugin:@typescript-eslint/eslint-recommended",
    "plugin:@typescript-eslint/recommended",
    "plugin:prettier/recommended"
  ],
  "settings": {
    "import/extensions": [".js", ".jsx", ".ts", ".tsx"],
```

```json
    "import/parsers": {
      "@typescript-eslint/parser": [".ts", ".tsx"]
    },
    "import/resolver": {
      "node": {
        "extensions": [".js", ".jsx", ".ts", ".tsx"]
      }
    }
  },
  "rules": {
    "semi": [2, "never"]
  }
}
```

이 구성 파일에 관해 약간의 설명이 필요하다. "semi"는 규칙 이름이고 [2, "never"]는 그 값이다. 처음 이 형태를 봤을 때는 상당히 직관적이지 않을 것이다.

ESLint의 규칙은 해당 문제의 심각성을 3단계로 정의한다.

1. off(또는 0): 해당 규칙은 비활성화돼 있다.

2. warn(또는 1): 해당 규칙은 주의warning이다.

3. error(또는 2): 해당 규칙은 에러error를 던진다.

코드가 규칙을 준수하지 않을 때마다 ESLint가 에러를 발생시키기 원하므로 값은 2로 설정했다. 두 번째 파라미터는 ESLint에게 우리가 세미콜론을 절대로 사용하지 않음(반대는 always이다)을 원한다는 것을 전달한다. ESLint와 그 플러그인들은 문서화가 매우 잘돼 있으므로, 개별 규칙에 관한 자세한 설명과 해당 규칙의 성공/실패 예시를 쉽게 찾아볼 수 있다.

다음으로 index.ts 파일을 만들고 다음 내용을 입력한다.

```
const foo = 'bar';
```

eslint index.js를 실행하면 다음 출력을 얻는다.

```
Extra semicolon (semi)
```

훌륭하다. 우리는 린터를 설정했으며 린터는 우리가 첫 번째 규칙을 따르도록 돕고 있다.

다음은 내가 비활성화[off] 또는 변경하기를 선호하는 규칙들이다.

```
"rules": {
  "semi": [2, "never"],
  "@typescript-eslint/class-name-casing": "off",
  "@typescript-eslint/interface-name-prefix": "off",
  "@typescript-eslint/member-delimiter-style": "off",
  "@typescript-eslint/no-var-requires": "off",
  "@typescript-eslint/ban-ts-ignore": "off",
  "@typescript-eslint/no-use-before-define": "off",
  "@typescript-eslint/ban-ts-comment": "off",
  "@typescript-eslint/explicit-module-boundary-types": "off",
  "no-restricted-syntax": "off",
  "no-use-before-define": "off",
  "import/extensions": "off",
  "import/prefer-default-export": "off",
  "max-len": [
    "error",
    {
      "code": 100,
      "tabWidth": 2
    }
  ],
  "no-param-reassign": "off",
  "no-underscore-dangle": "off",
  "react/jsx-filename-extension": [
    1,
    {
      "extensions": [".tsx"]
    }
  ],
  "import/no-unresolved": "off",
  "consistent-return": "off",
  "jsx-a11y/anchor-is-valid": "off",
  "sx-a11y/click-events-have-key-events": "off",
  "jsx-a11y/no-noninteractive-element-interactions": "off",
  "jsx-a11y/click-events-have-key-events": "off",
  "jsx-a11y/no-static-element-interactions": "off",
  "react/jsx-props-no-spreading": "off",
  "jsx-a11y/label-has-associated-control": "off",
  "react/jsx-one-expression-per-line": "off",
```

```
    "no-prototype-builtins": "off",
    "no-nested-ternary": "off",
    "prettier/prettier": [
      "error",
      {
        "endOfLine": "auto"
      }
    ]
  }
}
```

깃 훅

린팅되지 않은 코드가 저장소에 올라가는 것을 막기 위해 깃 훅^{Git Hook}을 사용해 프로세스의 어떤 지점에 ESLint를 추가할 수 있다. 예를 들어 husky를 사용해 pre-commit이라는 깃 훅에서 린터를 실행할 수 있다. pre-push라는 깃 훅에서 단위 테스트를 실행하는 것 또한 유용하다.

husky를 설치하려면 다음 명령을 실행해야 한다.

```
npm install --save-dev husky
```

다음으로 package.json 파일 안에 이 노드를 추가하고 깃 훅 안에서 실행할 태스크를 구성할 수 있다.

package.json > prepare 스크립트를 편집하고 한 번 실행한다.

```
npm pkg set scripts.prepare="husky install"
npm run prepare
```

훅을 추가한다.

```
npx husky add .husky/pre-commit "npm run lint"
git add .husky/pre-commit
```

커밋한다.

```
git commit -m "Keep calm and commit"
# `npm run lint`는 커밋을 할 때마다 실행된다
```

ESLint 명령어에는 --fix라 부르는 특수한 옵션(플래그)이 존재한다. 이 옵션을 사용하면 ESLint는 모든 린터 에러(전부는 아님)를 자동으로 수정하려고 시도한다. 코드 스타일에 영향을 줄 수 있기 때문에, 이 옵션을 사용할 때는 주의를 기울여야 한다. 또 다른 유용한 옵션은 --ext이다. 이 옵션을 사용하면 검증할 파일의 확장자를 지정할 수 있다. 여기에서는 .tsx, .ts 파일만 사용한다.

다음 절에서는 **함수형 프로그래밍**FP, Functional Programming이 동작하는 방법 및 1급 객체first-class object, 순수함purity, 불변성immutability, 커링currying, 합성composition 등의 주제에 관해 학습한다.

⁑ 함수형 프로그래밍

베스트 프랙티스를 따르거나 린터를 사용해 에러를 발견하고 일관성을 강제하는 방법 외에 함수형 프로그래밍 스타일을 적용해 코드를 정리할 수도 있다.

1장에서 논의한 것과 같이 리액트의 선언적 프로그래밍 접근 방식은 코드의 가독성을 높인다. FP는 부수 효과를 피하고 데이터를 불변으로 간주해 코드를 더 유지보수하기 쉽고 이해하기 쉽게 만드는 선언적 패러다임이다.

이번 절에서는 FP 자체에 관해 깊이 다루지 않지만, 리액트에서 일반적으로 사용되는 여러분이 알아둬야 할 몇 가지 개념들을 소개한다.

FP 원칙(불변성, 순수 함수, 고차 함수 등)을 사용하면 좀 더 유지보수하기 용이하고 테스트할 수 있는 코드를 작성하는 데 도움이 된다. 데이터를 불변으로 취급함으로써 부수 작용을 피하고 애플리케이션의 흐름을 이해하기 쉽게 만들 수 있다. 항상 동일한 입력에 대해 동일한 출력을 반환하는 순수 함수는 의도치 않은 부작용을 피하고 코드를 테스트하기 쉽게 만들어준다. 함수를 인수로 사용하거나 함수를 반환하는 고차 함수는 더 모듈화되고 재사용 가능한 코드를 만드는 데 도움이 될 수 있다.

FP 스타일을 채택함으로써 더 선언적이고 덜 명령적인 코드를 작성할 수 있으며, 컴포넌트를 더 쉽게 읽고 이해할 수 있다.

1급 함수

자바스크립트는 1급 함수를 갖는다. 1급 함수는 다른 변수처럼 다뤄진다. 다시 말해 함수가 다른 함수의 매개변수로 전달되거나 다른 함수에 의해 반환되며 변수에 값으로 할당할 수 있음을 의미한다.

이를 활용하면 **고차 함수**HOF, Higher-Order Function의 개념을 소개할 수 있다. 고차 함수는 함수를 매개변수로 받고, 선택적으로 다른 매개변수도 받아 함수를 반환하는 함수이다. 반환된 함수에는 일반적으로 특별한 동작이 더해진다.

다음 예시를 살펴보자.

```
const add = (x, y) => x + y

const log = fn => (...args) => {
  return fn(...args)
}

const logAdd = log(add)
```

이 함수는 2개의 숫자를 더하고, 모든 매개변수를 기록하고 원래 함수를 실행하는 함수를 개선하고 있다.

이 개념은 매우 중요해서 꼭 이해해야 한다. 리액트 세계에서 일반적인 패턴은 고차 컴포넌트HOC, High-Order Component를 사용해서 컴포넌트들을 함수처럼 다루고, 이들의 일반적인 행동을 개선하는 것이다. HOC와 다른 패턴에 관해서는 4장, '인기 있는 합성 패턴 살펴보기'에서 살펴본다.

순수성

FP의 중요한 측면 중 하나는 순수 함수^{pure function}를 작성하는 것이다. 특히 리덕스와 같은 라이브러리를 살펴보는 경우, 리액트 생태계에서 이 개념과 자주 마주하게 될 것이다.

함수가 순수하다는 것은 어떤 의미인가?

부수 작용이 없는 함수를 순수하다고 말한다. 즉, 함수 자체에 대해 로컬하지 않은 것은 변경하지 않는다.

예를 들어 응용 함수가 애플리케이션의 상태를 변경하거나, 상위 범위에 정의된 변수를 수정하거나, **문서 객체 모델**^{DOM, Document Object Model}과 같은 외부 엔티티를 건드린다면 이 함수는 순수하지 않다고 간주된다. 순수하지 않은 함수는 디버깅이 어렵고, 대부분의 경우 여러 차례 적용했을 때 동일한 결과를 기대하는 것이 불가능하다.

예를 들어 다음 함수는 순수하다.

```
const add = (x, y) => x + y
```

이 함수는 여러 차례 실행되더라도 항상 같은 결과를 얻는다. 어떤 것도 저장하지 않고 어떤 것도 수정하지 않기 때문이다.

다음 함수는 순수하지 않다.

```
let x = 0
const add = y => (x = x + y)
```

add(1)를 두 번 실행하면 서로 다른 2개의 결과를 얻는다. 첫 번째 실행했을 때는 1을 얻지만, 두 번째 실행했을 때는 2를 얻는다. 같은 매개변수를 사용해 같은 함수를 호출했더라도 결과는 마찬가지이다. 이런 행동을 하는 이유는 함수가 실행될 때마다 글로벌 상태가 수정되기 때문이다.

불변성

상태를 변경하지 않는 순수 함수를 작성하는 방법에 관해 살펴봤다. 그렇다면 변숫값을 변경해야 할 때는 어떻게 해야 하는가? 함수형 프로그래밍에서는 변숫값을 변경하는 대신 새로운 값을 갖는 새 변수를 생성해서 반환하는 방식을 사용한다.

데이터를 이렇게 다루는 방식을 **불변성**immutability이라 부른다.

불변 값은 변할 수 없는 값이다.

다음 예시를 살펴보자.

```
const add3 = arr => arr.push(3)
const myArr = [1, 2]

add3(myArr); // [1, 2, 3]
add3(myArr); // [1, 2, 3, 3]
```

앞선 함수는 불변성을 따르지 않는다. 주어진 배열값을 변경하기 때문이다. 다시, 같은 함수를 두 번 호출하면 그 결과가 달라진다.

concat을 사용해서 이 함수를 불변으로 바꿀 수 있다. concat은 주어진 배열을 수정하지 않고 새로운 배열을 반환한다.

```
const add3 = arr => arr.concat(3)
const myArr = [1, 2]
const result1 = add3(myArr) // [1, 2, 3]
const result2 = add3(myArr) // [1, 2, 3]
```

이 함수를 두 번 실행해도 myArr의 값은 처음 값과 같다.

커링

FP의 일반적인 기법에 커링currying이 있다. 커링은 여러 인수를 받는 하나의 함수를 한순간에 하나의 인수만 받는 함수로 변환하고 다른 함수를 반환하는 것이다. 예시를 보면서 개념을 명확하게 하자.

앞서 봤던 add 함수에서 시작해 손질된 함수로 변환하자.

현재 코드는 다음과 같다.

```
const add = (x, y) => x + y
```

위 함수를 다음과 같이 정의할 수 있다.

```
const add = x => y => x + y
```

이 함수는 다음과 같이 사용할 수 있다.

```
const add1 = add(1)
add1(2); // 3
add1(3); // 4
```

이 방법을 사용하면 함수를 매우 쉽게 작성할 수 있다. 첫 번째 값은 첫 번째 매개변수의 애플리케이션 뒤에 저장되므로, 두 번째 함수를 여러 번 재사용할 수 있다.

합성

마지막으로 리액트에 적용할 수 있는 FP의 중요한 개념은 합성composition이다. 함수(및 컴포넌트)는 조합돼 좀 더 고급 기능과 속성을 제공하는 새로운 함수로 만들어질 수 있다.

다음 함수를 생각해보자.

```
const add = (x, y) => x + y
const square = x => x * x
```

이 함수들은 서로 조합돼 새로운 함수를 만들 수 있다. 새로운 함수는 두 수를 더한 뒤 그 결과를 제곱한다.

```
const addAndSquare = (x, y) => square(add(x, y))
```

이 패러다임을 사용하면 서로 조합할 수 있는 작고 단순하며 테스트할 수 있는 순수 함수를 유지할 수 있다.

⠿ 정리

3장에서는 문법과 기능들을 포함해 JSX의 기본에 관해 다뤘다. 또한 Prettier와 ESLint를 구성해서 코드베이스의 일관성을 유지하고 조기에 에러를 발견하는 방법을 학습했다. 또한 함수형 프로그램의 몇 가지 핵심적인 기능을 살펴봤다. 이들을 활용하면 유지보수성이 높고 테스트할 수 있는 코드를 작성하는 데 도움을 얻을 수 있다.

우리의 코드는 이제 깨끗하고 잘 구조화됐으므로, 4장부터는 리액트로 한발 깊이 들어가 실제로 재사용할 수 있는 컴포넌트들을 작성하는 방법을 학습한다. 베스트 프랙티스를 따르고 좋은 코딩 습관을 도입함으로써 쉽게 유지보수, 확장 및 테스트할 수 있는 리액트 애플리케이션을 만들 수 있다.

04
인기 있는 합성 패턴 살펴보기

4장에서는 컴포넌트끼리 효과적으로 통신하도록 만드는 방법을 학습한다. 이는 작고, 테스트 가능하고, 유지보수 가능한 컴포넌트를 사용하는 복잡한 리액트 애플리케이션을 만들기 위한 핵심적인 부분이다. 리액트에서 인기 있는 합성 패턴과 도구를 숙달함으로써 애플리케이션의 모든 부분을 제어할 수 있고 확장 가능한 소프트웨어를 만들 수 있다.

그럼 이런 패턴과 도구를 활용해서 좀 더 나은 리액트 애플리케이션을 만드는 방법을 살펴보자. 4장에서는 다음 주제들에 관해 다룬다.

- 컴포넌트 사이에서 props와 children을 사용해 통신하는 방법

- 컨테이너 패턴과 프레젠테이셔널 패턴, 이들을 사용해 더 유지보수하기 쉬운 코드를 만드는 방법

- **고차 컴포넌트**[HOC] 및 이를 활용해 애플리케이션을 더 나은 방식으로 구조화할 수 있는 방법

- 자녀 컴포넌트 패턴의 기능과 그 이점

▶ 기술 요구 사항

4장을 완료하려면 다음이 필요하다.

- Node.js 19+

- Visual Studio Code

4장에서 사용하는 코드는 다음 깃허브 저장소(https://github.com/moseskim/React-18-Design-Patterns-and-Best-Practices-Fourth-Edition/tree/main/Chapter04)에서 확인할 수 있다.

▶ 컴포넌트 간 통신하기

리액트 컴포넌트를 구성하는 것은 리액트를 사용해서 애플리케이션을 구축할 때 얻을 수 있는 핵심적인 이익이다. 깔끔한 인터페이스를 가진 작고 **재사용할 수 있는 컴포넌트**reusable components를 만듦으로써 쉽게 이들을 조합해 강력한 동시에 유지보수성이 높은 복잡한 애플리케이션을 만들 수 있다.

깔끔한 인터페이스를 가진 작은 컴포넌트를 조합하면 강력하면서도 동시에 유지보수성이 높은 복잡한 애플리케이션을 만들 수 있다.

리액트 컴포넌트는 직관적으로 조합할 수 있다. 단지 이들을 렌더에 포함시키기만 하면 된다.

```
const Profile = ({ user }) => (
  <>
    <Picture profileImageUrl={user.profileImageUrl} />
    <UserName name={user.name} screenName={user.screenName} />
  </>
)
```

예를 들어 간단하게 프로파일 이미지를 표시하는 Picture 컴포넌트 및 사용자명과 사용자의 화면상 이름을 표시하는 UserName 컴포넌트를 조합해 하나의 Profile 컴포넌트를 만들 수 있다.

이런 방식으로 몇 줄의 코드만으로 매우 빠르게 사용자 인터페이스의 부품들을 만들 수 있다. 앞선 예시와 같이 컴포넌트를 구성할 때마다 prop을 사용해서 컴포넌트 사이에 데이터를 공유한다. prop을 사용해서 부모 컴포넌트는 그 데이터(혹은 데이터의 일부)를 필요로 하는 모든 컴포넌트에 아래로 전달한다.

한 컴포넌트가 다른 컴포넌트로 prop을 전달하면 전달하는 컴포넌트는 소유자^{owner}라 부르며, 두 컴포넌트 사이에는 부모-자녀 관계가 성립한다. 예를 들어 앞선 스니펫에서 Profile은 Parent의 직계 부모는 아니지만(div 태그가 직계 부모다), Profile은 Picture에 prop을 전달했기 때문에 Picture를 소유한다.

다음 절에서는 children prop과 이를 올바르게 사용하는 방법에 관해 학습한다.

children prop 사용하기

소유자에서 그 렌더 안에 정의된 컴포넌트로 전달될 수 있는 특별한 prop이 있다. 바로 children이다.

리액트 문서에는 이에 관해 다소 불투명하다고 기술하고 있다. 내부의 값에 관해 아무것도 알려주지 않는 속성이기 때문이다. 부모 컴포넌트의 렌더 안에서 정의된 하위 컴포넌트는 일반적으로 JSX에서 컴포넌트 자체의 속성으로 전달되거나 _jsx 함수의 두 번째 매개변수로 전달되는 props를 받는다. 컴포넌트는 또한 내부에 중첩된 컴포넌트로 정의될 수 있으며, children prop을 사용해 이러한 하위 컴포넌트에 접근할 수 있다.

Button 컴포넌트가 있다고 가정하자. 이 컴포넌트는 버튼의 텍스트를 나타내는 텍스트 속성을 갖는다.

```
const Button = ({ text }) => <button className="btn">{text}</button>
```

이 컴포넌트는 다음과 같이 사용할 수 있다.

```
<Button text="Click me!" />
```

이는 다음 코드를 렌더링한다.

```
<button class="btn">Click me!</button>
```

이제 같은 클래스의 같은 버튼을 애플리케이션의 여러 부분에서 사용하고자 하며, 단순한 문자열 이상의 무엇인가를 표현하고 싶다고 가정하자. UI는 텍스트를 가진 버튼들, 텍스트와 아이콘을 가진 버튼들, 텍스트와 라벨을 가진 버튼들로 구성된다.

대부분의 경우 좋은 해결책은 여러 매개변수를 Button에 추가하거나, 여러 버전의 Button을 만들고 각 버튼에 고유하게 특수한 목적(예: IconButton)을 갖게 하는 것이다.

하지만 Button은 단지 래퍼라는 점을 알아야 한다. 그리고 래퍼 안의 모든 엘리먼트는 렌더링할 수 있으며 children 속성을 사용할 수 있다.

```
const Button = ({ children }) => <button className="btn">{children}</button>
```

children prop을 전달함으로써 단일한 text 속성뿐만 아니라 모든 엘리먼트를 Button으로 전달할 수 있으며, 이 엘리먼트는 렌더링돼 children 자리에 나타난다.

이 경우 Button 컴포넌트 안에 감싸진 모든 엘리먼트는 클래스명이 btn인 button 엘리먼트의 자녀로 렌더링된다.

예를 들어 버튼 안의 이미지와 span 태그로 감싸져 있는 텍스트는 다음과 같이 렌더링할 수 있다.

```
<Button>
  <img src="..." alt="..." />
  <span>Click me!</span>
</Button>
```

앞선 스니펫은 브라우저에서 다음과 같이 렌더링된다.

```html
<button class="btn">
  <img src="..." alt="..." />
  <span>Click me!</span>
</button>
```

이 방법을 사용하면 매우 편리하게 컴포넌트가 모든 자식을 받아서 미리 정의된 부모 안에 해당 엘리먼트들을 감쌀 수 있다.

이제 Button 컴포넌트 안에 이미지, 라벨은 물론 다른 리액트 컴포넌트들도 전달할 수 있고, 이들은 그 자녀로 렌더링된다. 앞선 예시에서 봤듯이 children 속성을 배열로 정의했다. 이 것은 해당 컴포넌트의 자녀로 숫자에 관계없이 엘리먼트를 전달할 수 있음을 의미 한다.

단일 자식은 다음 코드와 같이 전달할 수 있다.

```html
<Button>
  <span>Click me!</span>
</Button>
```

다음 절에서는 컨테이너 패턴과 프레젠테이셔널 패턴에 관해 살펴보자.

⠿ 컨테이너 패턴 및 프레젠테이셔널 패턴

3장에서 결합된 컴포넌트를 재사용할 수 있게 만드는 방법에 관해 단계적으로 살펴봤다. 여기에서는 유사한 패턴을 컴포넌트들에 적용해서 이들을 좀 더 명확하고 유지보수성을 높 게 만드는 방법에 관해 살펴본다.

리액트 컴포넌트들은 전형적으로 **논리**logic와 **표현**presentation이 조합돼 있다. 여기에서 논리는 UI와 관계없는 모든 것이며 API 호출, 데이터 조작, 이벤트 핸들러 등이 이에 속한다. 표현 이란 UI를 표시하기 위해 엘리먼트를 만드는 렌더의 한 부분이다.

리액트에는 container와 presentational이라는 단순하고도 강력한 패턴들이 존재한다. 이를 적용하면 논리와 표현을 분리한 컴포넌트들을 작성하는 데 도움이 된다.

논리와 표현의 경계를 잘 정의하는 것은 컴포넌트의 재사용성을 높일 뿐만 아니라 이번 절에서 학습할 여러 이익을 제공한다. 다시 말하지만 새로운 개념을 학습하는 가장 좋은 방법은 실질적인 예시를 관찰하는 것이다. 자, 그럼 실제 코드를 살펴보자.

위치 API^geolocation API를 사용해서 사용자의 위치 정보를 얻고 위도와 경도를 브라우저에 표시하는 컴포넌트가 있다고 가정하자.

먼저 components 폴더에 Geolocation.tsx 파일을 만들고 함수형 컴포넌트를 사용해서 Geolocation 컴포넌트를 정의한다.

```
import { useState, useEffect } from 'react'
const Geolocation = () => {}
export default Geolocation
```

다음으로 상태를 정의한다.

```
const [latitude, setLatitude] = useState<number | null>(null)
const [longitude, setLongitude] = useState<number | null>(null)
```

이제 useEffect 훅을 사용해서 해당 API에 요청을 던질 수 있다.

```
useEffect(() => {
  if (navigator.geolocation) {
    navigator.geolocation.getCurrentPosition(handleSuccess)
  }
}, [navigator])
```

브라우저가 데이터를 반환하면 다음 함수를 사용해 그 결과를 상태에 저장한다(이 함수는 useEffect 훅 함수 앞에 위치해야 한다).

```
const handleSuccess = ({
  coords: { latitude, longitude }
```

```
}: { coords: { latitude: number; longitude: number }}) => {
  setLatitude(latitude)
  setLongitude(longitude)
}
```

마지막으로 위도 값과 경도 값을 표시한다.

```
return (
  <div>
    <h1>Geolocation:</h1>
    <div>Latitude: {latitude}</div>
    <div>Longitude: {longitude}</div>
  </div>
)
```

첫 번째 렌더링을 할 때 위도와 경도는 널^{null} 값을 갖는다. 컴포넌트가 마운트될 때 브라우저에게 좌표를 질문하기 때문이다. 실세계의 컴포넌트라면 데이터가 반환될 때까지 스피너를 표시하고 싶을 수도 있다. 3장, '코드 정리하기'에서 학습한 조건 기법 중 하나를 사용하면 해당 작업을 수행할 수 있다.

이 컴포넌트는 아무런 문제없이 예상대로 동작한다. 그렇지만 위치를 요청하고 반복하는 작업이 빠르게 반복되도록 이 부분을 분리하면 더 좋지 않겠는가?

우리는 컨테이너 패턴과 프레젠테이셔널 패턴을 사용해서 표현 부분을 고립시킬 것이다. 이 패턴에서 모든 컴포넌트는 2개의 작은 컴포넌트로 분할되며, 각 컴포넌트는 명확한 책임을 갖는다. 컨테이너는 컴포넌트의 모든 로직에 관해 알고 있으며, 이는 API가 호출되는 부분이다. 컨테이너는 또한 데이터 조작과 이벤트 핸들링을 수행한다.

프레젠테이셔널 컴포넌트는 UI가 정의된 부분이며 컨테이너로부터 prop의 형태로 데이터를 받는다. 일반적으로 프레젠테이셔널 컴포넌트는 로직을 포함하지 않으므로, 기능을 하는 상태가 없는 컴포넌트로 만들 수 있다.

프레젠테이셔널 컴포넌트가 상태를 가져서는 안 된다는 규칙은 없다(예를 들어 프레젠테이셔널 컴포넌트는 그 안에 UI 상태를 유지할 수도 있다). 여기에서는 위도와 경도를 표시하는 컴포넌트가 필요하므로, 하나의 간단한 함수를 사용할 것이다.

먼저 Geolocation 컴포넌트의 이름을 GeolocationContainer로 바꾼다.

```
const GeolocationContainer = () => {...}
```

또한 Geolocation.tsx 파일명을 GeolocationContatiner.tsx로 변경한다.

이 규칙은 엄격하진 않지만 리액트 커뮤니티에서 널리 사용되고 있는 베스트 프랙티스이다. Container 컴포넌트명 끝에는 Container를 붙이고, 프레젠테이셔널 컴포넌트명은 그대로 사용한다.

또한 렌더 구현을 변경하고 UI 관련 부분을 모두 제거한다. 코드는 다음과 같다.

```
return <Geolocation latitude={latitude} longitude={longitude} />
```

앞선 스니펫에서 본 것처럼 컨테이너의 반환값 안에 HTML 엘리먼트를 만드는 대신, 프레젠테이셔널 컨테이너를 사용하고(이후에 생성한다), 프레젠테이셔널 컨테이너에 상태를 전달한다. 상태는 위도와 경도로 기본값은 널null이다. 브라우저가 콜백을 호출할 때 사용자의 실제 위치를 갖는다.

새로운 파일인 Geolocation.tsx를 만들고 다음과 같이 함수형 컴포넌트를 정의한다.

```
import { FC } from 'react'
type Props = {
  latitude: number
  longitude: number
}
const Geolocation: FC<Props> = ({ latitude, longitude }) => (
  <div>
    <h1>Geolocation:</h1>
    <div>Latitude: {latitude}</div>
    <div>Longitude: {longitude}</div>
  </div>
)
export default Geolocation
```

함수형 컴포넌트는 UI를 정의하는 매우 우아한 방법이다. 이들은 순수한 함수로 상태가 주어지면 그 엘리먼트를 반환한다. 여기에서 함수들은 소유자로부터 위도와 경도를 받고, 마크업 구조를 반환해서 그 값을 표시한다.

이 컴포넌트를 브라우저에서 처음 실행하면 브라우저는 여러분의 위치에 확인하기 위한 권한을 요청할 것이다.

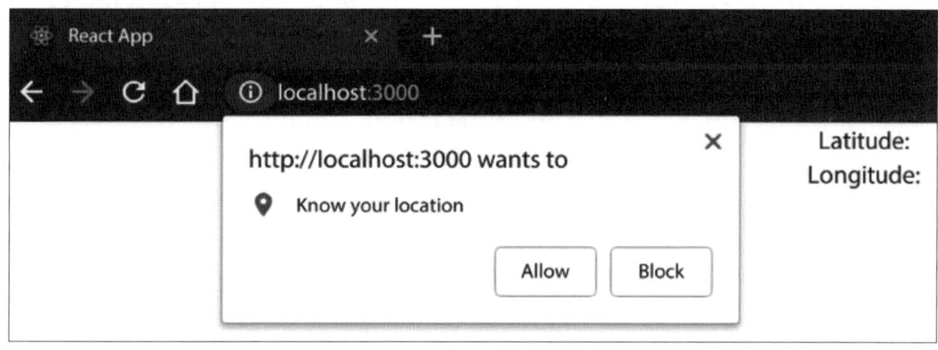

그림 4.1 브라우저는 사용자 위치에 접근하기 위해 권한을 요청한다

브라우저에 해당 권한을 허가하면 다음과 같은 화면을 볼 수 있다.

그림 4.2 경도와 위도를 표시한다

컨테이너 패턴과 프레젠테이셔널 패턴을 따르면서 "껍데기" 혹은 프레젠테이셔널 컴포넌트를 만들었다. 이 컴포넌트는 재사용할 수 있으며 큰 수고를 들이지 않고 컴포넌트들에 통합시킬 수 있다. 이를 활용하면 편리하게 테스트 또는 데모 목적을 위한 임의의 좌표를 전달할 수 있다. 애플리케이션의 어딘가에서 유사한 데이터 구조가 필요한 경우, 새로운 컴포넌트를 처음부터 만들지 않아도 된다. 그저 기존 컴포넌트를 새로운 컨테이너 안에 캡슐화할 수 있다. 예를 들어 이 컴포넌트를 사용해서 분리된 엔드포인트로부터 위도와 경도 정보를 얻도록 설계할 수도 있다.

동시에 팀의 다른 개발자들은 표현에 영향을 미치지 않으면 에러 핸들링 로직을 추가함으로써 위치 정보를 사용하는 컨테이너를 개선할 수 있다. 개발자들은 데이터를 표시하고 디버깅하기 위해 일시적으로 프레젠테이셔널 컴포넌트를 만들 수 있고, 실제 프레젠테이셔널 컴포넌트가 준비됐을 때 대체할 수도 있다.

동일한 컴포넌트에 대해 여러 팀이 동시에 병렬로 작업을 할 수 있다는 것은 큰 장점이다. 특히 반복적인 프로세스를 따라 구현을 수행하는 기업들인 경우에는 더욱 그렇다.

이 패턴은 단순하지만 매우 강력하며 대규모 애플리케이션에 적용되면 개발 속도와 프로젝트의 유지보수성 측면에서 큰 차이를 만들어낸다. 반면, 이 패턴을 실질적인 이유 없이 적용하는 것은 정반대의 문제를 야기한다. 더 많은 파일과 컴포넌트를 만들어야 하기 때문에 코드베이스의 유용성이 저하된다.

따라서 컨테이너 패턴 및 프레젠테이셔널 패턴을 따라 컴포넌트가 리팩터링돼야 하는지 결정할 때는 주의를 기울여야 한다. 일반적으로 올바른 방법은 하나의 컴포넌트에서 시작해 논리와 표현이 필요 이상으로 너무 강하게 결합됐을 때만 분리하는 것이다.

예시에서는 단일 컴포넌트에서 시작해 API 호출을 마크업에서 분리할 수 있다는 것을 깨달았다. 컨테이너에 포함할 것과 프레젠테이션에 포함할 것이 늘 명확하진 않다. 다음 항목들을 고려하면 결정하는 데 도움이 될 것이다.

다음 항목은 컨테이너 컴포넌트의 특성이다.

- 동작에 더 많이 관여한다.
- 프레젠테이셔널 컴포넌트들을 렌더링한다.
- API를 호출하고 데이터를 조작한다.
- 이벤트 핸들러를 정의한다.

다음 항목은 프레젠테이셔널 컴포넌트의 특성이다.

- 시각적 표현에 더 많이 관여한다.
- HTML 마크업(또는 다른 컴포넌트)을 렌더링한다.

- 부모로부터 props의 형태로 데이터를 받는다.

- 주로 상태가 없는 함수형 컴포넌트로 작성돼 있다.

앞서 볼 수 있듯이 이 패턴은 대단히 강력한 도구를 제공하며, 이를 활용하면 웹 애플리케이션을 좀 더 빠르게 개발할 수 있다. 다음 절에서는 고차 컴포넌트에 관해 살펴본다.

고차 컴포넌트 이해하기

3장, '코드 정리하기'의 함수형 프로그래밍 절에서 **고차 함수**[HOF]의 개념을 소개했다. 고차 함수는 인자로 다른 함수를 받아 그 동작을 개선하고 새로운 함수를 반환한다. HOF의 아이디어를 컴포넌트에 적용한 것이 **고차 컴포넌트**[HOC]이다.

HOC의 형태는 다음과 같다.

```
const HoC = Component => EnhancedComponent
```

HOC는 입력으로 컴포넌트를 받고 개선된 컴포넌트를 출력으로 반환하는 함수이다. 개선된 컴포넌트란 무엇인지 간단한 예시를 통해 이해해보자.

모든 컴포넌트에 동일한 `className` 속성을 추가해야 한다고 가정하자. 여러분은 수작업으로 `className` 속성을 모든 렌더 메서드에 추가하거나 다음과 같이 HOC를 작성할 수도 있다.

```
const withClassName = Component => props => (
  <Component {...props} className="my-class" />
)
```

리액트 커뮤니티에서는 HOC에 접두사 `with`를 붙인다.

위 코드는 처음에는 다소 혼란스러울 수 있겠지만 나눠서 살펴보자. 먼저 `withClassName` 함수를 선언했다. 이 함수는 하나의 `Component`를 받고 다른 함수를 반환한다. 반환된 함수는 함수형 컴포넌트이며, 몇 가지 prop을 받고 원래의 컴포넌트를 렌더링한다. 수집된 prop

들은 넓게 퍼지고. "my-class" 값을 갖는 className 속성은 함수형 컴포넌트로 전달된다.

HOC는 전형적으로 그들이 받은 prop들을 해당 컴포넌트에 넓게 퍼뜨린다. 이들은 투명하며 새로운 동작만 추가하기 때문이다.

이 예시는 매우 단순하며 특별히 유용하진 않지만 HOC가 무엇이며 그 형태에 관한 충분한 아이디어를 줬을 것이다. 이제 컴포넌트에서 withClassName HOC를 사용하는 방법에 관해 살펴보자.

먼저 상태가 없는 함수형 컴포넌트 하나를 만든다. 이 컴포넌트는 className을 받고 이를 div 태그에 적용한다.

```
const MyComponent = ({ className }) => <div className={className} />
```

해당 컴포넌트를 직접 사용하는 대신 다음과 같이 HOC에 컴포넌트를 전달한다.

```
const MyComponentWithClassName = withClassName(MyComponent)
```

withClassName 함수 안에 컴포넌트를 감싸서 컴포넌트가 className 속성을 받는 것을 보장한다.

이제 innerWidth를 찾은 좀 더 흥미로운 HOC를 만들어보자. 먼저 Component를 받는 함수를 만든다.

```
import { useEffect, useState } from 'react'
const withInnerWidth = Component => props => <Component {...props} />
```

HOC가 with 패턴을 사용해 강화한 컴포넌트에 정보를 제공하는 경우 관습적으로 접두사를 붙인다.

다음으로 innerWidth 상태와 handleResize 함수를 정의한다.

```
const withInnerWidth = Component => props => {
  const [innerWidth, setInnerWidth] = useState(window.innerWidth)
```

```
  const handleResize = () => {
    setInnerWidth(window.innerWidth)
  }
  return <Component {...props} />
}
```

다음으로 이펙트^{effect}를 추가한다.

```
useEffect(() => {
  window.addEventListener('resize', handleResize)
  return () => {
    window.removeEventListener('resize', handleResize)
  }
}, [])
```

마지막으로 다음과 같이 원래 컴포넌트를 렌더링한다.

```
return <Component {...props} innerWidth={innerWidth} />
```

앞과 같이 prop을 전개했지만, 동시에 innerWidth 상태도 전달했다.

innerWidth 값을 저장함으로써 컴포넌트의 상태를 오염시키지 않고 원래의 동작을 달성했다. 대신 props를 사용했다. props를 사용하는 것은 재사용성을 높이는 훌륭한 방법이다.

이제 HOC를 사용하고 innerWidth 값을 얻는 것은 직관적이다. 새로운 리액트 훅은 새로운 커스텀 훅을 작성함으로써 HOC를 쉽게 대체할 수 있다. innerWidth를 속성으로 기대하는 함수형 컴포넌트를 만든다.

```
const MyComponent = ({ innerWidth }) => {
  console.log('window.innerWidth', innerWidth)
  // ...
}
```

다음과 같이 개선한다.

```
const MyComponentWithInnerWidth = withInnerWidth(MyComponent)
```

HOC를 사용함으로써 상태를 오염시키는 상황을 피할 수 있으며 컴포넌트로 하여금 어떤 함수도 구현하도록 하지 않아도 된다. 이는 컴포넌트와 HOC가 결합되지 않았고, 컴포넌트와 HOC 모두를 애플리케이션 전체에서 재사용할 수 있다는 의미이다.

상태 대신 props를 사용함으로써 "dumb" 컴포넌트를 만들어 스타일 가이드에서 사용할 수 있으며, 복잡한 로직을 무시하고 props를 순서대로 전달하기만 하면 된다.

이 경우에는 지원하는 각 innerWidth 크기마다 컴포넌트를 생성할 수 있다. 다음 예시를 살펴보자.

```
<MyComponent innerWidth={320} />
```

혹은 다음과 같이 생성할 수 있다.

```
<MyComponent innerWidth={960} />
```

예시에서 봤듯 HOC를 사용하면 컴포넌트를 전달하고 기능을 추가한 새로운 컴포넌트를 반환할 수 있다. 공통적으로 사용되는 HOC에는 리덕스의 connect, 릴레이[Relay]의 createFragmentContainer 등이 있다.

FunctionAsChild 이해하기

FunctionAsChild 패턴은 리액트 커뮤니티에서 점점 많은 공감을 얻고 있다. 이 패턴은 react-motion 같은 인기 있는 라이브러리에서 널리 사용되고 있다. react-motion에 관해서는 5장, '브라우저를 위한 코드 작성하기'에서 자세히 살펴본다.

주요 개념은 자녀를 컴포넌트로서 전달하는 대신, 부모로부터 매개변수를 받을 수 있는 함수를 정의한다. 그 형태는 다음과 같다.

```
const FunctionAsChild = ({ children }) => children()
```

앞에서 볼 수 있듯이 FunctionAsChild는 함수로 정의된 children 속성을 갖는 컴포넌트이다. JSX 표현식으로 사용되는 것이 아니라 호출된다.

앞의 컴포넌트는 다음과 같이 사용할 수 있다.

```
<FunctionAsChild>
  {() => <div>Hello, World!</div>}
</FunctionAsChild>
```

이 예시는 매우 간단하다. children은 부모의 렌더 메서드 안에서 실행되고 div 태그로 감싸진 Hello World! 텍스트를 반환한다. 이 텍스트가 화면에 표시된다.

조금 더 의미 있는 예시를 살펴보자. 여기에서는 부모 컴포넌트가 children 함수로 몇 가지 매개변수를 전달한다.

Name 컴포넌트를 만든다. 이 컴포넌트는 children으로 함수를 기대하고 이를 World 문자열에 전달한다.

```
const Name = ({ children }) => children('World')
```

앞의 컴포넌트를 다음과 같이 사용할 수 있다.

```
<Name>
  {name => <div>Hello, {name}!</div>}
</Name>
```

이 스니펫은 Hello, World!를 렌더링하지만 여기에서는 부모에 의해 name이 전달된다. 이제 이 패턴이 동작하는 방법이 명확해졌을 것이다. 이 접근 방식이 주는 이점은 다음과 같다.

- 가장 주요한 이점은 컴포넌트를 캡슐화해서 변수를 동적으로 전달할 수 있다는 점이다. 이것은 HOC를 사용할 때 일반적으로 정적 속성을 활용하는 것과 반대이다. 이에 관한 훌륭한 예시는 Fetch 컴포넌트이다. 이 컴포넌트는 특정한 API 엔드포인트로에서 데이터를 얻어 그 자녀 함수로 차례로 반환하도록 설계됐다.

```
<Fetch url="...">
  {data => <List data={data} />}
</Fetch>
```

- 두 번째로 이 접근 방식을 사용해서 컴포넌트를 구성하면 자녀는 미리 정의된 prop 이름을 강제로 사용하지 않아도 된다. 함수는 변수를 받기 때문에 해당 컴포넌트를 사용하는 개발자들이 이름을 결정할 수 있다. 이 유연성으로 인해 FunctionAsChild 해결책을 좀 더 다양하게 사용할 수 있다.

- 마지막으로 이 래퍼는 재사용성이 매우 뛰어나다. 자신이 받는 자녀에 대해 함수라는 것 이외에 아무런 가정도 하지 않기 때문이다. 따라서 동일한 FunctionAsChild 컴포넌트는 애플리케이션의 여러 위치에서 발견할 수 있으며, 이들은 다양한 자녀 컴포넌트를 지원한다.

FunctionAsChild 패턴을 도입함으로써 리액트 애플리케이션에서 좀 더 유연하고 다양한 용도로 사용할 수 있으며, 재사용할 수 있는 컴포넌트를 만들 수 있다.

⠿ 정리

4장에서는 효과적으로 props를 사용해서 재사용할 수 있는 컴포넌트들을 효과적으로 만들고 서로 통신하는 방법에 관해 학습했다. props를 사용함으로써 잘 정의된 인터페이스를 만들고 컴포넌트 사이의 결합을 끊을 수 있다.

또한 인기 있는 두 가지 구성 패턴인 컨테이너 패턴 및 프레젠테이셔널 패턴에 관해 살펴봤다. 이 패턴들을 사용하면 논리와 표현을 분리함으로써 좀 더 특화되고 집중된 컴포넌트를 만들 수 있다. 또한 **고차 컴포넌트**를 사용해 컴포넌트들을 강하게 결합하지 않고도 그 콘텐츠를 다루는 방법과 FunctionAsChild 패턴을 활용해 컴포넌트를 동적으로 구성하는 방법을 배웠다.

5장에서는 통제된 혹은 통제되지 않은 컴포넌트, 참조, 이벤트 처리 및 리액트에서의 애니메이션에 관해 살펴본다.

05

브라우저를 위한 코드 작성하기

리액트와 브라우저를 함께 다룰 때 수행할 수 있는 몇 가지 특정한 조작이 존재한다. 예를 들어 사용자들에게 폼을 사용해 몇 가지 정보를 입력하도록 요청할 수 있다. 5장에서는 폼을 다루는 다양한 기법을 적용하는 방법을 살펴본다. 우리는 **통제되지 않은 컴포넌트**uncontrolled component를 구현하고 필드가 내부 상태를 유지할 수 있도록 할 수 있다. 또는 통제된 컴포넌트를 사용해 필드 상태를 완전히 제어할 수도 있다.

5장에서는 리액트의 이벤트가 동작하는 방식, 다양한 브라우저에서 일관성 있는 인터페이스를 제공하기 위해 라이브러리를 사용해 몇 가지 고급 기법을 구현하는 방식에 관해 살펴본다. 또한 리액트 개발 팀이 이벤트 시스템의 성능을 높이기 위해 구현한 몇 가지 흥미로운 해결책에 관해서도 살펴본다.

이벤트에 관해 살펴본 뒤 **refs**에 관해 배워보면서 리액트 컴포넌트에서 내부의 **DOM** 노드들에 접근할 수 있는 방법을 확인한다. 이것은 매우 강력한 피처이지만 매우 주의해서 사용해야 한다. 잘못 사용하는 경우 리액트를 쉽게 사용하도록 하는 관습 중 몇 가지를 깨뜨릴 수 있기 때문이다.

refs에 관해 살펴본 뒤 리액트의 애드온을 사용해 애니메이션을 쉽게 구현하는 방법을 살펴본다. 마지막으로 리액트에서 **확장 가능한 벡터 그래픽**^{SVG, Scalable Vector Graphics}을 쉽게 다루는 방법과 애플리케이션에서 동적으로 설정할 수 있는 아이콘을 만드는 법을 학습한다.

5장에서는 다음 주제에 관해 다룬다.

- 다양한 기법을 활용해 리액트에서 폼 생성

- DOM 이벤트 리스닝하기와 커스텀 핸들러 구현

- refs를 사용해 DOM 노드에 대한 엄격한^(단호한) 조작을 수행하는 방법

- 다양한 브라우저에서 동작하는 간단한 애니메이션 작성

- 리액트에서 SVG 생성하는 방법

기술 요구 사항

5장을 완료하기 위해서는 다음이 필요하다.

- Node.js 19+

- Visual Studio Code

5장에서 사용하는 코드는 다음 깃허브 저장소^(https://github.com/moseskim/React-18-Design-Patterns-and-Best-Practices-Fourth-Edition/tree/main/Chapter05)에서 확인할 수 있다.

폼 이해 및 구현하기

이번 절에서는 리액트에서 폼을 구현하는 방법을 배운다. 리액트를 사용해 실제 애플리케이션을 만든 뒤에는 사용자들과 상호 작용해야 한다. 브라우저에서 사용자에게 정보를 요청하고자 하는 경우에는 일반적으로 폼을 사용한다. 라이브러리가 동작하는 방식과 그 선

언적인 특성 때문에 리액트에서 입력 필드와 다른 폼 엘리먼트를 다루는 것은 간단치 않다. 하지만 그 로직을 이해한다면 매우 분명해질 것이다.

다음 절에서는 통제되지 않은/통제된 컴포넌트를 사용하는 방법을 익힌다.

통제되지 않은 컴포넌트

통제되지 않은 컴포넌트는 일반적인 HTML 폼 입력과 같다. 여러분은 그 값을 직접 관리할 수 없지만, DOM이 해당 값을 처리하며 리액트의 ref를 사용해 그 값을 얻을 수 있다. 기본적인 예시에서 시작한다. 이 예시는 하나의 입력 필드와 하나의 Submit 버튼을 표시한다.

코드는 매우 직관적이다.

```
import { FC, useState, ChangeEvent, MouseEvent } from 'react'
const Uncontrolled: FC = () => {
  const [value, setValue] = useState<string>('')
  return (
    <form>
      <input type="text" />
      <button>Submit</button>
    </form>
  )
}
export default Uncontrolled
```

이 스니펫을 브라우저에서 실행하면 정확하게 예상한 것(즉, 무언가를 입력할 수 있는 입력 필드 하나와 클릭할 수 있는 버튼 하나)을 보게 될 것이다. 이것은 통제되지 않은 컴포넌트의 예시이다. 통제되지 않은 컴포넌트에서 우리는 입력 필드의 값을 설정할 수 없지만, 컴포넌트가 그 내부 상태를 관리하도록 할 수 있다.

아마도 **Submit** 버튼을 클릭하면 엘리먼트의 값을 사용해 무언가를 하고 싶을 것이다. 예를 들어 API 엔드포인트로 데이터를 보내고 싶을 수도 있다.

onChange 리스너를 추가하면 이를 쉽게 수행할 수 있다(5장 후반에서 리스너에 관해 더 자세히 논의할 것이다). 우선 리스너를 추가하는 것이 어떤 의미인지 살펴보자.

먼저 handleChange 함수를 만들어야 한다.

```
const handleChange = (e: ChangeEvent<HTMLInputElement>) => {
  console.log(e.target.value)
}
```

이벤트 리스너는 이벤트 객체를 받는다. target은 해당 이벤트를 생성하는 필드를 가리키며, 우리는 그 값에 관심이 있다. 작은 단계로 진행하는 것이 중요하므로 우선 그 값을 로깅하는 것에서 시작한다. 그러나 머지않아 그 값을 저장하게 될 것이다.

마지막으로 폼을 렌더링한다.

```
return (
  <form>
    <input type="text" onChange={handleChange} />
    <button>Submit</button>
  </form>
)
```

컴포넌트를 브라우저에 안에서 렌더링하고 폼 필드에 React라는 단어를 입력하면 콘솔에서 다음과 같이 표시되는 것을 볼 수 있다.

```
R
Re
Rea
Reac
React
```

handleChange 리스너는 입력값이 변경될 때마다 실행된다. 따라서 문자를 입력할 때마다 함수가 호출된다. 다음 단계는 사용자가 입력한 값을 저장하고 사용자가 Sumbit 버튼을 클릭했을 때 사용 가능하게 만드는 것이다.

핸들러의 구현을 변경해 입력을 로깅하는 대신 상태에 저장하게 해야 한다. 다음과 같이 변경하면 된다.

```
const handleChange = (e: ChangeEvent<HTMLInputElement>) => {
  setValue(e.target.value)
}
```

폼 제출에 대한 알림을 받는 것은 입력 필드의 이벤트 변경을 리스닝하는 것과 매우 유사하다. 두 이벤트는 브라우저에서 무언가 발생했을 때 호출된다.

handleSubmit 함수를 정의하자. 이 함수는 단순히 값을 로깅한다. 실세계의 시나리오에서는 데이터를 API 엔드포인트에 보내거나 다른 컴포넌트로 전달할 수 있을 것이다.

```
const handleSubmit = (e: MouseEvent<HTMLButtonElement>) => {
  e.preventDefault()

  console.log(value) // 여기에서 value의 상태를 로깅한다
}
```

이 핸들러는 매우 직관적이다. 상태에 현재 저장된 값을 표시한다. 우리는 또한 폼이 제출됐을 때 브라우저가 기본 동작이 아닌 커스텀 액션을 수행하기를 원한다. 이는 매우 합리적이며 단일 필드에 대해 잘 동작한다. 이제 던져야 할 질문은 이것이다. 여러 필드가 있다면 어떻게 되는가? 수십 개의 다른 필드들이 있다면 어떻게 해야 하는가?

기본 예시에서 시작하자. 여기에서는 각 필드와 핸들러를 직접 만든 뒤 여러 단계의 최적화를 적용해서 개선하는 방법을 살펴본다.

이름과 성을 필드를 가진 새로운 폼을 만들자. Uncontrolled 컴포넌트를 재사용하고 몇 가지 새로운 상태를 추가할 수 있다.

```
const [firstName, setFirstName] = useState('')
const [lastName, setLastName] = useState('')
```

상태 안에 2개 필드를 초기화하고 각 필드에 대한 이벤트 핸들러를 정의했다. 필드 수가 많더라도 이 부분은 어렵지 않음을 알 수 있을 것이다. 하지만 좀 더 유연한 해결책을 구현하기 전에 문제를 명확하게 이해하는 것이 중요하다.

이제 새로운 핸들러를 구현한다.

```
const handleChangeFirstName = ({ target: { value } }) => {
  setFirstName(value)
}

const handleChangeLastName = ({ target: { value } }) => {
  setLastName(value)
}
```

또한 **Submit** 버튼을 클릭했을 때 이름과 성을 표시하도록 **Submit** 핸들러를 조금 변경해야
한다.

```
const handleSubmit = (e: MouseEvent<HTMLButtonElement>) => {
  e.preventDefault()

  console.log(`${firstName} ${lastName}`) // firstName, lastrName 상태를 로그에
표시한다
}
```

마지막으로 폼을 렌더링한다.

```
return (
  <form onSubmit={handleSubmit}>
    <input type="text" onChange={handleChangeFirstName} />
    <input type="text" onChange={handleChangeLastName} />
    <button>Submit</button>
  </form>
)
```

이제 준비가 됐다. 앞의 컴포넌트를 브라우저에서 실행하면 2개의 필드를 볼 수 있을 것이
다. 첫 번째 필드에 Carlos, 두 번째 필드에 Santana를 입력하고 **Submit** 버튼을 클릭하면 브
라우저 콘솔에 이름 전체가 표시되는 것을 확인할 수 있다.

이것은 잘 동작하며 이런 방식으로 몇 가지 흥미로운 것들을 추가할 수 있다. 하지만 이 방
식으로 복잡한 시나리오를 다루려면 수많은 보일러플레이트 코드를 작성해야 한다.

이를 조금 더 최적화할 수 있는 방법을 살펴보자. 우리의 목표는 하나의 변경 핸들러를 사용해 새로운 리스너를 만들지 않고 임의의 수의 필드를 추가하는 것이다.

컴포넌트로 돌아가서 상태를 변경하자.

```
const [values, setValues] = useState({ firstName: '', lastName: '' })
```

여전히 값들을 초기화하고 싶을 것이다. 이번 절의 후반에 폼에 값을 미리 채우는 방법에 관해 살펴볼 것이다.

이제 흥미로운 것은 onChange 핸들러 구현을 수정해 여러 필드에 동작하도록 만드는 방법이다.

```
const handleChange = ({ target: { name, value } }) => {
  setValues({
    ...values,
    [name]: value
  })
}
```

앞서 본 것처럼 우리가 받은 이벤트의 **target** 속성은 해당 이벤트를 발생시킨 입력 필드를 나타낸다. 따라서 우리는 필드명과 그 값을 변수로 사용할 수 있다.

다음으로 각 필드의 이름을 설정해야 한다.

```
return (
  <form onSubmit={handleSubmit}>
    <input
      type="text"
      name="firstName"
      onChange={handleChange}
    />
    <input
      type="text"
      name="lastName"
      onChange={handleChange}
    />
    <button>Submit</button>
```

```
    </form>
  )
```

바로 이것이다! 이제 추가 핸들러를 만들지 않고도 원하는 만큼의 필드를 추가할 수 있다.

통제된 컴포넌트

통제된 컴포넌트^{controlled component}는 컴포넌트 상태를 사용해 폼의 입력 엘리먼트의 값을 제어하는 리액트 컴포넌트이다.

여기에서는 서버에서 받거나 부모에게 prop으로 받은 값을 폼에 미리 채우는 방법에 관해 살펴볼 것이다. 매우 간단한 상태 없는 함수형 컴포넌트에서 시작해 단계적으로 개선하면서 이 개념을 완전하게 이해해본다.

첫 번째 예시는 입력 필드 안에 미리 정의된 값을 보여준다.

```
const Controlled = () => (
  <form>
    <input type="text" value="Hello React" />
    <button>Submit</button>
  </form>
)
```

브라우저에서 컴포넌트를 실행하면 예상한 것처럼 기본값이 표시되는 것을 볼 수 있을 것이다. 하지만 우리는 그 값을 바꾸거나 필드 안에 다른 것을 입력하지 못한다.

리액트에서는 우리가 화면에서 보고 싶은 것을 선언하고 고정 값 속성을 설정하면 다른 작업을 수행하더라도 항상 그 값이 렌더링되기 때문이다. 그리고 이것은 우리가 실세계의 애플리케이션에서 원하는 행동과는 거리가 멀다.

콘솔을 열어보면 다음 에러 메시지를 확인할 수 있다. 리액트 스스로가 우리가 무엇을 잘못하고 있는지 알려준다.

```
You provided a `value` prop to a form field without an `onChange` handler.
This will render a read-only field.
```

입력 필드가 기본값을 갖고 있고, 입력을 통해 그 값을 변경하고 싶다면 defaultValue 속성
을 사용할 수 있다.

```jsx
import { useState } from 'react'
const Controlled = () => {
  return (
    <form>
      <input type="text" defaultValue="Hello React" />
      <button>Submit</button>
    </form>
  )
}
export default Controlled
```

이 필드는 렌더링됐을 때 Hello React를 표시하며, 사용자는 입력 필드 안에 무엇이든 입력
해 값을 변경할 수 있다. 이제 상태를 추가한다.

```jsx
const [values, setValues] = useState({ firstName: 'Carlos', lastName:
'Santana' })
```

핸들러는 이전 것과 동일하다.

```jsx
const handleChange = ({ target: { name, value } }) => {
  setValues({
    [name]: value
  })
}

const handleSubmit = (e) => {
  e.preventDefault()

  console.log(`${values.firstName} ${values.lastName}`)
}
```

사실 입력 필드의 value 속성을 사용해 초깃값을 설정하는 동시에 업데이트된 값도 설정한다.

```
return (
  <form onSubmit={handleSubmit}>
    <input
      type="text"
      name="firstName"
      value={values.firstName}
      onChange={handleChange}
    />
    <input
      type="text"
      name="lastName"
      value={values.lastName}
      onChange={handleChange}
    />
    <button>Submit</button>
  </form>
)
```

폼이 첫 번째 렌더링될 때, 리액트는 상태의 초깃값을 입력 필드의 값으로 사용한다. 사용자가 입력 필드에 무언가를 입력하면 handleChange 함수가 호출되고 필드의 새로운 값이 상태에 저장된다.

상태가 변경되면 리액트는 해당 컴포넌트를 다시 렌더링한다. 이때 입력 필드의 현재 입력돼 있는 값을 다시 반영한다. 이제 필드 값을 완전히 제어할 수 있으며, 이 패턴을 **통제된 컴포넌트**라고 부른다.

다음 절에서는 이벤트에 관해 다룰 것이다. 이벤트는 폼으로부터 전달되는 데이터를 다루는 리액트의 매우 기본적인 부분이다.

⁞⁞⁞ 이벤트 다루기

Events는 브라우저마다 약간씩 다르게 동작한다. 리액트는 이벤트가 동작하는 방법을 추상화함으로써 개발자에게 일관성이 있는 인터페이스를 다룰 수 있게 한다. 이는 리액트의 훅륭한 피처이다. 이는 대상으로 하는 브라우저에 관해 생각하지 않고 **벤더에 구애받지 않는** vendor-agnostic 이벤트 핸들러와 함수를 작성할 수 있기 때문이다.

이 기능을 제공하기 위해 리액트는 합성 이벤트synthetic event의 개념을 도입했다. 합성 이벤트는 브라우저가 제공하는 오리지널 이벤트 객체를 감싸는 객체이며, 이벤트가 생성된 브라우저에 관계없이 동일한 속성을 갖는다.

노드에 이벤트 리스너를 붙이고 이벤트가 발생됐을 때 이벤트 객체를 얻고자 하는 경우, DOM 노트에 이벤트들을 붙인 방법과 유사한 단순한 컨벤션을 사용할 수 있다. 사실 on + 캐멀 케이스 이벤트 이름(예: onKeyDown 등)을 사용해 이벤트가 발생했을 때 호출될 콜백을 정의할 수 있다. 이벤트 핸들러 함수의 이름을 짓는 인기 있는 컨벤션은 이벤트 이름 앞에 handle이라는 접두사를 붙이는 것이다(예: handleKeyDown).

사실 앞에 나온 예시에서 이러한 패턴을 봤다. 폼 필드의 onChange 이벤트를 리스닝할 때를 생각하자. 기본 이벤트 리스너 예제를 다시 반복하면서 동일한 컴포넌트 안에서 여러 이벤트를 조직화하는 더 나은 방법을 확인한다. 간단한 버튼을 구현할 것이다. 이전과 마찬가지로 컴포넌트부터 만든다.

```
const Button = () => {

}
export default Button
```

다음으로 이벤트 핸들러를 정의한다.

```
const handleClick = (syntheticEvent) => {
  console.log(syntheticEvent instanceof MouseEvent)
  console.log(syntheticEvent.nativeEvent instanceof MouseEvent)
}
```

여기에서 한 작업은 매우 간단한다. 리액트에서 받은 이벤트 객체의 타입 및 거기에 붙은 네이티브 이벤트의 타입을 확인한다. 첫 번째 확인에서는 false, 두 번째 확인에서는 true를 반환하기를 기대한다.

원래의 네이티브 이벤트에 접근할 필요는 전혀 없지만, 필요한 경우를 대비해서 접근하는 방법을 알고 있는 것은 좋다. 마지막으로 onClick 속성을 가진 버튼을 정의하고 이벤트 리스너를 연결한다.

```
return (
  <button onClick={handleClick}>Click me!</button>
)
```

이제 버튼에 더블클릭 이벤트를 리스닝하는 두 번째 핸들러를 연결한다고 가정하자. 한 가지 해결책은 새로운 분리된 핸들러를 만들고 onDoubleClick 속성을 사용해 버튼에 연결하는 것이다.

```
<button
  onClick={handleClick}
  onDoubleClick={handleDoubleClick}
>
  Click me!
</button>
```

항상 더 적은 보일러플레이트 코드를 작성하고 중복된 코드를 줄이는 것을 기억하자. 이런 이유에서 각 컴포넌트마다 하나의 단일 이벤트 핸들러를 작성하고, 이벤트 타입에 따라 다른 액션을 수행할 수 있도록 하는 것이 일반적인 프랙티스이다.

이 기법은 마이클 챈^{Michael Chan}의 패턴 컬렉션(http://reactpatterns.com/#event-switch)에 설명돼 있다.

제네릭 이벤트 핸들러를 구현하자.

```
const handleEvent = (event) => {
  switch (event.type) {
    case 'click':
      console.log('clicked')
      break

    case 'dblclick':
      console.log('double clicked')
      break
```

```
    default:
      console.log('unhandled', event.type)
  }
}
```

제네릭 이벤트 핸들러는 이벤트 객체를 받고 이벤트 타입을 변경해 올바른 액션을 실행한다. 이것은 각 이벤트마다 하나의 함수를 호출하기를 원하거나(예: 분석) 몇몇 이벤트가 동일한 로직을 공유할 때 특히 유용하다.

마지막으로 onClick 속성과 onDoubleClick 속성에 새로운 이벤트 리스너를 연결한다.

```
return (
  <button
    onClick={handleEvent}
    onDoubleClick={handleEvent}
  >
    Click me!
  </button>
)
```

이제부터는 동일한 컴포넌트에 대한 새 이벤트 핸들러를 만들어야 할 때마다 새 메서드를 만들어 바인딩하는 대신 switch 구문에 새로운 case를 추가하기만 하면 된다.

리액트의 이벤트에 대해 더 알아두면 좋은 몇 가지 흥미로운 사항은 합성 이벤트가 재사용된다는 것과 **단일 전역 핸들러**single global handler가 존재한다는 것이다. 첫 번째 개념은 합성 이벤트를 저장하고 나중에 재사용할 수 없다는 것을 의미한다. 이벤트는 액션 직후 곧바로 널이 되기 때문이다(사라진다). 이 기술은 성능 측면에서는 매우 우수하지만, 컴포넌트의 상태 안에서 이벤트를 저장하고 뒤에서 재사용하려는 경우 문제가 발생할 수 있다. 이 문제를 해결하기 위해 리액트에서는 합성 이벤트에 대한 persist 메서드를 제공하며, 이를 호출하면 이벤트를 지속적으로 유지하고 후에 저장 및 검색할 수 있다.

두 번째 매우 흥미로운 구현 세부 사항 역시 성능과 관련이 있다. 이것은 리액트가 이벤트 핸들러를 DOM에 연결하는 방식에 관한 것이다.

on 속성을 사용할 때마다 우리는 리액트에게 달성하고자 하는 동작에 관해 설명하지만, 해당 라이브러리는 실제 이벤트 핸들러를 기반 DOM 노드에 연결하지 않는다.

라이브러리는 대신 하나의 이벤트 핸들러를 루트 엘리먼트에 연결한다. 루트 엘리먼트는 **이벤트 버블링**event bubbling을 사용해 모든 이벤트를 리스닝한다. 브라우저에서 관심 있는 이벤트가 발생하면 리액트는 해당 컴포넌트에 대한 핸들러를 대신 호출한다. 이 기법은 **이벤트 위임**event delegation이라 부르며, 메모리와 속도 최적화를 위해 사용한다.

다음 절에서는 리액트의 refs와 이를 활용하는 방법에 관해 살펴본다.

⁞⁞ refs 살펴보기

사람들이 리액트를 좋아하는 이유 중 하나는 선언적이라는 점이다. 선언적이란 어느 시점에든 화면에 여러분이 표시하고자 하는 것을 설명하기만 하면 되고, 브라우저와의 통신은 리액트가 담당한다는 의미이다. 이 기능은 리액트를 이해하기 매우 쉬운 동시에 강력하게 해준다.

하지만 때로 여러분은 기반 DOM 노드에 직접 접근해서 어떤 동작의 명령을 수행해야 할 수도 있을 것이다. 이는 피해야만 한다. 대부분의 경우 같은 결과를 얻기 위해 사용할 수 있는 리액트의 원칙을 준수하는 방법이 존재하기 때문이다. 하지만 우리가 무엇을 선택할 수 있는지, 그것이 어떻게 동작하는지 아는 것은 올바른 결정을 내리기 위해 중요하다.

하나의 입력 엘리먼트와 하나의 버튼을 가진 간단한 폼을 만든다고 가정하자. 그리고 버튼을 클릭하면 입력 필드로 초점이 이동하도록 하고자 한다. 우리가 하고자 하는 것은 입력 노드에 대해 focus 메서드를 호출하는 것이다. 입력 노드란 브라우저 창 안에 있는 입력의 실제 DOM 인스턴스를 가리킨다.

Focus라는 컴포넌트를 만든다. useRef를 임포트하고 inputRef 상수를 만들어야 한다.

```
import { useRef } from 'react'
const Focus = () => {
  const inputRef = useRef(null)
}
export default Focus
```

다음으로 handleClick 메서드를 구현한다.

```
const handleClick = () => {
  inputRef.current.focus()
}
```

코드에서 볼 수 있듯이 inputRef의 현재 속성을 참조하고 그에 대해 focus 메서드를 호출한다.

inputRef가 어디에서 온 것인지 이해하기 위해서는 렌더의 구현을 확인해야 한다.

```
return (
  <>
    <input
      type="text"
      ref={inputRef}
    />
    <button onClick={handleClick}>Set Focus</button>
  </>
)
```

이 부분이 로직의 핵심이다. 우리는 내부에 입력 엘리먼트가 있는 폼을 생성하고 ref 속성에 함수를 정의한다.

컴포넌트가 마운트될 때 정의한 콜백이 호출되며, element 매개변수는 입력의 DOM 인스턴스를 나타낸다. 컴포넌트가 언마운트되면 동일한 콜백이 null 매개변수와 함께 호출돼 메모리를 해제하는 데 사용된다는 것을 아는 것이 중요하다.

콜백에서는 해당 엘리먼트에 대한 참조를 나중에 사용하기 위해 저장한다(예: handleClick 메서드가 호출될 때). 그런 다음 버튼과 그 이벤트 핸들러를 갖는다. 앞의 코드를 브라우저에서 실행하면 폼, 입력 필드 및 버튼이 표시되고 버튼을 클릭하면 예상대로 입력 필드에 초점이 맞춰진다.

앞에서 언급한 것처럼 일반적으로 가능한 refs를 사용하는 것을 피하고자 노력해야 한다. refs는 코드를 더 명령적으로 만들며, 코드는 읽고 유지보수하기 어려워지기 때문이다.

forwardRef 이해하기

React.forwardRef를 사용하면 부모 컴포넌트로부터 자녀 컴포넌트에게 ref("reference"의 줄임)를 전달할 수 있다. 이번 절에서는 React.forwardRef의 기본에 관해 설명하고 간단한 예시를 통해 이를 사용하는 방법에 관해 살펴본다.

리액트에서 ref는 컴포넌트가 렌더링한 DOM 객체에 접근하고, DOM 객체와 상호 작용하는 메커니즘이다. ref를 사용하면 직접 DOM을 수정하거나 DOM 속성에 접근할 수 있다.

React.forwardRef는 고차 컴포넌트이며, 이를 사용하면 ref를 자녀 컴포넌트로 전달할 수 있다. 이는 부모 컴포넌트에서 자녀 컴포넌트의 DOM 엘리먼트나 인스턴스에 접근해야 할 때 유용하다.

전방 참조forwarded ref를 받을 수 있는 컴포넌트를 만들 때는 React.forwardRef 함수를 사용한다. 이 함수는 렌더 함수를 인수로 받는다. 이 렌더 함수는 2개의 매개변수(컴포넌트의 props와 전방 참조)를 받는다.

```
import React from 'react'
const TextInputWithRef = React.forwardRef((props, ref) => {
  return <input ref={ref} type="text" {...props} />
})
export default TextInputWithRef
```

forwardRef 컴포넌트를 사용하려면 useRef() 훅을 사용해 ref를 만들고, 이를 forwardRef 컴포넌트에 할당해야 한다.

```
import React, { useRef } from 'react'
import TextInputWithRef from './TextInputWithRef'
function App() {
  const inputRef = useRef()
  const handleClick = () => {
    inputRef.current.focus()
  }
  return (
    <div>
      <TextInputWithRef ref={inputRef} />
      <button onClick={handleClick}>Focus on input</button>
```

```
    </div>
  )
}
export default App
```

이 예시에서 우리는 전방 참조를 받는 `TextInputWithRef` 컴포넌트를 만들었다. App 컴포넌트 안에서 `useRef()` 훅을 사용해 ref를 만들었다. 이 ref를 사용해 `TextInputWithRef` 컴포넌트를 전달한다. "Focus on input" 버튼을 클릭하면 `handleClick` 함수가 호출되고, 입력 엘리먼트에 초점이 맞는다.

`React.forwardRef`는 매우 강력한 피처이다. 이를 사용하면 부모 컴포넌트에서 자녀 컴포넌트로 참조를 전달할 수 있으며, 이를 통해 자녀 컴포넌트의 동작을 한층 더 제어할 수 있다.

참조와 `forwardRef`의 기본에 관해 이해하고 간단한 예시를 살펴봤다. 여러분은 애플리케이션 안에서 이 피처를 효과적으로 활용할 수 있다. `React.forwardRef`를 활용해 더욱 효과적으로 컴포넌트를 제어하는 방법을 살펴봤다. 이제 리액트 애플리케이션에서 사용자 경험을 향상시키는 또 다른 중요한 측면을 살펴보자. 바로 '애니메이션 구현하기'이다.

애니메이션 구현하기

UI와 브라우저를 고려한다면 반드시 애니메이션에 관해서도 고려해야 한다. 움직이는 UI^{animated UI}는 사용자를 더 즐겁게 만들며, 사용자에게 지금 무언가가 일어나는 중이거나 일어날 것임을 보여주는 중요한 도구이다.

이번 절에서는 애니메이션과 아름다운 UI를 만드는 방법을 속속들이 알려주진 않을 것이다. 이번 절의 목표는 리액트 컴포넌트를 움직이도록 만들기 위해 우리가 사용할 수 있는 일반적인 해결책에 관한 기본 정보를 제공하는 것이다.

React와 같은 UI 라이브러리에서는 개발자들에게 애니메이션을 생성하고 관리하는 쉬운 방법을 제공하는 것이 핵심적이다. 리액트는 `react-transition-group`이라는 애드온을 제공하며, 이 애드온을 사용하면 선언적 방법으로 애니메이션을 구현할 수 있다. 다시 말하지만 동작을 선언적으로 수행할 수 있는 것은 매우 강력하며, 코드를 이해하기 쉽게 만들어주고 팀과 공유하는 데에도 도움이 된다.

움직이는 컴포넌트를 만들기 위해서는 가장 먼저 이 애드온을 설치해야 한다.

```
npm install --save react-transition-group @types/react-transition-group
```

설치를 완료했다면 컴포넌트를 임포트할 수 있다.

```
import { TransitionGroup} from 'react-transition-group'
```

다음으로 애니메이션을 적용할 컴포넌트를 감싼다.

```
const Transition = () => (
  <TransitionGroup
    transitionName="fade"
    transitionAppear
    transitionAppearTimeout={500}
  >
    <h1>Hello React</h1>
  </TransitionGroup>
)
```

위 코드에서 몇 가지 prop에 관해 설명할 필요가 있다. 첫째, transitionName prop을 선언한다. ReactTransitionGroup은 해당 속성의 이름을 가진 클래스를 자녀 엘리먼트에 적용하며, 이후 CSS 트랜지션을 사용해 애니메이션을 만들 수 있다.

단일 클래스를 사용해는 적질한 애니메이션을 쉽게 만들 수 없기 때문에 트랜지션 그룹은 애니메이션 상태에 따라 여러 클래스를 적용한다. 예시에서는 transitionApprear prop을 사용해 자녀가 화면에 나타날 때 애니메이션을 적용하고자 한다는 것을 알린다.

라이브러리는 컴포넌트가 렌더링되는 시점에 해당 컴포넌트에 fade-appear 클래스(fade는 transitionName prop의 값)를 적용한다. 그다음 fadeappear-active 클래스가 적용되고, CSS를 사용해 초기 상태에서 새로운 상태로의 애니메이션을 실행할 수 있다.

또한 `transitionAppearTime` 속성을 설정해서 리액트에게 애니메이션 재생 시간을 알려서 애니메이션이 완료되기 전에 DOM에서 엘리먼트를 제거하지 않도록 해야 한다.

`fade-in` 엘리먼트를 만들기 위한 CSS를 다음과 같다.

먼저 초기 상태에서의 엘리먼트의 투명도를 정의한다.

```css
.fade-appear {
  opacity: 0.01;
}
```

다음으로 두 번째 클래스를 사용해 전환을 정의한다. 이 전환은 엘리먼트에 적용되는 즉시 시작한다.

```css
.fade-appear.fade-appear-active {
  opacity: 1;
  transition: opacity .5s ease-in;
}
```

`ease-in` 함수를 사용해 500ms의 시간 동안 투명도를 0.01에서 1로 전환하고 있다. 이것은 매우 단순하다. 그러나 더 복잡한 애니메이션도 만들 수 있고, 다른 컴포넌트 상태로 움직일 수도 있다. 예를 들어 *-enter, *-enter-active 클래스는 새로운 엘리먼트가 전환 그룹의 자녀로 추가될 때 적용된다. 비슷한 방식을 적용해 엘리먼트를 제거할 수도 있다. 동적인 애니메이션의 세계에 관해 살펴보고, 이것이 어떻게 리액트 컴포넌트를 크게 향상시킬 수 있는지 이해했으므로, 이제 웹 디자인의 또 다른 매력적인 측면에 주목해보자. 바로 **확장 가능한 벡터 그래픽**SVG이다.

⁝⁝ SVG 살펴보기

마지막으로 아이콘과 그래프를 그리기 위해 브라우저에 적용할 수 있는 흥미로운 기법인 SVG에 관해 살펴본다.

SVG는 벡터를 기술하는 선언적 방법이며 리액트의 목적에 완벽하게 부합한다. 과거에는 아이콘 폰트를 사용해 아이콘을 만들었지만, 여기엔 잘 알려진 문제들이 있다. 가장 먼저 이들은 접근할 수 있다. 또한 CSS를 사용해 아이콘 폰트의 위치를 조정하기 매우 어렵다. 그리고 모든 브라우저에서 항상 아름답게 보이지도 않는다. 이러한 이유로 웹 애플리케이션에서는 SVG를 더욱 선호한다.

리액트의 관점에서는 렌더 메서드로부터 div를 출력하든 SVG 엘리먼트를 출력하든 아무런 차이가 없는데, 바로 이것이 강력한 점이다. 또한 SVG를 선택하는 이유는 런타임에 CSS와 자바스크립트를 사용해 쉽게 수정할 수 있기 때문이다. 이 때문에 SVG는 리액트의 함수적 접근 방식과도 잘 어울린다.

따라서 우리가 컴포넌트를 그 prop의 함수로 생각한다면, 서로 다른 prop을 전달해 조작할 수 있는 독립된 SVG 아이콘을 만들 수 있음을 쉽게 상상할 수 있다. 리액트를 사용해 웹앱에서 SVG를 만들 때는, 일반적으로 벡터를 리액트 컴포넌트로 감싼 뒤 prop을 사용해 동적인 값을 정의한다.

파란 원을 그리는 간단한 예시를 살펴보자. SVG 엘리먼트를 감싸는 리액트 컴포넌트를 하나 만든다.

```
const Circle = ({ x, y, radius, fill }) => (
  <svg>
    <circle cx={x} cy={y} r={radius} fill={fill} />
  </svg>
)
```

위에서 볼 수 있듯이 SVG 마크업을 감싸는 상태가 없는 함수형 컴포넌트를 쉽게 만들 수 있다. 이 컴포넌트는 SVG와 동일한 prop을 받는다.

이 컴포넌트는 다음과 같이 사용할 수 있다.

```
<Circle x={20} y={20} radius={20} fill="blue" />
```

리액트가 가진 모든 힘을 분명히 사용해보자. 일부 기본 매개변수를 설정하면 prop 없이 원 아이콘을 렌더링하더라도 여전히 무언가를 표시할 수 있다.

다음과 같이 기본 색상을 정의할 수 있다.

```
const Circle = ({ x, y, radius, fill = 'red' }) => (...)
```

이는 UI를 구현할 때 매우 강력한 힘을 발휘한다. 특히 팀에서 아이콘 셋을 공유하고 기본 값을 설정하고 싶지만 다른 팀이 동일한 SVG 모양을 다시 만들지 않아도 되도록 별도의 설정을 결정하도록 하고 싶은 경우에 유용하다.

하지만 어떤 값들에 대해서는 좀 더 엄격하게 일관성을 갖도록 설정해야 할 때도 있다. 리액트에서는 이를 간단히 수행할 수 있다.

예를 들어 기본 원 컴포넌트를 RedCircle로 감쌀 수 있다.

```
const RedCircle = ({ x, y, radius }) => (
  <Circle x={x} y={y} radius={radius} fill="red" />
)
```

여기에서는 색상이 기본값으로 설정되고 변경할 수 없다. 반면 다른 prop들은 원래의 원으로 투명하게 전달된다.

다음 스크린샷은 SVG를 사용해 리액트가 생성한 2개의 원(파란색, 빨간색)을 나타낸다.

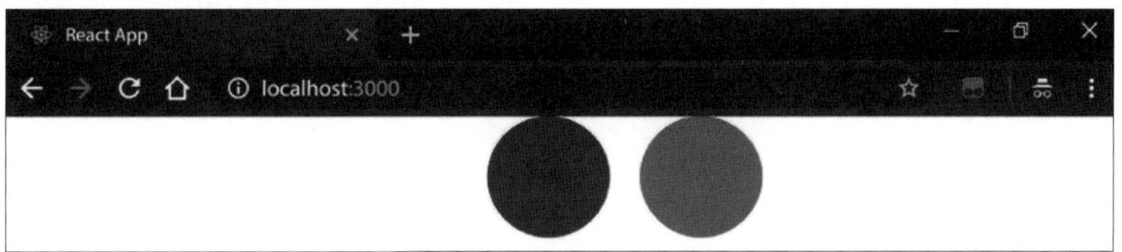

그림 5.1 2개의 원, 파란색과 빨간색 SVG

이 기법을 적용해 SmallCricle, RightCircle 등 UI를 구현하는 데 필요한 다양한 원을 포함한 모든 것을 만들 수 있다.

⁝⁞ 정리

5장에서는 브라우저를 대상으로 하는 리액트의 다양한 기능에 관해 살펴봤다. 폼 생성과 이벤트 처리에서 시작해 SVG 애니메이션까지 다뤘다. 또한 DOM 노드에 간단하게 접근할 수 있는 useRef 훅에 관해 학습했다. 리액트가 제공하는 선언적 접근 방식을 사용하면 복잡한 웹 애플리케이션 관리가 단순해진다. 또한 리액트는 DOM 노드에 직접 접근하는 방법을 제공해, 필요한 경우 명령형 작업을 수행할 수 있도록 함으로써 기존 라이브러리와의 통합을 용이하게 만든다.

6장에서는 CSS와 인라인 스타일 및 자바스크립트에서 CSS를 작성하는 개념에 관해 살펴본다.

06

컴포넌트를 아름답게 보이게 만들기

우리는 리액트 베스트 프랙티스와 디자인 패턴에 관해 알아보는 여정에 있다. 이제 우리 컴포넌트를 아름답게 보이게 만들기 원하는 시점이 됐다. 그렇게 하기 위해 일반적인 CSS가 컴포넌트를 스타일링하는 데 최고의 접근 방식이 아닌 모든 이유와 다양한 대안 해결책에 관해 살펴볼 것이다.

6장은 인라인 스타일에서 시작해 CSS 모듈, `styled-components` 등을 살펴보고 자바스크립트를 사용한 CSS의 마법 같은 세계로 안내할 것이다.

6장에서는 다음 주제에 관해 다룬다.

- 정규적인 CSS를 확장할 때 겪는 일반적인 어려움

- 리액트에서 인라인 스타일을 사용하는 의미와 그 단점

- 웹팩과 CSS 모듈을 사용해 처음부터 프로젝트를 설정하는 방법

- CSS 모듈이 제공하는 피처 및 이들이 전역 CSS를 회피하기 위한 훌륭한 해결책인 이유

- 리액트 컴포넌트 스타일링의 모던한 접근 방식을 제공하는 새로운 라이브러리 `styled-components`

기술 요구 사항

6장을 완료하려면 다음이 필요하다.

- Node.js 19+

- Visual Studio Code

6장에서 사용하는 코드는 다음 깃허브 저장소(https://github.com/moseskim/React-18-Design-Patterns-and-Best-Practices-Fourth-Edition/tree/main/Chapter06)에서 확인할 수 있다.

자바스크립트에서의 CSS

2014년 11월 크리스토퍼 셔듀(Christopher Chedeau, vjeux라고도 알려짐)는 NationJS 콘퍼런스(https://blog.vjeux.com/2014/javascript/react-css-in-js-nationjs.html)에서 발표를 했다. 그의 발표는 리액트 컴포넌트를 스타일링하는 방법에 대해 혁명의 불꽃을 지폈다. 리액트의 기여자이자 메타의 직원인 크리스토퍼는 페이스북(현 메타)이 대규모로 CSS를 다루면서 직면한 문제들에 관해 설명했다. 이런 문제를 이해하는 것은 웹 개발에서 일반적이며, 인라인 스타일과 지역적으로 범위가 지정된 클래스 이름과 같은 개념을 소개하는 데 도움이 될 것이다.

다음은 CSS와 관련된 이슈 목록이며, 이는 CSS를 확장할 때 기본적으로 문제가 된다.

- 전역 이름 공간

- 디펜던시dependencies

- 죽은 코드 제거dead code elimination

- 최소화minification

- 상수 공유하기

- 비결정적 해결^{non-deterministic resolution}

- 격리^{isolation}

CSS의 첫 번째 잘 알려진 문제는 모든 셀렉터^{selector}가 전역^{global}이라는 것이다. 이름 공간을 사용하거나 **블록**^{Block}, **엘리먼트**^{Element}, **수정자**^{Modifier}(BEM) 방법론과 같은 프로시저를 사용해 스타일을 어떻게 구조화하든 항상 전역 이름 공간을 오염시키며 이는 우리 모두가 잘못됐다는 것을 알고 있다. 이는 원칙적으로 잘못됐을 뿐만 아니라 대규모 코드 베이스에서의 많은 에러를 야기하며, 이는 장기적인 관점에서의 유지보수성을 크게 떨어뜨린다. 대규모 팀과 함께 작업하는 경우에는 특정 클래스나 요소가 이미 스타일이 지정됐는지 알아내기는 쉽지 않으며, 대부분의 경우 기존 클래스를 재사용하는 대신 더 많은 클래스를 추가하고자 하는 경향이 있다.

CSS와 관련된 두 번째 문제는 의존성의 정의와 관련돼 있다. 사실 특정 컴포넌트가 특정 CSS에 의존하고 해당 CSS가 스타일이 적용되려면 로드돼야 한다는 것을 명확하게 나타내기는 매우 어렵다. 스타일은 전역적이므로 어떤 파일, 어떤 요소에든 스타일을 적용할 수 있으며, 제어를 잃어버리기가 매우 쉽다.

세 번째 문제는 프론트엔드 개발자들이 전처리기^{pre-processor}를 사용해 CSS를 서브 모듈로 나누는 경향이 있다는 점이다. 결과적으로 이는 브라우저를 위한 큰 전역 CSS 번들이 생성된다.

CSC 코드 베이스는 그 규모가 빠르게 커지는 경향이 있고, 우리는 코드에 대한 통제권을 잃어버린다. 그리고 세 번째 문제는 **죽은 코드 제거**와 관련이 있다. 어떤 스타일이 어떤 컴포넌트에 속해 있는지 빠르게 파악하기 쉽지 않기 때문에 코드를 삭제하기가 매우 어렵다. 실제로 CSS가 가진 계단식 특성^{cascading nature} 때문에 하나의 셀렉터 혹은 규칙을 제거함으로 인해 브라우저에서 의도치 않은 결과를 야기할 수 있다.

CSS 작업과 관련된 더 큰 문제점은 셀렉터와 클래스명의 최소화^{minification}에 관한 것으로 CSS와 자바스크립트 애플리케이션에 모두 적용된다. 이는 쉬운 태스크처럼 보이지만 사실 그렇지 않다. 특히 클래스가 클라이언트에서 동적으로 적용되거나 연결될 때 문제는 더욱 어려워진다. 이것이 네 번째 문제이다.

클래스명을 최소화/최적화하지 못하는 것은 성능에 좋지 않으며, CSS의 크기에 큰 영향을 줄 수 있다. 그리고 일반적인 CSS를 사용하는 경우 스타일과 클라이언트 애플리케이션 사이에서 상수를 공유하는 것도 어렵다. 예를 들어 다른 요소들의 위치를 다시 계산하기 위해 헤더의 높이를 확인해야 한다.

우리는 보통 자바스크립트 API를 사용해 클라이언트의 값을 읽는다. 하지만 최적의 해결책은 상소를 공유하고 런타임에 많은 비용이 드는 계산을 피하는 것이다. 이것은 vjeux와 페이스북의 다른 개발자들이 해결하고자 한 다섯 번째 문제이다.

여섯 번째 문제는 CSS의 비결정적인 해상도와 관련이 있다. 실제로 CSS에서는 선수가 중요하다. 요청에 따라 CSS를 로드하는 경우 그 순서가 보장되지 않으므로, 엘리먼트에 잘못된 스타일이 적용된다.

예를 들어 CSS를 요청하는 방식을 최적화 즉, 사용자가 특정 페이지에 방문했을 때에만 해당 페이지와 관련된 CSS를 로드하고 싶다고 가정하자. 이전 페이지에 관련된 CSS가 다른 페이지의 엘리먼트에도 적용되는 같은 규칙을 가지고 있다면, 이전에 로드됐다는 사실이 앱의 나머지 스타일링에 영향을 미칠 수 있다. 예를 들어 사용자가 전 페이지로 돌아가면, 사용자들은 해당 페이지에 처음 방문했을 때와 미묘하게 다른 페이지를 보게 될 수 있다.

물론 스타일, 규칙, 탐색 경로의 모든 조합을 제어하는 것은 대단히 힘들다. 다시 말하지만 필요할 때 CSS를 로드할 수 있는 것은 웹 애플리케이션의 성능에 많은 영향을 미칠 수 있다.

마지막으로 (중요성과는 관계없이) CSS의 일곱 번째 문제는 크리스토퍼 셰두에 따르면 격리와 관련돼 있다. CSS에서는 파일과 컴포넌트 사이에 적절한 고립을 달성할 수 없다. 셀렉터는 글로벌이고, 쉽게 덮어쓰일 수 있다. 적용돼 있는 클래스명만으로는 엘리먼트의 최종 스타일을 쉽게 예측할 수 없다. 스타일들은 고립돼 있지 않으며 애플리케이션의 다른 부분의 규칙들이 관련 없는 엘리먼트에 영향을 줄 수 있기 때문이다. 이 문제는 인라인 스타일을 사용해 해결할 수 있다.

다음 절에서는 리액트에서의 인라인 사용이 가진 의미, 장점 및 단점에 관해 살펴본다.

❖ 인라인 스타일 이해하기와 구현하기

리액트 공식 문서에서는 개발자들에게 인라인 스타일을 사용해 리액트 컴포넌트의 스타일을 적용할 것을 제안한다. 이는 다소 이상해 보인다. 지난 수년 동안 우리는 관심사 분리가 중요하며, 마크업과 CSS를 뒤섞으면 안 된다고 배웠기 때문이다.

리액트는 관심사 분리의 대상을 기술에서 컴포넌트로 바꾸려고 한다. 마크업, 스타일링, 로직이 강하게 결합돼 있고 서로가 없이 동작할 수 없을 때 이들을 분리하는 것은 그저 환상에 지나지 않는다. 분리를 통해 프로젝트 구조를 좀 더 깨끗하게 할 수 있겠지만, 그밖에는 아무런 이익이 없다.

리액트에서는 애플리케이션을 만들기 위해 컴포넌트를 구성한다. 이때 컴포넌트는 구조의 기본 단위가 된다. 컴포넌트는 애플리케이션을 넘나들며 이동시킬 수 있어야 하며, 어디에서 렌더링되는지에 관계없이 동일한 로직과 UI의 결과를 제공해야 한다.

이것은 리액트에서 컴포넌트 안에 스타일을 함께 두고, 엘리먼트에 인라인 스타일을 적용하는 것이 의미가 있을 수 있는 이유 중 하나이다.

먼저 리액트에서 컴포넌트에 스타일을 적용하기 위해 노드의 스타일 속성을 사용하는 방법에 대한 예를 살펴보자. 여기에서는 `Click me!`라는 텍스트가 쓰여진 버튼을 만들고 해당 버튼에 색상과 배경색을 적용하고자 한다.

```
const style = {
  color: 'palevioletred',
  backgroundColor: 'papayawhip'
}

const Button = () => <button style={style}>Click me!</button>
```

코드에서 볼 수 있듯이 리액트에서는 인라인 스타일을 사용해 엘리먼트에 쉽게 스타일을 적용할 수 있다. 단지 해당 속성이 CSS 규칙이고, 그 값이 일반적인 CSS 파일에서 사용하는 값인 객체를 생성하기만 하면 된다.

차이가 있다면 하이픈(-)으로 연결하는 CSS 규칙이 자바스크립트에 호환되도록 캐멀 케이스로 작성돼야 한다는 것, 값은 문자열이므로 따옴표로 감싸져야 한다는 것이다.

벤더 접두사의 경우는 몇 가지 예외가 존재한다. 예를 들어 webkit에 대한 전환을 정의하고 싶다면 WebkitTransition 속성을 사용해야 한다. 여기에서 webkit 접두사는 대문자로 시작한다. 이 규칙은 모든 벤더 접두사에 적용되지만, ms는 예외로 소문자로 기술한다.

다른 유스 케이스는 숫자이다. 숫자들은 따옴표나 측정 단위 없이 사용할 수 있으며, 기본적으로 픽셀로 다뤄진다.

다음 규칙은 높이 100픽셀을 적용한다.

```
const style = {
  height: 100
}
```

인라인 스타일을 사용해 일반적인 CSS로 구현하기 어려운 작업들을 수행할 수 있다. 예를 들어 런타임에 클라이언트 측에서 몇 가지 CSS 값들을 재계산할 수 있다. 이는 매우 강력한 개념인데, 이에 관해서는 다음 예시에서 확인할 것이다.

폼 필드 하나를 만든다고 가정하자. 폰트 크기는 그 값에 따라 달라진다. 필드 값이 24이면 폰트 크기는 24픽셀이 된다. 일반적인 CSS를 사용하는 경우 이런 동작은 많은 노력과 중복 코드 없이는 거의 재현이 불가능하다.

대신 인라인 스타일을 사용하면 이를 얼마나 쉽게 수행할 수 있는지 알아보자. 먼저 FontSize 컴포넌트를 만들고, 상태 값을 선언한다.

```
import { useState, ChangeEvent } from 'react'
const FontSize = () => {
  const [value, setValue] = useState<number>(16)
}
export default FontSize
```

간단한 변경 핸들러를 구현한다. 이 핸들러에서는 이벤트의 target 속성을 사용해 해당 필드의 현재 값을 가져온다.

```
const handleChange = (e: ChangeEvent<HTMLInputElement>) => {
  setValue(Number(e.target.value))
}
```

드디어 해당 숫자 타입의 입력 파일을 렌더링했다. 이것은 통제된 컴포넌트이다. 상태를 사용해서 그 값을 업데이트하기 때문이다. 그것은 또한 이벤트 핸들러를 갖고 있으며, 이 이벤트 핸들러는 필드 값이 변경될 때마다 동작한다.

마지막으로 필드의 **style** 속성을 사용해 font-size 값을 설정한다. 코드에서 볼 수 있듯이 리액트 컨벤션을 따르기 위해 CSS 규칙을 캐멀 케이스로 표기한다.

```
return (
  <input
    type="number"
    value={value}
    onChange={handleChange}
    style={{ fontSize: value }}
  />
)
```

앞의 컴포넌트를 렌더링하면 입력 필드 값에 따라 폰트 크기가 변하는 입력 필드를 볼 수 있다. 값이 변경되면 해당 필드의 새로운 값을 상태에 저장한다. 상태를 수정하면 컴포넌트는 다시 렌더링되고, 새 상태 값을 사용해 필드의 표시 값과 폰트 크기를 설정한다. 간단하면서도 강력하다.

컴퓨터 과학에서의 모든 해결책은 단점을 가지며, 이는 언제나 모종의 트레이드오프를 나타낸다. 인라인 스타일의 경우에도 안타깝지만 많은 문제를 갖고 있다.

예를 들어 인라인 스타일을 사용하면 의사 셀렉터pseudo-selector(예: :hover)와 의사 엘리먼트pseudo-element를 사용할 수 없다. 결과적으로 상호 작용과 애니메이션을 포함하는 UI를 만들 때 매우 중요한 제약이 된다.

몇 가지 해결책이 존재하긴 한다. 예를 들어 의사 엘리먼트 대신 실제 엘리먼트를 만들 수 있다. 하지만 의사 클래스에 대해서는 CSS 동작을 시뮬레이션하기 위해 자바스크립트를 사용해야 하기 때문에 최적의 방법은 아니다.

동일한 원칙은 **미디어 쿼리**^{media queries}에도 적용된다. 미디어 쿼리는 인라인 스타일을 사용해 정의할 수 없으므로 반응형 웹 애플리케이션을 만들기 어려워진다. 스타일은 자바스크립트 객체를 사용해 선언되므로 style 대체 옵션 역시 사용할 수 없다.

```
display: -webkit-flex;
display: flex;
```

자바스크립트 객체는 동일한 이름으로 두 가지 속성을 가질 수 없다. style 폴백은 피해야 하지만 필요할 때 그들을 사용할 수 있는 능력을 갖는 것은 언제나 바람직하다.

인라인 스타일을 사용해 에뮬레이션할 수 없는 또 다른 CSS의 기능은 **애니메이션**^{animations}이다. 이를 회피하는 방법은 애니메이션을 전역으로 정의하고, 이들을 엘리먼트의 style 속성 안에서 사용하는 것이다. 인라인 스타일을 사용하는 경우, 일반적인 CSS를 사용해 스타일을 오버라이드해야 할 때마다 !important 키워드를 사용해야 한다. 이는 다른 스타일이 해당 엘리먼트에 적용되는 것을 가로 막는 좋지 않은 프랙티스이다.

인라인 스타일을 사용할 때의 가장 어려운 것은 디버깅이다. 우리는 브라우저 개발자 도구에서 적용된 스타일이 무엇인지 디버깅하고 확인할 때, 엘리먼트를 찾기 위해 클래스 이름을 곧잘 사용한다. 인라인 스타일을 사용하면 아이템의 모든 스타일이 style 속성 안에 나열되기 때문에 결과를 확인하고 디버깅하기 매우 어렵다.

예를 들어, 이번 절 앞 부분에서 만든 버튼은 다음과 같이 렌더링된다.

```
<button style="color:palevioletred;background-color:papayawhip;">Click
me!</button>
```

예시 코드 읽기는 그렇게 어렵지 않다. 하지만 수백 개의 엘리먼트와 수백 가지 스타일을 갖고 있다고 상상해보자. 문제가 매우 복잡해진다는 것을 어렵지 않게 알 수 있다.

또한 여러분이 모든 개별 아이템이 같은 style 속성을 갖고 있는 리스트를 수정하는 경우, 브라우저에서 결과를 확인하기 위해 한 항목을 동적으로 변경하면 그 스타일은 해당 항목에만 적용되고 다른 형제 항목에는 적용되지 않는 것을 볼 수 있다. 아이템들이 모두 같은 스타일을 공유함에도 불구하고 말이다.

마지막으로 서버 측에서 애플리케이션을 렌더링하는 경우(이 주제는 12장, '서버 사이드 렌더링'에서 다룰 것이다)에는 인라인 스타일을 사용할 때 페이지 크기가 더 커진다.

인라인 스타일을 사용하면 모든 CSS 내용이 마크업에 된다. 이로 인해 클라이언트에게 전송하는 파일의 바이트 수가 추가되므로 웹 애플리케이션이 더 느려진 것처럼 보인다. 압축 알고리듬을 사용하면 이러한 문제를 해결하는 데 도움을 얻을 수 있으며, 때로는 최적 경로의 CSS를 로드하는 것이 좋은 해결책이 될 수 있다. 하지만 일반적으로는 이런 상황을 피하려고 노력해야 한다.

인라인 스타일은 그들이 해결하고자 노력하는 문제보다 더 많은 문제를 야기하는 것으로 밝혀졌다. 이러한 이유로 커뮤니티에서는 인라인 스타일의 문제를 해결하기 위한 다양한 도구를 만들었다. 이 도구들은 스타일을 컴포넌트 안에 유지하거나, 컴포넌트 안에 로컬로 유지해 양쪽 모두의 이점을 얻을 수 있도록 설계됐다.

크리스토퍼 셰두의 발표 이후 많은 개발자가 인라인 스타일에 대해 언급하기 시작했고, 자바스크립트에서 CSS를 작성하는 새로운 방법을 찾는 많은 해결책이 만들어지고 실험들이 이뤄졌다. 초기 솔루션은 2, 3개에 불과했지만 현재는 40개 이상으로 늘어났다.

다음 절에서는 CSS 모듈을 사용하는 방법에 관해 살펴본다.

⠿ CSS 모듈 사용하기

인라인 스타일이 여러분의 프로젝트 및 팀에 적합하지 않다고 느껴지지만, 여전히 스타일과 컴포넌트를 가능한 한 가깝게 유지하고 싶다면, **CSS 모듈**^{CSS modules}이라 부르는 해결책을 사용할 수 있다. CSS 모듈은 CSS 파일로, 이 파일 안에는 모든 클래스명과 애니메이션명이 기본적으로 지역적인 범위를 갖도록 설정된다. 이들을 프로젝트에서 어떻게 활용할 수 있는지 살펴보자. 그 전에 먼저 **웹팩**^{webpack}을 설정해야 한다.

웹팩 5

CSS 모듈에 관해 살펴보고 이들이 동작하는 방식에 관해 학습하기 전에 이들을 생성하는 방법과 이들을 지원하는 여러 도구에 관해 먼저 이해하자.

3장, '코드 정리하기'에서 ES6 코드를 작성하고 바벨과 그 프리셋을 사용해 해당 코드를 트랜스파일할 수 있는 방법을 살펴봤다. 애플리케이션 규모가 커지게 되면 여러분은 아마도 코드 베이스를 모듈로 분할하고 싶어질 것이다.

웹팩 또는 브라우즈리파이^{Browserify}를 사용해 애플리케이션을 작은 모듈로 나눌 수 있고, 나눈 모듈을 필요한 곳에서 임포트해서 여전히 브라우저를 위한 큰 규모의 번들을 만들 수 있다. 이 도구들은 **모듈 번들러**^{module bundler}라 부르며, 모듈 번들러는 애플리케이션의 모든 디펜던시를 하나의 번들에 로드한다. 이 번들은 브라우저에서 실행될 수 있지만, ^(아직) 모듈의 개념은 존재하지 않는다.

리액트 세계에서 웹팩의 인기는 매우 높다. 웹팩은 로더^{loader}의 개념을 처음 제공했으며, 이와 함께 많은 흥미롭고 유용한 기능을 제공한다. 웹팩을 사용하면 자바스크립트 이외의 디펜던시를 로드할 수 있다^(로더가 존재하는 경우). 예를 들어 JSON 파일은 물론 이미지 및 다른 에셋^{asset}을 번들에 로드할 수 있다.

2015년 5월, CSS 모듈의 제작자 중 한 명인 마크 달레이^{Mark Dalgleish}는 웹팩 번들 안에 CSS를 임포트할 수 있다는 것을 알아냈고, 해당 개념을 발전시켰다. 마크는 다음과 같이 생각했다. CSS를 컴포넌트에 국지적으로 임포트할 수 있고, 임포트된 모든 클래스명은 국지적으로 범위를 지정할 수 있으며, 이는 해당 스타일을 격리시킬 것이므로 훌륭하다고 생각했다.

마크 달레이의 생각을 따라 국지적 범위의 CSS의 개념적 진화를 추적하고, 이것이 웹팩 번들에서의 스타일 격리를 혁신적으로 바꾼 방법을 이해한 뒤 좀 더 실질적인 분야로 이동하자. 다음 절의 내용은 이러한 원칙을 활용하는 프로젝트를 설정하는 데 도움이 될 것이다.

프로젝트 설정하기

이번 절에서는 매우 간단한 웹팩 애플리케이션을 설정하는 방법에 관해 살펴본다. Babel을
사용해 자바스크립트를 트랜스파일하고 CSS 모듈을 사용해 로컬 범위 CSS를 번들에 로드
한다. 또한 CSS 모듈이 제공하는 모든 기능과 이들을 사용해 해결할 수 있는 문제가 무엇인
지 살펴본다. 먼저 빈 디렉터리로 이동해 다음 명령어를 실행한다.

```
npm init
```

위 명령을 실행하면 몇 가지 기본값을 포함한 `package.json` 파일이 생성된다.

다음으로 디펜던시들을 설치하자. 먼저 웹팩, 그다음으로 `webpack-dev-server`를 설치한다.
이를 사용해 애플리케이션을 로컬로 실행하고 동적으로 번들을 생성할 것이다.

```
npm install --save-dev webpack webpack-dev-server webpack-cli
```

웹팩을 설치했다면 다음으로 바벨과 그 로더를 설치한다. 웹팩을 사용해 번들을 만들었으
므로 바벨 로더를 사용해 웹팩 안에 있는 ES6 코드를 트랜스파일할 것이다.

```
npm install --save-dev @babel/core @babel/preset-env @babel/preset-react
ts-loader
```

마지막으로 `style-loader`와 CSS 로더를 설치한다. 이 로더들은 CSS 모듈을 활성화하기 위
해 필요하다.

```
npm install --save-dev style-loader css-loader
```

작업을 쉽게 하려면 한 가지를 더해야 한다. `html-webpack-plugin`을 설치하는 것이다. 이 플
러그인은 HTML 페이지를 만들고 그 페이지에서 자바스크립트 애플리케이션을 동적으로
호스팅해준다. 웹팩 구성만 변경하면 되며 일반적인 파일을 생성할 필요도 없다. 또한
`fork-ts-checker-webpack-plugin` 패키지를 설치한다. 이를 설치하면 웹팩과 함께 타입스크
립트를 사용할 수 있다.

```
npm install --save-dev html-webpack-plugin fork-ts-checker-webpack-plugin
typescript
```

마지막으로 react와 react-dom을 설치한다.

```
npm install react react-dom
```

모든 디펜던시를 설치했다. 이제 필요한 설정을 진행하자.

먼저 루트 디렉터리에 `.babelrc` 파일을 생성한다.

```
{
  "presets": ["@babel/preset-env", "@babel/preset-react"]
}
```

첫 번째 할 작업은 `package.json` 안에 npm 스크립트를 추가해 `webpack-dev-server`를 실행하는 것이다. 이는 개발 단계의 애플리케이션을 제공한다.

```
"scripts": {
  "dev": "webpack serve --mode development --port 3000"
}
```

TIP

웹팩 5에서는 `webpack-dev-server` 대신 이 방법을 사용해 웹팩을 호출해야 한다. 하지만 여전히 이 패키지가 설치돼 있어야 한다.

웹팩은 구성 파일을 통해 애플리케이션에서 우리가 사용하는 다양한 디펜던시의 유형을 처리한다. 이렇게 하기 위해서는 `webpack.config.ts` 파일을 만들어야 한다. 이 파일은 하나의 객체를 익스포트한다.

```
module.exports = {}
```

익스포트한 객체는 구성 객체이며 웹팩은 이를 사용해 번들을 생성한다. 그리고 이 객체는 프로젝트 규모와 기능에 따라 다양한 속성을 가질 수 있다.

예시를 단순하게 유지할 것이므로 3개의 속성만 추가한다. 첫 번째 속성은 entry이다. entry 는 웹팩에게 애플리케이션 메인 파일의 위치를 전달한다.

```
entry: './src/index.tsx'
```

두 번째 속성은 moudle이다. module은 웹팩에게 외부 디펜던시를 로딩하는 방법을 전달한다. rules라는 속성을 가지며, 이 속성에 파일 유형에 따라 각각 로더를 설정한다.

```
module: {
  rules: [
    {
      test: /\.(tsx|ts)$/,
      exclude: /node_modules/,
      use: {
        loader: 'ts-loader',
          options: {
            transpileOnly: true
          }
      }
    },
    {
      test: /\.css/,
      use: [
        'style-loader',
        'css-loader?modules=true'
      ]
    }
  ]
}
```

위 설정에 따르면 .ts 혹은 .tsx 정규 표현식에 매치하는 파일은 tsloader를 사용해 로딩되 며, 이후 트랜스파일돼 번들에 로딩된다.

또한 .babelrc 파일에 프리셋을 추가했음을 알 수 있다. 3장, '코드 정리하기'에서 봤듯이, 프리셋은 바벨에게 다양한 구문 유형(예: TSX)을 다루는 방법을 지시하는 구성 옵션 셋이다.

규칙 배열의 두 번째 항목은 웹팩에게 CSS 파일을 가져올 때 처리하는 방법을 알려주며, CSS 모듈을 활성화하기 위해 css-loader의 모든 플래그를 활성화한다. 변환 결과는 스타일을 페이지 헤더에 삽입하는 style-loader로 전달된다.

마지막으로 페이지를 생성하기 위해서 HTML 플러그인을 활성화하고, 앞서 지정한 엔트리 경로를 사용해 스크립트 태그를 자동으로 추가한다.

```
const HtmlWebpackPlugin = require('html-webpack-plugin')
const ForkTsCheckerWebpackPlugin = require('fork-ts-checker-webpackplugin')


plugins: [
  new ForkTsCheckerWebpackPlugin(),
  new HtmlWebpackPlugin({
    title: 'Your project name',
    template: './src/index.html',
    filename: './index.html'
  })
]
```

완전한 webpack.config.ts 코드는 다음과 같다.

```
const HtmlWebpackPlugin = require('html-webpack-plugin')
const path = require('path')
const ForkTsCheckerWebpackPlugin = require('fork-ts-checker-webpackplugin')


const isProduction = process.env.NODE_ENV === 'production'
module.exports = {
  devtool: !isProduction ? 'source-map' : false, // source 맵을 생성한다
  // 개발 전용
  entry: './src/index.tsx',
  output: { // 번들을 출력하고자 하는 경로
    path: path.resolve(__dirname, 'dist'),
    filename: '[name].[hash:8].js',
    sourceMapFilename: '[name].[hash:8].map',
    chunkFilename: '[id].[hash:8].js',
    publicPath: '/'
  },
  resolve: {
    extensions: ['.ts', '.tsx', '.js', '.json', '.css'] // 지원할 확장자를 추가한다
  },
  target: 'web',
```

```js
    mode: isProduction ? 'production' : 'development', // 프로덕션 모드는 코드를
최소화한다
    module: {
      rules: [
        {
          test: /\.(tsx|ts)$/,
          exclude: /node_modules/,
          use: {
            loader: 'ts-loader',
            options: {
              transpileOnly: true
            }
          }
        },
        {
          test: /\.css/,
          use: [
            'style-loader',
            'css-loader?modules=true'
          ]
        }
      ]
    },
    plugins: [
      new ForkTsCheckerWebpackPlugin(),
      new HtmlWebpackPlugin({
        title: 'Your project name',
        template: './src/index.html',
        filename: './index.html'
      })
    ],
    optimization: { // 번들을 vendor와 main으로 분할한다
      splitChunks: {
        cacheGroups: {
          default: false,
          commons: {
            test: /node_modules/,
            name: 'vendor',
            chunks: 'all'
          }
        }
      }
    }
  }
}
```

다음으로 타입스크립트를 구성한다. `tsconfig.json` 파일이 필요하다.

```json
{
  "compilerOptions": {
    "allowJs": true,
    "allowSyntheticDefaultImports": true,
    "baseUrl": "src",
    "esModuleInterop": true,
    "forceConsistentCasingInFileNames": true,
    "isolatedModules": true,
    "jsx": "react-jsx",
    "lib": ["dom", "dom.iterable", "esnext"],
    "module": "esnext",
    "moduleResolution": "node",
    "noEmit": true,
    "noFallthroughCasesInSwitch": true,
    "noImplicitAny": false,
    "resolveJsonModule": true,
    "skipLibCheck": true,
    "sourceMap": true,
    "strict": true,
    "target": "esnext"
  },
  "include": ["src/**/*.ts", "src/**/*.tsx"],
  "exclude": ["node_modules"]
}
```

타입스크립트를 사용해 CSS 파일들을 임포트하려면 선언 파일(src/declarations.d.ts)을 만들어야 한다.

```
declare module '*.css' {
  const content: Record<string, string>
  export default content
}
```

다음으로 메인 파일(src/index.tsx)을 작성하자.

```
import { createRoot } from 'react-dom/client'
const App = () => {
  return <div>Hello World</div>
```

```
}
createRoot(document.getElementById('root') as HTMLElement).render(
  <React.StrictMode>
    <App />
  </React.StrictMode>
)
```

마지막으로 초기 HTML 파일(src/index.html)을 작성하자.

```
<!DOCTYPE html>
<html>
  <head>
    <meta charset="UTF-8" />
    <meta name="viewport" content="width=device-width, initial-scale=1.0" />
    <meta http-equiv="X-UA-Compatible" content="ie=edge" />
    <title><%= htmlWebpackPlugin.options.title %></title>
  </head>
  <body>
    <div id="root"></div>
  </body>
</html>
```

완료했다. 터미널에서 npm run dev 명령어를 실행하고 브라우저에서 http://localhost:8080
을 방문하면 다음과 같은 마크업이 제공되는 것을 확인할 수 있다.

```
<!DOCTYPE html>
<html>
  <head>
    <meta charset="UTF-8">
    <title>Your project name</title>
    <script defer src="/vendor.12472959.js"></script>
    <script defer src="/main.12472959.js"></script>
  </head>
  <body>
    <div id="root"></div>
  </body>
</html>
```

완벽하다! 리액트 애플리케이션이 동작한다. 이제 프로젝트에 몇 가지 CSS를 추가하는 방법에 관해 살펴보자.

로컬 범위 CSS

이제 앱을 만들 시간이다. 이 앱은 이전 예시에서 사용했던 버튼과 동일한 종류의 간단한 버튼으로 구성된다. 이 버튼을 사용해 CSS 모듈의 모든 기능에 관해 살펴볼 것이다.

src/index.tsx 파일을 업데이트한다. 이 파일은 웹팩 구성에서 엔트리로 지정했다.

```
import { createRoot } from 'react-dom/client'
```

다음으로 간단한 버튼을 만든다. 늘 하던 것처럼 아무런 스타일이 적용되지 않은 버튼을 만든 후, 단계적으로 스타일들을 추가할 것이다.

```
const Button = () => <button>Click me!</button>
```

마지막으로 이 버튼을 DOM으로 렌더링할 수 있다.

```
createRoot(document.getElementById('root') as HTMLElement).render(<Button/>)
```

이제 버튼에 몇 가지 스타일(배경 색상, 크기 등)을 적용해보자.

일반적인 CSS 파일(index.css)을 만들고, 다음 클래스를 입력한다.

```
.button {
  background-color: #ff0000;
  width: 320px;
  padding: 20px;
  border-radius: 5px;
  border: none;
  outline: none;
}
```

CSS 모듈을 사용하면 CSS 파일들을 자바스크립트에 임포트할 수 있다고 말했다. 이것이 어떻게 동작하는지 살펴보자.

버튼 컴포넌트를 정의했던 index.ts 파일 안에 다음 행을 추가한다.

```
import styles from './index.css'
```

이 import 구문의 결과는 styles 객체이다. index.css에 정의된 모든 클래스가 이 객체의 속성이 된다.

console.log(styles)를 실행하면 DevTools에서 다음 객체를 확인할 수 있다.

```
{
  button: "_2wpxM3yizfwbWee6k0UlD4"
}
```

하나의 객체가 존재한다. 속성은 클래스 이름이고 그 값은 (겉으로 보기에) 무작위 문자열이다. 이후 이 값이 무작위 문자열이 아님을 확인할 것이지만, 우선 이 객체를 사용해 무엇을 할 수 있는지 확인하자.

이 객체를 사용해 다음과 같이 버튼의 클래스 이름 속성을 설정할 수 있다.

```
const Button = () => (
  <button className={styles.button}>Click me!</button>
);
```

브라우저로 돌아가면 index.css에 정의했던 스타일들이 해당 버튼에 적용된 것을 확인할 수 있다. 이것은 마술이 아니다. DevTools에서 확인해보면 해당 엘리먼트에 적용된 클래스가 코드 안에 임포트한 스타일 객체에 연결된 것과 동일한 문자열이기 때문이다.

```
<button class="_2wpxM3yizfwbWee6k0UlD4">Click me!</button>
```

페이지의 header 섹션을 확인하면 같은 클래스명이 페이지에도 삽입됐음을 알 수 있다.

```
<style type="text/css">
  ._2wpxM3yizfwbWee6k0UlD4 {
    background-color: #ff0000;
    width: 320px;
    padding: 20px;
    border-radius: 5px;
    border: none;
    outline: none;
  }
</style>
```

CSS와 스타일 로더는 이렇게 동작한다. CSS 로더를 사용하면 CSS 파일들을 자바스크립트 모듈에 로드할 수 있고, module 플래그가 활성화되면 모든 클래스명은 자신들이 임포트된 모듈에 로컬 범위로 적용된다.

앞서 언급한 것처럼 우리가 임포트한 문자열은 무작위가 아니다. 이 문자열은 파일과 몇 가지 다른 매개변수의 해시를 사용해 생성되며 코드 베이스 안에서 고유한 값이 된다.

마지막으로 style-loader는 CSS 모듈의 변환 결과를 받아 페이지의 헤더 영역에서 해당 스타일을 삽입한다. 이를 활용하면 CSS의 모든 능력과 표현력을 사용할 수 있으며 로컬 범위가 적용된 클래스명과 명시적인 디펜던시를 갖는 장점을 얻을 수 있다.

6장 초반에서 언급한 것처럼 CSS는 전역적이기 때문에 대규모 애플리케이션에서 이를 유지보수하는 것은 매우 어렵다. CSS 모듈을 사용하면 클래스명은 로컬 범위에 적용되며 애플리케이션의 다른 영역에 있는 클래스명과 충돌할 수 없으므로, 언제나 동일한 결과를 얻을 수 있다.

또한 명시적으로 컴포넌트 안에 CSS 디펜던시를 임포트하면 명확하게 어떤 컴포넌트가 어떤 CSS를 필요로 하는지 알 수 있다. 이것은 죽은 코드를 제거하는 데도 도움이 된다. 무언가의 이유로 컴포넌트를 삭제할 때 해당 컴포넌트가 어떤 CSS를 사용했는지 명확하게 말할 수 있기 때문이다.

CSS 모듈은 일반적인 CSS이므로 의사 클래스, 미디어 쿼리, 애니메이션을 사용할 수 있다.

예를 들어 다음과 같이 CSS 규칙을 추가할 수 있다.

```css
.button:hover {
  color: #fff;
}

.button:active {
  position: relative;
  top: 2px;
}

@media (max-width: 480px) {
  .button {
    width: 160px;
  }
}
```

위 코드는 다음 코드로 변환돼 문서에 삽입된다.

```css
._2wpxM3yizfwbWee6k0UlD4:hover {
  color: #fff;
}

._2wpxM3yizfwbWee6k0UlD4:active {
  position: relative;
  top: 2px;
}

@media (max-width: 480px) {
  ._2wpxM3yizfwbWee6k0UlD4 {
    width: 160px;
  }
}
```

클래스 이름이 생성되고 이 클래스 이름들은 해당 버튼이 사용되는 모든 곳에서 대체된다. 여러분이 예상하듯 믿을 수 있으며, 로컬에만 적용된다.

눈치챘겠지만 이 클래스 이름은 훌륭하다. 하지만 어떤 클래스들이 해당 해시를 생성했는지 알 수 없기 때문에 디버깅을 하기는 매우 어렵다. 개발 모드에서라면 특별한 구성 매개변수를 더할 수 있다. 이를 사용해 범위에 적용된 클래스 이름을 생성하는 데 사용되는 패턴을 선택할 수 있다.

예를 들어 로더의 값을 다음과 같이 변경할 수 있다.

```
{
  test: /\.css/,
  use: [
    {
      loader: 'style-loader'
    },
    {
      loader: 'css-loader',
      options: {
        modules: {
          localIdentName: '[local]--[hash:base64:5]'
        }
      }
    }
  ]
}
```

여기에서 `localIdentName`이 해당 매개변수이고 `[local]`과 `[hash:base64:5]`는 오리지널 클래스명 값과 다섯 자리 문자 해시의 플레이스홀더이다. 다른 플레이스홀더로 CSS 파일의 경로를 나타내는 `[path]`, 소스 CSS 파일명을 나타내는 `[name]`을 사용할 수 있다.

앞의 구성 옵션을 활성화하면 브라우저에서 다음과 같은 결과를 확인할 수 있다.

```
<button class="button--2wpxM">Click me!</button>
```

이전보다 가독성이 높고 디버깅하기 쉬워진다.

프로덕션에서는 이런 클래스 이름은 필요하지 않다. 오히려 성능에 좀 더 관심이 많으므로 더 짧은 클래스 이름과 해시를 사용하기 원할 것이다.

웹팩을 사용하면 이를 손쉽게 수행할 수 있다. 여러 구성 파일을 준비하고, 애플리케이션 라이프 사이클의 다양한 단계에서 사용할 수 있기 때문이다. 그리고 프로덕션에서는 CSS 파일을 번들에서 브라우저에 삽입하는 것이 아니라 추출하고 싶을 것이다. 이렇게 하면 번들을 가볍게 만들 수 있고 해당 CSS를 **콘텐츠 전달 네트워크**^{CDN, Content Delivery Network}에 캐싱해 성능을 향상시킬 수 있다.

이를 위해서는 `mini-css-extract-plugin`이라는 별도의 웹팩 플러그인을 설치해야 한다. 이 플러그인은 실제 CSS 파일을 작성하며, 그 안에 CSS 모듈에서 생성된 모든 범위가 적용된 클래스를 포함시킨다.

CSS 모듈의 기능 중 몇 가지 더 언급할 것들이 있다.

첫 번째는 global 키워드이다. 클래스에 :global이라는 접두사를 붙이면 CSS 모듈은 해당 셀렉터를 로컬 범위로 적용하지 않는다.

예를 들어 CSS를 다음과 같이 변경했다고 가정하자.

```
:global .button {
  ...
}
```

출력은 다음과 같다.

```
.button {
  ...
}
```

이는 서드파티 위젯과 같이 로컬 스코프로 적용해서는 안 되는 스타일을 적용할 때 유용하다.

내가 가장 좋아하는 CSS 모듈의 기능은 **컴포지션**composition이다. 컴포지션을 사용하면 동일한 파일 혹은 외부 디펜던시로부터 클래스를 추출해 해당 엘리먼트에 적용된 모든 스타일을 얻을 수 있다.

예를 들어 다음과 같이 버튼에 대한 규칙으로부터 배경 색상을 빨간색으로 설정하는 규칙을 별도의 블록으로 추출한다.

```
.background-red {
  background-color: #ff0000;
}
```

그 뒤 우리가 만든 버튼 안에 이것을 조합할 수 있다.

```css
.button {
  composes: background-red;
  width: 320px;
  padding: 20px;
  border-radius: 5px;
  border: none;
  outline: none;
}
```

이렇게 하면 버튼의 모든 규칙과 composes 선언의 모든 규칙이 해당 엘리먼트에 적용된다.

이것은 대단히 강력한 기능이며 멋지게 동작한다. 아마도 여러분은 합성된 클래스들이 **SASS @extend**에서처럼 그들이 참조되는 곳에서 클래스 안에서 중복될 것이라 생각할지도 모르지만 그렇지 않다. 간단히 말하면 모든 합성된 클래스명은 DOM에서 컴포넌트에 순차적으로 적용된다.

우리 예시에서는 다음과 같은 것을 갖게 된다.

```html
<button class="_2wpxM3yizfwbWee6k0UlD4 Sf8w9cFdQXdRV_i9dgcOq">Click me!</button>
```

페이지에 삽입된 CSS는 다음과 같다.

```css
.Sf8w9cFdQXdRV_i9dgcOq {
  background-color: #ff0000;
}

._2wpxM3yizfwbWee6k0UlD4 {
  width: 320px;
  padding: 20px;
  border-radius: 5px;
  border: none;
  outline: none;
}
```

앞에서 볼 수 있듯이 CSS 클래스명은 고윳값을 가지며, 스타일을 격리하는 데 좋다. 이제 아토믹 CSS 모듈에 관해 살펴보자.

아토믹 CSS 모듈

합성이 동작하는 방법과 CSS 모듈이 제공하는 강력한 기능인 이유가 명확해졌을 것이다. 디즈니^{Disney}(내가 이 책을 쓰기 시작했을 때 일했던 기업)에서는 이를 한 단계 더 밀어붙여, 합성의 힘과 **아토믹 CSS**^{Atomic CSS}(함수형 CSS^{Functional CSS}라고도 알려짐)을 조합했다.

아토믹 CSS에서는 모든 클래스가 하나의 규칙만 갖도록 한다.

예를 들어 `margin-bottom`을 0으로 설정하는 클래스를 만들 수 있다.

```css
.mb0 {
  margin-bottom: 0;
}
```

다른 클래스를 사용해 `font-weight`를 600으로 설정할 수 있다.

```css
.fw6 {
  font-weight: 600;
}
```

다음으로 이 아토믹 클래스들을 엘리먼트에 적용할 수 있다.

```html
<h2 class="mb0 fw6">Hello React</h2>
```

이 기술은 논란의 여지가 있지만 동시에 효과적이기도 하다. 아토믹 CSS 사용을 시작하기 어려운 이유는 마크업에 너무 많은 클래스가 생기며, 결과적으로 최종 결과를 예측하기 어렵기 때문이다. 생각해보면 이것은 인라인 스타일과 매우 유사하다. 클래스명을 프록시로 사용한다는 점을 제외하면 규칙당 하나의 클래스를 적용하기 때문이다.

아토믹 CSS에 대한 가장 큰 반대 의견은 일반적으로 스타일링 로직을 CSS에서 마크업으로 옮긴다는 점인데 이는 잘못된 것이다. 클래스는 CSS 파일에서 정의되지만 뷰에서 되므로, 엘리먼트의 스타일을 수정해야 할 때마다 마크업을 편집해야 한다.

한편 우리는 잠깐 동안 아토믹 CSS를 사용해봤고, 이것이 프로토타입을 빠르게 만드는 데 매우 유용함을 발견했다.

사실 모든 기본 규칙이 생성됐다면 엘리먼트에 이런 클래스들을 적용해 새로운 스타일을 생성하는 것은 매우 빠른 프로세스이다. 두 번째, 아토믹 CSS를 사용해 CSS 파일의 크기를 제어할 수 있다. 새로운 컴포넌트와 스타일을 만드는 경우 기본 클래스를 사용하고, 새로운 클래스를 생성하지 않으므로 성능 측면에서 훌륭하다.

그래서 우리는 CSS 모듈을 사용해 아토믹 CSS가 가진 문제를 해결하고자 노력했고, 이 기술을 **아토믹 CSS 모듈**^{Atomic CSS module}이라 부르기로 했다.

본질적으로는 기본 CSS 클래스들을 만들고^(예: mb0), 그 뒤 마크업에서 클래스명을 일일이 적용하는 대신 CSS 모듈을 사용해 플레이스홀더 클래스로 구성한다.

예시를 살펴보자.

```
.title {
  composes: mb0 fw6;
}
```

또 다른 예시도 살펴보자.

```
<h2 className={styles.title}>Hello React</h2>
```

대단히 훌륭하다. 여러분은 여전히 CSS 안에 스타일링 로직을 유지할 수 있으며, CSS 모듈의 composes는 마크업 언어에서 모든 단일 클래스를 적용해준다.

앞선 코드가 만들어내는 결과는 다음과 같다.

```
<h2 class="title--3JCJR mb0--21SyP fw6--1JRhZ">Hello React</h2>
```

여기에서 title, mb0, fw6는 엘리먼트에 자동으로 적용된다. 이들 역시 로컬 범위에 적용되므로 CSS 모듈의 모든 이점을 누릴 수 있다.

⁘ styled-components 구현하기

다른 라이브러리에서 발견된 컴포넌트 스타일링과 관련된 모든 문제를 고려한 대단히 유망한 라이브러리가 있다. 자바스크립트에서 CSS를 작성하는 경로는 다양하게 존재하며, 다양한 해결책을 시도했다. 그러므로 이제는 이 모든 학습 내용을 고려하고, 그 위에 무언가를 만들기에 적절한 시점이 됐다.

이 라이브러리는 자바스크립트 커뮤니티에서 인기 있는 두 개발자인 글렌 매든^{Glenn Maddern}과 맥스 스토이버^{Max Stoiber}가 만들었으며, 유지보수를 수행하고 있다. 이 라이브러리는 해당 문제에 관한 매우 현대적인 접근 방식을 나타내며, ES2015의 최신 기능과 리액트에 적용된 몇 가지 고급 기술을 사용해 스타일링에 관한 완전한 해결책을 제공한다.

이전 절에서 봤던 동일한 버튼을 만드는 방법을 살펴보고 우리가 흥미를 가졌던 CSS의 모든 기능(예를 들어 의사 클래스 및 미디어 쿼리)이 styled-components와 잘 동작하는지 확인하자.

먼저 다음 명령어를 실행해 라이브러리를 설치해야 한다.

```
npm install styled-components
```

라이브러리가 설치되면 컴포넌트 파일에 해당 라이브러리를 임포트한다.

```
import styled from 'styled-components'
```

이 시점부터 styled 함수, 다시 말해 styled.elementName을 사용해 모든 엘리먼트를 만들 수 있다. 여기에서 elementName은 div, button, 또는 다른 유효한 DOM 엘리먼트가 될 수 있다.

두 번째 해야 할 일은 우리가 만드는 엘리먼트의 스타일을 정의하는 것이다. 이를 위해서는 **태그드 템플릿 리터럴**^{tagged template literal}이라 부르는 ES6의 기능을 사용해야 한다. 이 기능을 사용하면 템플릿 스트링을 함수에 미리 보간하지 않은 상태로 전달할 수 있다.

다시 말해 함수는 실제 템플릿(모든 자바스크립트 표현식이 포함된)을 받는다는 의미이며, 라이브러리는 자바스크립트의 모든 힘을 사용해 엘리먼트에 스타일을 적용할 수 있게 된다.

먼저 기본 스타일링을 한 간단한 버튼부터 만든다.

```
const Button = styled.button`
  backgroundColor: #ff0000;
  width: 320px;
  padding: 20px;
  borderRadius: 5px;
  border: none;
  outline: none;
`;
```

다소 이상하게 보이는 이 구문은 Button이라 부르 적절한 리액트 컴포넌트를 반환한다.
Button은 button 엘리먼트를 렌더링하고 템플릿에 정의된 모든 스타일을 적용한다. 스타일
은 다음과 같은 방식으로 적용된다. 고유한 클래스명을 생성하고, 이를 엘리먼트에 추가하
고, 문서의 헤드에 이에 해당 스타일을 삽입한다.

다음은 렌더링된 컴포넌트이다.

```
<button class="kYvFOg">Click me!</button>
```

페이지에 추가되는 스타일은 다음과 같다.

```
.kYvFOg {
  background-color: #ff0000;
  width: 320px;
  padding: 20px;
  border-radius: 5px;
  border: none;
  outline: none;
}
```

styled-components의 좋은 점은 CSS가 제공하는 대부분의 기능을 제공한다는 것이다. 따라
서 실세계의 애플리케이션에서 사용할 수 있는 좋은 후보가 될 수 있다.

예를 들어 styled-components는 SASS와 유사한 구문을 통한 의사 클래스를 지원한다.

```
const Button = styled.button`
  background-color: #ff0000;
  width: 320px;
  padding: 20px;
  border-radius: 5px;
  border: none;
  outline: none;
  &:hover {
    color: #fff;
  }
  &:active {
    position: relative;
  top: 2px;
  }
`
```

styled-components는 미디어 쿼리도 지원한다.

```
const Button = styled.button`
  background-color: #ff0000;
  width: 320px;
  padding: 20px;
  border-radius: 5px;
  border: none;
  outline: none;
  &:hover {
    color: #fff;
  }
  &:active {
    position: relative;
  top: 2px;
  }
  @media (max-width: 480px) {
    width: 160px;
  }
`;
```

이 라이브러리를 사용하면 여러분의 프로젝트에서 다른 많은 기능을 활용할 수 있다.

예를 들어 버튼을 생성했다면 버튼 스타일을 쉽게 오버라이드할 수 있으며 다른 속성과 함께 여러 차례 사용할 수 있다. 템플릿 안에서는 컴포넌트가 받은 props를 사용해 스타일을 변경할 수 있다.

티밍theming은 또 다른 훌륭한 기능이다. ThemeProvider 컴포넌트로 여러분이 만든 컴포넌트를 감싸면, 해당 컴포넌트의 자녀에게 theme 속성을 전달할 수 있다(3개). 이를 활용하면 현재 선택된 테마에 의존하는 컴포넌트들과 다른 속성들 사이에서 일부 스타일이 공유되는 UI를 손쉽게 만들 수 있다.

의심할 여지없이 styed-components 라이브러리는 여러분의 스타일링 수준을 다음 단계로 올려주는 게임 체인저이다. 처음에는 이상하게 보일 수 있다. 컴포넌트와 함께 스타일링을 구현하기 때문이다. 그러나 일단 익숙해지면 분명히 여러분이 가장 좋아하는 스타일 패키지가 될 것이다.

⠿ 정리

6장에서는 리액트에서의 스타일링의 복잡성과 관련된 중요한 주제들에 관해 살펴봤다. CSS를 확장하는 것의 어려움에 관해 논의했다. 메타에서의 경험을 예시로 들어 대규모 조직이 직면한 실세계의 난관을 조명했다. 이를 통해 우리가 공유하는 지식의 관련성과 적용 가능성을 강조했다.

리액트에서의 좀 더 직관적이고 효율적인 스타일링을 위해 인라인 스타일이 동작하는 방법과 컴포넌트 안에 스타일을 함께 위치시키는 방식의 이점에 관해 살펴봤다. 이 접근 방식을 사용하면 구조화되고 가독성이 높은 코드를 촉진할 수 있으며, 이는 리액트를 마스터하고자 하는 개발자들에게 대단히 중요하다.

인라인 스타일의 한계점을 설명하면서 그 대안으로 CSS 모듈에 관해 소개했다. 단계적으로 프로젝트를 설정하면서 여러분이 직접 실험을 통해 학습할 수 있도록 했다.

CSS 파일들을 컴포넌트로 임포트하는 것 또한 중요한 프랙티스로 강조했다. 이는 클래스 이름의 범위를 로컬로 유지함으로써 의존성을 명확히 하고 이슈를 방지하는 데 도움이 된다. 이를 통해 확장 가능하고 충돌이 없는 코드를 보장한다.

마지막으로 styled-components를 소개했다. 이 라이브러리는 리액트에서의 컴포넌트 스타일링 및 개발 프랙티스를 최적화하는 혁신적인 방법을 제공하고자 하는 이 책의 목표와 부합한다.

지금까지 리액트에서 CSS 스타일을 관리하는 다양한 방식을 살펴봤다. 각각의 방식은 중심 명제의 서로 다른 측면을 설명한다. 7장에서는 리액트에 관해 더 깊이 이해해본다. 애플리케이션 성능과 사용자 경험을 개선하는 기술인 서버 사이드 렌더링의 실질적인 구현과 이점에 관해 살펴볼 것이다.

07

피해야 할 안티 패턴

이 책에서 여러분은 리액트 애플리케이션을 작성할 때 베스트 프랙티스를 적용하는 방법을 학습했다. 처음 몇 개 장에서는 확고한 이해를 구축하기 위한 기본적인 개념에 관해 살펴봤다. 이어지는 장들에서는 좀 더 고급 기법에 관해 살펴볼 것이다.

이제 여러분은 재사용할 수 있는 컴포넌트를 만들고, 각 컴포넌트가 서로 통신하게 하고, 애플리케이션 트리를 최적화함으로써 최고의 성능을 내도록 할 수 있다. 하지만 개발자들은 실수하게 마련이다. 7장에서는 리액트를 사용할 때 여러분이 피해야 할 흔한 안티 패턴들에 관해 살펴본다.

일반적인 에러를 살펴봄으로써 여러분은 이를 피하고, 리액트가 동작하는 방식을 이해하고, 리액트적인 방식으로 애플리케이션을 작성하는 방법을 이해하게 될 것이다. 각 문제들에 대해 예시를 통해 이들을 재현하고 해결하는 방법을 소개한다.

7장에서는 다음 주제에 관해 다룬다.

- 속성을 사용해 상태 초기화하기
- 인덱스를 키로 사용하기

- DOM 엘리먼트에 속성 전파하기

기술 요구 사항

7장을 완료하려면 다음이 필요하다.

- Node.js 19+

- Visual Studio Code

7장의 코드는 다음 깃허브 저장소(https://github.com/moseskim/React-18-Design-Patterns-and-Best-Practices-Fourth-Edition/tree/main/Chapter07)에서 확인할 수 있다.

속성을 이용해 상태 초기화하기

이번 절에서는 부모로부터 받은 속성을 이용해 상태를 초기화하는 방식이 일반적으로 안티 패턴이라는 점에 관해 살펴본다. **일반적으로**라는 표현을 쓴 이유가 있다. 앞으로 보겠지만 이 접근 방식의 문제가 무엇인지 명확히 알게 되더라도 이 방식을 여전히 사용할 것인지 결정할 것이기 때문이다.

무언가를 학습하는 최고의 방법은 코드를 보는 것이므로, 간단한 컴포넌트 하나를 만드는 것에서 시작한다. 이 컴포넌트는 + 버튼을 가지고 있으며 이 버튼은 카운터를 증가시킨다.

Counter라는 이름의 함수형 컴포넌트를 만든다. 코드 스니펫은 다음과 같다.

```
import { FC, useState } from 'react'
type Props = {
  count: number
}
const Counter: FC<Props> = (props) => {}
export default Counter
```

count 상태를 설정한다.

```
const [state, setState] = useState<number>(props.count)
```

클릭 핸들러의 구현은 직관적이다. 현재 count 값에 1을 더하고 결괏값을 다시 상태에 저장한다.

```
const handleClick = () => {
  setState({ count: state.count + 1 })
}
```

마지막으로 출력을 렌더링하고 표시한다. 출력은 count 상태의 현재 값과 그 값을 증가시키는 버튼의 조합으로 구성된다.

```
return (
  <div>
    {state.count}
    <button onClick={handleClick}>+</button>
  </div>
)
```

이 컴포넌트를 렌더링해보자. count 속성으로 1을 전달한다.

```
<Counter count={1} />
```

예상한 대로 동작한다. + 버튼을 클릭할 때마다 현재 값은 증가한다. 그렇다면 무엇인 문제인가?

여기에는 두 가지 주요한 에러가 존재하며, 그 에러들은 다음과 같다.

- 진리의 근원source of truth이 중복됐다.

- 컴포넌트에 전달된 count 속성이 변경되면 상태가 업데이트되지 않는다.

리액트 DevTools를 사용해 Counter 엘리먼트를 확인하면, Props와 State가 유사한 값을 갖는 것을 알 수 있다.

```
<Counter>
Props
  count: 1
State
  count: 1
```

어떤 것이 컴포넌트 안에서 사용하고 사용자에게 표시할 현재의 믿을 수 있는 값인지 명확하지 않다.

또한 + 버튼을 한 번 클릭하면 값이 갈라진다. 값이 갈라지는 예시는 다음 코드와 같다.

```
<Counter>
Props
  count: 1
State
  count: 2
```

이 시점에서 두 번째 값이 현재의 count 값을 나타낸다고 가정할 수 있다. 하지만 이는 명시적이지 않기 때문에 예상치 못한 동작이나 잘못된 값을 트리 아래로 유도할 수 있다.

두 번째 문제는 리액트에 의해 이 클래스가 생성되고 인스턴스화되는 것에 관련된다. 이 컴포넌트의 useState 함수는 컴포넌트가 생성되는 시점에 한 번만 호출된다.

Counter 컴포넌트에서 count 속성의 값을 읽어서 상태에 저장한다. 해당 속성의 값이 애플리케이션의 라이프 사이클 동안 변하면(예를 들어 10이 된다고 가정하자), Counter 컴포넌트는 이미 초기화됐으므로 새로운 값을 절대로 사용하지 않는다. 이것은 컴포넌트의 상태를 일관성 있게 유지하지 않으며, 디버깅하기 어려워진다.

해당 속성의 값을 이용해서 컴포넌트를 초기화하고 싶다면, 또한 해당 값이 미래에 변하지 않는다는 것을 확신한다면 어떻게 할 것인가?

그 경우에는 이를 명시적으로 만들고 해당 속성에 initialCount와 같은 이름을 부여해 의도를 명확하게 하는 것이 좋다. 예를 들어 Counter 컴포넌트의 속성 선언을 다음과 같이 변경한다고 가정하자.

```
type Props = {
  initialCount: number
}
const Counter: FC<Props> = (props) => {
  const [count, setState] = useState<Count>({ count: props. initialCount
  })
  ...
}
```

이제 부모만 counter를 초기화할 수 있으며, initialCount의 후속 값들은 무시된다는 것을 분명하게 알 수 있다.

```
<Counter initialCount={1} />
```

다음 절에서는 키 콘셉트에 관해 살펴본다.

인덱스를 key로 사용하기

15장, '애플리케이션 성능 개선하기'에서는 성능과 조정자^{reconciler}에 관해서 설명한다. 여기에서는 key prop을 사용해 리액트가 DOM을 업데이트하는 가장 짧은 경로를 찾도록 도울 수 있는 방법을 살펴본다.

key 속성은 DOM의 엘리먼트를 고유하게 식별하며 리액트는 이를 사용해 해당 엘리먼트가 새로운 것인지 또는 컴포넌트 속성이나 상태가 변경될 때 해당 엘리먼트가 업데이트돼야 하는 것인지 확인한다.

key를 사용하는 것은 항상 좋은 아이디어이며, 이를 사용하지 않을 경우 리액트는 콘솔에 경고를 출력한다(개발 모드에서). 하지만 이는 단지 key를 사용하는 것의 문제는 아니다. 종종 key로 사용하기로 결정한 값에 따라 차이가 발생할 수 있다. 사실 잘못된 key를 사용하면 일부 인스턴스에서 예상치 못한 동작이 발생할 수 있다. 이번 절에서는 그런 인스턴스 중 하나에 관해 살펴본다.

다시 하나의 List 컴포넌트를 만들자.

```
import { FC, useState } from 'react'
const List: FC = () => {
}
export default List
```

다음으로 상태를 정의한다.

```
const [items, setItems] = useState(['foo', 'bar'])
```

클릭 핸들러의 구현은 이전의 구현과 약간 다르다. 여기에서는 리스트 맨 위에 새로운 아이템을 넣을 것이기 때문이다.

```
const handleClick = () => {
  const newItems = items.slice()
    newItems.unshift('baz')
    setItems(newItems)
}
```

마지막으로 렌더 안에서 리스트 및 리스트 맨 위에 baz 아이템을 추가하기 위한 + 버튼을 표시한다.

```
return (
  <div>
    <ul>
      {items.map((item, index) => (
        <li key={index}>{item}</li>
      ))}
    </ul>
    <button onClick={handleClick}>+</button>
  </div>
)
```

컴포넌트를 브라우저 안에서 실행하면 아무런 문제도 보이지 않을 것이다. + 버튼을 클릭하면 리스트 가장 위에 새로운 아이템이 추가된다. 하지만 한 가지 실험을 해보자.

렌더를 다음과 같은 방식으로 변경해보자. 각 아이템 옆에 하나의 입력 필드를 추가한다. 입력 필드의 콘텐츠를 편집할 수 있으므로 입력 필드를 사용한다. 그러면 문제가 무엇인지 쉽게 확인할 수 있다.

```
return (
  <div>
    <ul>
      {items.map((item, index) => (
      <li key={index}>
        {item}
        <input type="text" />
      </li>
      ))}
    </ul>
    <button onClick={handleClick}>+</button>
  </div>
)
```

브라우저에서 이 컴포넌트를 다시 실행하고 입력 필드에 아이템의 값을 복사한 뒤 + 버튼을 클릭하면 예상치 못한 동작을 발견하게 된다.

다음 스크린샷에서 보이는 것처럼 아이템은 아래로 내려가지만 입력 엘리먼트는 같은 위치에 남아 있으며, 입력 필드의 값과 아이템의 값이 더 이상 일치하지 않게 된다.

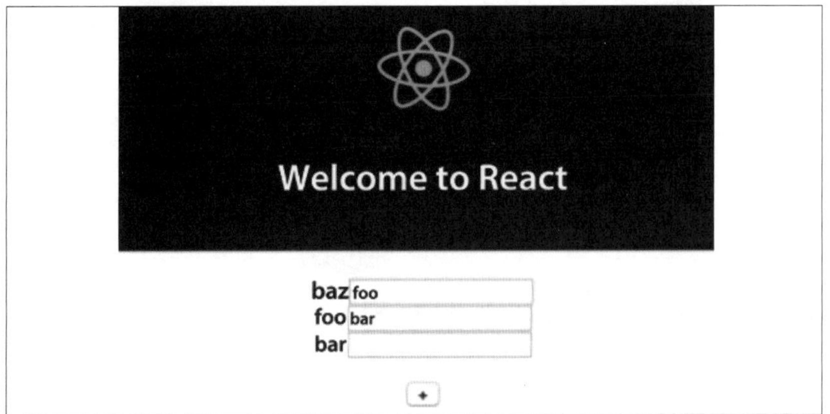

그림 7.1 인덱스를 키로 사용하기

컴포넌트를 실행하고 + 버튼을 클릭한 뒤 콘솔을 확인하면 필요한 모든 답을 얻을 수 있다.

콘솔에서는 새로운 요소를 맨 위에 삽입하는 대신 리액트가 두 기존 엘리먼트의 텍스트를 교체하고 마지막 항목을 새로운 것처럼 맨 아래에 삽입하는 것을 볼 수 있다. 이것은 map 함수의 인덱스를 key로 사용하기 때문이다.

사실 인덱스는 항상 0부터 시작하며, 목록의 맨 위에 새 아이템을 추가하더라도 리액트는 기존의 두 아이템의 값을 변경하고 새로운 아이템을 인덱스 2에 추가한 것으로 간주한다. 이 동작은 key 속성을 전혀 사용하지 않았을 때와 동일하다.

이는 매우 흔한 패턴이다. 무언가 key를 제공하는 것이 항상 최선의 해결책이라고 생각할 수 있지만 그렇지 않다. key는 고유하고 안정적이며 하나의 항목만 식별해야 한다.

이 문제를 해결하려면 예를 들어 목록 내에서 반복되지 않을 것으로 예상되는 항목의 값을 사용하거나 고유한 식별자를 생성할 수 있다.

```
{items.map((item, index) => (
  <li key={`${item}-${index}`}>
    {item}
    <input type="text" />
  </li>
))}
```

리액트에서 고유하고 안정적인 key의 중요성을 이해하고 이 일반적인 문제를 해결하기 위한 실용적인 해결책에 관해 살펴봤다. 이제 리액트 개발에서의 또 다른 일반적인 실천 방법에 관해 살펴보자. 다음 절에서는 DOM 엘리먼트에 속성을 전파하는 것에 초점을 둔다. 이 기법은 최근 댄 아브라모프^{Dan Abramov}가 안티 패턴이라 지칭했다.

⁘ DOM 엘리먼트에 속성 전파하기

최근 댄 아브라모프가 안티 패턴으로 지칭한 일반적인 프랙티스가 존재한다. 리액트 애플리케이션에서 이를 사용하면 콘솔에서 경고 메시지가 표시된다.

이 기법은 커뮤니티에서 널리 사용됐으며 나도 실제 프로젝트에서 이 기법들을 수차례 봐 왔다. 우리는 보통 각각의 속성을 수동으로 작성하지 않기 위해 다음과 같이 속성을 엘리먼 트에 전파한다.

```
<Component {...props} />
```

이는 매우 잘 동작하며 Babel에 의해 다음 코드로 트랜스파일된다.

```
_jsx(Component, props)
```

그러나 DOM 엘리먼트에 속성을 전파할 때 알려지지 않은 HTML 속성을 추가할 위험이 있으며, 이는 나쁜 프랙티스이다.

문제는 Spread 연산자와 관련이 있을 뿐만 아니라 비표준 속성을 하나씩 전달하는 것 역시 동일한 문제와 경고를 야기한다. Spread 연산자는 전파하는 개별 속성을 숨기기 때문에 엘 리먼트에 전달하는 내용을 파악하기는 더욱 어렵다.

다음과 같이 컴포넌트를 렌더링하는 기본 작업을 수행하면 콘솔에서 경고를 확인할 수 있다.

```
const Spread = () => <div foo="bar" />
```

다음과 같은 경고 메시지를 확인할 수 있다. 이것은 foo 속성이 div 엘리먼트에 유효하지 않기 때문이다.

```
Unknown prop `foo` on <div> tag. Remove this prop from the element
(알려지지 않은 prop `foo`가 <div> 태그에 존재합니다. 이 prop을 엘리먼트에서 제거하십시오)
```

이 경우에는 어떤 속성을 전달했는지 쉽게 파악하고 에러를 제거할 수 있지만, 다음과 같이 Spread 연산자를 사용하면 부모로부터 어떤 속성이 전달되는지 제어할 수 없다.

```
const Spread = props => <div {...props} />;
```

이 컴포넌트를 다음과 같이 사용하면 이슈는 발생하지 않는다.

```
<Spread className="foo" />
```

하지만 다음과 같이 사용할 때는 이야기가 다르다. 리액트는 비표준 속성을 DOM 엘리먼트에 적용했다는 경고를 출력한다.

```
<Spread foo="bar" className="baz" />
```

이 문제를 해결할 수 있는 해결책 중 하나는 유효한 DOM 속성을 가지고 있다고 명시적으로 선언한 domProps 속성을 생성하는 것이다. 이것은 안전하게 컴포넌트에 전파할 수 있다.

예를 들어 Spread 컴포넌트를 다음과 같이 변경할 수 있다.

```
const Spread = props => <div {...props.domProps} />
```

이후 다음과 같이 사용할 수 있다.

```
<Spread foo="bar" domProps={{ className: 'baz' }} />
```

리액트에서 여러 차례 본 것처럼, 명시적으로 만드는 것은 언제나 좋은 프랙티스이다.

⁝⁝▶ 정리

모든 베스트 프랙티스를 수행하는 것은 늘 좋은 것이지만, 때로는 안티 패턴을 앎으로써 잘못된 길을 선택하는 것을 피할 수 있다. 무엇보다 특정한 기법들이 나쁜 프랙티스라고 인식되는 이유를 학습함으로써 리액트가 동작하는 방법, 이들을 효과적으로 사용하는 방법에 관해 이해하는 데 도움을 얻을 수 있다.

7장에서는 웹 애플리케이션의 성능과 동작에 해를 끼칠 수 있는 네 가지 컴포넌트의 사용 방법에 관해 살펴봤다.

각각의 경우에 예시를 통해 문제를 재현하고 해당 문제를 해결하기 위해 적용할 수 있는 변경 사항을 배웠다.

속성을 사용해 상태를 초기화했을 때 상태와 속성에 불일치를 야기할 수 있음에 관해 살펴봤다. 그리고 잘못된 key 속성을 사용했을 때 화해 알고리듬에 나쁜 영향을 미칠 수 있음을 익혔다. 마지막으로 비표준 속성을 DOM 엘리먼트에 전파하는 것이 안티 패턴으로 간주되는 이유를 관찰했다.

8장에서는 리액트 훅에 관해 살펴본다.

08

리액트 훅

리액트 훅은 리액트 애플리케이션을 작성하는 방법에 혁신을 가져왔다. 클래스 컴포넌트 대신 함수형 컴포넌트를 사용할 수 있으며, 이로 인해 코딩을 좀 더 빠르게 효율적으로 할 수 있게 됐다. 리액트 훅은 리액트 16.8에서 도입됐으며, 이후 리액트 개발의 핵심적인 요소가 됐고, 애플리케이션 성능을 극적으로 향상시켰다. 훅을 사용하면 좀 더 간결하고 가독성이 뛰어난 방식으로 상태를 관리하고, 사이드 이펙트$^{side\ effect}$를 처리하며, 코드를 재사용할 수 있다. 9장에서는 훅의 다른 유형과 이들을 사용해 리액트 애플리케이션을 개선할 수 있는 방법에 관해 살펴본다.

8장에서는 다음 주제에 관해 다룬다.

- 새로운 리액트 훅과 그 사용법

- 훅의 규칙

- 클래스 컴포넌트를 리액트 훅으로 마이그레이션하는 방법

- 훅과 이펙트를 사용한 컴포넌트 라이프 사이클 이해

- 훅을 사용해 데이터를 꺼내는 방법

- memo, useMemo, useCallback을 사용해 컴포넌트, 값, 함수를 메모화하는 방법

- useReducer를 구현하는 방법

⁞⁞ 기술 요구 사항

8장의 내용을 완료하려면 다음이 필요하다.

- Node.js 19+

- Visual Studio Code

8장에서 다루는 코드는 다음 깃허브 저장소(https://github.com/moseskim/React-18-Design-Patterns-and-Best-Practices-Fourth-Edition/tree/main/Chapter08)에서 확인할 수 있다.

⁞⁞ 리액트 훅 소개

리액트 훅Hook은 **리액트 16.8**에 새롭게 추가됐다. 이를 활용하면 리액트 클래스 컴포넌트를 작성하지 않고도 상태와 다른 리액트 기능을 사용할 수 있다. 리액트 훅은 하위 호환을 보장한다. 즉, 여러분이 기존에 리액트에 관해서 가지고 있던 개념을 깨뜨리거나 대체할 필요가 없음을 의미한다. 8장을 진행하면서 경험이 풍부한 리액트 사용자들을 위해 훅에 관한 간단한 개요 및 useState, useEffect, userMemo, useCallback, memo와 같은 가장 일반적인 몇 가지 리액트 훅에 관해 살펴본다.

기존의 틀을 깨는 변화는 없다

리액트 개발 컨텍스트에서 일반적으로 리액트 훅의 도입으로 인해 클래스 컴포넌트가 쓸모없게 됐다는 오해가 있다. 그렇지만 그것은 사실이 아니다. 리액트에서 클래스가 제거될 계

획은 없기 때문이다. 훅 API 때문에 여러분이 리액트의 개념에 관해 이해하던 것을 바꿀 필요는 없다. 오히려 여러분이 친숙한 그런 개념들(속성, 상태, 컨텍스트, 참조, 라이프 사이클)을 활용하는 데 있어 좀 더 능률적인 접근 방식을 제공한다.

State 훅 사용하기

과거의 리액트 코드에서는 this.setState를 사용해 컴포넌트 상태를 이용했다. 이제 같은 작업을 수행하기 위해 useState 훅을 사용할 것이다.

먼저 리액트에서 useState 훅을 추출한다.

```
import { useState } from 'react'
```

리액트 17 이후에는 JSX 코드를 렌더링하기 위해 React 객체는 더 이상 필요하지 않다.

다음으로 사용하고자 하는 상태를 선언해야 한다. 이 구체적인 상태에 대한 상태와 세터setter를 정의한다.

```
const Counter = () => {
  const [counter, setCounter] = useState<number>(0)
}
```

위에서 볼 수 있듯이 counter 상태와 setCounter 세터를 선언했다. 그리고 숫자만 받는 것으로 지정했고, 마지막으로 초깃값을 0으로 설정했다.

앞에서 만든 상태를 테스트하려면 onClick 이벤트에 의해 트리거되는 메서드를 만들어야 한다.

```
type Operation = 'add' | 'substract'
const Counter = () => {
  const [counter, setCounter] = useState<number>(0)
  const handleCounter = (operation: Operation) => {
    if (operation === 'add') {
      return setCounter(counter + 1)
    }
```

```
    setCounter(counter - 1)
  }
}
```

마지막으로 카운터 상태 및 해당 카운터 상태를 증가 혹은 감소하는 몇 개의 버튼들을 렌더링할 수 있다.

```
return (
  <p>
    Counter: {counter} <br />
    <button onClick={() => handleCounter('add')}>+ Add</button>
    <button onClick={() => handleCounter('subtract')}>- Subtract</button>
  </p>
)
```

+ Add 버튼을 한 번 클릭하면 **Counter**는 **1**이 된다.

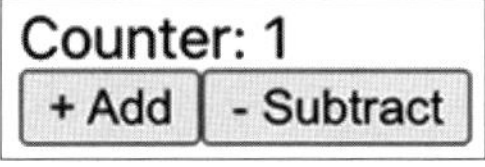

그림 8.1 Counter 1

- **Subtract** 버튼을 두 번 클릭하면 **Counter**는 **-1**이 된다.

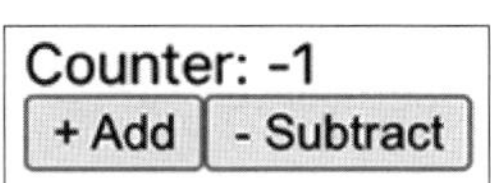

그림 8.2 Counter −1

앞에서 볼 수 있듯이 useState는 리액트의 게임 체인저이며 이를 이용해 함수형 컴포넌트 안의 상태를 매우 쉽게 다룰 수 있다.

useState 훅이 리액트 안에서 내에서 함수형 컴포넌트의 상태 관리를 혁신적으로 바꾼 방식을 이했했으므로, 이제 리액트 애플리케이션에서 훅 사용을 규정하는 중요한 **훅 규칙**에 대해 더 깊이 파고들어보자. 다음 절에서는 훅의 사용에 관한 이러한 중요한 규칙에 관해 논의한다.

⠿ 훅 규칙

리액트 훅은 기본적으로 자바스크립트 함수이다. 그러나 이들을 사용하려면 두 가지 규칙을 따라야 한다. 리액트는 린터 플러그인을 통해 이 규칙을 준수할 것을 강제한다. 린터는 다음 명령어를 실행해 설치할 수 있다.

```
npm install --save-dev eslint-plugin-react-hooks
```

두 가지 규칙이 무엇인지 살펴보자.

규칙 1: 톱 레벨에서만 훅을 호출한다

리액트 훅의 올바른 기능을 보장하기 위해 루프, 조건절, 중첩된 함수에서는 훅을 호출하지 않아야 한다. 대신 리액트 함수의 톱 레벨에서만 훅을 사용할 것을 권장한다. 이 프랙티스는 훅이 컴포넌트가 렌더링될 때마다 동일한 순서로 호출되는 것을 보장하며, 리액트는 여러 useState와 useEffect 호출 사이에서 훅의 상태를 올바르게 보존할 수 있다. 이 규칙을 따름으로써 리액트 훅을 사용해 좀 더 효율적이고 유지보수 가능한 코드를 작성하는 데 도움을 얻을 수 있다.

규칙 2: 리액트 함수에서만 훅을 호출한다

컴포넌트 안의 모든 상태 관련 로직이 해당 소스 코드에서 명확하게 드러나도록 하려면 일반적인 자바스크립트 함수에서 훅을 호출하면 안 된다. 대신 리액트 함수 기능 컴포넌트나 사용자 정의 훅(다음 절에서 다룬다)에서 훅을 사용한다. 이 프랙티스를 따르면 상태 관련 로직이 중앙 집중화되고 이해하기 쉬워진다.

다음 절에서는 클래스 컴포넌트가 새로운 리액트 훅을 사용하도록 마이그레이션하는 방법에 관해 학습한다.

꞉꞉ 클래스 컴포넌트를 리액트 훅으로 마이그레이션하기

그럼 현재 클래스 컴포넌트와 몇 가지 라이프 사이클 메서드를 사용하고 있는 코드를 변환해보자. 이 예제에서는 깃허브 저장소에서 이슈를 가져와서 표시할 것이다.

예시에서는 가져오기를 수행하기 위해 axios를 설치해야 한다.

```
npm install axios
```

다음은 클래스 컴포넌트 버전의 코드이다.

```
import axios from 'axios'
import { Component } from 'react'
type Issue = {
  number: number
  title: string
  state: string
}
type Props = {}
type State = { issues: Issue[] }
class Issues extends Component<Props, State> {
  constructor(props: Props) {
    super(props)
    this.state = {
        issues: []
    }
  }
  componentDidMount() {
    axios.get('https://api.github.com/repos/ContentPI/ContentPI/issues')
      .then((response: any) => {
        this.setState({
          issues: response.data
        })
      })
  }
  render() {
    const { issues = [] } = this.state
    return (
      <>
        <h1>ContentPI Issues</h1>
        {issues.map((issue: Issue) => (
```

```jsx
          <p key={issue.title}>
            <strong>#{issue.number}</strong>{' '}
            <a
              href={`https://github.com/ContentPI/ContentPI/
issues/${issue.number}`}
              target="_blank"
            >
              {issue.title}
            </a>{' '}
            {issue.state}
          </p>
        ))}
      </>
    )
  }
}
export default Issues
```

이 컴포넌트를 렌더링하면 다음과 같은 결과를 볼 수 있다.

ContentPI Issues

#99 Fix Playground open

#97 CPI-35 - Added Drag-n-Drop Functionality to sort fields open

#81 Edit Reference Field open

#80 Edit Dropdown Field open

#75 Page for empty Content (when you don't have any model) open

#74 Page for empty Schema (create your first model) open

#73 Remove all any on ContentPI open

#71 Remove all any in @contentpi/ui open

#69 Create a Toast Alert open

#62 Removing a reference field should also remove the reference and its values open

#61 When a user removes a field we need to make sure we are removing all the related values first open

#60 Validate that a model does not have content before delete it open

#52 Add Italian Translations open

#51 Add Deutsch Translation open

#50 Add Chinese Translation open

#49 Add French Translations open

#48 Settings: User profile open

#47 Settings: Analytics (Limits) open

#46 Settings: Stages (Environments) open

#45 Settings: Teams open

#44 Settings: Create roles for users open

#43 Settings: Users page (list all registered users) open

#42 Settings: Danger Zone page to delete an Application open

#41 Add Settings page open

#40 Remove Publish and Unpublish options for I18n entries, just Delete option should be there open

#39 Edit I18n entry open

#38 Create new I18n entry open

#35 Order fields by drag and drop open

#28 Fix Breadcrumbs open

#26 Docker implementation open

그림 8.3 ContentPI 이슈

그럼 이 코드를 리액트 훅을 사용하는 함수형 컴포넌트로 변환해보자. 가장 먼저 몇 가지 리액트 함수와 타입을 임포트한다.

```
import { FC, useState, useEffect } from 'react'
import axios from 'axios'
```

이제 앞에서 만든 Props, State 타입을 제거하고, Issue 타입만 남겨놓을 수 있다.

```
type Issue = {
  number: number
  title: string
  state: string
}
```

이후 함수형 컴포넌트를 사용하도록 클래스 정의를 변경할 수 있다.

```
const Issues: FC = () => {...}
```

FC 타입은 리액트에서 **함수형 컴포넌트**functional component를 정의하기 위해 사용된다. 컴포넌트에 몇 가지 props를 전달해야 한다면 다음과 같이 전달할 수 있다.

```
type Props = {
  propX: string
  propY: number
  propZ: boolean
}
const Issues: FC<Props> = () => {...}
```

다음으로 useState 훅을 사용해 생성자와 상태 정의를 대체한다.

```
// useState 훅은 this.setState 메서드를 대체한다
const [issues, setIssues] = useState<Issue[]>([])
```

앞에서는 componentDidMount라 부르는 라이프 사이클 메서드를 사용했다. 이 메서드는 컴포넌트가 마운트될 때 한 차례만 실행된다. useEffect라 부르는 새로운 리액트 훅은 각각에 대해 다른 구문을 사용해 모든 라이프 사이클 메서드를 다룬다. 하지만 여기에서는 새로운 함수형 컴포넌트 안에서 componentDidMount와 동일한 **이펙트**effect를 얻을 수 있는지 살펴보자.

```
// useEffect 훅을 디펜던시에 대한 빈 배열 []에 사용하면(두 번째 매개변수)
// 이것은 compoenentDidMount 메서드를 나타낸다(컴포넌트가 마운트됐을 때 실행된다)
useEffect(() => {
  axios
    .get('https://api.github.com/repos/ContentPI/ContentPI/issues')
    .then((response: any) => {
      // issue 상태를 직접 업데이트한다
      setIssues(response.data)
    })
}, [])
```

마지막으로 JSX 코드를 렌더링한다.

```
return (
  <>
    <h1>ContentPI Issues</h1>
    {issues.map((issue: Issue) => (
      <p key={issue.title}>
      <strong>#{issue.number}</strong> {' '}
        <a
        href={`https://github.com/ContentPI/ContentPI/issues/${issue.
number}`}
        target="_blank">{issue.title}
      </a> {' '}
          {issue.state}
      </p>
    ))}
  </>
)
```

앞에서 볼 수 있듯이 새로운 훅을 사용하면 코드를 간소화하고 좀 더 의미 있게 만들 수 있다. 또한 코드를 10행 줄였다(클래스 컴포넌트 코드는 53행, 함수형 컴포넌트는 43행이다).

이것으로 새로운 훅을 사용해 코드를 변환하면 코드가 간결해지고 장황함을 줄일 수 있음을 알았다. 이제 리액트의 다른 기본 개념에 관해 살펴보자. 다음 절에서는 클래스 컴포넌트에서 사용되는 컴포넌트 라이프 사이클 메서드와 혁신적인 리액트 효과 사이의 차이점에 관해 자세히 살펴본다.

⁂ 리액트 이펙트 이해하기

이번 절에서는 클래스 컴포넌트에서 사용했던 컴포넌트 라이프 사이클 메서드와 새로운 리 액트 이펙트의 차이에 관해 학습한다. 여러분이 다른 어딘가에서 이 둘은 구문만 다를 뿐, 동일한 것이라 설명하는 것을 읽었을 수도 있다. 하지만 그것은 올바르지 않다.

useEffect 이해하기

useEffect를 사용해 작업할 때는 **이펙트라는 관점에서 생각해야** 한다. useEffect를 사용해 componentDidMount 메서드와 동등한 것을 수행하기 원한다면 다음과 같이 할 수 있다.

```
useEffect(() => {
  // 여기에서 사이드 이펙트를 수행한다
}, [])
```

첫 번째 매개변수는 실행하고자 하는 이펙트의 콜백, 두 번째 매개변수는 디펜던시 배열 dependencies array이다. 디펜던시로 빈 배열([])을 전달하면 상태와 속성은 원래 초깃값을 갖게 된다.

그러나 중요한 점은 이것이 componentDidMount의 기능에 가장 가까운 대응이지만, 완전히 동일한 동작을 하진 않는다는 것이다. componentDidMount와 componentDidUpdate와 달리, useEffect에 전달하는 함수는 레이아웃layout과 페인트paint 후가 아닌 지연된 이벤트 중에 실 행된다. 이는 일반적으로 구독 설정 및 이벤트 핸들러 설정과 같은 많은 일반적인 사이드 이펙트에 대해 작동하며, 대부분의 작업이 브라우저의 화면 업데이트를 차단해서는 안 되 기 때문이다.

그러나 모든 이펙트가 지연될 수 있는 것은 아니다. 예를 들어 **문서 객체 모델**DOM을 변형하는 경우 깜빡임이 발생한다. 그렇기 때문에 바로 다음 페인트 이전에 이벤트를 동기적으로 발 생시켜야 한다. 리액트는 useEffect와 정확히 동일한 방식으로 작동하는 useLayoutEffect라 는 하나의 훅을 제공한다.

조건부로 이펙트 실행하기

이펙트를 조건부로 실행해야 한다면 디펜던시 배열에 디펜던시를 추가해야 한다. 그렇지 않으면 이펙트가 여러 번 실행되고 무한 루프를 발생시킬 수 있다. 디펜던시 배열을 전달하면 useEffect 혹은 해당 의존성 중 하나가 변경될 때만 실행된다.

```
useEffect(() => {
  // 디펜던시 배열을 전달하면 useeffect 혹은
  // 디펜던시 중 하나가 변경될 때만 실행된다
}, [dependencyA, dependencyB])
```

NOTE

> 여러분이 리액트 클래스 라이프 사이클 메서드가 동작하는 방식을 이해한다면 기본적으로 useEffect는 componentDidMount, componentDidUpdate 및 componentWillUnmount를 조합한 것과 같은 방식으로 동작한다.

이펙트는 매우 중요하다. 하지만 useCallback, useMemo, memo를 포함한 다른 몇 가지 중요한 새로운 훅에 관해서도 살펴보자.

useCallback, useMemo, memo 이해하기

투-두 리스트^{to-do list} 예제를 통해 useCallback, useMemo 그리고 memo 간의 차이를 이해해보자. create-vite와 타입스크립트를 템플릿으로 사용해 기본 애플리케이션을 만들 수 있다.

```
npx create-vite todo --template react-ts
```

곧바로 불필요한 파일들을 삭제할 수 있다(App.css, App.test.ts, index.css, logo.svg, reportWebVitals.ts 및 setupTests.ts). **App.tsx** 파일만 유지하면 된다. 이 파일의 내용은 다음과 같다.

```
import { FC, useState, useEffect, useMemo, useCallback, ChangeEvent } from
'react'
import List, { Todo } from './List'
const initialTodos: Todo[] = [
  { id: 1, task: 'Go shopping' },
```

```tsx
    { id: 2, task: 'Pay the electricity bill'}
  ]
const App: FC = () => {
  const [todoList, setTodoList] = useState<Todo[]>(initialTodos)
  const [task, setTask] = useState<string>('')
  useEffect(() => {
    console.log('Rendering <App />')
  })
  const handleCreate = () => {
    const newTodo = {
      id: Date.now(),
      task
    }

    // 새로운 todo를 리스트에 삽입한다
    setTodoList([...todoList, newTodo])

    // 입력값을 재설정한다
    setTask('')
  }
  return (
    <>
      <input
        type="text"
        value={task}
        onChange={(e: ChangeEvent<HTMLInputElement>) => setTask(e.target.value)}
      />
      <button onClick={handleCreate}>Create</button>
      <List todoList={todoList} />
    </>
  )
}
export default App
```

기본적으로 우리는 몇 가지 초기 태스크를 정의하고 todoList 상태를 생성했다. 이 상태는 List 컴포넌트로 전달된다. 다음으로 List.tsx 파일을 다음과 같이 생성한다.

```tsx
import { FC, useEffect } from 'react'
import Task from './Task'
export type Todo = {
  id: number
  task: string
```

```tsx
}
interface Props {
  todoList: Todo[]
}
const List: FC<Props> = ({ todoList }) => {
  useEffect(() => {
    // 이 이펙트는 모든 새로운 렌더에서 실행된다
    console.log('Rendering <List />')
  })
  return (
    <ul>
      {todoList.map((todo: Todo) => (
        <Task key={todo.id} id={todo.id} task={todo.task} />
      ))}
    </ul>
  )
}
export default List
```

앞에서 봤듯이 Task 컴포넌트를 사용해 todoList 배열의 각 태스크를 렌더링하고 해당 태스크를 prop으로 전달한다. useEffect 훅을 추가해 얼마나 많은 렌더링이 수행되는지 확인했다.

마지막으로 다음과 같이 Task.tsx 파일을 생성한다.

```tsx
import { FC, useEffect } from 'react'
interface Props {
  id: number
  task: string
}
const Task: FC<Props> = ({ task }) => {
  useEffect(() => {
    console.log('Rendering <Task />', task)
  })
  return (
    <li>{task}</li>
  )
}
export default Task
```

투-두 리스트는 다음과 같이 나타날 것이다.

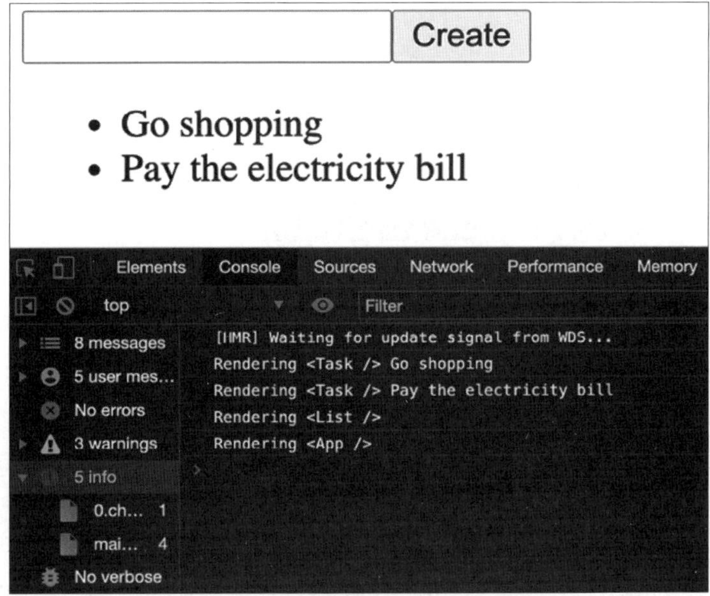

그림 8.4 투-두 리스트

앞에서 볼 수 있듯이 투-두 리스트를 렌더링하면 기본적으로 Task 컴포넌트와 관련된 두 가지 렌더링을 수행한다. 하나는 List를 위한 렌더링, 또 다른 하나는 App 컴포넌트를 위한 렌더링이다.

입력 필드에 새로운 태스크를 작성하려고 하면 문자를 입력할 때마다 다음과 같이 렌더링
되는 것을 확인할 수 있다.

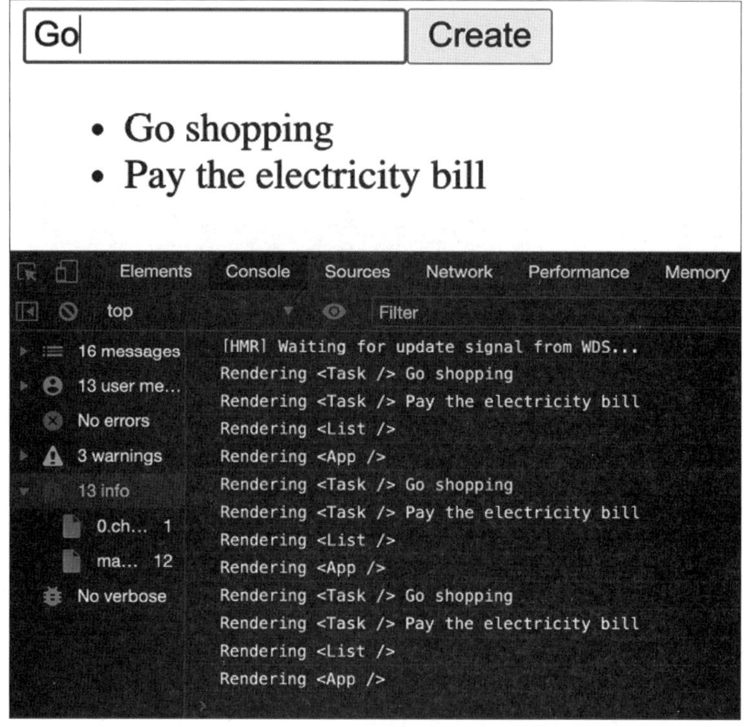

그림 8.5 투-두 리스트의 검색

앞에서 볼 수 있듯이 Go라고 작성하면 2개의 렌더 배치가 도는 것을 확인할 수 있으며, 결
과적으로 이 컴포넌트의 성능이 그리 좋지 않음을 알 수 있다. 여기에서 memo를 사용해 성능
을 개선할 수 있다. 다음 절에서는 memo, useMemo, useCallback을 구현해 컴포넌트, 값, 함수
를 메모화[memorize]하는 방법을 학습한다.

memo를 사용해 컴포넌트를 메모화하기

memo 고차 컴포넌트[HOC]는 리액트 클래스의 PureComponent와 유사하다. 이는 props를 얕은
비교(즉, 표면적 확인)하므로 항상 동일한 props로 컴포넌트를 렌더링하려고 할 때, 컴포넌트는
한 번만 렌더링되고 메모화된다. 컴포넌트는 props의 값이 변경될 때만 다시 렌더링된다.

입력 필드에 무언가를 입력할 때 컴포넌트가 여러 차례 렌더링하는 것을 피하려면 컴포넌트를 memo HOC로 감싸면 된다.

수정해야 할 첫 번째 컴포넌트는 List 컴포넌트이다. import memo를 적용하고 컴포넌트를 export default로 감싸기만 하면 된다.

```
import { FC, useEffect, memo } from 'react'
...
export default memo(List)
```

다음으로 Task 컴포넌트에 대해서도 동일한 작업을 수행한다.

```
import { FC, useEffect, memo } from 'react'
...
export default memo(Task)
```

입력 필드에 다시 Go를 입력하고 얼마나 많은 렌더링이 발생하는지 확인하자.

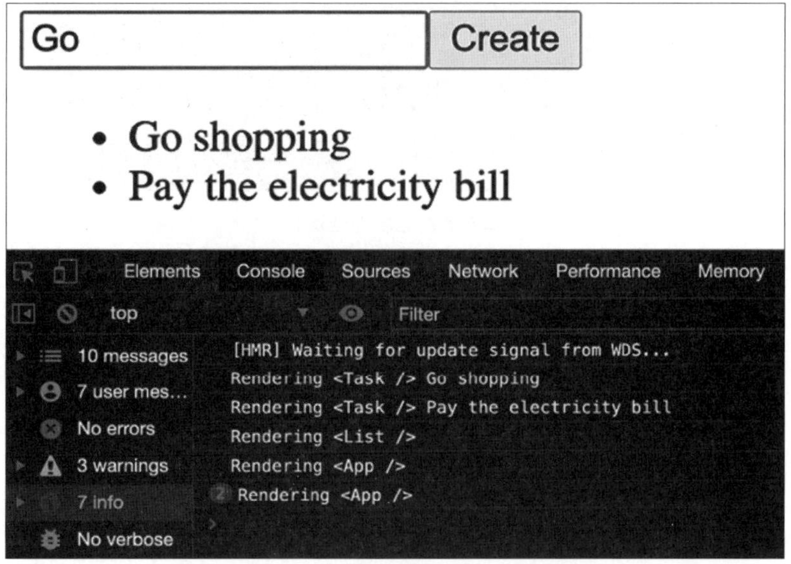

그림 8.6 투-두 리스트가 수행하는 렌더링 횟수 평가하기

다음으로 우선 첫 번째 렌더링 배치만 받고, 그 뒤 Go를 입력할 때 App 컴포넌트의 추가적인 두 번의 렌더링을 받는다. 이는 완전히 괜찮은 것이다. 우리가 변경하는 태스크 상태(입력 값)는 실제로 App 컴포넌트의 일부이기 때문이다.

또한 **Create** 버튼을 클릭해서 새로운 태스크를 만들 때 얼마나 많은 렌더링이 수행되는지 확인하자.

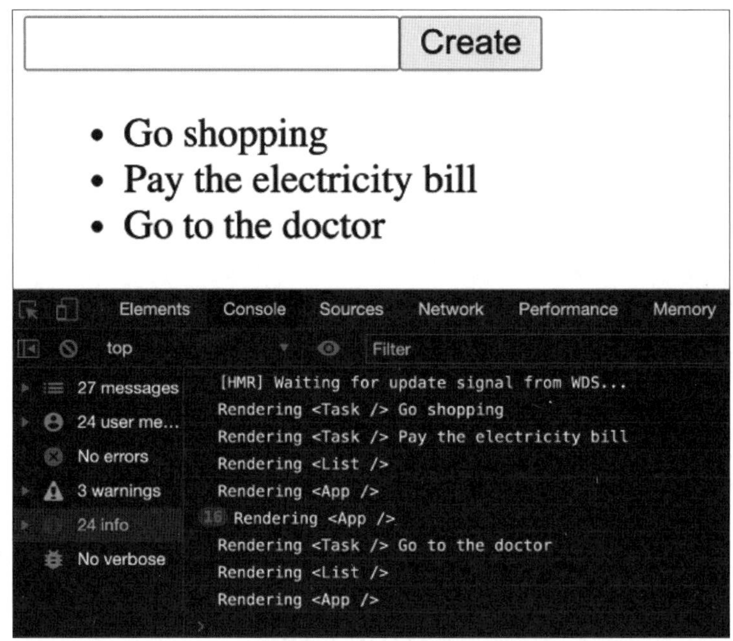

그림 8.7 성능 개선하기

처음 16번의 렌더링은 Go to the doctor 문자열의 단어 수를 나타낸다. 그 뒤 **Create** 버튼을 클릭하면 Task 컴포넌트, List 및 App 컴포넌트의 각각 하나의 렌더링이 표시된다. 성능이 크게 향상됐으며, 정확하게 필요한 횟수의 렌더링만 수행하고 있음을 알 수 있다.

useMemo를 사용해 값 메모화하기

다음으로 투-두 리스트에 검색 기능을 구현하려고 한다고 가정하자. 가장 먼저 해야 할 것은 App 컴포넌트에 term이라는 이름의 새로운 상태를 추가해야 하는 것이다.

```
const [term, setTerm] = useState('')
```

다음으로 handleSearch라는 함수를 생성한다.

```
const handleSearch = () => {
  setTerm(task)
}
```

반환 직전에 filterToDoList를 만든다. filterToDoList는 태스크에 기반해 투-두를 필터링한다. 또한 console.log를 추가해 얼마나 많이 렌더링되는지 확인한다.

```
const filteredTodoList = todoList.filter((todo: Todo) => {
  console.log('Filtering...')
  return todo.task.toLowerCase().includes(term.toLowerCase())
})
```

마지막으로 **Create** 버튼 옆에 새로운 버튼을 추가한다.

```
<button onClick={handleSearch}>Search</button>
```

이 시점에서 List와 Task 컴포넌트 안의 console.log를 주석 처리할 것을 권장한다. 그렇게 함으로써 필터링의 성능에만 집중할 수 있다.

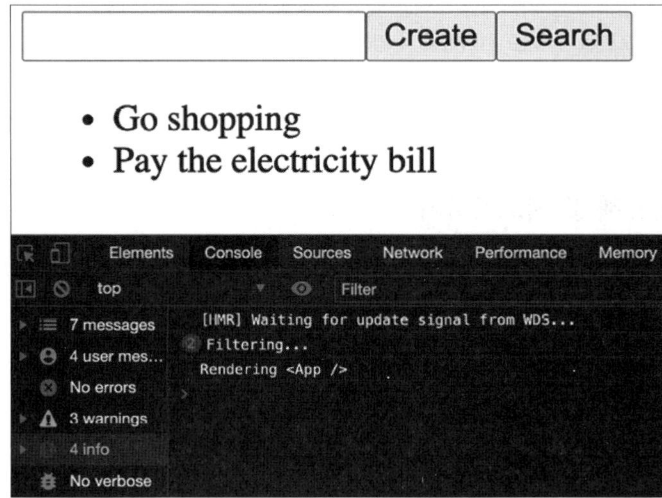

그림 8.8 필터링 성능 확인하기

애플리케이션을 다시 실행하면 필터링이 두 차례 실행된 뒤 App 컴포넌트가 실행되는 것을 확인할 수 있다. 모든 것이 괜찮아 보인다. 여기에서 문제는 무엇인가?

입력 필드에 Go to the docker를 다시 입력하고 렌더링과 필터링이 얼마나 많이 수행되는
지 확인해보자.

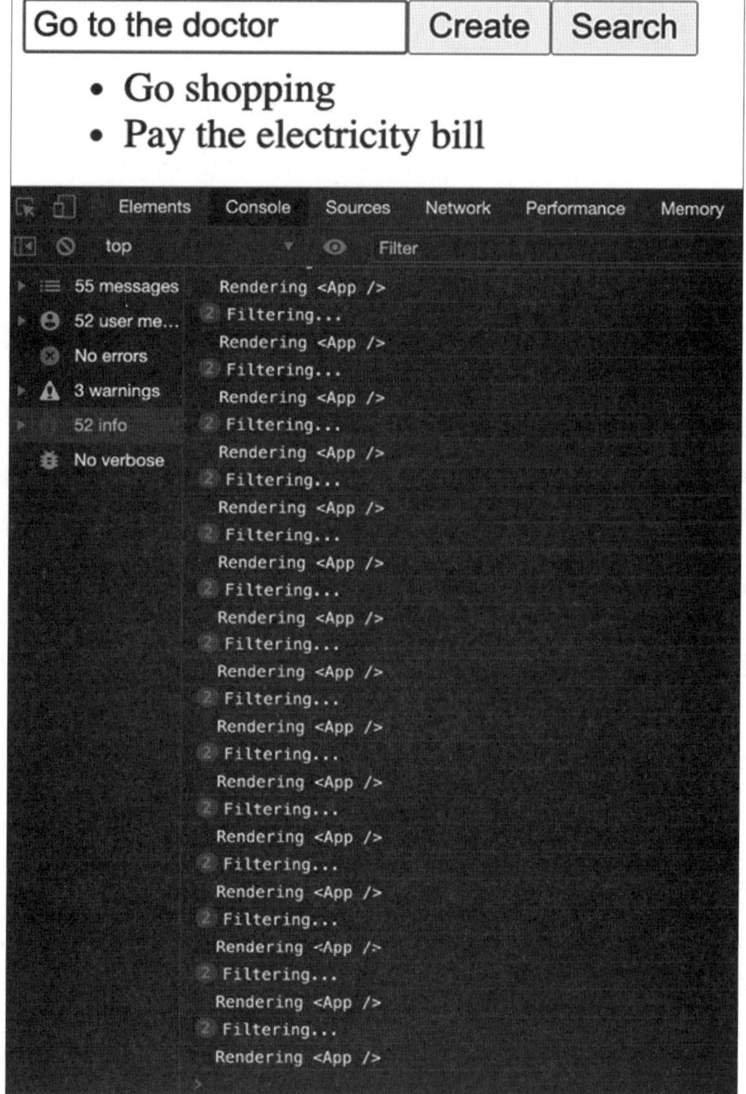

그림 8.9 필터링의 좋지 않은 예

글자를 입력할 때마다 필터링이 두 번 호출되고 App 렌더링이 한 번 수행되는 것을 알 수 있다. 여러분이 천재가 아니어도 이것의 성능이 좋지 않음은 알 수 있다. 큰 데이터 배열을 다룬다면 성능이 더 나빠질 것임에는 의심의 여지가 없다. 그래서 이 문제를 어떻게 수정할 수 있는가?

여기에서 useMemo 훅을 사용할 수 있다. 기본적으로 필터를 useMemo 안에 넣기만 하면 된다. 하지만 먼저 구문부터 살펴보자.

```
const filteredTodoList = useMemo(() => SomeProcessHere, [])
```

useMemo 훅은 함수의 결과(값)를 메모화하고 일부 디펜던시를 갖는다. 구현 방법은 다음과 같다.

```
const filteredTodoList = useMemo(() => todoList.filter((todo: Todo) => {
  console.log('Filtering...')
  return todo.task.toLowerCase().includes(term.toLowerCase())
}), [])
```

입력 필드에 무언가를 입력해보면 앞과 달리 필터링이 항상 실행되지 않는 것을 확인할 수 있다.

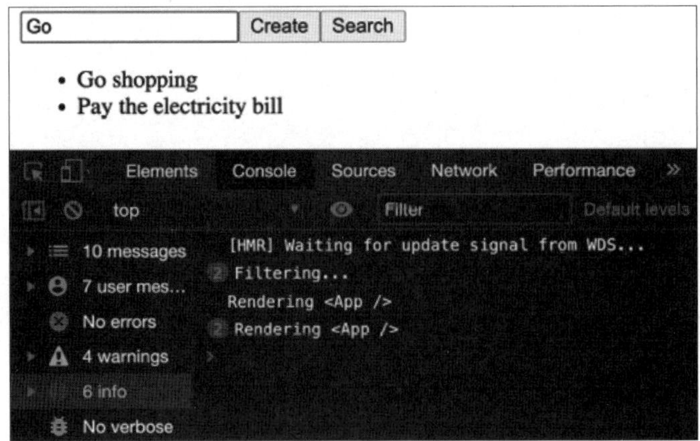

그림 8.10 필터링 성능 개선하기

훌륭하다. 하지만 한 가지 작은 문제가 있다. **Create** 버튼을 클릭해보면 필터링이 되지 않는다. 이것은 우리가 디펜던시를 누락했기 때문이다.

실제로 콘솔의 경고 항목에서 다음 경고를 확인할 수 있을 것이다.

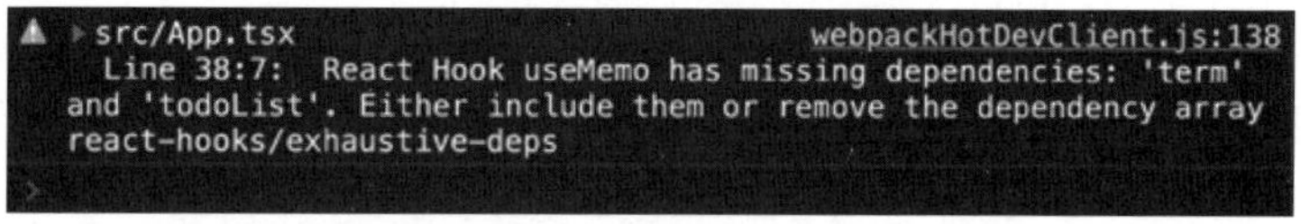

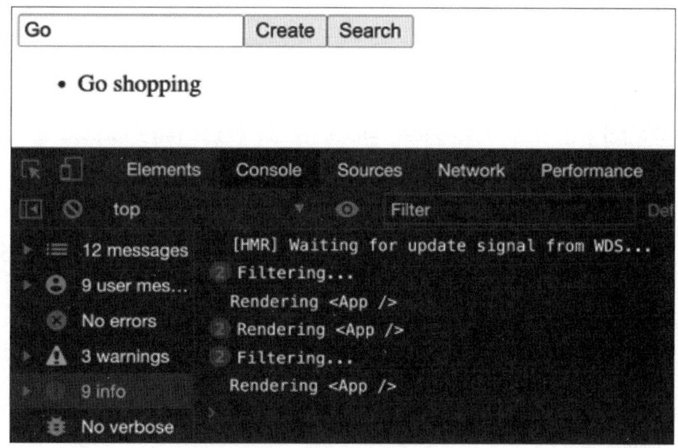

그림 8.11 react-hooks/exhaustive-deps

term과 todoList 디펜던시를 배열에 추가해야 한다.

```
const filteredTodoList = useMemo(() => todoList.filter((todo: Todo) => {
  console.log('Filtering...')
  return todo.task.toLowerCase().includes(term.toLowerCase())
}), [term, todoList])
```

이제 입력 필드에 Go를 입력한 뒤 **Search** 버튼을 클릭하면 잘 동작할 것이다.

그림 8.12 경고 수정 후

여기에서도 memo에 적용했던 규칙을 똑같이 적용한다. 꼭 필요하기 전까지는 useMemo를 사용하지 말라.

useCallback을 사용해 함수 정의 메모화하기

여기에서는 useCallback을 사용하는 방법을 학습하기 위해 새로운 삭제 태스크 기능을 추가한다. 먼저 App 컴포넌트 안에 handleDelete라 부르는 새로운 함수를 만든다.

```
const handleDelete = (taskId: number) => {
  const newTodoList = todoList.filter((todo: Todo) => todo.id !== taskId)
  setTodoList(newTodoList)
}
```

다음으로 이 함수를 List 컴포넌트에 prop으로 전달한다.

```
<List todoList={filteredTodoList} handleDelete={handleDelete} />
```

다음으로 List 컴포넌트에서 이 prop을 Props 인터페이스에 추가한다.

```
interface Props {
  todoList: Todo[]
  handleDelete: any
}
```

다음으로 Props에서 이 prop을 꺼내 Task 컴포넌트로 전달한다.

```
const List: FC<Props> = ({ todoList, handleDelete }) => {
  useEffect(() => {
    // 이 이펙트는 모든 새로운 렌더마다 실행된다
    console.log('Rendering <List />')
  })
  return (
    <ul>
      {todoList.map((todo: Todo) => (
      <Task
        key={todo.id}
        id={todo.id}
        task={todo.task}
        handleDelete={handleDelete}
      />
    ))}
```

```
      </ul>
    )
  }
```

Task 컴포넌트에서 handleDelete onClick을 실행하는 버튼을 생성한다.

```
interface Props {
  id: number
  task: string
  handleDelete: any
}
const Task: FC<Props> = ({ id, task, handleDelete }) => {
  useEffect(() => {
    console.log('Rendering <Task />', task)
  })
  return (
    <li>{task} <button onClick={() => handleDelete(id)}>X</button></li>
  )
}
```

이 시점에서 List 및 Task 컴포넌트의 console.log를 삭제하거나 주석 처리할 것을 권한다.
그럼으로써 필터링 성능에 집중할 수 있다. 이제 태스크 옆에 X 버튼을 볼 수 있다.

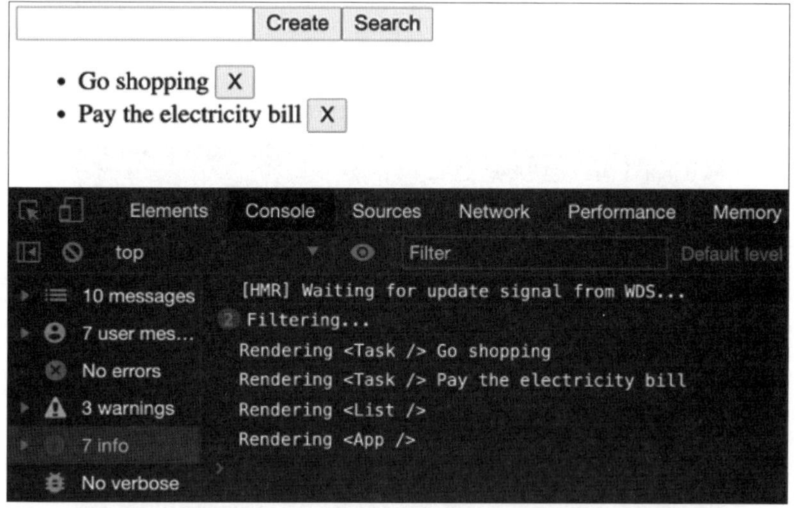

그림 8.13 태스크를 삭제하자

Go shopping의 X를 클릭하면 해당 태스크가 삭제된다.

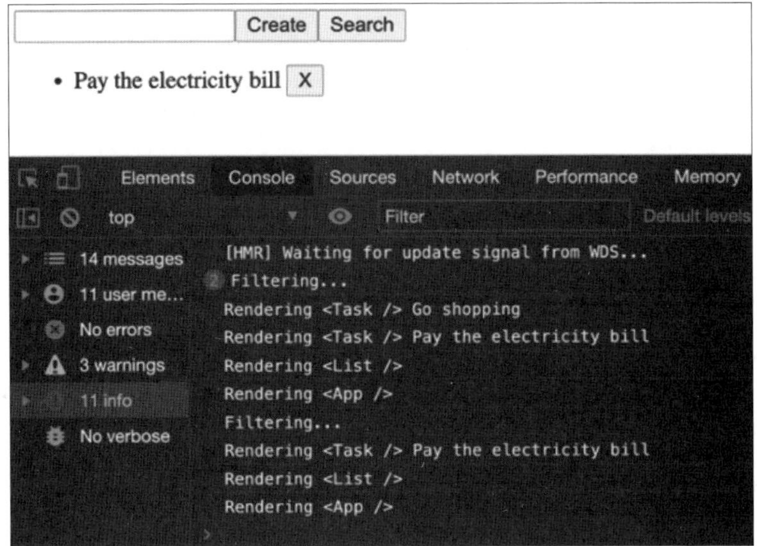

그림 8.14 태스크 삭제하기

지금까지는 좋다. 그렇지 않은가? 하지만 여전히 구현과 관련된 작은 문제가 있다. 입력 필드에 Go to the doctor를 입력하면 어떤 일이 발생하는가?

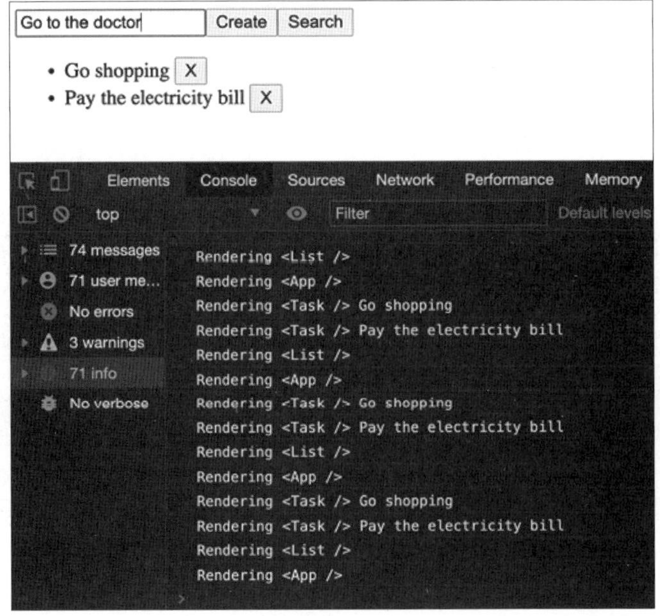

그림 8.15 나쁜 성능

앞에서 볼 수 있듯이 모든 컴포넌트의 렌더링 횟수는 71번이다. 이 시점에서 아마도 이렇게 생각할 수 있을 것이다. 컴포넌트를 메모화하기 위해 이미 memo HOC를 구현했다면 어떤 일이 벌어질 것인가? 하지만 문제는 현재 handleDelete 함수가 App에서 List 및 Task로 전달 되고 있다는 것이다. 그리고 문제는 이 함수가 새롭게 재렌더링할 때마다(이 경우에는 새로운 내용을 작성할 때마다) 다시 생성된다는 것이다. 이 문제를 어떻게 해결할 수 있을까?

여기에서는 useCallback 훅이 주인공이며 구문에서 useMemo와 매우 유사하다. 주요한 차이 점은 useMemo가 함수의 결괏값을 메모화하는 반면, useCallback은 **함수 정의를 메모화**한다는 것이다.

```
const handleDelete = useCallback(() => SomeFunctionDefinition, [])
handleDelete 함수는 다음과 같다
const handleDelete = useCallback((taskId: number) => {
  const newTodoList = todoList.filter((todo: Todo) => todo.id !== taskId)
  setTodoList(newTodoList)
}, [todoList])
```

이제 Go to the doctor를 다시 입력하면 잘 동작한다.

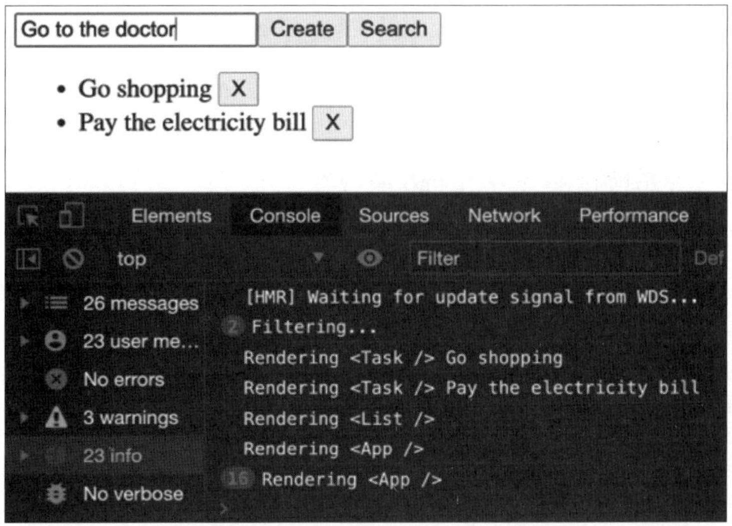

그림 8.16 성능 개선하기

이제 71번의 렌더링이 아니라 23번의 렌더링이 발생한다. 이는 정상적인 수치이며 여전히 태스크를 삭제할 수도 있다.

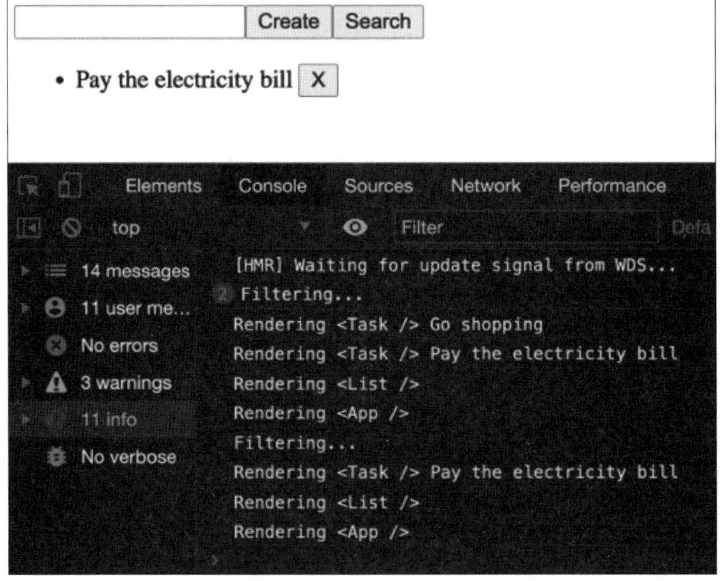

그림 8.17 태스크 삭제하기

앞에서 볼 수 있듯이 useCallback 훅을 사용하면 성능을 상당히 향상시킬 수 있다. 다음 절에서는 useEffect 훅 안에 인수로 전달된 함수를 메모화하는 방법을 살펴본다.

이펙트 안에 인수로 전달된 함수를 메모화하기

useCallback 훅을 사용해야 하는 특별한 경우가 존재한다. 예를 들어 App 컴포넌트의 useEffect 훅에 함수를 인자로 전달하는 경우이다. 새로운 useEffect 블록을 만든다.

```
const printTodoList = () => {
  console.log('Changing todoList')
}
useEffect(() => {
  printTodoList()
}, [todoList])
```

여기에서는 todoList 상태의 변경을 리스닝한다. 이 코드를 실행한 뒤 태스크를 생성하거나
삭제하면 잘 동작할 것이다(먼저 다른 콘솔을 모두 삭제하는 것을 기억하자).

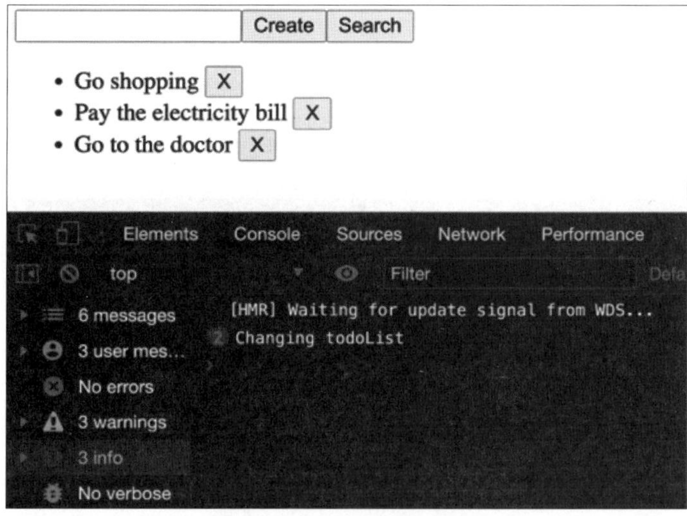

그림 8.18 투-두 리스트 변경하기

모든 것이 잘 동작한다. 하지만 todoList를 콘솔에 추가하자.

```
const printTodoList = () => {
  console.log('Changing todoList', todoList)
}
```

여러분이 Visual Studio Code를 사용한다면 아마도 다음과 같은 경고를 만나게 될 것이다.

그림 8.19 react-hooks/exhaustive-deps

기본적으로 이 경고는 printTodoList 함수를 디펜던시에 추가하라고 요구하고 있다.

```
useEffect(() => {
  printTodoList()
}, [todoList, printTodoList])
```

하지만 디펜던시에 추가하고 나면 또 다른 경고가 나타난다.

```
▲ ▶ src/App.tsx                                                    webpackHotDevClient.js:138
    Line 17:9:  The 'printTodoList' function makes the dependencies of useEffect Hook (at line 27)
change on every render. Move it inside the useEffect callback. Alternatively, wrap the
definition of 'printTodoList' in its own useCallback() Hook   react-hooks/exhaustive-deps
```

그림 8.20 useCallback 경고

이 경고가 나타나는 것은 지금 우리가 상태를 조작하고 있기 때문이다(상태를 콘솔에 보낸다). 그래서 이 문제를 수정하기 위해선 useCallback 훅을 이 함수에 추가해야 한다.

```
const printTodoList = useCallback(() => {
  console.log('Changing todoList', todoList)
}, [todoList])
```

이제 태스크를 삭제하면 todoList가 올바르게 업데이트되는 것을 확인할 수 있다.

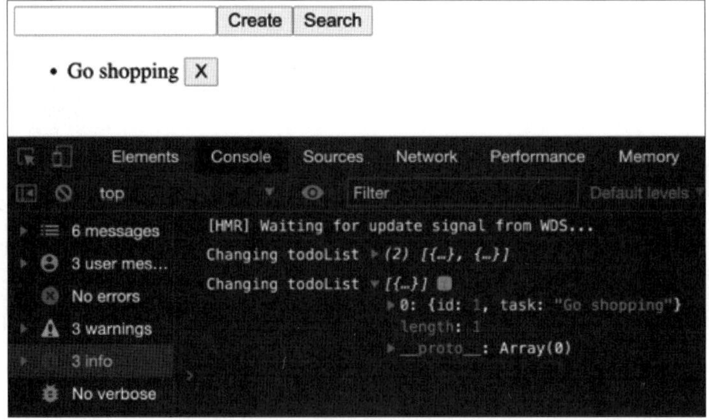

그림 8.21 투-두 리스트 데이터 변경하기

여러분에게 갑자기 많은 정보가 쏟아졌을 것이므로, 잠깐 간단하게 정리하고 넘어가자.

- memo:
    - **컴포넌트**를 메모화한다.
    - props가 변경되면 재메모화한다.
    - 재렌더링을 피한다.
- useMemo:
    - 계산된 결과를 메모화한다.
    - 계산된 속성을 위한 것이다.
    - 무거운 프로세스를 위한 것이다.
- useCallback:
    - **함수 선언**을 메모화해서 렌더링할 때마다 재정의되는 것을 피한다.
    - 이펙트의 인자로 함수를 전달할 때 사용한다.
    - 메모화된 컴포넌트에 props를 통해 함수가 전달될 때 사용한다.

마지막으로 황금 규칙을 잊지 말라. 이들이 절대적으로 필요하기 전까지는 사용하지 말라.

다음 절에서는 새로운 useReducer 훅을 사용하는 방법에 관해 학습한다.

useReducer 훅 이해하기

클래스 컴포넌트와 함께 리덕스react-redux를 사용해본 경험이 있을 것이며, 그렇다면 useReducer가 동작하는 방식을 이해하고 있을 것이다. 액션action, 리듀서reducer, 디스패치dispatch, 스토어store 그리고 상태state 등 기본 개념은 기본적으로 동일하다. 일반적으로 react-redux와 매우 유사해 보이나 약간의 차이점이 있다. 주요한 차이점은 react-redux가 thunk, sagas 같은 미들웨어와 래퍼를 제공하는 반면, useReducer는 단순한 객체를 액션으

로 디스패치하는 데 사용할 수 있는 디스패치 메서드만 제공한다는 점이다. 또한 useReducer
는 기본적으로 스토어를 갖고 있지 않으며, 대신 **useContext**를 사용해 스토어를 만들 수 있
지만 이것은 이미 만들어진 것을 다시 만드는 것에 지나지 않는다.

기본적인 애플리케이션을 만들고 useReducer가 동작하는 방법을 이해하자. 새로운 리액트
앱을 만든다.

```
npx create-vite reducer --template react-ts
```

다음으로 항상 그랬던 것처럼 src 폴더의 App.tsx 파일과 index.tsx 파일을 제외한 모든 파
일을 삭제하고 완전히 새로운 애플리케이션에서 시작한다.

여기에서는 기본적인 Notes 애플리케이션을 만들 것이다. 이 애플리케이션에서는 useReducer
를 사용해 노트를 표시(list), 삭제(delete), 생성(create), 업데이트(update)한다. 가장 먼저 **App** 컴포
넌트 안에 Notes 컴포넌트를 임포트한다. Notes 컴포넌트는 뒤에서 생성할 것이다.

```
import Notes from './Notes'
function App() {
  return (
    <Notes />
  )
}

export default App
```

Notes 컴포넌트에서 가장 먼저 useReducer와 useState를 임포트한다.

```
import { useReducer, useState, ChangeEvent } from 'react'
```

다음으로 몇 가지 타입스크립트 타입을 정의한다. 이 타입들은 Note 객체, Redux 액션, **액션
타입**을 위해 사용한다.

```
type Note = {
  id: number
```

```
    note: string
}
type Action = {
  type: string
  payload?: any
}
type ActionTypes = {
  ADD: 'ADD'
  UPDATE: 'UPDATE'
  DELETE: 'DELETE'
}
const actionType: ActionTypes = {
  ADD: 'ADD',
  DELETE: 'DELETE',
  UPDATE: 'UPDATE'
}
```

다음으로 몇 가지 더미 노드를 포함한 **initialNotes**(initialState로도 알려짐)를 생성한다.

```
const initialNotes: Note[] = [
  {
    id: 1,
    note: 'Note 1'
  },
  {
    id: 2,
    note: 'Note 2'
  }
]
```

리듀서가 동작하는 방법을 기억한다면 이것은 switch 구문을 사용해서 리듀서를 다루던 것과 매우 유사하게 보일 것이다. ADD, DELETE, UPDATE와 같은 기본적인 동작은 다음과 같이 수행한다.

```
const reducer = (state: Note[], action: Action) => {
  switch (action.type) {
    case actionType.ADD:
        return [...state, action.payload]
    case actionType.DELETE:
        return state.filter(note => note.id !== action.payload)
```

```
    case actionType.UPDATE:
        const updatedNote = action.payload
        return state.map((n: Note) => n.id === updatedNote.id ?
updatedNote : n)

    default:
        return state
  }
}
```

마지막으로 이 컴포넌트는 매우 직관적이다. 기본적으로 useReducer 훅(useState와 유사)으로부터 노트와 디스패치 메서드를 얻고, reducer 함수와 initialNotes(initialState)를 전달해야 한다.

```
const Notes = () => {
  const [notes, dispatch] = useReducer(reducer, initialNotes)
  const [note, setNote] = useState<string>('')
  ...
}
```

다음으로 handleSubmit 함수를 사용해서 입력으로 무엇인가를 작성했을 때 새로운 노트를 생성한다. 다음으로 **Enter** 키를 입력한다.

```
const handleSubmit = (e: ChangeEvent<HTMLInputElement>) => {
  e.preventDefault()
  const newNote = {
    id: Date.now(),
    note
  }
  dispatch({ type: actionType.ADD, payload: newNote })
}
```

마지막으로 map을 이용해 Notes를 렌더링하고, 2개의 버튼을 만든다. 한 버튼은 delete, 다른 한 버튼은 update용이다. 입력은 <form> 태그로 감싸야 한다.

```
return (
  <div>
    <h2>Notes</h2>
    <ul>
      {notes.map((n: Note) => (
        <li key={n.id}>
          {n.note} {' '}

          <button onClick={() => dispatch({ type: actionType.DELETE,
payload: n.id })}>
            X
          </button>
          <button
              onClick={() => dispatch({ type: actionType.UPDATE,
payload: {...n, note} })}
          >
            Update
          </button>
          </li>
      ))}
    </ul>

    <form onSubmit={handleSubmit}>
      <input
        placeholder="New note"
        value={note}
        onChange={e => setNote(e.target.value)}
      />
    </form>
  </div>
)

export default Notes
```

애플리케이션을 실행하면 다음 출력을 볼 수 있다.

그림 8.22 리액트 DevTools

리액트 DevTools에서 볼 수 있듯이 Reducer 객체는 우리가 초기 상태에서 정의한 2개의 노트를 포함한다.

입력 필드에 무엇인가를 입력하고 **Enter** 키를 치면 새로운 노트를 생성할 수 있다.

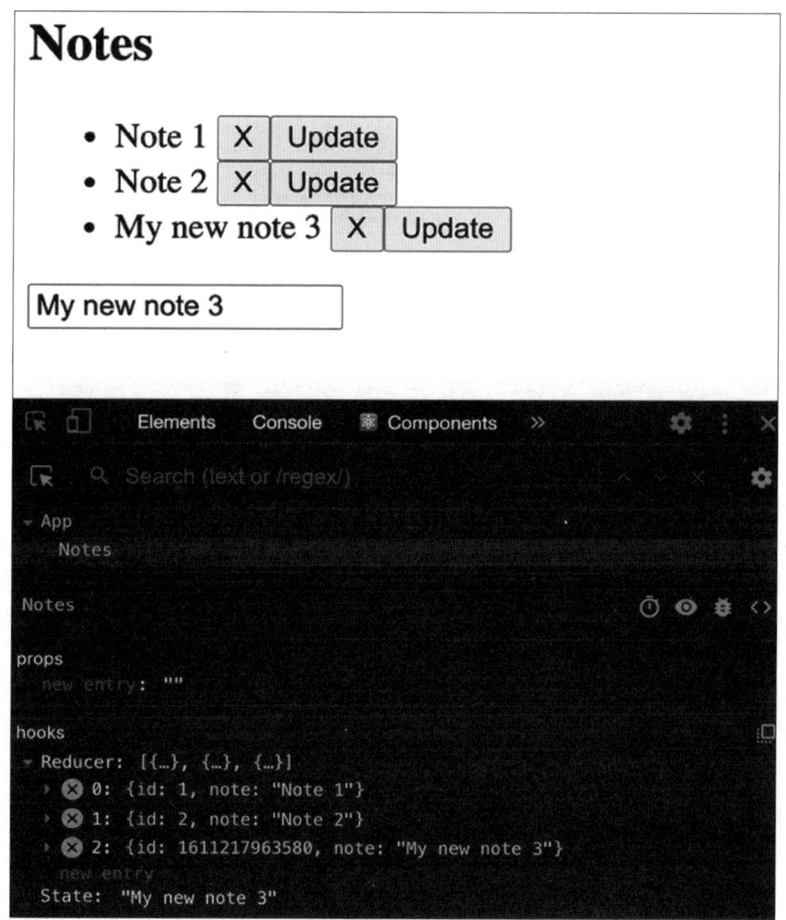

그림 8.23 새로운 노트 생성하기

다음으로 노트를 삭제하고 싶다면 X 버튼을 클릭하면 된다. **Note 2**를 삭제해보자.

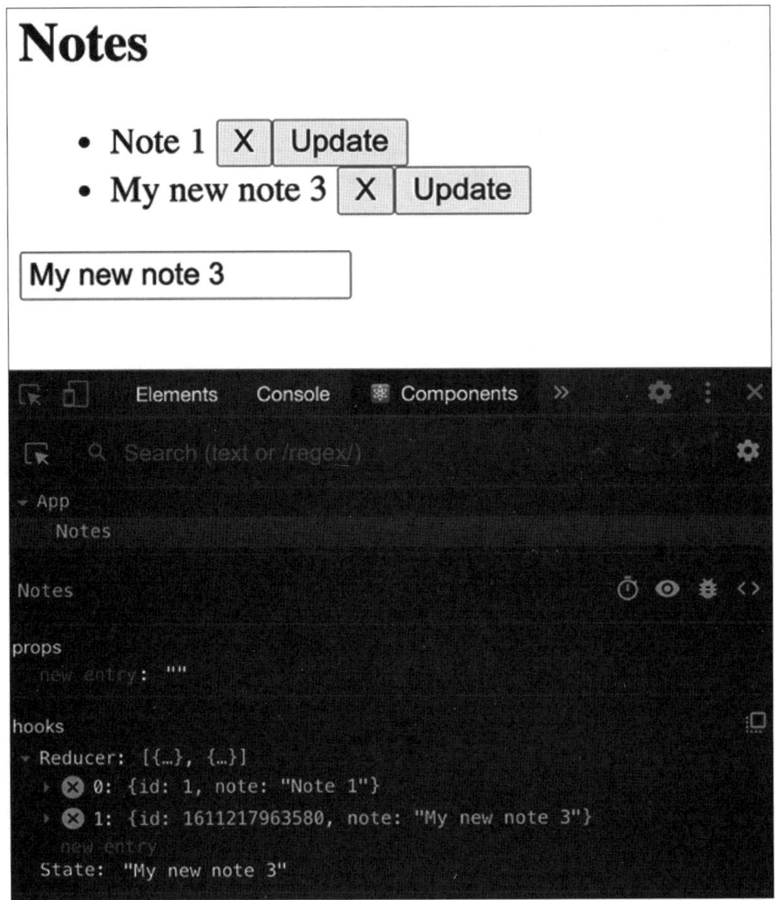

그림 8.24 노트 삭제하기

마지막으로 입력 필드에 원하는 것을 입력한 뒤 **Update** 버튼을 클릭하면 노트 값을 변경할 수 있다.

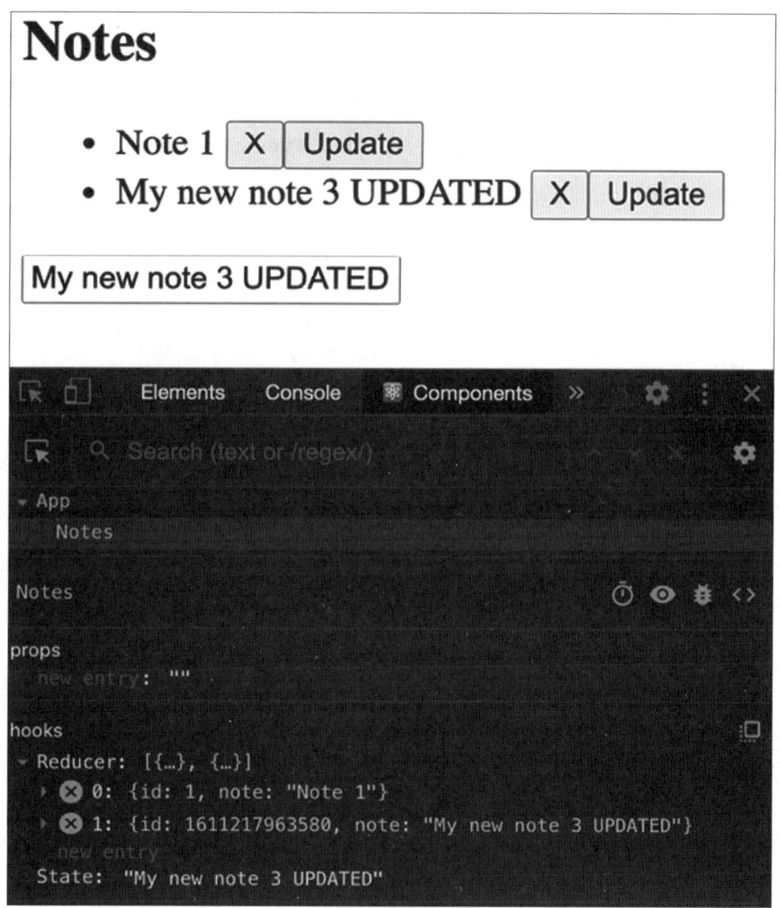

그림 8.25 노트 업데이트하기

멋지지 않은가? 앞에서 본 것처럼 useReducer 훅은 디스패치 매서드, 액션, 리듀서의 관점에서는 리덕스와 거의 동일하다. 그러나 주요한 차이점은 useReducer는 여러분의 컴포넌트와 그 자식의 컨텍스트로만 제한된다는 점이다. 따라서 애플리케이션 전체에서 접근할 수 있는 전역 스토어가 필요하다면 react-redux를 사용해야 한다.

8장을 읽으면서 새로운 리액트 훅과 관련된 유용한 정보를 즐겼기를 바란다. 지금까지 새로운 리액트 훅이 동작하는 방법, 훅을 사용해 데이터를 가져오는 방법, 클래스 컴포넌트를 **리액트 훅**으로 마이그레이션하는 방법, 이펙트의 작동 방식, memo, useMemo, useCallback의 차이 그리고 마지막으로 useReducer 훅의 작동 방식 및 react-redux와의 주요한 차이점에 관해 살펴봤다. 이것은 리액트 컴포넌트의 성능을 향상시키는 데 도움이 될 것이다.

9장에서는 리액트 라우터 v6에 대해 배우고 이를 프로젝트에서 구현하는 방법을 배운다.

09

리액트 라우터

리액트는 웹 애플리케이션을 만들기 위한 많은 유용한 빌딩 블록을 제공하는 라이브러리이다. 하지만 리액트만으로 여러분에게 필요한 모든 것을 포함하진 않는다. 리액트가 제공하지 않는 핵심 기능의 하나는 라우팅이다. 라우팅은 URL을 처리해 서로 다른 페이지 사이를 이동하거나 단일 페이지 애플리케이션을 보여주는 기능이다. 그래서 이를 위한 서드파티 라이브러리를 설치해야 하는데, 리액트에서 가장 유명한 것이 바로 **리액트 라우터**^{React Router}이다.

9장에서는 리액트 라우트에 관해 살펴보고 이를 사용해 동적 라우트를 생성하고 리액트 애플리케이션의 탐색을 처리하는 방법을 배운다. 9장을 마치고 나면 리액트 라우터가 동작하는 방법과 이를 프로젝트에서 효과적으로 사용하는 방법을 익히게 될 것이다.

9장에서는 다음 주제를 다룬다.

- react-router, react-router-dom, react-router-native 패키지의 차이점 이해하기

- 리액트 라우트 설치 및 구성

- <Routes> 컴포넌트 추가

- 라우트에 매개변수 추가

- 리액트 라우터 v6.4와 리액트 라우터 로더

기술 요구 사항

9장의 내용을 완료하려면 다음이 필요하다.

- Node.js 19+

- Visual Studio Code

9장의 샘플 코드는 다음 깃허브 저장소(https://github.com/moseskim/React-18-Design-Patterns-and-Best-Practices-Fourth-Edition/tree/main/Chapter09)에서 확인할 수 있다.

리액트 라우터 설치 및 구성하기

create-react-app을 사용해 새로운 리액트 애플리케이션을 만들었다면 가장 먼저 해야 할 일은 **리액트 라우터 v6.x**를 설치하는 것이다. 다음 명령을 실행한다.

```
npm install react-router-dom @types/react-router-dom
```

react-router가 아닌 react-router-dom을 설치하는 이유가 궁금할 것이다. 리액트 라우터는 react-router-dom과 react-router-native의 모든 공통 컴포넌트를 포함한다. 즉, 여러분이 웹 개발에 리액트를 사용한다면 react-router-dom을, 리액트 네이티브를 사용한다면 react-router-native를 사용해야 한다.

react-router-dom 패키지는 원래 버전 4를 포함하며, react-router는 버전 3을 사용한다. react-router-dom v6 패키지는 react-router에 비해 몇 가지 항목이 개선됐다.

개선된 항목은 다음과 같다.

- **라우트 구성 단순화**: 리액트 라우터 v6에서는 좀 더 직관적인 라우트 구성을 도입해 Switch와 exact 속성을 필요로 하지 않는다. 이제 라우트들은 선언 순서에 따라 우선순위가 암묵적으로 결정된다.

- **중첩된 라우팅**: 리액트 라우터 v6에서는 중첩된 라우팅 지원을 개선했다. Outlet 컴포넌트를 사용해 자녀 라우트를 렌더링할 수 있으며, 이는 활용하면 좀 더 직관적이고 유지보수성이 높은 라우트 구조를 만들 수 있다.

- **탐색 단순화**: v6에서는 useNavigate 훅이 useHistory 훅을 대체했으며, 이는 탐색에 대한 좀 더 직관적이고 선언적인 접근 방식을 제공한다.

- **라우트 상대 링크 및 탐색**: v6에서는 useLinkPors와 Link 컴포넌트가 도입됐으며, 이를 사용해 좀 더 쉽게 현재 라우트에 대한 상대 링크를 만들 수 있다. 전체 경로를 하드 코딩할 필요가 사라지며 라우트 관리가 단순해졌다.

- **라우트 가드 단순화**: 리액트 라우터 v6에서는 useRoutes 훅과 element 속성을 사용해 라우트 가드에 대한 좀 더 단순한 접근 방식을 도입했다. 이를 사용하면 좀 더 쉽고 유지보수 가능한 라우트 보호 패턴을 사용할 수 있다.

> **NOTE**
>
> 리액트 라우터 v6.4 이후 라우트 생성에 관한 접근 방식이 약간 바뀌었지만 여전히 "예전 방식"도 지원한다. 마지막 절에서 동일한 예제를 새로운 접근 방식으로 변환할 것이다.

⁙ 섹션 생성하기

몇 가지 섹션을 만들어서 기본적인 라우트를 테스트하자. 상태가 없는 컴포넌트(About, Contact, Home, Error404)를 만들고 각각의 디렉터리에 저장하자.

다음은 `src/components/Home.tsx` 컴포넌트이다.

```
const Home = () => (
  <div className="Home">
    <h1>Home</h1>
  </div>
)
export default Home
```

src/components/About.tsx 컴포넌트는 다음과 같이 만들 수 있다.

```
const About = () => (
  <div className="About">
    <h1>About</h1>
  </div>
)
export default About
```

다음은 src/components/Contact.tsx 컴포넌트이다.

```
const Contact = () => (
  <div className="Contact">
    <h1>Contact</h1>
  </div>
)
export default Contact
```

마지막으로 다음은 src/components/Error404.tsx 컴포넌트이다.

```
const Error404 = () => (
  <div className="Error404">
    <h1>Error404</h1>
  </div>
)
export default Error404
```

함수형 컴포넌트를 모두 만들었다면 index.tsx 파일을 수정해 라우트 파일들을 임포트한
다. 코드는 다음과 같다.

```
// 디펜던시
import { createRoot } from 'react-dom/client'
import { BrowserRouter as Router } from 'react-router-dom'
// 라우트
import AppRoutes from './routes'
createRoot(document.getElementById('root') as HTMLElement).render(
  <Router>
    <AppRoutes />
  </Router>
)
```

이제 src/routes.tsx 파일을 만들어야 한다. 여기에서는 사용자가 루트 경로(/)에 접근했을 때 Home 컴포넌트를 렌더링한다.

```
// 디펜던시
import { Routes, Route } from 'react-router-dom'
// 컴포넌트
import App from './App'
import Home from './components/Home'
const AppRoutes = () => (
  <App>
    <Routes>
      <Route path="/" element={<Home />} />
    </Routes>
  </App>
)
export default AppRoutes
```

다음으로 App.tsx 파일을 수정해서 해당 라우트 컴포넌트를 자녀로 렌더링한다.

```
import { FC, ReactNode } from 'react'
import './App.css'
type Props = {
  children: ReactNode
}
const App: FC<Props> = ({ children }) => (
  <div className="App">
    {children}
  </div>
)
export default App
```

애플리케이션을 실행하면 루트(/) 안에 Home 컴포넌트를 확인할 수 있다.

그림 9.1 Home 페이지

이제 사용자가 다른 경로로 접근했을 때 이를 처리할 Error404를 추가한다.

```
// 디펜던시
import { Routes, Route } from 'react-router-dom'
// 컴포넌트
import App from './App'
import Home from './components/Home'
import Error404 from './components/Error404'
const AppRoutes = () => (
  <App>
    <Routes>
      <Route path="/" element={<Home />} />
      <Route path="*" element={<Error404 />} />
    </Routes>
  </App>
)
export default AppRoutes
```

이제 여러분이 /somefakeurl에 접근하면 Error404 컴포넌트를 확인할 수 있다.

그림 9.2 Error404 페이지

이제 다른 컴포넌트(About, Contact)를 추가할 수 있다.

```
// 디펜던시
import { Routes, Route } from 'react-router-dom'
// 컴포넌트
import App from './App'
import About from './components/About'
import Contact from './components/Contact'
import Home from './components/Home'
import Error404 from './components/Error404'
const AppRoutes = () => (
  <App>
    <Routes>
      <Route path="/" element={<Home />} />
      <Route path="/about" element={<About />} />
      <Route path="/contact" element={<Contact />} />
      <Route path="*" element={<Error404 />} />
    </Routes>
  </App>
)
export default AppRoutes
```

이제 /about에 접근할 수 있다.

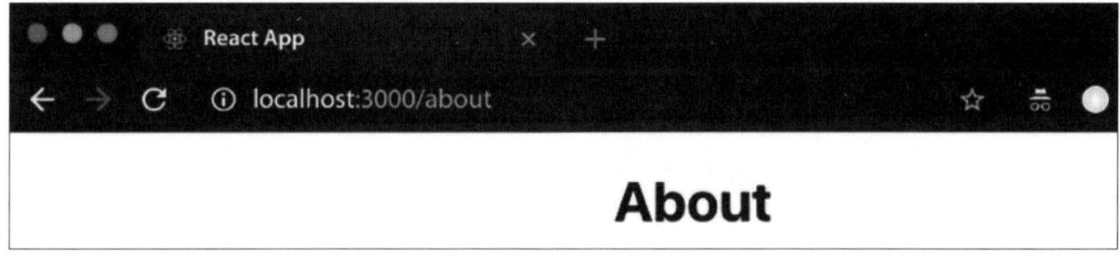

그림 9.3 About 페이지

또한 /contact에 접근할 수 있다.

그림 9.4 Contact 페이지

여러분은 첫 번째 라우트를 구현했다. 다음 절에서는 라우트에 몇 가지 매개변수를 추가
한다.

⁖ 라우트에 매개변수 추가하기

앞에서 라우터를 사용해 기본 라우트(1단계 라우트)를 작성하는 방법을 학습했다. 이번 절에서는
라우트에 몇 가지 매개변수를 추가하고 이들을 컴포넌트로 가져오는 방법에 관해 살펴
본다.

이번 예제에서는 Contacts 컴포넌트를 만든다. 사용자가 /contacts 라우트에 접근하면 연락
처 목록을 표시한다. 그리고 /contacts/:contactId에 접근하면 연락처 정보(이름, 전화번호, 이메일)
를 표시한다.

먼저 Contacts 컴포넌트를 만든다. 다음 스켈레톤을 사용하자.

```
const Contacts = () => (
  <div className="Contacts">
    <h1>Contacts</h1>
  </div>
)
export default Contacts
```

다음 CSS 스타일을 사용하자.

```css
.Contacts ul {
  list-style: none;
  margin: 0;
  margin-bottom: 20px;
  padding: 0;
}
.Contacts ul li {
  padding: 10px;
}
.Contacts a {
  color: #555;
  text-decoration: none;
}
.Contacts a:hover {
  color: #ccc;
  text-decoration: none;
}
```

Contact 컴포넌트를 만들었다면, 앞에서 만든 라우트 파일에 컴포넌트를 임포트한다.

```jsx
import { Routes, Route } from 'react-router-dom'
import App from './App'
import About from './components/About'
import Contact from './components/Contact'
import Home from './components/Home'
import Error404 from './components/Error404'
import Contacts from './components/Contacts'
const AppRoutes = () => (
  <App>
    <Routes>
      <Route path="/" element={<Home />} />
      <Route path="/about" element={<About />} />
      <Route path="/contact" element={<Contact />} />
      <Route path="/contacts" element={<Contacts />} />
      <Route path="*" element={<Error404 />} />
    </Routes>
  </App>
)
export default AppRoutes
```

이제 /contacts URL에 방문하면 Contacts 컴포넌트를 확인할 수 있다.

그림 9.5 Contacts 페이지

이제 Contacts 컴포넌트는 리액트 라우터에 연결됐으므로 연락처 정보를 리스트로 렌더링하자.

```
import { FC, useState } from 'react'
import { Link, useParams } from 'react-router-dom'
import './Contacts.css'
type Contact = {
  id: number
  name: string
  email: string
  phone: string
}
const data: Contact[] = [
  {
    id: 1,
    name: 'Carlos Santana',
    email: 'carlos.santana@dev.education',
    phone: '415-307-3112'
  },
  {
    id: 2,
    name: 'John Smith',
    email: 'john.smith@dev.education',
    phone: '223-344-5122'
  },
  {
    id: 3,
    name: 'Alexis Nelson',
    email: 'alexis.nelson@dev.education',
    phone: '664-291-4477'
  }
```

```tsx
]
const Contacts: FC = () => {
  const { contactId = 0 } = useParams()
  // 이제 로컬 상태에 연락처 정보를 추가할 것이다
  // 그러나 일반적으로 이 정보는 다른 서비스로부터 온다
  const [contacts, setContacts] = useState<Contact[]>(data)
  const renderContacts = () => (
    <ul>
    {contacts.map((contact: Contact, key) => (
      <li key={contact.id}>
        <Link to={`/contacts/${contact.id}`}>{contact.name}</Link>
      </li>
    ))}
    </ul>
  )
  return (
    <div className="Contacts">
      <h1>Contacts</h1>
      {renderContacts()}
    </div>
  )
}
export default Contacts
```

앞에서 볼 수 있듯이 <Link> 컴포넌트를 이용했다. 이 컴포넌트는 <a> 태그를 생성하며, 이 태그는 /contacts/contact.id를 가리킨다. 이것은 연락처 ID와 일치하도록 라우트 파일에 새로운 중첩된 라우트를 포함할 추가할 것이기 때문이다.

```tsx
const AppRoutes = () => (
  <App>
    <Routes>
      <Route path="/" element={<Home />} />
      <Route path="/about" element={<About />} />
      <Route path="/contact" element={<Contact />} />
      <Route path="/contacts" element={<Contacts />}>
      <Route path=":contactId" element={<Contacts />} />
      </Route>
      <Route path="*" element={<Error404 />} />
    </Routes>
  </App>
)
```

리액트 라우터 v6는 useParams라는 특별한 훅을 제공한다. 이를 사용해 contactId 매개변수에 접근할 수 있다.

```tsx
import { FC, useState } from 'react'
import { Link, useParams } from 'react-router-dom'
import './Contacts.css'
const data = [
  {
    id: 1,
    name: 'Carlos Santana',
    email: 'carlos.santana@dev.education',
    phone: '415-307-3112'
  },
  {
    id: 2,
    name: 'John Smith',
    email: 'john.smith@dev.education',
    phone: '223-344-5122'
  },
  {
    id: 3,
    name: 'Alexis Nelson',
    email: 'alexis.nelson@dev.education',
    phone: '664-291-4477'
  }
]
type Contact = {
  id: number
  name: string
  email: string
  phone: string
}
const Contacts: FC<any> = () => {
const { contactId = 0 } = useParams()
console.log('contactId', contactId)
```

이제 연락처들을 로컬 상태에 추가할 것이다. 하지만 일반적으로 이는 어떤 서비스로부터 제공된다.

```tsx
const [contacts, setContacts] = useState<Contact[]>(data)
```

기본적으로 selectedNote는 false이다.

```
    let selectedContact: any = false
    if (contactId > 0) {
```

contactId가 0보다 크면 contacts 배열에서 해당 연락처를 필터링한다.

```
      selectedContact = contacts.filter((contact) => contact.id ===
  Number(contactId))[0]
    }
    const renderSingleContact = ({ name, email, phone }: Contact) => (
      <>
        <h2>{name}</h2>
        <p>{email}</p>
        <p>{phone}</p>
      </>
    )
    const renderContacts = () => (
      <ul>
      {contacts.map((contact: Contact, key) => (
        <li key={key}>
          <Link to={`/contacts/${contact.id}`}>{contact.name}</Link>
        </li>
      ))}
      </ul>
    )
    return (
      <div className="Contacts">
        <h1>Contacts</h1>
        {/* We render our selectedContact or all the contacts */}
        {selectedContact ? renderSingleContact(selectedContact) :
  renderContacts()}
      </div>
    )
  }
  export default Contacts
```

앞에서 볼 수 있듯이, useParmas와 함께 contactId 매개변수를 받는다.

애플리케이션을 다시 실행하면 다음과 같은 연락처를 볼 수 있다.

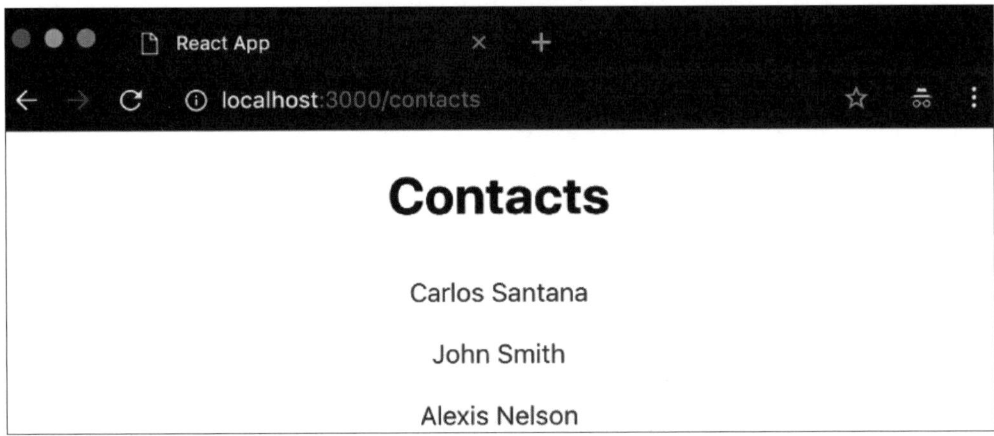

그림 9.6 연락처 목록 표시하기

John Smith(contactId=2)를 클릭하면 다음과 같은 연락처 정보를 확인할 수 있다.

그림 9.7 연락처 상세 정보 표시하기

다음으로 모든 라우트에 접근할 수 있도록 App 컴포넌트에 navbar를 추가할 수 있다.

```
import { Link } from 'react-router-dom'
import './App.css'
const App = ({ children }) => (
  <div className="App">
    <ul className="menu">
```

```
      <li><Link to="/">Home</Link></li>
      <li><Link to="/about">About</Link></li>
      <li><Link to="/contacts">Contacts</Link></li>
      <li><Link to="/contact">Contact</Link></li>
    </ul>
    {children}
  </div>
)
export default App
```

다음으로 App 스타일을 수정한다.

```
.App {
  text-align: center;
}
.App ul.menu {
  margin: 50px;
  padding: 0;
  list-style: none;
}
.App ul.menu li {
  display: inline-block;
  padding: 0 10px;
}
.App ul.menu li a {
  color: #333;
  text-decoration: none;
}
.App ul.menu li a:hover {
  color: #ccc;
}
```

최종적으로 다음과 같은 화면을 볼 수 있다.

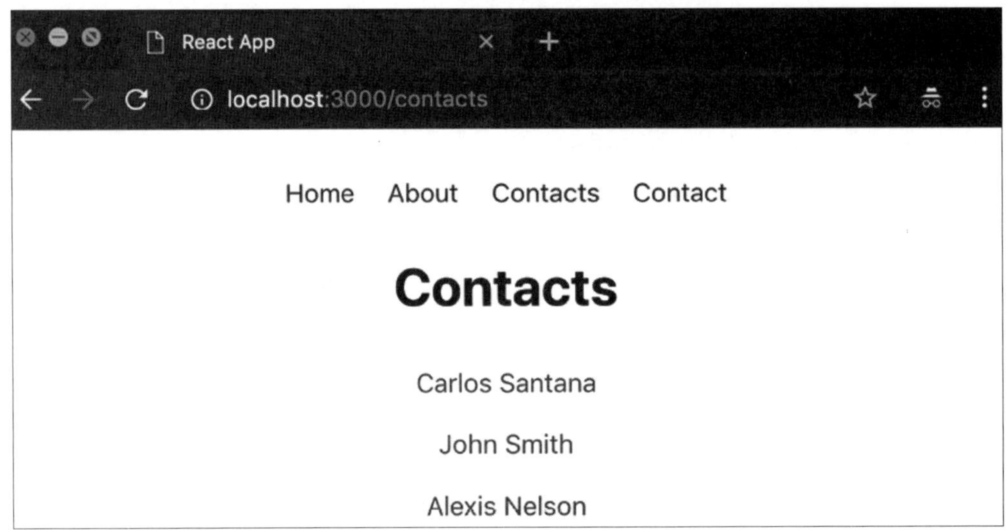

그림 9.8 메뉴 표시하기

이번 절에서는 매개변수를 받는 라우트를 애플리케이션에 추가하는 방법에 관해 살펴봤다.
멋지지 않은가?

리액트 라우터 v6.4

9장의 서두에서 언급한 것처럼 **리액트 라우터 v6.4**에서는 라우트를 구현하는 새로운 방법을
도입했다.

방금 전의 예제를 다시 작성하면서 그 차이점에 관해 살펴보자. 첫 번째 차이점은 `AppRoutes`
를 사용하는 대신 라우트를 `App.tsx` 파일에 직접 추가한다는 점이다. 먼저 `main.tsx`를 수정
한다. `AppRoutes`를 제거하자.

```
import { createRoot } from 'react-dom/client'
import App from './App'
createRoot(document.getElementById('root') as HTMLElement).render(
  <App />
)
```

이제 App.tsx 파일에서 react-router-dom으로부터 몇 가지 새로운 함수를 임포트하고, 각 URL에서 렌더링될 컴포넌트들을 로드하자.

```
import { FC } from 'react'
import {
  createBrowserRouter,
  createRoutesFromElements,
  Route,
  Link,
  Outlet,
  RouterProvider
} from 'react-router-dom'
import About from './components/About'
import Home from './components/Home'
import Pokemons, { dataLoader } from './components/Pokemons'
import Error404 from './components/Error404'
import './App.css'
```

다음으로 createBrowserRouter와 createRoutesFromElements 함수를 활용해서 라우트를 지정한다.

```
const App: FC<any> = () => {
  const router = createBrowserRouter(
    createRoutesFromElements(
      <Route path="/" element={<Root />}>
        <Route index element={<Home />} />
        <Route path="/about" element={<About />} />
        <Route path="*" element={<Error404 />} />
      </Route>
    )
  )
}
```

코드에서 볼 수 있듯이 <Root /> 컴포넌트를 렌더링했다. 이 컴포넌트가 어디에 위치했는지 궁금할 수 있다. <Root /> 컴포넌트는 **Navigation** 메뉴를 수용하는 용도로 사용되며, 새로운 컴포넌트를 사용해 라우트의 내용을 렌더링할 위치를 지정할 수 있다. 이를 위해서는 **App** 컴포넌트를 정의하기 전에 (최상단에) <Root /> 컴포넌트를 생성해야 한다.

```
const Root = () => (
  <>
    <ul className="menu">
      <li><Link to="/">Home</Link></li>
      <li><Link to="/about">About</Link></li>
      <li><Link to="/pokemons">Pokemons</Link></li>
    </ul>
    <div>
      <Outlet />
    </div>
  </>
)
```

첫 번째 라우트는 Home이기 때문에 index prop을 활성화했다. 그다음은 /about 경로를 가진 about 라우트를 지정했다. 마지막으로 *를 추가했다. 우리가 제공하지 않는 경로에 매칭되는 모든 URL에 대해 **404 에러 페이지**를 렌더링한다.

Root 컴포넌트를 생성하고 라우트를 지정했다면 RouterPorvier를 렌더링하고 생성된 라우터를 매개변수로 전달해야 한다.

```
return (
  <div className="App">
    <RouterProvider router={router} />
  </div>
)
```

모든 단계를 올바르게 수행했다면 **Home** 페이지와 **About** 페이지를 확인할 수 있을 것이다.

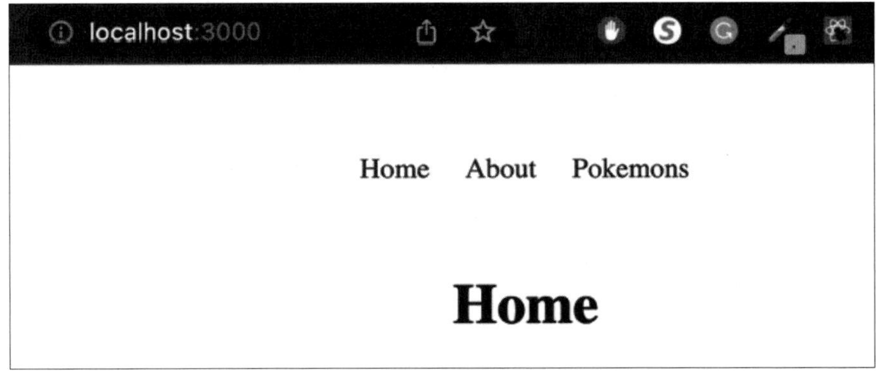

그림 9.9 Home 페이지


```
```

About을 클릭하면 다음과 같은 페이지가 나타나는 것을 확인할 수 있다.

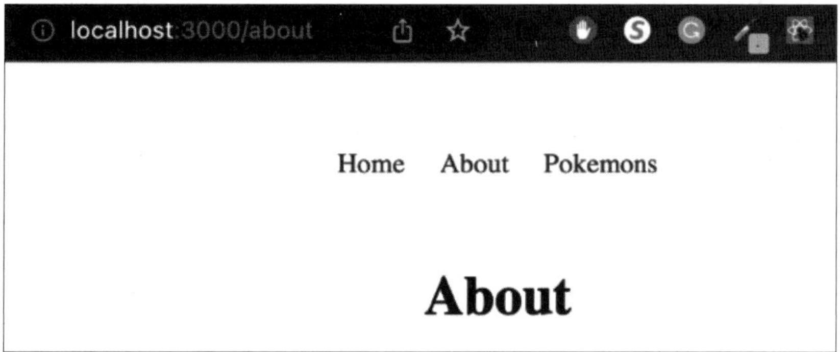

그림 9.10 About 페이지

리액트 라우터 v6.4에서의 변경 사항에 대한 이해를 바탕으로 예제의 **Pokemons** 페이지를
이용해 새롭게 추가된 로더의 구현에 관해 살펴본다.

리액트 라우터 로더

리액트 라우터 v6.4의 주요한 변경점 가운데 하나는 **로더**가 추가된 것이다. 이 로더들을 이
용하면 데이터를 좀 더 효과적으로 가져올 수 있으며, 컴포넌트 안에서 useEffect와 fetch
를 사용하는 일반적인 패턴을 제거할 수 있다.

메뉴에서 확인할 수 있듯이 아직 라우트를 지정하지 않은 **Pokemons** 페이지를 추가했다.
이 페이지를 예제로 해 새로운 리액트 라우터 로더를 사용하는 방법을 설명할 것이다.

먼저 Home 컴포넌트를 템플릿으로 사용해 Pokemons 컴포넌트를 만든다.

```
const Pokemons = () => (
  <div className="Pokemons">
    <h1>Pokemons</h1>
  </div>
)
export default Pokemons
```

기본 컴포넌트를 만들었으므로 비동기 함수인 dataLoader 함수를 만들어야 한다. 이 함수는 데이터를 가져오는 책임을 진다.

```
export const dataLoader = async () => {
  const response = await fetch('https://pokeapi.co/api/v2/pokemon?limit=151')
  const data = await response.json()
  return data.results
}
export default Pokemons
```

앞에서 볼 수 있듯이 Pokemons 컴포넌트를 기본값으로 익스포트하기 전에 dataLoader를 기술했다. dataLoader를 만든 후에는 이를 가져와서 App.tsx 파일에서 Pokemons의 라우트를 지정해야 한다. loader 프로퍼티에 dataLoader를 전달하는 것을 잊지 말자.

```
import Pokemons, { dataLoader } from './components/Pokemons'
...
const router = createBrowserRouter(
  createRoutesFromElements(
    <Route path="/" element={<Root />}>
      <Route index element={<Home />} />
      <Route path="/about" element={<About />} />
      <Route path="/pokemons" element={<Pokemons />} loader={dataLoader} />
      <Route path="*" element={<Error404 />} />
    </Route>
  )
)
```

dataLoader를 라우트에 연결하면 이제 Pokemons의 데이터를 렌더링할 수 있다. 데이터를 가져오기 위해 새로운 useLoaderData 훅을 활용한다. 또한 라우트의 상태를 모니터링해서 데이터가 아직 로딩 중인지 확인할 수 있게 하기 위해 useNavigation 훅을 사용한다. 다음은 Pokemons 컴포넌트의 완전한 코드이다.

```tsx
import { useLoaderData, useNavigation } from 'react-router-dom'
const Pokemons = () => {
  const pokemons: any = useLoaderData()
  const navigation = useNavigation()
    if (navigation.state === 'loading') {
      return <h1>Loading...</h1>
  }
  const imgUrl = 'https://raw.githubusercontent.com/PokeAPI/sprites/master/
sprites/pokemon/'
  return (
    <div className="Home">
      <h1>Pokemons</h1>
      {pokemons.map((pokemon: any, index: number) => (
        <div key={pokemon.name}>
          <h2>{index + 1} {pokemon.name}</h2>
          <img
            src={`${imgUrl}/${pokemon.url.split('/').slice(-2, -1)}.png`}
            alt={pokemon.name}
          />
          <p>
            <a href={pokemon.url} target="_blank" rel="noreferrer">
              {pokemon.url}
            </a>
          </p>
        </div>
      ))}
    </div>
  )
}
export const dataLoader = async () => {
  const response = await fetch('https://pokeapi.co/api/v2/
pokemon?limit=151')
  const data = await response.json()
  return data.results
}
export default Pokemons
```

Pokemons 페이지를 확인해보자. 첫 번째 150마리의 **포켓몬**을 볼 수 있다.

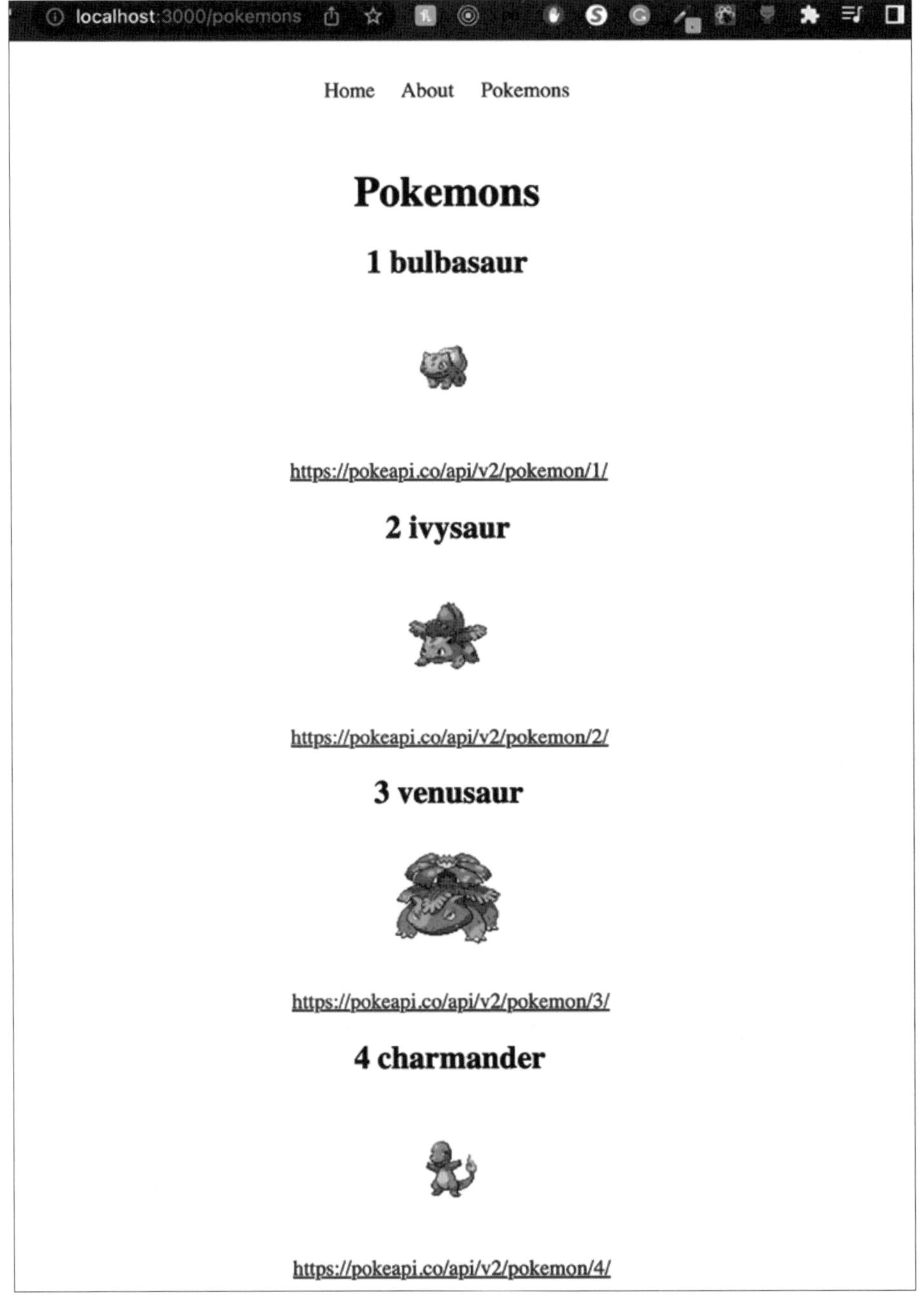

그림 9.11 Pokemons 페이지

로더와 같은 새로운 기능을 통해 리액트 라우터 v6.4는 리액트 애플리케이션 라우팅과 데이터 가져오기를 간소화했다. dataLoader 함수를 사용해 **Pokemons** 페이지를 만들었으며, 이 함수를 통해 API에서 데이터를 비동기적으로 가져왔다. 이 함수를 라우트 구성에 통합하고 리액트 라우터의 useLoaderData, useNavigation 훅을 사용해 좀 더 사용자 친화적인 인터페이스를 제공했다. 이런 개선을 통해 리액트 라우터 v6.4는 좀 더 견고하고 효율적이고 직관적이며, 개발자들이 노력을 덜 들이고도 더 복잡한 데이터 기반 애플리케이션을 만들 수 있도록 지원한다.

정리

훌륭하다! 리액트 라우터를 살펴보면서 라우트 설치, 구성 및 관리 그리고 중첩된 라우트에 매개변수 통합과 같은 핵심 기술을 학습했다. 이러한 기능을 활용해 리액트 라우터를 사용함으로써 한층 동적이고 견고한 웹 애플리케이션을 만들 수 있을 것이다. 또한 리액트 라우터 v6.4가 제공하는 혁신적인 로더 사용 방법을 포함해 리액트 라우터의 최신 기능에 관해 학습했다.

이어서 10장에서는 리액트 18에서 소개된 흥미로운 새로운 기능을 탐구할 것이다. 지속적인 학습과 적용을 통해 리액트에 좀 더 능숙해질 것이다.

10
리액트 18의 새로운 기능들

리액트 18은 사용자 인터페이스를 만드는 유명한 자바스크립트 라이브러리이며, 새로운 기능과 개선 사항을 통해 성능과 개발자 경험을 개선했다. 지속적으로 발전하는 리액트 생태계의 일부로서 이러한 발전을 따라 최신 상태로 유지하는 것이 중요하다. 10장에서는 리액트 18의 가장 주목할 만한 추가 사항 및 Node.js 19의 최신 기능에 관해 간략하게 설명한다.

리액트 18에서 새롭게 제공하는 기능에는 다음의 내용이 포함된다.

- **상태 업데이트의 자동 배치**: 리액트 18은 자동으로 여러 상태 업데이트를 단일 업데이트로 배치시키며 이는 성능을 개선하고 애니메이션을 부드럽게 만든다. 자동 배치로 인해 수동 배치를 수행하지 않아도 된다.

- **동시 렌더링**: 리액트는 특정한 컴포넌트들의 렌더링 우선순위를 결정할 수 있으며, 이를 통해 더 빠른 로드 시간, 부드러운 애니메이션, 더 나은 사용자 경험을 제공한다.

- **데이터 가져오기를 위한 Suspense**: Suspense를 통해 개발자들은 필요한 데이터가 로드될 때까지 렌더링을 대기시킬 수 있으며, 심리스한 사용자 경험과 개선된 에러 핸들링을 제공한다.

- **개선된 에러 핸들링**: 리액트 18은 에러가 발생한 컴포넌트와 코드 위치와 같은 좀 더 많은 정보를 제공함으로써 에러 핸들링과 디버깅 프로세스를 단순화한다.

- **새로운 컴포넌트 타입**: 리액트 18에서는 포털portal, 사이드 이펙트를 가진 컴포넌트component with side effect라는 두 가지 새로운 컴포넌트 타입을 제공한다. 포털을 이용하면 부모 컴포넌트 외부에서 컴포넌트를 렌더링할 수 있다. 사이드 이펙트를 가진 컴포넌트를 이용하면 별도의 함수 없이 사이드 이펙트를 수행할 수 있다.

- **인터넷 익스플로러 11 미지원**: 모던 웹 표준을 활용하고 성능을 개선하기 위해 리액트 18은 더 이상 인터넷 익스플로러 11을 지원하지 않는다. 개발자들은 서비스 사용자가 구글 크롬, 모질라 파이어폭스, 애플 사파리, 마이크로소프트 엣지와 같은 모던하고 리액트 18이 지원하는 브라우저를 사용하는지 확인해야 한다.

10장에서는 다음 주제를 다룬다.

- 동시 모드

- 자동 배치

- 서버에서의 Suspense

- 신규 API

- 신규 훅

- 엄격한 모드

- Node.js의 최신 기능

동시 모드

리액트의 **동시 모드**concurrent mode는 리액트 18의 새로운 기능 셋으로 이를 이용하면 리액트가 여러 태스크를 동시에 작업하도록 함으로써 좀 더 빠르고 반응적인 사용자 인터페이스를 제공할 수 있다.

전통적인 리액트의 렌더링 프로세스는 동기 방식이었다. 즉, 리액트는 하나의 경로로 사용자 인터페이스를 업데이트했다. 이는 때로 성능 문제를 일으켰는데, 특히 크고 복잡한 애플리케이션을 렌더링하거나 실시간 업데이트를 처리할 때 문제가 두드러졌다.

동시 모드를 이용하면 리액트는 렌더링 프로세스를 독립적이고 병렬로 수행될 수 있는 작은 작업 단위로 분할한다. 즉, 리액트는 사용자 인터페이스를 업데이트하는 것과 같은 특정한 태스크를 우선 수행하면서, 사용자 입력 처리나 데이터를 가져오는 등의 작업은 백그라운드로 실행할 수 있다는 의미이다.

다음은 리액트 동시 모드의 몇 가지 핵심 기능이다.

- **시분할**time slicing: 큰 작업 덩어리를 작은 조각으로 나누고 가장 중요한 태스크의 우선순위를 가장 높이는 기법이다. 이를 통해 애플리케이션에 대한 인지적 지연을 줄이고 좀 더 반응적으로 느낄 수 있도록 해준다.

- **Suspense**: 리액트의 새로운 기능으로 이를 이용하면 필요한 데이터가 로드될 때까지 컴포넌트 렌더링을 대기시킬 수 있다. 이는 애플리케이션의 인지적 성능을 개선하고 좀 더 나은 사용자 경험을 제공하는 데 도움을 준다.

- **동시 렌더링**concurrent rendering: 리액트의 새로운 렌더링 모드로, 이를 이용하면 사용자 인터페이스를 좀 더 빈번하게 업데이트할 수 있으며 한층 부드러운 애니메이션과 전환을 제공할 수 있다.

전체적으로 리액트의 동시 모드는 강력한 새로운 기능 셋이며, 이를 활용하면 좀 더 빠르고 반응적인 사용자 인터페이스를 제공하는 데 도움이 된다. 기존 코드를 약간 수정해야 하지만 동시 모드를 도입함으로써 애플리케이션의 사용자 경험을 개선하고 빠르게 변하는 디지털 세계에서 경쟁력을 확보하는 데 도움이 된다. 다음은 리액트 18에서 시분할과 동시 렌더링을 수행하는 코드 예시이다.

```
import React, { useState } from 'react'
function Counter() {
  const [count, setCount] = useState(0)

  function handleClick() {
```

```javascript
      setCount(count + 1)
  }
  return (
    <button onClick={handleClick}>
      {count}
    </button>
  )
}
function App() {
  return (
    <React.Suspense fallback={<div>Loading...</div>}>
      <Counter />
    </React.Suspense>
  )
}
ReactDOM.createRoot(document.getElementById('root')).render(<App />)
```

⁛ 자동 배치

자동 배치는 리액트 18의 새로운 기능이다. 자동으로 여러 업데이트를 하나의 렌더 경로에 배치함으로써 업데이트 성능을 개선한다. 전통적인 리액트에서 사용자 인터페이스 업데이트는 전형적으로 동기화돼 처리됐다. 이는 각 업데이트가 새로운 렌더 경로를 트리거한다는 의미이다.

이는 여러 업데이트가 빠르게 연속되는 경우 대단히 비효율적이다. 자동 배치는 여러 업데이트를 그룹화하고 이들을 하나의 렌더 경로에서 처리함으로써 이 문제를 해결한다.

다음은 자동 배치가 동작하는 방법을 보여주는 코드 예시이다.

```javascript
function MyComponent() {
  const [count, setCount] = useState(0)
  function handleClick() {
    setCount(count + 1)
    setCount(count + 1)
    setCount(count + 1)
  }
  return (
    <div>
```

```
      <p>Count: {count}</p>
      <button onClick={handleClick}>Increment</button>
    </div>
  )
}
```

이 예시에서 MyComponent 컴포넌트는 useState 훅을 사용해 count 상태 변수를 관리한다. 사용자가 Increment 버튼을 클릭하면 setCount 함수를 빠르게 연속해서 세 번 호출하고, 그때마다 카운트를 1씩 증가시킨다.

전통적인 리액트에서는 setCount에 대한 각 호출이 새로운 렌더 경로를 트리거하고 이들은 사용자 인터페이스를 별도로 업데이트했다. 그러나 리액트 18의 자동 배치에서는 이 업데이트들이 자동으로 그룹화되고 하나의 렌더 경로에서 처리된다. 이는 상당한 성능상의 개선을 제공하며 특히 사용자 입력이나 실시간 업데이트를 처리할 때 그 진가를 발휘한다.

전체적으로 자동 배치는 리액트 18의 강력한 신규 기능이며, 이를 이용해 애플리케이션의 성능과 반응성을 향상시키는 데 도움을 얻을 수 있다. 여러 업데이트를 함께 자동으로 배치시킴으로써 리액트는 렌더링 프로세스를 줄이고 불필요한 렌더 경로를 줄이며, 이를 통해 사용자 인터페이스를 좀 더 빠르고 효율적으로 업데이트한다.

⁖ 트랜지션

리액트 18에서는 **트랜지션**transition이라 부르는 새로운 기능을 제공한다. 이를 사용하면 애플리케이션에서 부드러운 선언적 애니메이션과 전환을 만들어낼 수 있다.

트랜지션은 리액트가 이미 제공하는 선언적 프로그래밍 기능 위에서 동작하며, 엘리먼트와 컴포넌트를 움직이는 간단하고 직관적인 방법을 제공한다.

다음은 트랜지션이 동작하는 방법을 나타내는 예시 코드이다.

```
import { useState } from 'react'
import { Transition } from 'react-transition-group'
function MyComponent() {
  const [show, setShow] = useState(false)
```

```jsx
function handleClick() {
    setShow(!show)
}
return (
    <div>
      <button onClick={handleClick}>
        {show ? 'Hide' : 'Show'}
      </button>
      <Transition in={show} timeout={300}>
        {(state) => (
          <div
            style={{
              transition: 'opacity 300ms ease-out',
              opacity: state === 'entered' ? 1 : 0,
            }}
          >
            {show && <p>Hello, world!</p>}
          </div>
        )}
      </Transition>
    </div>
  )
}
```

이 예시에서는 react-transition-group 라이브러리의 Transition 컴포넌트를 사용해 p 엘리먼트가 나타나고 사라지게 했다. Transition 컴포넌트는 엘리먼트의 나타남과 사라짐을 결정하는 in prop, 밀리초 단위의 전환 시간을 지정하는 timeout prop을 받는다.

Transition 컴포넌트 안에서 상태 인수를 받고 전환된 엘리먼트의 콘텐츠를 반환하는 함수를 정의한다. 이 상태 인수는 전환의 현재 상태를 나타내는 문자열로 entering, entered, exiting, exited 중 하나를 선택할 수 있다.

예시에서는 상태 인수를 사용해 전환의 현재 상태에 기반해 엘리먼트의 투명도를 설정했다. 상태가 entered이면 투명도를 1로 정해 완전하게 보이도록 했고, 상태가 exiting이나 exited이면 투명도를 0으로 설정해 부드럽게 사라지도록 했다.

Transition 컴포넌트와 상태 인수를 사용해 부드럽고 선언적인 애니메이션을 만들어 애플리케이션 상태의 변화에 반응할 수 있다. 이를 이용하면 생명력과 반응성이 느껴지는 매력적이고 동적인 사용자 인터페이스를 만들 수 있다.

전체적으로 트랜지션은 리액트 18의 강력한 신규 기능이며 이를 이용해 선언적 애니메이션과 전환을 쉽게 만들 수 있다. 리액트의 선언적 프로그래밍 모델의 힘을 활용하면 단지몇 행의 코드만으로 복잡한 애니메이션과 전환을 구현할 수 있으며, 매우 쉽게 매력적이고동적인 사용자 인터페이스를 만들어낼 수 있다.

⁝⁝⁝ 서버에서의 Suspense

리액트 18에서는 **서버 사이드 렌더링**[SSR]에 **Suspense**라는 개선 사항을 도입했다. 이를 이용하면 보다 효율적이고 확장 가능한 서버 렌더드 애플리케이션[server-rendered application]을 만들 수있다.

리액트 18 이전에 Suspense는 주로 클라이언트 사이트 렌더링에서 비동기 데이터 로딩과코드 분할을 관리하기 위해 이용됐다. 그러나 리액트 18부터는 대기를 서버에서도 사용할수 있으며 이를 통해 서버 렌더드 컴포넌트의 렌더링을 최적화할 수 있다.

Suspense는 서버에서 다음과 같이 동작한다.

- 서버 렌더드 컴포넌트의 첫 번째 렌더링을 진행하는 동안 모든 대기 경계가 등록되고, 매인 콘텐츠 대신 대체[fallback] 콘텐츠가 렌더링된다.

- 데이터 로딩이나 코드 분할이 필요하면 서버는 대기 경계에 해당하는 대체 콘텐츠를가진 "플레이스홀더" HTML 응답을 반환한다.

- 비동기 데이터나 코드가 로드되면 클라이언트는 대기 경계에 실제 콘텐츠를 삽입해대체 콘텐츠를 최종 콘텐츠로 교체한다.

이 접근 방식을 사용하면 서버는 데이터 로딩이나 코드 분할로 인해 블록될 수 있는 컴포넌트 트리의 값비싼 렌더링을 피할 수 있다. 대신 서버는 대체 콘텐츠를 포함한 단순한 HTML응답을 반환한다. 이 콘텐츠를 클라이언트에서 신속하고 쉽게 렌더링할 수 있다. 이는 서버렌더드 애플리케이션의 성능과 확장성을 크게 개선할 수 있다.

다음은 서버에서 대기를 사용하는 방법을 나타내는 예시 코드이다.

```
import { Suspense } from 'react'
import { fetchUserData } from './api'
function MyComponent() {
  const userData = fetchUserData();
  return (
    <div>
      <p>Name: {userData.name}</p>
      <Suspense fallback={<p>Loading...</p>}>
        <UserProfile userId={userData.id} />
      </Suspense>
    </div>
  )
}
```

예시에서 MyComponent 컴포넌트는 API로부터 사용자 데이터를 가져와서 추가적인 데이터 로드를 필요로 하는 UserProfile 컴포넌트와 함께 렌더링한다. UserProfile 컴포넌트를 Suspense 경계로 둘러쌈으로써 추가 데이터 로드가 끝날 때까지 대체 콘텐츠가 표시되는 것을 보장할 수 있다.

서버에서 렌더링을 할 때 서버는 Suspense 경계에 대한 대체 콘텐츠를 가진 단순한 HTML 응답을 반환한다. 클라이언트는 이 대체 콘텐츠를 신속하고 쉽게 렌더링할 수 있다. 데이터가 로드되면 클라이언트는 Suspense 경계에 실제 콘텐츠를 삽입하고 대체 콘텐츠를 최종 콘텐츠로 교체할 수 있다.

전체적으로 리액트 18에서 대기를 사용한 SSR의 개선은 서버 렌더드 애플리케이션의 성능과 확장성을 개선하는 데 도움을 주며 좀 더 빠르고 반응적인 웹 사용자 경험을 쉽게 만들 수 있게 한다.

신규 API

리액트 18에서는 사용자 인터페이스 개선, 애플리케이션 성능 개선, 더 나은 개발자 경험 제공을 위한 다양한 신규 API들을 제공한다. 그중에서도 createRoot, hydrateRoot, renderToPipeableStream에 관해서는 반드시 살펴봐야 한다.

createRoot

리액트 18은 createRoot라는 신규 API를 제공한다. 이 API는 리액트 컴포넌트를 DOM으로 더 간단하게 명시적으로 렌더링하는 방법을 제공한다.

전통적으로 리액트 애플리케이션을 DOM으로 렌더링할 때 ReactDOM.render 메서드를 사용해 루트 엘리먼트와 그 안에 렌더링할 리액트 컴포넌트를 지정했을 것이다.

```
import React from 'react'
import ReactDOM from 'react-dom'
const App = () => {
  return <div>Hello, world!</div>
}
ReactDOM.render(<App />, document.getElementById('root'))
```

createRoot를 사용하면 각 컴포넌트에 대해 루트 엘리먼트를 지정하는 것이 아니라 하나의 루트 엘리먼트를 만들고 여러 컴포넌트를 렌더링할 수 있다.

```
const App = () => {
  return <div>Hello, world!</div>
}
const root = ReactDOM.createRoot(document.getElementById('root'))
root.render(<App />)
```

예시에서 가장 먼저 createRoot를 사용해 하나의 루트 엘리먼트를 만들고 우리가 안에 렌더링하고자 하는 리액트 애플리케이션을 DOM에 전달했다. 그 뒤 루트 엘리먼트의 메서드를 사용해 렌더링할 리액트 컴포넌트를 지정한다.

createRoot API는 동시 모드도 지원한다. 이를 사용해 리액트는 큰 UI 업데이트를 작은 덩어리로 나눔으로써 UI를 좀 더 효율적이고 반응적으로 업데이트한다. createRoot의 동시 모드를 사용하려면 mode 옵션을 전달한다.

```
const root = ReactDOM.createRoot(document.getElementById('root'), { mode:
'concurrent' })
root.render(<App />)
```

예시에서는 mode 옵션 값으로 'concurrent'를 전달했다. 이는 리액트 컴포넌트를 렌더링할 때 동시 모드를 사용한다는 의미이다.

전체적으로 createRoot API는 이펙트 컴포넌트를 DOM으로 렌더링하는 좀 더 단순하고 유연한 방법을 제공하며 동시 모드 및 대기를 사용한 개선된 서버 사이드 렌더링과 같은 리액트 18에서 도입된 신규 기능을 지원한다.

hydrateRoot

hydrateRoot는 리액트 18에서 도입된 신규 API로 createRoot와 함께 사용한다.

전통적인 리액트 렌더링 모델에서 서버는 정적 HTML 문서를 렌더링해서 클라이언트로 전송했다. 클라이언트 사이드에서는 새로운 리액트 루트를 생성하고 애플리케이션을 렌더링했다. 그러나 SSR을 사용하면 리액트는 초기 HTML을 서버에서 렌더링하고 클라이언트에 전송할 수 있고 그 뒤 HTML을 완전히 기능하는 리액트 애플리케이션에 흡수시킬 수 있다.

hydrateRoot는 서버에 의해 리액트 컴포넌트 트리에 전송된 초기 HTML을 흡수시키는 프로세스에 사용된다. 이를 사용하면 리액트는 서버 렌더드 마크업을 재사용할 수 있으며, 초기 페이지 로드는 더욱 빨라져 클라이언트가 해야 할 일이 줄어든다.

다음은 hydrateRoot를 사용해 초기 HTML을 클라이언트에 흡수시키는 코드 예시이다.

```
import React from 'react'
import { createRoot, hydrateRoot } from 'react-dom'
const App = () => {
  return <div>Hello, world!</div>
}
const root = createRoot(document.getElementById('root'))
if (root.isMounted()) {
  hydrateRoot(document.getElementById('root'), <App />)
} else {
  root.render(<App />)
}
```

예시에서는 먼저 이전 예시에서와 같은 방법으로 createRoot를 사용해 루트 엘리먼트를 만들었다. 다음으로 root.isMounted()를 호출해 해당 루트가 이미 마운트됐는지 확인한다. 마운트됐다면 hydrateRoot를 사용해 해당 페이지에 기존 HTML을 흡수시킨다. 마운트되지 않았다면 root.render를 사용해 리액트 컴포넌트를 평소와 같이 렌더링한다.

단, 여기에서 서버와 클라이언트가 동일한 HTML 구조를 렌더링해야 한다는 점에 주의해야 한다. 그렇지 않으면 흡수 프로세스는 실패하며 서버 렌더드 마크업과 흡수된 리액트 컴포넌트 트리가 일치하지 않게 된다. 이런 상황을 피하려면 대기 컴포넌트를 사용해 비동기 렌더링과 서버 및 클라이언트에서의 데이터 꺼내기를 처리함으로써 HTML 구조가 동일하게 유지됨을 보장해야 한다.

renderToPipeableStream

renderToPipeableStream은 리액트 18에서 도입된 또 다른 신규 API이며, 이를 사용하면 리액트 컴포넌트 트리를 Node.js 스트림으로 렌더링할 수 있다. 이는 렌더링된 콘텐츠를 네트워크를 통해 전송하거나 파일로 전송하는 서버 사이드 렌더링 시나리오에서 유용하다.

다음은 renderToPipeableStream을 사용해서 리액트 컴포넌트를 스트림으로 렌더링하는 예시 코드이다.

```
import React from 'react'
import { renderToPipeableStream } from 'react-dom/server'
import { createServer } from 'http'
const App = () => {
  return <div>Hello, world!</div>
}
const server = createServer((req, res) => {
  const stream = renderToPipeableStream(<App />)
  stream.pipe(res)
})
server.listen(3000)
```

먼저 App이라는 간단한 리액트 컴포넌트를 만들었다. 다음으로 createServer 메서드를 사용해 Node.js HTTP 서버를 만들었다. 요청이 해당 서버로 전달되면 renderToPipeableStream을 사용해 App 컴포넌트를 Node.js 스트림으로 렌더링한다. 그 뒤 pipe 메서드를 사용해 해당 스트림을 응답 객체로 보낸다.

renderToPipeableStream은 Node.js 스트림을 반환하며 이를 다른 스트림으로 연결하거나 파일에 기록할 수 있다. 이를 사용해 쉽게 서버 렌더드 콘텐츠를 생성하고 이를 네트워크로 전송하거나 메모리에 전체 HTML을 버퍼링할 필요 없이 디스크에 저장할 수 있다.

또한 renderToPipeableStream은 비동기이므로 스트림을 해결하는 프로미스를 반환한다. 이는 await를 사용해서 응답을 전송하기 전에 렌더링을 완료하는 것을 기다릴 수 있음을 의미한다.

정리하면 rednerToPipeableStream은 Node.js 환경의 SSR을 위한 유용한 API이며 이를 활용하면 서버 렌더드 애플리케이션의 성능과 확장성을 개선하는 데 도움을 얻을 수 있다.

⠿ 신규 훅

리액트 18에서는 혁신적인 훅들이 도입됐으며 이들은 ID 관리, 트랜지션, 성능 최적화를 위한 개선된 여러 기법을 제공한다. 이러한 훅으로 useId, useTransition, useDefferedValue, useInsertionEffect가 있다.

useId

useId는 리액트 18의 새로운 내장 훅으로 이를 사용하면 고유한 ID를 생성할 수 있다. 예를 들어 이 훅은 폼을 만드는 경우 리액트 컴포넌트의 엘리먼트에 대한 고유 식별자를 생성할 필요가 있을 때 유용하다.

다음은 useId를 사용해 고유한 ID를 생성하는 예시 코드이다.

```
import { useId } from 'react'
const MyComponent = () => {
  const id = useId()
  return <div id={id}>Hello, world!</div>
}
```

useId 훅을 사용해 고유한 ID를 생성했다. 이 ID는 이후 <div> 엘리먼트의 id 속성으로 사용했다.

useId는 고유한 ID를 생성하며 이는 렌더링할 때마다 값이 달라진다. 생성된 ID의 접두사를 지정하는 옵셔널 매개변수를 받으며, 이를 이용하면 엘리먼트의 이름에 일관성을 부여할 수 있다.

다음은 prefix 매개변수를 사용해 생성된 ID에 접두사를 지정하는 코드 예시이다.

```
import { useId } from 'react'
const MyComponent = () => {
  const id = useId('my-prefix')
  return <div id={id}>Hello, world!</div>
}
```

여기에서는 'my-prefix' 접두사와 함께 useId 훅을 사용했다. 생성된 ID는 'my-prefix'라는 문자열로 시작한다. 이를 활용하면 애플리케이션의 명명 규칙에 일관성을 유지하는 방식으로 엘리먼트에 이름을 부여할 수 있다.

정리하면 리액트 18에서 추가된 기능인 useId를 사용하면 리액트 컴포넌트의 엘리먼트에 대한 고유한 식별자를 생성하는 프로세스를 간단하게 만들 수 있다.

리액트 18의 useId는 고유한 이익을 제공하지만 잠재적인 문제를 피하기 위해서는 몇 가지 사항에 주의해야 한다. 첫 번째, 리스트의 키를 생성하는 데는 useId 사용을 권장하지 않는다. 여러분의 데이터에서 키를 직접 도출하는 것이 바람직하다. 두 번째, useId 훅은 서버 렌더링을 하는 동안 서버 사이드와 클라이언트 사이드의 컴포넌트 트리 사이에 완벽한 일치를 요구한다. 서버와 클라이언트 렌더드 트리가 일치하지 않으면 일관성 없는 ID를 생성할 수 있다.

useTransition

useTransition은 리액트 18에서 도입된 내장 훅으로 이를 사용하면 애플리케이션을 부드럽게 전환할 수 있다. 이는 새로운 동시 모두 기능의 일부이며 Suspense와 함께 사용해 데이터 가져오기의 로딩 상태와 대체 콘텐츠를 만들기 위해 설계됐다.

다음은 useTransition을 사용해 데이터를 가져오는 동안 로딩 스피너를 추가하는 코드 예
시이다.

```
import React, { useState, useTransition } from 'react'
const MyComponent = () => {
  const [data, setData] = useState(null)
  const [startTransition, isPending] = useTransition({ timeoutMs: 3000 })
  const handleClick = () => {
    startTransition(() => {
      const newData = fetchData()
      setData(newData)
    })
  }
  return (
    <div>
      {isPending && <LoadingSpinner />}
      <button onClick={handleClick}>Fetch Data</button>
      {data && <DataDisplay data={data} />}
    </div>
  )
}
```

예시에서는 useState를 사용해 가져온 데이터를 저장하고 useTranstion을 사용해 데이터를
가져오는 동안 로딩 상태를 처리한다. **Fetch Data** 버튼을 클릭하면 startTransition 함수가
콜백과 함께 호출된다. 이 콜백은 데이터를 가져오고 상태를 업데이트한다. useTransition
에서 반환된 isPending 값은 지속적으로 로딩 스피너를 렌더링한다.

useTransition은 옵셔널 구성 객체와 함께 timeoutMs 속성을 받는다. 이 속성은 로딩 스피너
를 표시하기 전에 대기 상태에서 보내는 최대 시간을 지정한다. 타임아웃이 만료되기 전에
데이터를 가져오면 로딩 스피너는 표시되지 않는다.

정리하면 useTransition은 리액트 18에서 제공되는 강력한 신규 기능으로, 이를 활용하면
좀 더 부드럽고 반응적인 애플리케이션을 만들어 좀 더 나은 사용자 경험을 제공할 수 있다.

useDeferredValue

useDeferredValue는 리액트 18의 신규 내장 훅으로 이를 사용하면 다음 프레임까지 값의 업데이트를 지연할 수 있다. 이는 애니메이션과 같이 성능이 중요한 조작을 하는 경우 유용하다.

다음은 useDefferedValue를 사용해 컴포넌트에 애니메이션을 적용한 코드 예시이다.

```
import { useState, useDeferredValue } from 'react'
function MyComponent() {
  const [x, setX] = useState(0)
  const deferredX = useDeferredValue(x, { timeoutMs: 100 })
  function handleClick() {
    setX(x => x + 100)
  }
  return (
    <div style={{ transform: `translateX(${deferredX}px)` }}
onClick={handleClick}>
      Click me!
    </div>
  )
}
```

예시에서는 useState를 사용해 컴포넌트의 현재 위치를 저장하고 useDefferedValue를 사용해 다음 프레임까지 위치의 업데이트를 지연시켰다. 컴포넌트를 클릭하면 setX를 이용해서 위치를 업데이트한다. 지연된 값은 CSS 변환을 사용해 트랜지션 효과가 있는 컴포넌트를 렌더링하는 데 사용된다.

useDefferedValue는 2개의 인수(지연시킬 값과 옵셔널 구성 객체)를 받는다. 구성 객체는 timeoutMs 속성을 지정할 때 사용할 수 있다. 이 속성은 업데이트를 지연시킬 최대 시간을 결정한다. 기본적으로 업데이트는 다음 프레임까지 지연된다.

useDefferedValue는 useTransition 훅과 함께 사용해야만 동작한다. useTransition 훅은 업데이트를 다음 프레임까지 지연시키기 위해 필요한 타이밍 정보를 제공한다.

"

useInsertionEffect

useInsertionEffect는 기존 useEffect 훅의 변형으로 이를 사용하면 DOM 노트가 페이지에 삽입된 후 액션을 수행할 수 있다. 이것은 서드파티 라이브러리를 통합하거나 DOM 노드의 존재가 필요한 액션을 수행해야 하는 경우 유용하다.

다음은 useInsertionEffect를 사용하는 코드 예시이다.

```
import { useInsertionEffect } from 'react'
function MyComponent() {
  useInsertionEffect(() => {
    const canvas = document.createElement('canvas')
    canvas.width = 300
    canvas.height = 200
    canvas.style.backgroundColor = 'red'
    document.body.appendChild(canvas)
    return () => {
      document.body.removeChild(canvas)
    }
  }, [])
  return (
    <div>
      <h1>Hello, world!</h1>
      <p>This is my React component.</p>
    </div>
  )
}
```

예시에서는 useInsertionEffect를 사용해서 새로운 canvas 엘리먼트를 만들고 컴포넌트가 마운트될 때 DOM에 해당 엘리먼트를 추가한다. 훅이 반환한 cleanup 함수는 컴포넌트가 마운트 해제되면 canvas 엘리먼트를 제거한다.

useInsertionEffect의 두 번째 인자는 빈 배열이다. 이것은 컴포넌트가 마운트됐을 때 삽입 액션만 수행할 것이기 때문이다. 배열에 임의의 디펜던시를 추가하면 해당 디펜던시가 변경될 때마다 삽입 액션이 수행된다.

⠿ 엄격한 모드

리액트 18에서는 **엄격한 모드**Strict Mode라는 새로운 기능을 제공한다. 이 기능을 사용하면 리액트 애플리케이션에 대한 엄격한 일련의 검사와 경고를 선택적으로 활성화할 수 있다. 엄격한 모드의 목표는 개발 초기에 있을 수 있는 문제를 조기에 감지하고 코드를 더 효율적으로 만들고 디버그하기 쉽게 하는 베스트 프랙티스를 촉진하는 것이다.

다음은 엄격한 모드를 사용하는 코드 예시이다.

```
import React from 'react'
function MyComponent() {
  return (
    <React.StrictMode>
      <div>
        <h1>Hello, world!</h1>
        <p>This is my React component.</p>
      </div>
    </React.StrictMode>
  )
}
```

예시에서는 컴포넌트를 React.StrictMode 컴포넌트로 감쌌다. 이렇게 하면 안전하지 않은 라이프 사이클 메서드 발견, 잠재적인 사이드 이펙트 식별, 잠재적인 성능 이슈 강도 등 개발 과정에서 추가적인 확인과 경고를 활성화할 수 있다.

엄격한 모드는 프로덕션 환경의 애플리케이션 동작에는 영향을 주지 않으므로 개발 시에만 사용해야 한다. 엄격한 모드를 이용해 확인할 수 있는 모든 이슈로부터 코드가 안전하다고 확신하면 코드에서 React.StrictMode를 제거하자.

엄격한 모드는 개발 조기 단계의 잠재적인 이슈를 확인하는 데 유용하지만, 테스팅이나 디버깅을 대신할 수는 없다는 점에 유의한다. 프로덕션에 배포하기 전에 항상 코드를 충분히 테스트하자. 리액트의 내장 디버깅 도구 등을 사용해 발생할 수 있는 문제를 식별하고 수정하자.

⠿ Node.js의 최신 기능들

리액트 18과 관련된 Node 최신 버전(18 및 19)의 신규 기능들이 있다. 해당 버전의 새로운 항목에 관해 살펴보자.

실험적인 Fetch API

Node.js 18(및 19)에는 실험적인 글로벌 **Fetch API**가 포함돼 있으며 기본으로 사용 가능하다. 이 API는 **node-fetch**에서 영감을 받아 구현된 것인데, node-fetch는 원래 **undici-fetch**에 기반하고 있으며, undici-fetch는 **undici**에서 나왔다. API 개발자들은 이것을 그 사양에 가장 가깝게 구현하고자 했지만 몇 가지 기능은 브라우저 환경에서만 동작하므로 삭제됐다.

다음은 Pokémon API에 접근하는 코드 예시이다.

```
const getPokemons = async () => {
  const response = await fetch('https://pokeapi.co/api/v2/pokemon')
  if (response.ok) {
    const pokemons = await response.json()
    console.log(pokemons)
  } else {
    console.error(`${response.status} ${response.statusText}`)
  }
}
getPokemons()
```

Node.js 18(및 19)에서는 fetch, FormData, Headers, Requests, Response라는 글로벌 변수를 사용할 수 있다. 명령줄 플래그에서 --no-experimental-fetch 플래그를 설정하면 이 API 사용을 비활성화할 수 있다.

실험적인 test runner 모듈

test runner 모듈은 여전히 실험 단계에 있다는 점을 알아두자. 단위 테스트를 작성하고 **Test Anything Protocol**[TAP] 포맷으로 보고서를 생성하려면 node:test 모듈을 임포트해야 한다. 이번 절에서는 이 모듈이 동작하는 방법에 관해 몇 가지 예시를 통해 살펴본다. 이 테스팅 접근 방식은 자바스크립트 테스팅 프레임워크에서 널리 사용되는 Jest와 몇 가지 유사한 특징을 갖는다.

node:test 모듈을 사용하면 **TAP** 포맷으로 보고서를 생성하는 자바스크립트 테스트를 쉽게 작성할 수 있다. 해당 모듈을 사용하려면 다음 코드를 사용하면 된다.

```
import test from 'node:test'
import assert from 'node:assert'
```

다음은 2개의 하위 테스트를 가진 부모 테스트의 코드 예시이다.

```
import test from 'node:test'
import assert from 'node:assert'
test('Math tests', async (t) => {
  await t.test('Multiply test', (t) => {
    const n = 2 * 2
    assert.equal(n, 4)
  })
  await t.test('Sum test', (t) => {
    const n = 5 + 3
    assert.equal(n, 8)
  })
})
```

모든 것이 잘 동작한다면 다음과 같은 결과를 확인할 수 있을 것이다.

```
→ projects node test1.mjs
(node:7803) ExperimentalWarning: The test runner is an experimental feature. This feature could change at any time
(Use `node --trace-warnings ...` to show where the warning was created)
TAP version 13
    ok 1 - Multiply test
      ---
      duration_ms: 0.00013175
      ...
    ok 2 - Sum test
      ---
      duration_ms: 0.000024166 :
      ...
    1..2
ok 1 - Math tests
  ---
  duration_ms: 0.0012065
  ...
1..1
# tests 1
# pass 1
# fail 0
# skipped 0
# todo 0
# duration_ms 0.041965792
```

그림 10.1 실험적인 test runner 모듈

실험적인 node watch

node --watch는 nodemon의 직접적인 경쟁자로 도입됐다. 이는 모든 것을 감시하는 데 사용되는 유명한 도구이지만 주로 Node.js만을 대상으로 했다. 하지만 다음 코드 스니펫을 사용하면 이제 이를 좀 더 쉽게 사용할 수 있다.

```
node --watch <file or directory to observe>
```

위 코드를 실행하면 지정한 파일과 디렉터리의 모든 변경 사항을 감지하고, 변경이 있는 경우 서버 또는 스크립트를 재시작한다. 이 기능은 Node.js 버전 18.11.0+ 및 19.0.0에서 사용할 수 있다.

Node 18은 이제 장기 지원 버전이다(LTS)

Node.js 19가 릴리스되면서 Node.js 18, 코드명 **Hydrogen**은 2022년 10월 25일 **LTS** 버전이 됐다. 이로 인해 Node.js 18.x의 개발은 종료됐다.

현재의 Node.js 18.x 릴리스는 **Active LTS** 상태로 옮겨졌으며 2023년 10월까지 유지된다. 이후 **Maintenance** 단계로 이동해 2025년 4월까지 보안 픽스 및 업데이트를 받는다.

정리

리액트 18에서는 다양한 신규 기능과 개선 사항이 도입됐으며, 이들은 고품질의 인터랙티브한 애플리케이션 개발을 긴단히 하는 데 도움을 준다. 여기에는 상대 업데이트 자동 매치, 동시 렌더링, 데이터 가져오기를 위한 대기, 개선된 에러 처리, 새로운 컴포넌트 타입의 추가 등이 해당한다. 그 결과 개발자들은 이제 좀 더 반응성이 높고 사용자들이 참여할 수 있는 사용자 인터페이스를 만들 수 있게 됐다. 리액트 개발자들에게 있어 리액트 18로 업그레이드를 고려하는 것은 상당한 가치를 갖는다. 추가로 Node.js 18과 19의 핵심 기능을 살펴봤다. 이들을 사용하면 웹 프로젝트를 크게 개선할 수 있다.

11장에서는 리액트 Context API, 리액트 대기 그리고 **Stale-While-Revalidate**[SWR]를 사용해서 데이터를 적절하게 처리하는 방법에 관해 살펴본다.

11

데이터 관리하기

11장에서는 두 가지 유용한 도구인 **리액트 Context API**와 **리액트 Suspense**에 관해 살펴본다. Context API를 사용하면 애플리케이션 전체에서 여러 단계를 거쳐 데이터를 전달하지 않고도 데이터를 공유하는 과정을 단순화할 수 있다. 한편 리액트 대기를 사용하면 앱의 지정한 부분이 특정한 액션을 기다린 뒤 표시되도록 함으로써 좀 더 부드러운 로딩 경험을 제공할 수 있다.

이 도구들을 함께 활용함으로써 데이터 관리와 애플리케이션의 전체적인 성능을 개선할 수 있다. 11장에서는 리액트에서 데이터를 효율적으로 처리하는 방법을 살펴본다.

11장에서는 다음 주제를 다룬다.

- 리액트 Context API

- useContext를 사용해 컨텍스트를 소비하는 방법

- SWRState-While-Revalidate와 리액트 Suspense를 사용하는 방법

- 리덕스 Toolkit을 사용하는 방법

⠿ 기술 요구 사항

11장의 내용을 완료하려면 다음이 필요하다.

- Node.js 19+

- Visual Studio Code

11장의 샘플 코드는 다음 깃허브 저장소(https://github.com/moseskim/React-18-Design-Patterns-and-Best-Practices-Fourth-Edition/tree/main/Chapter11)에서 확인할 수 있다.

⠿ 리액트 Context API 소개

리액트 Context API가 실험적인 기능으로 도입된 이후 많은 시간이 흘렀다. 버전 16.3.0 이후 리액트에 정식으로 추가됐고, 많은 개발자들에게 있어 게임의 판도를 바꾸는 기능이 됐다. 사실 많은 개발자들이 리덕스 대신 새로운 Context API를 사용하고 있다. Context API를 사용하면 각 자녀 컴포넌트에게 속성을 전달하지 않아도 컴포넌트 사이에 데이터를 공유할 수 있다.

새로운 Context API를 사용하는 방법을 설명하기 위해 8장, '리액트 훅'에서 다뤘던 예제를 다시 살펴보자. 8장에서는 리액트 훅을 사용해 깃허브 이슈를 가져왔지만 여기에서는 Context API를 사용해 같은 작업을 수행한다.

첫 번째 컴포넌트 생성하기

가장 먼저 이슈 컨텍스트를 만든다. src 폴더 안에 contexts라는 폴더를 만들고 그 안에 Issue.tsx 파일을 추가한다.

다음으로 리액트의 몇 가지 함수와 axios를 임포트한다.

```
import { FC, createContext, useState, useEffect, ReactElement, useCallback
} from 'react'
import axios from 'axios'
```

아직 axios를 설치하지 않았다면 이 시점에서 설치를 해야 한다. 다음 명령어를 실행한다.

```
npm install axios
npm install --save-dev @types/axios
```

다음으로 인터페이스를 선언한다.

```
export type Issue = {
  number: number
  title: string
  url: string
  state: string
}
interface Issue_Context {
  issues: Issue[]
  url: string
}
interface Props {
  url: string
}
```

다음으로 해야 할 일은 createContext 함수를 사용하고 익스포트할 값을 정의해서 컨텍스트를 생성하는 것이다.

```
export const IssueContext = createContext<Issue_Context>({ issues: [], url: '' })
```

IssueContext를 생성했다면 props를 받고, 몇 가지 상태를 설정하고 useEffect를 사용해서 가져오기를 수행할 컴포넌트를 생성해야 한다. 그 뒤 우리가 익스포트할 컨텍스트(값)를 지정한 IssueContext.Provider를 렌더링한다.

```
const IssueProvider: FC<Props> = ({ children, url }) => {
  // 상태
  const [issues, setIssues] = useState<Issue[]>([])
  const fetchIssues = useCallback(async () => {
    const response = await axios(url)
    if (response) {
      setIssues(response.data)
    }
  }, [url])
  // 이펙트
  useEffect(() => {
    fetchIssues()
  }, [fetchIssues])
  const context = {
    issues,
    url
  }
  return <IssueContext.Provider value={context}>{children}</IssueContext.
Provider>
}
export default IssueProvider
```

여러분이 알고 있듯이 useEffect 훅 안에서 함수를 사용하고 싶을 때마다 useCallback 훅을
사용해 함수를 감싸야 한다. async/await를 사용하고 싶다면 별도의 함수에서 사용하고
userEffect 안에서 직접 사용하지 않는 것이 좋다.

가져오기를 수행해서 issues 상태의 데이터를 얻었다면 컨텍스트로 익스포트할 모든 값을
추가한다. 그 뒤 IssueContext.Provider를 렌더링할 때 해당 컨텍스트를 value prop으로 전
달한다. 마지막으로 해당 컴포넌트의 자녀를 렌더링한다.

프로바이더로 컴포넌트 감싸기

컨텍스트를 소비하는 방법은 두 부분으로 나뉜다. 첫 번째는 컨텍스트 프로바이더^{context}
^{provider}로 애플리케이션을 감싸는 부분이다. 이 코드는 App.tsx에 추가된다(일반적으로 모든 프로바이더
는 부모 컴포넌트에서 정의된다).

여기에서 IssueProvider 컴포넌트를 임포트한 것에 주목하자.

```tsx
// 프로바이더
import IssueProvider from '../contexts/Issue'
// 컴포넌트
import Issues from './Issues'
const App = () => {
  return (
    <IssueProvider url="https://api.github.com/repos/ContentPI/ContentPI/
issues">
      <Issues />
    </IssueProvider>
  )
}
export default App;
```

코드에서 볼 수 있듯이 Issues 컴포넌트를 IssueProvider로 감쌌다. 이것은 Issues 컴포넌트 안에서 컨텍스트를 소비하고 이슈 값을 얻어올 수 있음을 의미한다.

많은 사람이 이 개념 때문에 혼란을 느낀다. 프로바이더로 컴포넌트를 감싸지 않으면 그 안에서 컴포넌트에 접근할 수 없다. 에러 메시지를 받지 않을 수 있다는 점이 어려운 점이다. 대신 정의되지 않은 데이터를 만날 것이며 이는 문제를 정확하게 파악하는 것을 어렵게 만든다.

이제 프로바이더로 컴포넌트를 올바르게 감싸는 것의 중요성에 관해 이해했다. 이제 Issues 컴포넌트 안에서 useContext 훅을 사용해 컨텍스트를 정밀하게 소비하는 방법을 살펴보자.

useContext를 사용해 컨텍스트 소비하기

IssueProvider를 App.tsx 안에 넣었다면 useContext 훅을 사용해 Issues 컴포넌트의 컨텍스트를 소비할 수 있다.

여기에서는 ({} 사이에) IssueContext를 임포트한 것에 주목하자.

```tsx
// 디펜던시
import { FC, useContext } from 'react'
// 컨텍스트
import { IssueContext, Issue } from '../contexts/Issue'
const Issues: FC = () => {
```

```jsx
  // 여기에서 컨텍스트를 소비하고 issues 값을 가져올 수 있다
  const { issues, url } = useContext(IssueContext)
  return (
    <>
      <h1>ContentPI Issues from Context</h1>
      {issues.map((issue: Issue) => (
        <p key={`issue-${issue.number}`}>
          <strong>#{issue.number}</strong> {' '}
          <a href={`${url}/${issue.number}`}>{issue.title}</a> {' '}
          {issue.state}
        </p>
      ))}
    </>
  )
}
export default Issues
```

모든 것을 올바르게 수행했다면 다음과 같이 이슈 목록을 확인할 수 있다.

ContentPI Issues from Context
#112 Creating new backend using tinyhttp open
#111 Evalute if we need to get rid of Next open
#110 Remove and evaluate if a component actually needs React.memo open
#109 Options when you create a new app open
#99 Fix Playground open
#97 CPI-35 - Added Drag-n-Drop Functionality to sort fields open
#81 Edit Reference Field open
#80 Edit Dropdown Field open
#75 Page for empty Content (when you don't have any model) open
#74 Page for empty Schema (create your first model) open
#73 Remove all any on ContentPI open
#71 Remove all any in @contentpi/ui open
#69 Create a Toast Alert open
#62 Removing a reference field should also remove the reference and its values open
#61 When a user removes a field we need to make sure we are removing all the related values first open
#60 Validate that a model does not have content before delete it open

그림 11.1 Context로부터 얻은 ContentPI 이슈

Context API는 애플리케이션과 데이터를 나누고, 모든 가져오는 작업을 애플리케이션에서 수행할 때 매우 유용하다. 물론 **Context API**는 다양한 방식으로 사용할 수 있다. 테마를 설정하거나 함수를 전달할 수도 있다. 모든 것은 여러분의 애플리케이션에 따라 결정된다.

다음 절에서는 SWR 라이브러리를 사용해 리액트 대기를 구현하는 방법에 관해 학습한다.

SWR을 사용한 리액트 대기 도입하기

리액트 대기는 리액트 16.6에서 도입됐다. Suspense를 사용하면 특정한 조건이 만족될 때까지 컴포넌트 렌더링을 지연시킬 수 있다. Suspense의 대체 콘텐츠로 로딩 컴포넌트 또는 원하는 것은 무엇이든 렌더링할 수 있다.

현재는 다음 두 가지 유스 케이스만 존재한다.

- **코드 분할하기**code splitting: 애플리케이션이 분할돼 있고 사용자가 애플리케이션에 접근하려고 할 때 애플리케이션 덩어리의 다운로드를 기다리는 경우
- **데이터 가져오기**data fetching: 데이터를 가져오는 경우

두 경우 모두 대체 콘텐츠를 렌더링할 수 있다. 대체 콘텐츠는 일반적으로 로딩 스피너, 일부 로딩 텍스트, 혹은 플레이스홀더 스켈레톤 등이 될 수 있다.

SWR 도입하기

Stale-While-RevalidateSWR는 데이터 가져오기를 위한 리액트 훅으로 HTTP 캐시 비검증 전략cache invalidation strategy이다. SWR은 먼저 캐시에서 데이터를 반환하고stale, 그다음 가져오기 요청을 보내고revalidate, 마지막으로 최신 데이터를 반환한다. SWR은 **Next.js**를 만든 기업인 **버셀**Vercel사가 개발했다.

Pokedex 만들기

리액트 Suspense와 SWR을 설명하는 데는 Pokedex를 만드는 것이 가장 좋은 예제이다. 공개된 Pokemon API를 사용(https://pokeapi.co)해 포켓몬을 전부 잡아보자!

먼저 몇 가지 패키지를 설치해야 한다.

```
npm install swr react-loading-skeleton styled-components
```

이번 예제에서는 src/components/Pokemon에 포켓몬 디렉터리를 만들어야 한다. 먼저 SWR을 사용해 해야 할 것은 요청을 수행할 fetcher 파일을 만든다.

fetcher 파일은 src/components/Pokemon/fetcher.ts에 생성한다.

```
const fetcher = (url: string) => {
  return fetch(url).then((response) => {
    if (response.ok) {
      return response.json()
    }
    return {
      error: true
    }
  })
}
export default fetcher
```

코드를 보면 알 수 있듯이 응답이 성공이 아니면 에러를 갖는 객체를 반환한다. 이것은 종종 API로부터 앱을 망가뜨릴 수 있는 404 에러를 받을 수 있기 때문이다.

fetcher를 만들었다면 App.tsx를 수정해서 SWRConfig를 구성하고 Suspense를 활성화한다.

```
import { SWRConfig } from 'swr'
import PokeContainer from './Pokemon/PokeContainer'
import fetcher from './Pokemon/fetcher'
import { StyledPokedex, StyledTitle } from './Pokemon/Pokemon.styled'
const App = () => {
  return (
    <>
```

```
      <StyledTitle>Pokedex</StyledTitle>
      <SWRConfig value={{ fetcher, suspense: true }}>
        <StyledPokedex>
          <PokeContainer />
        </StyledPokedex>
      </SWRConfig>
    </>
  )
}
export default App
```

예시에서는 PokeContatiner 컴포넌트를 SWRConfig로 감싸서 데이터를 가져오도록 했다.
PokeContainer 컴포넌트는 부모 컴포넌트가 되며, 여기에 첫 번째 Suspense를 추가할 것이
다. 이 파일은 src/components/Pokemon/PokeContainer.tsx에 위치한다.

```
import { FC, Suspense } from 'react'
import Pokedex from './Pokedex'
const PokeContainer: FC = () => {
  return (
    <Suspense fallback={<h2>Loading Pokedex...</h2>}>
      <Pokedex />
    </Suspense>
  )
}
export default PokeContainer
```

앞에서 볼 수 있듯이, 첫 번째 Suspense로 대체 콘텐츠를 정의했다. 이 대체 콘텐츠는 단지
Loading Pokedex...이다. 리액트 컴포넌트이든 단순한 문자열이든 무엇이든 렌더링할 수
있다. 다음으로 Suspense 안에 Pokedex 컴포넌트를 갖는다.

이제 useSWR 훅을 사용해서 처음으로 데이터를 가져오는 Pokedex 컴포넌트를 살펴보자.

```
import { FC, Suspense } from 'react'
import useSWR from 'swr'
import LoadingSkeleton from './LoadingSkeleton'
import Pokemon from './Pokemon'
import { StyledGrid } from './Pokemon.styled'
const Pokedex: FC = () => {
```

```
  const { data: { results } } = useSWR('https://pokeapi.co/api/v2/
pokemon?limit=150')
  return (
    <>
      {results.map((pokemon: { name: string }) => (
        <Suspense fallback={<StyledGrid><LoadingSkeleton /></StyledGrid>}>
          <Pokemon key={pokemon.name} pokemonName={pokemon.name} />
        </Suspense>
      ))}
    </>
  )
}
export default Pokedex
```

예시에서 볼 수 있듯이 첫 번째 150개의 포켓몬을 가져온다. 나는 옛날 사람이고, 이 포켓
몬들은 첫 번째 세대이다. 나는 현재 얼마나 많은 포켓몬이 존재하는지 모른다. 또한 데이
터에서 나오는 results 변수를 가져오고 있다(이것은 API의 실제 응답이다). 그런 다음 결과를 매핑해
각 포켓몬을 렌더링한다. 각 포켓몬에는 `<LoadingSkeleton />` 대체 엘리먼트를 가진
Suspense 컴포넌트가 추가된다(`<StyledGrid />`에는 더 예쁘게 보이도록 몇 가지 CSS 스타일이 있다). 마지막으로
`<Pokemon>` 컴포넌트에 pokemonName을 전달하는데, 이는 첫 번째 가져오기에서 포켓몬의 이
름만 가져오기 때문이다. 그러나 실제 포켓몬 데이터(이름, 유형, 힘 등)를 가져오려면 다른 가져오
기를 수행해야 한다.

마지막으로 Pokemon 컴포넌트는 포켓몬 이름을 사용해 구체적인 데이터를 가져온 뒤, 해
당 데이터를 렌더링한다.

```
import { FC } from 'react'
import useSWR from 'swr'
import { StyledCard, StyledTypes, StyledType, StyledHeader } from './
Pokemon.styled'
type Props = {
  pokemonName: string
}
const Pokemon: FC<Props> = ({ pokemonName }) => {
  const { data, error } = useSWR(`https://pokeapi.co/api/v2/
pokemon/${pokemonName}`)
  // fetcher에 설정했던 에러를 기억하는가?
  if (error || data.error) {
```

```
    return <div />
  }
  if (!data) {
    return <div>Loading...</div>
  }
  const { id, name, sprites, types } = data
  const pokemonTypes = types.map((pokemonType: any) => pokemonType.type.name)
  return (
    <StyledCard pokemonType={pokemonTypes[0]}>
      <StyledHeader>
        <h2>{name}</h2>
        <div>#{id}</div>
      </StyledHeader>
      <img alt={name} src={sprites.front_default} />
      <StyledTypes>
        {pokemonTypes.map((pokemonType: string) => (
          <StyledType key={pokemonType}>{pokemonType}</StyledType>
        ))}
      </StyledTypes>
    </StyledCard>
  )
}
export default Pokemon
```

기본적으로 이 컴포넌트에서 모든 포켓몬 데이터^{ID, name, sprites, types}를 모으고 해당 정보를 렌더링한다. 앞에서 본 것처럼 스타일드 컴포넌트를 사용했다. 내가 Pokedex에 사용한 스타일은 다음과 같다(Pokemon.styled.ts 파일).

```
import styled from 'styled-components'
// 타입 색상
const type: any = {
  bug: '#2ADAB1',
  dark: '#636363',
  dragon: '#E9B057',
  electric: '#ffeb5b',
  fairy: '#ffdbdb',
  fighting: '#90a4b5',
  fire: '#F7786B',
  flying: '#E8DCB3',
  ghost: '#755097',
  grass: '#2ADAB1',
```

```tsx
    ground: '#dbd3a2',
    ice: '#C8DDEA',
    normal: '#ccc',
    poison: '#cc89ff',
    psychic: '#705548',
    rock: '#b7b7b7',
    steel: '#999',
    water: '#58ABF6'
}
export const StyledPokedex = styled.div`
  display: flex;
  flex-wrap: wrap;
  flex-flow: row wrap;
  margin: 0 auto;
  width: 90%;
  &::after {
    content: '';
    flex: auto;
  }
`

type Props = {
pokemonType: string
  }
export const StyledCard = styled.div<Props>`
  position: relative;
  ${(({ pokemonType }) => `
    background: ${type[pokemonType]} url(./pokeball.png) no-repeat;
    background-size: 65%;
    background-position: center;
  `}
  color: #000;
  font-size: 13px;
  border-radius: 20px;
  margin: 5px;
  width: 200px;
  img {
    margin-left: auto;
    margin-right: auto;
    display: block;
  }
`

export const StyledTypes = styled.div`
  display: flex;
  margin-left: 6px;
```

```js
  margin-bottom: 8px;
`

export const StyledType = styled.span`
  display: inline-block;
  background-color: black;
  border-radius: 20px;
  font-weight: bold;
  padding: 6px;
  color: white;
  margin-right: 3px;
  opacity: 0.4;
  text-transform: capitalize;
`

export const StyledHeader = styled.div`
  display: flex;
  justify-content: space-between;
  width: 90%;
  h2 {
    margin-left: 10px;
    margin-top: 5px;
    color: white;
    text-transform: capitalize;
  }
  div {
    color: white;
    font-size: 20px;
    font-weight: bold;
    margin-top: 5px;
  }
`

export const StyledTitle = styled.h1`
  text-align: center;
`

export const StyledGrid = styled.div`
  display: flex;
  flex-wrap: wrap;
  flex-flow: row wrap;
  div {
    margin-right: 5px;
    margin-bottom: 5px;
  }
`
```

마지막으로 LoadingSkeleton 컴포넌트는 다음과 같다.

```
import { FC } from 'react'
import Skeleton from 'react-loading-skeleton'

const LoadingSkeleton: FC = () => (
  <div>
    <Skeleton height={200} width={200} />
  </div>
)
export default LoadingSkeleton
```

이 라이브러리는 훌륭하다. 이를 사용하면 데이터를 기다리는 스켈레톤 플레이스홀더를 만들 수 있다. 물론 원하는 만큼 많은 폼을 만들 수 있다. 링크드인[LinkedIn]이나 유튜브[YouTube]와 같은 사이트에서 이런 효과를 봤을 것이다.

리액트 Suspense 테스팅하기

앞에서 작성한 모든 코드가 동작한다면 모든 Suspense 대체 콘텐츠를 확인할 수 있는 트릭이 있다. 일반적으로 높은 속도의 커넥션을 갖고 있다면 보기 어렵지만 커넥션 속도를 낮추면 모든 것들이 렌더링되는 방식을 확인할 수 있다. 크롬 inspector의 **네트워크** 탭에서 **Slow 3G**를 선택하면 된다.

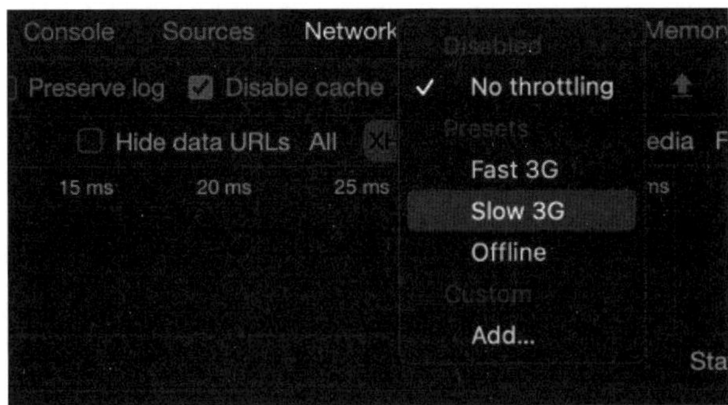

그림 11.2 Slow 3G 연결

Slow 3G 프리셋을 설정하고 프로젝트를 실행하면 첫 번째 대체 콘텐츠인 Loading Poke dex...를 확인할 수 있을 것이다.

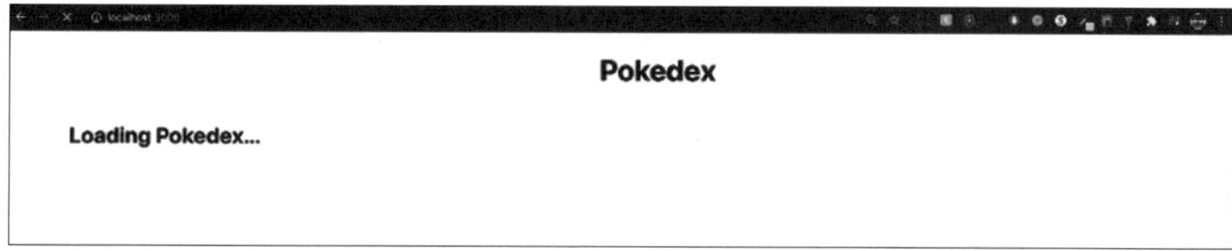

그림 11.3 Pokedex 로딩하기

다음으로 포켓몬 대체 콘텐츠를 볼 수 있다. 로딩되는 각 포켓몬에 대한 SkeletonLoading 렌더링이 표시된다.

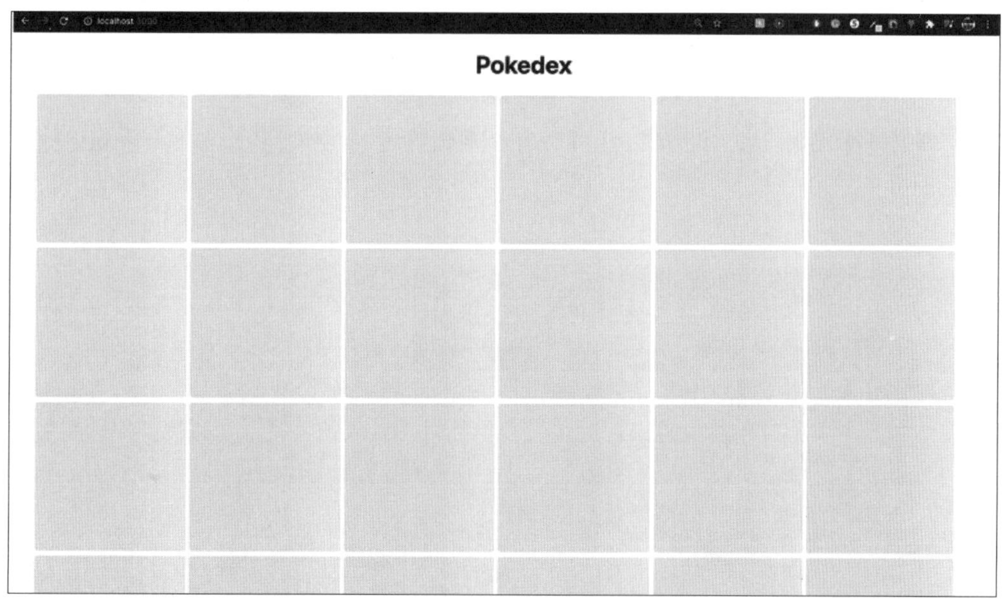

그림 11.4 SkeletonLoading

일반적으로 이런 로더들은 애니메이션을 포함하지만 물론 이 책에서는 볼 수 없을 것이다! 다음으로 데이터가 렌더링되는 방식과 몇 가지 이미지가 나타나기 시작하는 것을 볼 수 있다.

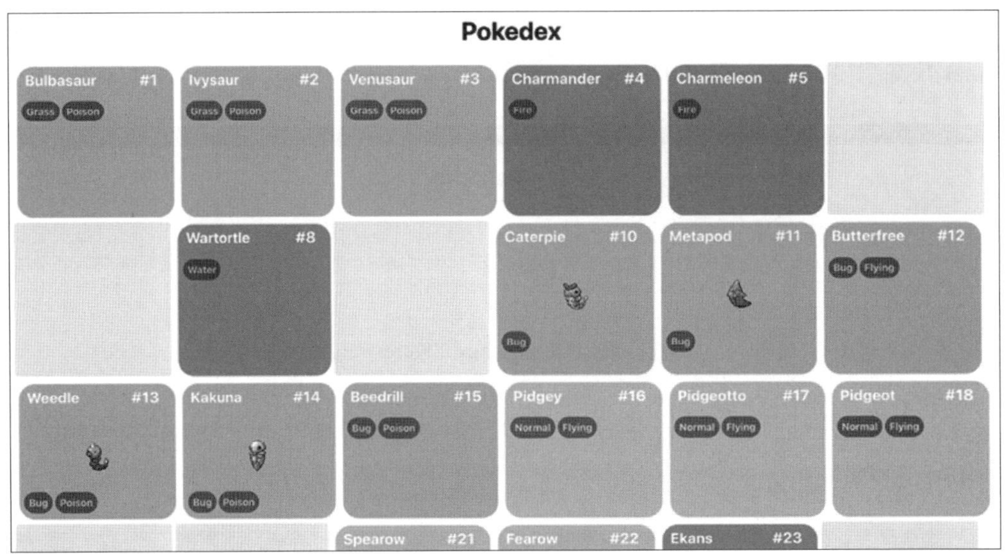

그림 11.5 Pokedex 로딩하기

모든 데이터가 올바르게 다운로드될 때까지 기다리면 모든 포켓몬이 나타난 Pokedex를 볼 수 있다.

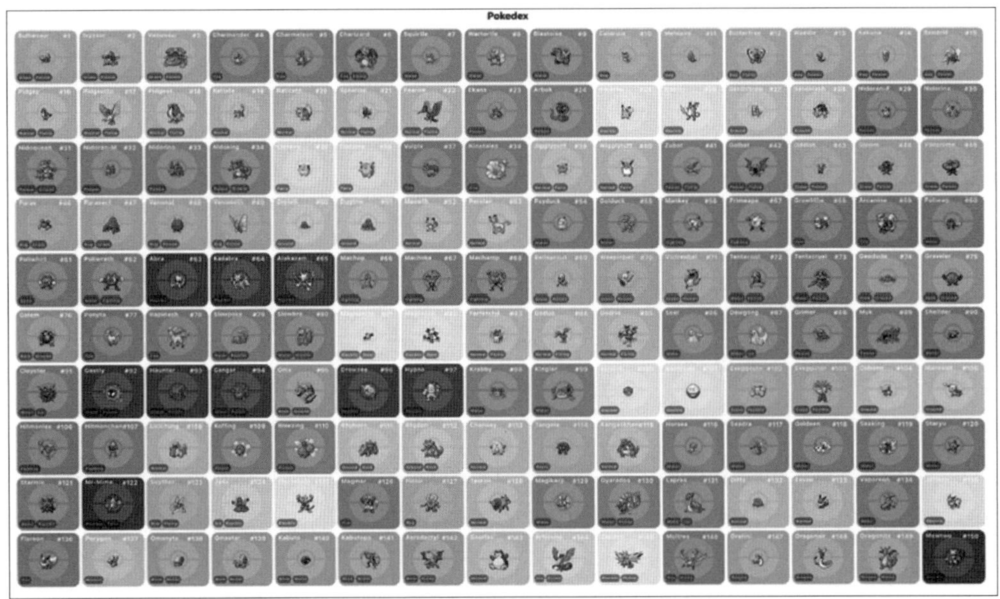

그림 11.6 전체 Pokedex 표시하기

멋지지 않은가? 하지만 한 가지 언급할 것이 있다. 앞서 언급한 것처럼 SWR은 캐시에서 먼저 데이터를 꺼낸 다음 데이터를 재평가해서 새로운 업데이트가 있는지 항상 확인한다. 이는 데이터가 변경될 때마다 SWR은 다른 가져오기를 수행해서 오래된 데이터가 여전히 유효한지 또는 새로운 데이터를 교체돼야 하는지 재평가한다.

Pokedex 탭을 벗어났다가 다시 돌아오면 이 이펙트를 다시 확인할 수 있다. **Network** 터미널에는 처음에 다음과 같이 표시된다.

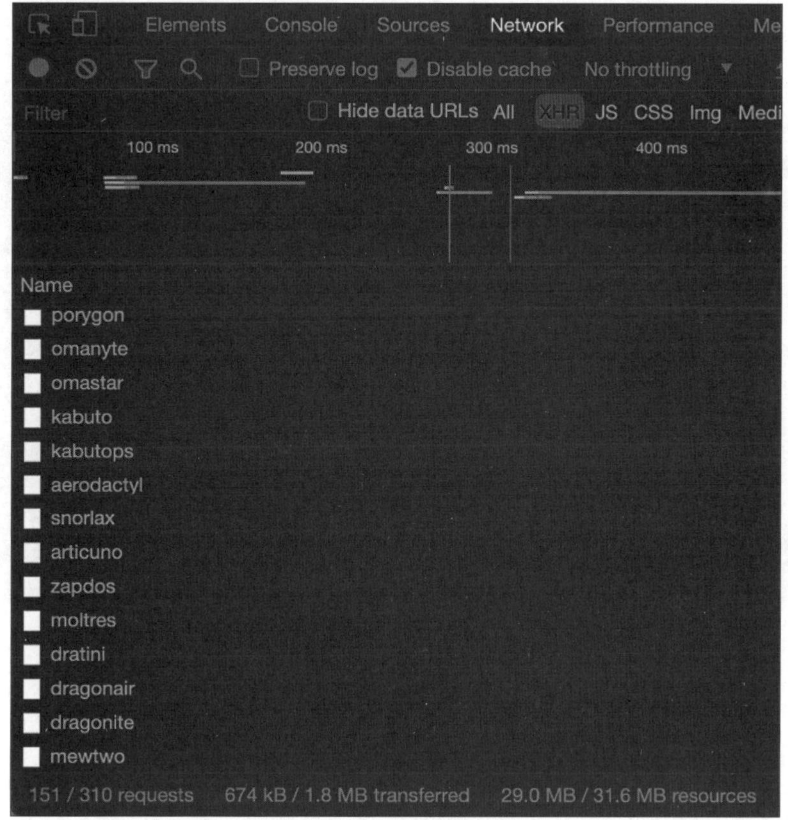

그림 11.7 요청

그림에서 볼 수 있듯이 151개의 초기 요청을 수행한다(1개는 포켓몬 리스트, 150개는 각각의 포켓몬). 하지만 탭을 변경했다가 돌아오면 SWR이 다시 데이터를 가져오는 방법을 확인할 수 있다.

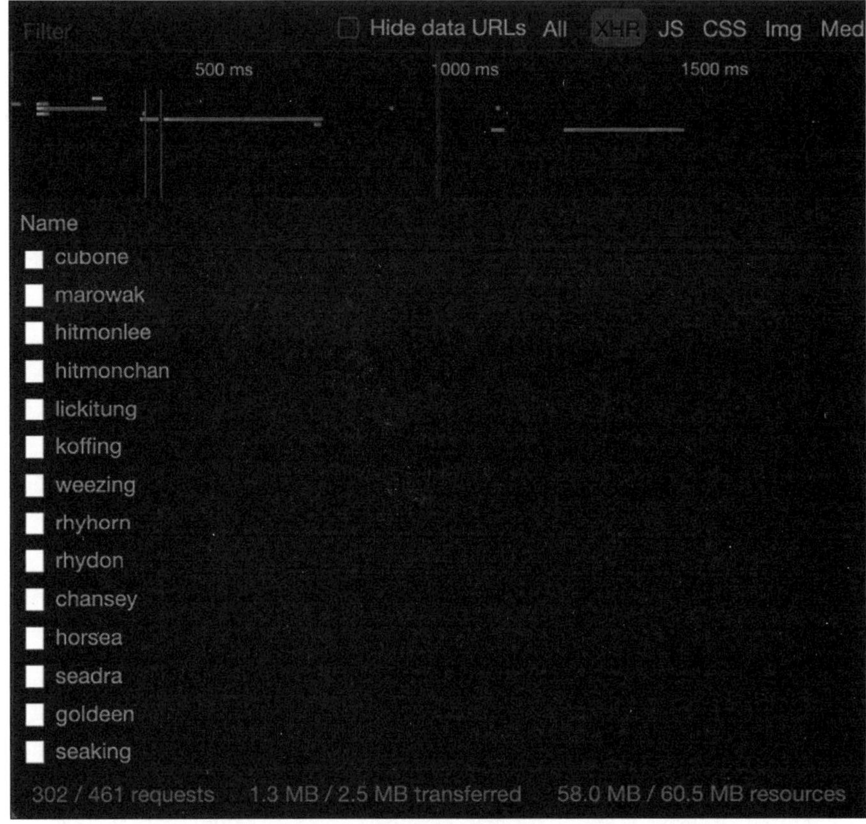

그림 11.8 151 요청

이제 302개의 요청이 수행되는 것을 확인할 수 있다(또 다른 151개 요청). 이것은 여러분이 실시간 데이터를 매조 또는 매분마다 가져오고 싶을 때 매우 유용하다.

현재 리액트 Suspense는 정의된 사용 패턴이 존재하지 않는다. 이는 다양한 방식으로 활용할 수 있다는 것을 의미하며, 아직 베스트 프랙티스도 만들어지지 않았다. 나는 SWR이 리액트 Suspense를 동작시키는 가장 쉽고 이해하기 좋은 접근 방식임을 알았다. Suspense가 필요하지 않아도 효과적으로 활용할 수 있는 강력한 라이브러리라고 생각한다.

지금까지 리액트 Suspense의 유연함에 관해 살펴봤다. 이제 또 다른 만만치 않은 도구인 리덕스 툴킷을 살펴보자. 이 도구는 리덕스에 대한 접근 방식을 혁신적으로 바꿨다. 다음 절에서는 실제적인 코드 예시와 함께 리덕스 툴킷의 핵심적인 기능과 적용 방법에 관해 학습한다.

⠿ 리덕스 툴킷: 리덕스에 대한 현대적인 접근 방식

리덕스 툴킷은 효율적인 리덕스 개발을 위한 공식적이고 완고하며 필요한 모든 것을 갖춘 도구 세트이다. 이를 이용하면 적은 보일러플레이트로 좀 더 좋은 그리고 효율적인 리덕스 코드를 작성할 수 있다. 이번 절에서는 예제 코드와 함께 리덕스 툴킷의 핵심적인 기능 및 리덕스 툴킷을 적용하는 방법에 관해 살펴본다.

핵심 기능

리덕스 툴킷은 몇 가지 핵심 기능을 제공하며, 이를 활용하면 리덕스 개발 프로세스를 간단히 할 수 있다.

- **configureStore**: 합리적인 기본값으로 리덕스 스토어를 설정하는 기능

- **createSlice**: 제공된 구성을 기반으로 액션 크리에이터[action creator]와 리듀서를 자동 생성하는 기능

- **createAction**: 지정한 타입과 페이로드를 사용해 액션 크리에이터를 생성하는 유틸리티 함수

- **createReducer**: Immer를 사용해 리듀서 생성을 단순화하는 유틸리티 함수. 직접 상태 조작을 가능하게 함

시작하기

먼저 리덕스 툴킷과 그 디펜던시를 설치한다.

```
npm install @reduxjs/toolkit react-redux typescript @types/react @types/
react-redux @types/react-dom
```

스토어 생성하기

리덕스 툴킷이 제공하는 configureStore 함수를 사용해 스토어를 생성한다(store.ts).

```
import { configureStore } from '@reduxjs/toolkit'
import rootReducer from './rootReducer'
const store = configureStore({
  reducer: rootReducer
})
export type RootState = ReturnType<typeof rootReducer>
export default store
```

슬라이스 생성하기

슬라이스slice는 특정한 기능 혹은 도메인에 대응하는 리덕스 스토어의 비중을 나타낸다. 슬라이스를 생성할 때는 createSlice 함수를 사용한다(createSlice.ts).

```
import { createSlice } from '@reduxjs/toolkit'
const counterSlice = createSlice({
  name: 'counter',
  initialState: 0,
  reducers: {
    increment: (state) => state + 1,
    decrement: (state) => state ? 1
  }
})
export const { increment, decrement } = counterSlice.actions
export default counterSlice.reducer
```

리듀서 조합하기

여러 슬라이스를 갖고 있다면 리덕스 툴킷의 combineReducers 함수를 사용해 루트 리듀서 root reducer를 만들 수 있다(rootReducer.ts).

```
import { combineReducers } from '@reduxjs/toolkit'
import counterReducer from './counterSlice'
const rootReducer = combineReducers({
  counter: counterReducer
})
export default rootReducer
```

컴포넌트를 스토어와 연결하기

리액트 컴포넌트를 리덕스 스토어에 연결하려면 react-reudux 패키지의 useSelector와 useDispatch 훅을 사용한다(Counter.ts).

```
import { useSelector, useDispatch } from 'react-redux'
import { increment, decrement } from './counterSlice'
import { RootState } from './store'
function Counter() {
  const count = useSelector((state: RootState) => state.counter)
  const dispatch = useDispatch()
  return (
    <div>
      <button onClick={() => dispatch(decrement())}>-</button>
      <span>{count}</span>
      <button onClick={() => dispatch(increment())}>+</button>
    </div>
  )
}
export default Counter
```

스토어를 리액트 애플리케이션과 통합하기

마지막으로 리액트 애플리케이션을 react-redux의 Provider 컴포넌트로 감싼 뒤, 스토어에 prop으로 전달한다.

```
import React from 'react'
import { createRoot } from 'react-dom/client'
import { Provider } from 'react-redux'
import store from './store'
import Counter from './Counter'
createRoot(document.getElementById('root') as HTMLElement).render(
  <Provider store={store}>
    <Counter />
  </Provider>
)
```

이번 절에서는 configureStore, createSlice, createAction, createReducer를 포함해 리덕스 툴킷의 핵심 기능에 관해 살펴봤다. 이러한 기능을 활용하면 적은 보일러플레이트 코드로 좀 더 효율적이고 유지보수 가능한 리덕스 코드를 작성할 수 있다. 코드 예제에서는 리덕스 툴킷을 사용해 간단한 카운터 애플리케이션을 작성하는 방법을 살펴봤다. 스토어를 설정하고 슬라이스와 리듀서를 만들고 컴포넌트들을 스토어에 연결했다. 리덕스 툴킷을 활용함으로써 여러분의 좀 더 간단한 개발 프로세스로 좀 더 견고한 애플리케이션을 만들 수 있을 것이다.

⠿ 정리

11장의 내용을 즐겼기를 바란다. 11장은 리액트 Context API에 관한 많은 정보와 SWR을 사용해서 리액트 Suspense를 구현하는 방법에 관해 소개했다. Context API의 기본, 컨텍스트를 생성하고 소비하는 방법, useContext 훅을 사용해 좀 더 간단하게 소비를 하는 방법을 배웠다.

또한 리액트 Suspense와 리액트 Suspense를 사용 로딩 상태를 좀 더 효과적으로 처리함으로써 사용자 경험을 개선할 수 있는 방법에 관해 살펴봤다. 그리고 SWR 및 리액트 Suspense와 함께 데이터 가져오기와 캐싱을 단순화할 수 있는 방법에 관해 학습했다. 마지막으로 새로운 리덕스 툴킷을 구현하는 방법을 관찰했다. 이 강력한 도구들을 활용함으로써 여러분은 좀 더 효율적이고 사용자 친화적인 리액트 애플리케이션을 만들 수 있을 것이다.

12장에서는 Next.js에서 리액트를 사용한 **서버 사이드 렌더링**을 학습한다.

12

서버 사이드 렌더링

리액트 애플리케이션 구현의 다음 단계는 **서버 사이드 렌더링**SSR이 동작하는 방법, 그로 인해 얻을 수 있는 이득에 관해 배우는 것이다. SSR을 구현함으로써 좀 더 **검색 엔진 최적화**SEO된 유니버설 애플리케이션을 만들 수 있고, 프론트엔드와 백엔드 사이의 지식 공유를 할 수 있다. 또한 웹 애플리케이션에 대한 인지적 속도를 개선하며, 이는 일반적으로 전환의 증가로 이어진다. 그러나 리액트 애플리케이션에 SSR을 적용하는 데는 많은 비용이 들기 때문에 그 필요 여부에 관해서는 신중하게 생각해야 한다.

12장에서는 서버 사이드 렌더드 애플리케이션을 설정하는 방법을 살펴본다. 12장을 마치고 나면 여러분은 유니버설 애플리케이션을 만들 수 있고, 그 기법의 장단점에 관해 알게 될 것이다.

12장에서는 다음 주제를 다룬다.

- 유니버설 애플리케이션 이해하기

- SSR를 활성화하기 원하는 이유 생각하기

- 리액트를 사용해 간단한 정적 서버 사이드 렌더드 애플리케이션 만들기

- 서버 사이드 렌더링에 데이터 가져오기 추가하기 및 dehydration/hydration 개념 이해하기

- Zeit가 개발한 **Next.js**를 사용해서 손쉽게 서버 사이드와 클라이언트 사이드 모두에서 실행되는 리액트 애플리케이션 만들기

기술 요구 사항

12장의 내용을 완료하려면 다음이 필요하다.

- Node.js 19+

- Visual Studio Code

12장의 샘플 코드는 다음 깃허브 저장소(https://github.com/moseskim/React-18-Design-Patterns-and-Best-Practices-Fourth-Edition/tree/main/Chapter12)에서 확인할 수 있다.

유니버설 애플리케이션 이해하기

유니버설 애플리케이션^{universal application}은 같은 코드로 서버 사이드와 클라이언트 사이드 모두에서 실행할 수 있는 애플리케이션이다. 이번 절에서는 애플리케이션을 유니버설하게 만들어야 하는 이유에 관해 생각해보고, 리액트 컴포넌트를 서버 사이드에서 쉽게 렌더링하는 방법을 익힌다.

자바스크립트와 웹 애플리케이션에 관해 이야기할 때, 우리는 보통 브라우저 안에서 사용되는 클라이언트 사이드 코드를 생각한다. 이들은 일반적으로 서버가 애플리케이션을 로드하기 위한 스크립트 태그를 가진 빈 HTML 파일을 반환하는 방식으로 동작한다. 애플리케이션이 준비되면, 브라우저 안의 DOM을 조작해서 UI를 표시하고 사용자와 인터랙션한다. 지난 수년 동안 이런 방식을 사용했고, 지금도 매우 많은 애플리케이션이 이런 방식을 사용하고 있다.

이 책에서는 앞에서 리액트 컴포넌트를 이용해서 애플리케이션을 만드는 것이 얼마나 쉬운지, 그들이 브라우저 안에서 어떻게 동작하는지 살펴봤다. 그러나 아직 동일한 컴포넌트를 서버 측에서 렌더링할 수 있는 방법(이것은 SSR이라 부르는 강력한 기능을 제공한다)에 관해서는 살펴보지 못했다.

세부적인 내용을 살펴보기 전에, 서버 사이드와 클라이언트 사이드 모두에서 렌더링할 수 있는 애플리케이션을 만드는 것의 의미를 먼저 이해하자. 수년 동안 클라이언트와 서버 측에서는 완전히 다른 애플리케이션을 사용했다. 예를 들어 장고^{Django} 애플리케이션은 서버에서 뷰를 렌더링했고, 백본이나 제이쿼리 같은 몇몇 자바스크립트 프레임워크는 클라이언트에서 뷰를 렌더링했다. 이 별개의 앱들은 보통 다른 스킬을 가진 2개의 팀이 유지보수해야 했다. 서버 사이드에서 렌더링한 페이지와 클라이언트 사이드에서 렌더링한 페이지 사이에 데이터를 공유하려면 스크립트 태그에 몇 가지 변수를 삽입할 수 있었다. 2개의 다른 언어와 플랫폼을 사용하기 때문에 애플리케이션의 다른 측 사이에서는 모델이나 뷰 같은 공통된 정보를 공유할 수 있는 방법이 없었다.

2009년 Node.js가 릴리스됐고, 자바스크립트는 서버 사이드에서도 큰 관심과 인기를 얻었다. 그것은 바로 **Express**와 같은 웹 애플리케이션 프레임워크 때문이다.

서버 사이드와 클라이언트 사이드에서 같은 언어를 사용하는 것은 개발자들로 하여금 지식을 쉽게 재사용할 수 있도록 할 뿐만 아니라 서버와 클라이언트 사이에 코드를 공유하는 방식들을 바꿨다.

특히 리액트의 경우 자바스크립트 커뮤니티 안에서 동형 웹 애플리케이션이 매우 유명해졌다. **동형 애플리케이션**^{isomorphic application}을 작성한다는 것은 서버와 클라이언트에서 동일하게 보이는 애플리케이션을 만든다는 의미이다. 같은 언어를 사용해서 2개의 애플리케이션을 만든다는 사실은 로직의 큰 부분이 공유될 수 있음을 의미하며, 이는 많은 가능성을 열어준다. 이것은 코드 베이스를 좀 더 이해하기 쉽게 만들고 불필요한 중복을 피하도록 해준다.

리액트는 이 개념을 한 단계 발전시켜서 간단한 API를 제공한다. 이를 사용하면 서버에서 컴포넌트를 렌더링할 수 있고 페이지를 상호 작용 가능하게 만들기 위한 모든 필요한 로직을 브라우저에서 투명하게 적용할 수 있다(예: 이벤트 핸들러 등).

동형^{isomorphic}이라는 용어는 이 시나리오에 맞지 않는다. 리액트의 경우 두 애플리케이션은 동일하기 때문이다. 그래서 리액트 라우터의 창시자인 마이클 잭슨^{Michael Jackson}은 이 패턴에 **유니버설**이라는 이름을 붙일 것을 제안했다.

유니버설 서버 사이드 렌더링 구현에 관한 구체적인 이유를 살펴보기 전에 잠시 멈춰서 애플리케이션에서 언제 왜 이 기능이 필요한가를 이해해보자.

SSR을 구현해야 하는 이유

서버 사이드 렌더링 즉, SSR은 분명히 훌륭한 기술이지만 그저 SSR을 사용하기 위해 뛰어들어서는 안 된다. SSR을 사용하기 위한 실질적이고 확고한 이유가 필요하다.

명확한 목적이 없는 SSR 도입은 애플리케이션에 보장되지 않은 복잡성과 이슈들을 야기할 수 있다. SSR의 복잡성은 상태 관리하기, 데이터 가져오기, 라우팅 같은 측면을 복잡하게 만들 수 있다. 또한 SSR은 각 요청마다 HTML을 렌더링하는 서버에 추가 부하를 준다. 신중을 기해 최적화하지 않으면 응답 시간이 느려지고 서버 비용을 증가시킬 수 있다.

또한 이렇게 애플리케이션에 추가된 복잡성은 개발 프로세스의 속도를 저하하고, 디버깅을 복잡하게 만들며, 특정 도구 및 설정에 대한 유지보수를 야기할 수 있다. 그리고 애플리케이션이 충분한 양의 공개 콘텐츠를 갖지 않는다면 SSR 채택을 주도하는 SEO의 이점이 그리 크지 않을 수 있다.

SSR은 본질적으로 여러 가지 이점을 제공할 수 있지만, 그 트레이드오프를 명확하게 이해하고 구현하는 것이 중요하다. 애플리케이션의 요구 사항을 신중하게 평가하고 잠재적인 단점에 대한 이점을 고려한 뒤 SSR 도입 여부를 결정해야 한다.

SEO 구현하기

서버 사이드에서 애플리케이션을 렌더링하고자 하는 주된 이유의 하나는 SEO이다. 주요한 검색 엔진들의 크롤러^{crawler}에게 빈 HTML 스켈레톤을 전달하면 크롤러들은 그 어떤 의미 있는 정보도 추출하지 못한다. 최근 구글^{의 크롤러}은 자바스크립트를 실행할 수 있는 것으로 보이지만 몇 가지 제한이 존재한다. 그리고 SEO는 비즈니스에서 자주 핵심적인 측면이다.

수년 동안 우리는 2개의 애플리케이션을 작성했다. 첫 번째는 크롤러를 위한 SSR 애플리케이션, 두 번째는 사용자들이 클라이언트 사이드에서 사용할 애플리케이션이었다. SSR 애플리케이션은 사용자들이 기대하는 수준의 상호 작용을 제공하지 못하며, 클라이언트 사이드 애플리케이션은 검색 엔진에 의해 인덱싱되지 않기 때문이었다.

2개의 애플리케이션을 유지보수하고 지원하는 것은 어려우며, 이는 코드 베이스를 덜 유연하고 변화하기 어렵게 만든다. 다행히 리액트를 사용하면 서버 사이드에서 컴포넌트를 렌더링하고, 애플리케이션 콘텐츠를 크롤러에게 쉽게 이해하고 인덱싱할 수 있도록 제공할 수 있다.

이것은 SEO뿐만 아니라 소셜 공유 서비스에도 유용하다. 페이스북Facebook, 현 Meta이나 엑스X, 이전 Twitter 같은 플랫폼은 페이지를 공유할 때 표시할 스니펫의 콘텐트를 정의하는 방법을 제공한다.

예를 들어 Open Graph를 사용하면 페이스북에게 특정한 페이지에 대해 포스트의 제목으로 사용할 이미지가 무엇인지 알릴 수 있다. 이것은 클라이언트 사이드에서만 동작하는 애플리케이션을 사용할 때는 거의 불가능하다. 페이지로부터 해당 정보를 추출하는 엔진은 서버가 반환한 마크업을 사용하기 때문이다.

서버가 모든 URL에 대해 빈 HTML 구조를 반환한다면 페이지들이 소셜 네트워크에 공유됐을 때 웹 애플리케이션의 스니펫도 마찬가지로 텅 비게 될 것이며 이는 바이럴에 영향을 미친다.

공통 코드 베이스

자바스크립트를 애플리케이션의 서버 사이드와 클라이언트 사이드 모두에서 활용하면 많은 이익을 얻을 수 있다. 첫 번째로, 모든 컴포넌트를 아울러 같은 언어를 사용함으로써 문제를 단순화한다. 이는 잘 동작하는 시스템을 유지보수하는 절차를 단순하게 만들며 기업 내 동료와의 지식 공유를 촉진한다.

또한 웹사이트의 프론트엔드와 백엔드 사이에 코드를 공유함으로써 중복 작업을 제거할 수 있다. 결과적으로 이 접근 방식은 일반적으로 실수와 문제 발생을 줄여준다.

그리고 단일 코드 베이스를 유지보수하는 것은 2개의 다른 코드 베이스를 유지보수하는 것보다 관리하기 용이하다. 추가적으로 자바스크립트를 서버에 통합합으로써 프론트엔드와 백엔드 개발자들의 협업을 개선할 수 있다. 동일한 언어를 활용함으로써 개발자들은 효율적으로 코드를 재사용하고 즉각적인 의사 결정을 내림으로써 작업 흐름과 생산성을 개선할 수 있다.

더 나은 성능

마지막으로 우리 모두는 클라이언트 사이드 애플리케이션을 사랑한다. 클라이언트 사이드 애플리케이션은 빠르고 반응성이 뛰어나다. 하지만 한 가지 문제가 있다. 사용자가 애플리케이션에 대해 무언가의 액션을 취하기 전에 번들은 로드돼야 한다는 것이다.

이것은 빠른 속도의 인터넷 연결을 가진 최근의 랩톱이나 데스크톱에서는 문제가 되지 않을 것이다. 하지만 3G 통신으로 연결된 모바일 장치에서 큰 규모의 자바스크립트 번들을 로드한다면 사용자는 애플리케이션과 인터랙션하기 전에 잠시 기다려야만 할 것이다. 이런 상황은 일반적인 UX 관점에서 좋지 않을 뿐 아니라 전환에도 영향을 미친다. 주요 전자상거래 웹사이트에서는 페이지 로딩에 수밀리초가 더 걸리면 수익에 막대한 영향이 미치는 것으로 밝혀졌다.

예를 들어 서버에서 빈 HTML 페이지와 스크립트 태그로 애플리케이션을 제공하고 사용자에게 무언가를 클릭할 수 있을 때까지 스피너를 표시한다면 웹사이트에 대한 인지적 속도에 큰 영향을 미친다.

반면 서버 측에서 웹사이트를 렌더링하고 사용자가 페이지를 열자마자 일부 내용을 볼 수 있다면 동일한 시간을 기다려야 하더라도 사용자는 머무르는 경향을 보인다. SSR과 관계없이 클라이언트 측 번들을 로드해야 하기 때문이다.

이러한 인지적 성능은 SSR을 사용해 크게 향상시킬 수 있는 부분이다. 서버에서 컴포넌트를 출력하고 사용자에게 즉시 일부 정보를 반환할 수 있기 때문이다.

SSR의 복잡성 과소평가하지 말기

리액트는 서버에서 컴포넌트를 렌더링하기 위한 간단한 API를 제공하지만 유니버설 애플리케이션을 만드는 데는 비용이 들 수 있다. 그렇기 때문에 앞에서 언급한 이유의 하나 때문에 활성화하기 전에 충분히 고려해야 하며 팀이 유니버설 애플리케이션을 지원하고 유지할 준비가 돼 있는지 확인해야 한다.

SSR은 추가적인 비용을 발생시킬 수 있으며 개발 시간과 복잡성을 증가시킬 수 있다. 또한 서버 부하를 증가시켜 더 비용이 많이 드는 인프라스트럭처가 필요하게 될 수도 있다. 운영 측면에서 SSR은 완벽한 구성을 가진 유지 관리가 잘 된 서버가 필요하므로 운영 비용이 증가할 수 있다. 또한 복잡성이 높아져 테스트에 더 많은 시간이 소요될 수도 있다.

이러한 비용과 SEO 개선 및 초기 페이지 로딩 속도 향상과 같은 SSR의 잠재적 이점 간의 균형을 맞추는 것이 중요하다.

이후 학습할 절의 내용을 통해 컴포넌트를 렌더링하는 것만이 서버 사이드 렌더드 애플리케이션을 만드는 데 관련된 유일한 작업이 아님을 알게 될 것이다. 서버와 해당 라우트 및 로직을 설정하고 유지 관리하고 서버 데이터 흐름을 관리하며 완전히 기능적인 유니버설 애플리케이션을 유지하기 위해 여러 가지 필수 작업을 수행해야 한다. 페이지를 더 효율적으로 제공하기 위해 콘텐츠를 캐싱하고 기타 필요한 업무를 처리하는 것도 고려하자.

그러므로 나는 먼저 웹 애플리케이션의 클라이언트 측 버전을 구축하는 데 초점을 맞추는 것을 권장한다. 클라이언트에서 완전히 작동하고 서버에서 잘 수행된다면 사용자 경험을 향상시키기 위해 SSR을 통합하는 것을 고려할 수 있다. SSR을 반드시 사용해야 하는 경우에만 활성화하는 것이 중요하다. 예를 들어 검색 엔진에서 웹사이트의 가시성을 향상시키는 것이 우선이라면 SSR을 구현하기 시작해야 한다.

웹사이트가 완전히 로드되는 데 많은 시간이 걸리고 이미 최적화를 수행한 경우(자세한 내용은 16장, '테스팅과 디버깅' 참조) SSR을 사용해 사용자에게 더 나은 경험을 제공하고 인지적 속도를 개선할 수 있다. 이제 SSR이 무엇이며 유니버설 애플리케이션의 이점에 관해 학습했으므로 다음 절에서는 SSR의 몇 가지 기본 예제를 살펴보자.

기본적인 SSR 예제 만들기

이제 매우 간단한 서버 사이드 애플리케이션을 만들면서 유니버설 설정을 구축하는 데 필요한 단계를 살펴본다. 여기에서는 의도적으로 간소하게 설정할 것이다. 여기에서의 목표는 종합적인 솔루션이나 보일러플레이트를 제공하는 것이 아니라 SSR이 동작하는 방법을 확인하는 것이기 때문이다. 그러나 실세계에서의 애플리케이션의 시작점으로 이 예제를 사용할 수 있다.

> **NOTE**
>
> 이번 절에서는 독자들이 Node.js에 관해 기본적인 이해를 하고 있으며 웹팩이나 그 로더와 같은 자바스크립트 빌드 도구에 관한 개념에 익숙하다고 가정한다.

애플리케이션은 두 부분으로 구성된다.

- **서버 사이드**: Express를 사용해 기본 웹 서버를 만들고 서버 사이드 렌더드 리액트 애플리케이션으로 만든 HTML 페이지를 제공한다.

- **클라이언트 사이드**: 일반적인 경우와 같이 react-dom을 사용해 애플리케이션을 렌더링한다.

웹팩을 사용해 프로젝트 처음부터 구성하기

애플리케이션의 두 사이드(서버 및 클라이언트) 모두는 바벨을 사용해서 트랜스파일하며 웹팩을 사용해 번들로 만든 뒤 실행한다. 이렇게 함으로써 Node.js와 브라우저에서 ES6와 모듈의 모든 기능을 사용할 수 있게 할 것이다.

먼저 새로운 프로젝트를 만들자(ssr-project라 불러도 좋다). 그 뒤 다음 명령을 실행해 새로운 패키지를 생성한다.

```
npm init
```

`package.json`이 생성됐다면 디펜던시를 설치한다. 가장 먼저 웹팩을 설치한다.

```
npm install webpack
```

설치가 완료되면 `ts-loader` 및 리액트와 TSX를 사용해 ES6 애플리케이션을 작성할 때 필요한 프리셋을 설치한다.

```
npm install --save-dev @babel/core @babel/preset-env @babel/preset-react
ts-loader typescript
```

서버 번들을 생성하려면 디펜던시 하나를 추가해야 한다. 웹팩을 사용하면 일련의 외부 요소들을 정의할 수 있다. 이 외부 요소들은 번들에 포함하고 싶지 않은 디펜던시이다. 서버를 위한 빌드를 생성할 때 사용하는 모든 Node.js 패키지를 번들에 포함하지 않는 것이 좋다. 대신 서버 코드만 번들한다. 서버 번들에서 디펜던시를 제거함으로써 번들 크기를 줄이고, 컴파일을 빠르게 하고, Node.js 환경과의 호환성을 확보하는 등의 이점을 얻을 수 있다. Node.js의 네이티브 모듈 시스템을 활용함으로써 서버 코드는 번들링할 필요 없이 설치된 패키지들과 직접 접근할 수 있다. `webpack node-externals`와 같은 도구들은 이러한 디펜던시를 웹팩 구성에서 외부 요소로 정의하는 데 도움을 주며 이를 활용하면 서버 번들을 최적화하고 빌드 절차를 간단히 만들 수 있다.

```
npm install --save-dev webpack-node-externals
```

좋다. 이제 `package.json`의 npm 스크립트 섹션에 엔트리를 생성해 터미널에서 빌드 명령을 쉽게 실행할 수 있도록 한다.

```
"scripts": {
  "build": "webpack"
}
```

다음으로 루트 경로 안에 `.bablerc` 파일을 생성한다.

```
{
  "presets": ["@babel/preset-env", "@babel/preset-react"]
}
```

이제 webpack.config.js라는 구성 파일을 생성해야 한다. 이 파일은 웹팩에게 파일을 번들
할 형태를 전달한다.

노드 외부 요소를 설정하기 위해 사용할 라이브러리부터 임포트한다. 또한 ts-loader를 위
한 구성을 정의한다. 이 정의는 클라이언트와 서버 모두에서 사용한다.

```
const nodeExternals = require('webpack-node-externals')
const path = require('path')
const rules = [{
  test: /\.(tsx|ts)$/,
  use: 'ts-loader',
  exclude: /node_modules/
}]
```

6장, '컴포넌트를 아름답게 보이게 만들기'에서 구성 파일로부터 구성 객체를 익스포트하는
방법에 관해 살펴봤다. 웹팩에서는 구성의 배열을 익스포트하는 멋진 기능을 제공하며, 이
를 사용하면 같은 위치에서 클라이언트와 서버의 구성을 정의하고 이들을 한 번에 사용할
수 있다.

다음 블록의 클라이언트 구성은 매우 익숙할 것이다.

```
const client = {
entry: './src/client.tsx',
  output: {
    path: path.resolve(__dirname, './dist/public'),
    filename: 'bundle.js',
    publicPath: '/'
  },
  module: {
    rules
  }
}
```

위 코드에서는 웹팩에 클라이언트 애플리케이션의 소스 코드가 src 폴더에 있다는 것과 출력 번들이 dist 폴더에 생성돼야 한다는 것을 전달한다.

그리고 ts-loader를 사용해 생성한 이전 객체를 사용해 모듈 로더를 설정한다. 서버 구성은 약간 다르다. 클라이언트의 그것과 다른 엔트리를 정의하고 target, externals, resolve와 같은 새로운 노드들을 추가한다.

```
const server = {
  entry: './src/server.ts',
  output: {
    path: path.resolve(__dirname, './dist'),
    filename: 'server.js',
    publicPath: '/'
  },
  module: {
    rules
  },
  target: 'node',
  externals: [nodeExternals()],
  resolve: {
    extensions: [".ts", ".tsx", ".js", ".json"]
  }
}
```

앞에서 볼 수 있듯이 entry, output, module은 동일하며 파일명만 다르다.

새로운 매개변수들은 target과 externals이다. target에서는 웹팩에게 Node.js의 내장 시스템 패키지인 fs와 같은 것을 무시하도록 지시하는 노드를 지정한다. externals에서는 이전에 가져온 라이브러리를 사용해 웹팩에 디펜던시를 무시하도록 지시한다.

마지막으로 구성을 배열로 익스포트해야 한다.

```
module.exports = [client, server]
```

이것으로 구성을 완료했다. 이제 코드를 작성하고 리액트 애플리케이션을 시작할 준비가 됐다.

애플리케이션 생성하기

src 폴더를 생성하고 그 안에 app.ts 파일을 생성한다.

app.ts 파일의 내용은 다음과 같다.

```
const App = () => <div>Hello React</div>
export default App
```

복잡한 것은 없다. 리액트를 임포트하고 Hello React 메시지를 렌더링하는 App 컴포넌트를 만든 뒤 익스포트했다.

이제 client.tsx를 생성하자. 이 파일은 App 컴포넌트를 DOM 안에 렌더링하는 책임을 진다.

```
import { render } from 'react-dom'
import App from './app'
render(<App />, document.getElementById('root'))
```

여기에서는 리액트, ReactDOM, 앞에서 만든 App 컴포넌트를 임포트했다. 그리고 React DOM을 사용해서 App을 app ID의 DOM 엘리먼트 안에 렌더링했다.

이제 서버를 구현하자.

가장 먼저 template.ts 파일을 작성한다. 이 파일은 서버가 브라우저에게 전송할 페이지의 마크업을 반환할 때 사용할 함수를 익스포트한다.

```
export default body => `
  <!DOCTYPE html>
  <html>
    <head>
      <meta charset="UTF-8" />
    </head>
    <body>
      <div id="root">${body}</div>
      <script src="/bundle.js"></script>
    </body>
  </html>
`
```

이는 매우 직관적이다. 이 함수는 body를 받아서 리액트 앱을 포함한 뒤 페이지의 스켈레톤을 반환한다.

서버 측에서 앱을 렌더링하더라도 클라이언트 측에서 번들을 로드하는 것에 주목하자. SSR은 리액트가 애플리케이션을 렌더링하는 작업의 절반에 해당한다. 우리는 여전히 애플리케이션을 클라이언트 측 애플리케이션으로 유지하고 그와 동시에 브라우저에서 사용할 수 있는 모든 기능을 사용하길 원한다. 예를 들어 이벤트 핸들러와 같은 것이다.

이후에는 express, react, react-dom을 설치해야 한다.

```
npm install express react react-dom @types/express @types/react @types/react-dom
```

이제 server.tsx를 생성한다. 이 파일은 많은 디펜던시를 가지며 이들은 자세히 살펴볼 필요가 있다.

```
import React from 'react'
import express, { Request, Response } from 'express'
import { renderToString } from 'react-dom/server'
import path from 'path'
import App from './App'
import template from './template'
```

가장 먼저 express를 임포트했다. 이 라이브러리를 사용하면 몇 개의 라우트를 가진 서버를 쉽게 생성할 수 있다. 이 서버는 정적 파일도 제공할 수 있다.

다음으로 리액트와 ReactDOM을 임포트해서 마찬가지로 임포트한 App을 렌더링했다. ReactDOM의 임포트 구문 안에 /server 경로가 있다는 점에 주목하자. 마지막으로 앞에서 정의한 템플릿을 임포트했다.

이제 Express 애플리케이션을 생성한다.

```
const app = express()
```

애플리케이션에 정적 에셋이 저장된 곳을 알린다.

```
app.use(express.static(path.resolve(__dirname, './dist/public')))
```

눈치챘겠지만 이 경로는 웹팩의 클라이언트 구성에서 클라이언트 번들의 출력 대상지로 지정한 경로와 동일하다.

다음은 리액트를 사용한 SSR 로직이다.

```
app.get('/', (req: Request, res: Response) => {
  const body = renderToString(<App />)
  const html = template(body)
  res.send(html)
})
```

Express에게 우리가 / 라우트를 리스닝하고 클라이언트의 요청이 도달하면 ReactDOM 라이브러리를 사용해서 App을 문자열로 렌더링하기 원한다는 것을 전달한다. 이것이 바로 리액트에서의 SSR의 마술이자 단순함이다.

renderToString은 App 컴포넌트가 생성한 DOM 엘리먼트의 문자열 표현을 반환한다. 이는 React-DOM의 render 렌더 메서드를 사용하는 경우, DOM 안에 렌더링되는 것과 동일한 트리이다.

body 변숫값은 다음과 유사한 어떤 값이 된다.

```
<div data-reactroot="" data-reactid="1" data-reactchecksum="982061917">
Hello React</div>
```

앞에서 볼 수 있듯이 이것은 App의 render 메서드에서 정의한 내용을 나타낸다. 단, 클라이언트에서 서버 측 렌더링된 문자열에 클라이언트 측 애플리케이션을 연결하는 데 리액트가 사용하는 몇 가지 데이터 속성을 제외한다.

이제 앱의 SSR 표현이 있으므로 template 함수를 사용해 HTML 템플릿에 적용하고 Express 응답 내에서 브라우저로 다시 보낼 수 있다.

마지막으로 Express 애플리케이션을 시작해야 한다.

```
app.listen(3000, () => {
  console.log('Listening on port 3000')
})
```

이제 준비가 됐다. 몇 가지 사소한 조작만이 남아 있다. 첫 번째는 npm의 시작 스크립트를 정의하고, 노드 서버를 시작하도록 설정하는 것이다.

```
"scripts": {
  "build": "webpack",
  "start": "node ./dist/server"
}
```

스크립트를 준비했으므로 이제 다음 명령을 실행해 애플리케이션을 빌드할 수 있다.

```
npm run build
```

번들이 생성되면 다음 명령어를 실행할 수 있다.

```
npm start
```

브라우저에서 http://localhost:3000을 방문해서 결과를 확인하자.

두 가지 주목할 점이 있다. 첫 번째, 브라우저의 **View Page Source** 기능을 사용하면 서버에 의해 렌더링되고 반환된 애플리케이션의 소스 코드를 확인할 수 있다. 이는 SSR이 활성화 돼 있지 않으면 볼 수 없다.

두 번째, DevTools를 열고 리액트 확장 기능을 설치하면 App 컴포넌트가 실행된 것을 클라이언트에서도 확인할 수 있다.

다음 스크린샷은 페이지의 소스 코드를 보여준다.

```html
<!DOCTYPE html>
<html>
  <head>
    <meta charset="UTF-8">
  </head>
  <body>
    <div id="app"><div data-reactroot="" data-reactid="1" data-react-checksum="982061917">Hello React</div></div>
    <script src="/bundle.js"></script>
  </body>
</html>
```

그림 12.1 소스 코드 페이지

훌륭하다! 여러분은 SSR을 사용해 첫 번째 리액트 애플리케이션을 생성했다! 다음 절에서 데이터를 가져오는 방법을 배워보자.

:::: 데이터 가져오기 구현하기

이전 절의 내용을 통해 리액트를 사용해 유니버설 애플리케이션을 설정하는 방법을 명확하게 알았을 것이다. 주요한 초점을 무언가를 완료하는 것이다. 하지만 실세계의 애플리케이션은 예제에서의 App과 같은 정적 리액트 컴포넌트가 아닌 데이터를 로드하고 싶을 것이다.

예를 들어 댄 아브라모프의 gists를 서버에서 로드하고 우리가 방금 생성한 Express 앱에서 아이템 목록을 반환하려 한다고 가정해보자.

11장, '데이터 관리하기'의 데이터 가져오기 예제에서는 useEffect를 사용해 데이터를 로드하는 방법을 살펴봤다. 하지만 서버에서는 동작하지 않을 것이다. 컴포넌트는 DOM에 마운트되지 않고 라이프 사이클 훅이 호출되지 잃기 때문이다.

이전에 실행되는 훅을 사용하는 것도 동작하지 않는다. 데이터 가져오기 작업은 비동기이지만 renderToString은 비동기가 아니기 때문이다. 그렇기 때문에 데이터를 미리 로드하고 그것을 컴포넌트에 props로 전달할 방법을 찾아야 한다.

이전 절에서 만든 애플리케이션이 SSR 단계에서 gists를 로드하도록 수정해보자.

가장 먼저 `App.tsx`를 수정해서 `gists`를 props로 받고, `render` 메서드 안에서 루프를 돌면서 그 `description`을 표시하게 한다.

```tsx
import { FC } from 'react'
type Gist = {
  id: string
  description: string
}
type Props = {
  gists: Gist[]
}
const App: FC<Props> = ({ gists }) => (
  <ul>
    {gists.map(gist => (
      <li key={gist.id}>{gist.description}</li>
    ))}
  </ul>
)
export default App
```

11장에서 학습한 개념을 적용해 상태가 없는 함수형 컴포넌트를 정의한다. 이 컴포넌트는 `gists`를 props로 받고 엘리먼트에 대한 루프를 돌면서 아이템 리스트를 렌더링한다. 이제 서버를 수정해 `gists`를 추출하고 이들을 컴포넌트로 전달하도록 한다.

서버 사이드에서 `fetch` API를 사용하려면 `isomorphic-fetch` 라이브러리를 설치해야 한다. 이 라이브러리는 가져오기 표준을 구현한 것이다. Node.js와 브라우저에서 사용된다.

```
npm install isomorphic-fetch @types/isomorphic-fetch
```

먼저 `server.tsx`에 라이브러리를 임포트한다.

```
import fetch from 'isomorphic-fetch'
```

우리가 호출하고자 하는 API의 형태는 다음과 같다.

```
fetch('https://api.github.com/users/gaearon/gists')
  .then(response => response.json())
  .then(gists => {})
```

gists는 마지막 then 함수 안에서 사용할 수 있다. 여기에서는 이들을 App으로 전달할 것이다.

따라서 / 라우트를 다음과 같이 변경할 수 있다.

```
app.get('/', (req, res) => {
  fetch('https://api.github.com/users/gaearon/gists')
    .then(response => response.json())
    .then(gists => {
    const body = renderToString(<App gists={gists} />)
    const html = template(body)
    res.send(html)
  })
})
```

여기에서는 가장 먼저 gists를 가져온 뒤, App을 문자열로 렌더링하고 해당 속성을 전달한다.

App이 렌더링되고 마크업을 갖게 되면 이전 절에서 사용한 템플릿을 이용해 이를 브라우저에 전달한다.

다음 명령을 콘솔에서 실행하고 브라우저에서 http://localhost:3000에 방문한다. 여러분은 서버 사이드에서 렌더링된 gists 목록을 볼 수 있을 것이다.

```
npm run build && npm start
```

Express 앱에서 렌더링된 리스트인지 확인해보자. 브라우저에서 viewsource:http://localhost:3000에 접속하면 마크업과 gists의 설명을 볼 수 있을 것이다.

이는 훌륭하고 쉬워 보이지만 DevTools 콘솔을 확인하면 Cannot read property 'map' of undefined error라는 오류가 발생하는 것을 볼 수 있다. 클라이언트에서는 gists를 전달하지 않고 App을 다시 렌더링하기 때문이다.

처음에는 반직관적으로 들릴 수 있다. 리액트가 서버 사이드 문자열에서 렌더링된 gists를 클라이언트 사이드에서 사용할 만큼 충분히 똑똑하다고 생각할 수 있기 때문이다. 하지만 그렇지 않다. 그러므로 gists를 클라이언트 사이드에서도 사용할 수 있게 하는 방법을 찾아야 한다.

클라이언트에서 다시 가져오기를 실행할 수 있을 것이라고 생각할 수 있다. 그렇게 하면 작동하겠지만 Express 서버와 브라우저에서 2개의 HTTP 호출을 실행하게 되므로 최적은 아니다. 생각해보면 이미 서버에서 호출을 수행했고 필요한 모든 데이터를 갖고 있다. 서버와 클라이언트 사이에서 데이터를 공유하는 일반적인 해결책은 HTML 마크업에서 데이터를 탈수^{dehydrate}하고 브라우저에서 데이터를 흡수^{hydrate}하는 것이다.

다소 복잡한 개념처럼 들릴 수 있지만 그렇지 않다. 이제 이를 얼마나 쉽게 구현할 수 있는지 살펴보자. 먼저 클라이언트에서 데이터를 가져온 후에 gists를 템플릿에 주입해야 한다.

이를 위해 템플릿을 약간 변경하자.

```
export default (body, gists) => `
  <!DOCTYPE html>
  <html>
    <head>
      <meta charset="UTF-8" />
    </head>
    <body>
      <div id="root">${body}</div>
      <script>window.gists = ${JSON.stringify(gists)}</script>
      <script src="/bundle.js"></script>
    </body>
  </html>
`
```

template 함수는 이제 애플리케이션의 body와 gists 컬렉션을 매개변수로 받는다. 첫 번째 매개변수는 app 엘리먼트에 삽입되고, 두 번째 매개변수는 windows 객체에 연결된 글로벌 gists 변수를 정의하는 데 사용돼 이를 클라이언트 사이드에서 사용할 수 있다.

Express 라우트(server.ts) 안에서 body를 전달해서 템플릿을 생성하던 행을 다음과 같이 수정한다.

```
const html = template(body, gists)
```

마지막으로 client.tsx 안에서 window에 연결된 gists를 사용한다.

```
ReactDOM.hydrate(
  <App gists={window.gists} />,
  document.getElementById('app')
)
```

흡수 메서드는 리액트 16에서 도입됐으며 HTML이 서버 사이드 렌더드 마크업을 가지고 있는지에 관계없이 클라이언트 사이드에서의 렌더링과 유사하게 동작한다. 앞에서 SSR을 사용한 마크업이 존재하지 않는다면, 흡수 메서드는 경고를 내보낸다. 새로운 suppress HydrationWarning 속성을 사용하면 이를 무시할 수 있다.

gists를 직접 읽어서 App 컴포넌트로 보내 클라이언트에서 렌더링했다.

다음 명령어를 다시 실행하자.

```
npm run build && npm start
```

브라우저 창에서 http://localhost:3000을 방문하면 에러는 사라진다. 리액트 DevTools를 사용해 App 컴포넌트를 확인해보면 클라이언트 사이드의 App 컴포넌트가 gists 컬렉션을 어떻게 받았는지 확인할 수 있다.

이렇게 해서 첫 번째 SSR 애플리케이션을 만들었다. 다음 절에서는 Next.js라 부르는 SSR 프레임워크를 사용해 이를 좀 더 쉽게 수행하는 방법을 살펴본다.

⋮⋮ Next.js를 사용해 리액트 애플리케이션 생성하기

리액트를 사용한 SSR의 기본 사항에 관해 살펴봤다. 그리고 이 프로젝트를 실제 앱의 시작점으로 사용할 수 있다. 하지만 너무 많은 보일러플레이트와 다양한 도구를 알아야 한다는 점이 좋지 않게 여겨질 수 있다. 이것은 이 책의 소개에서 설명한 것처럼 **자바스크립트 피로**

감JavaScript fatigue이라는 흔한 감정이다.

다행히 메타의 개발자들과 리액트 커뮤니티의 다른 기업들은 개발자 경험을 개선하고 개발자의 삶을 더 쉽게 만들기 위해 매우 열심히 노력하고 있다. 11장에서 예제를 다루기 위해 `create-react-app`을 사용해봤을 것이며, 이 도구가 많은 기술과 도구를 학습할 필요 없이 리액트 애플리케이션을 간단하게 만들도록 도와준다는 방식을 이해할 것이다.

현재 `create-react-app`은 아직 SSR을 지원하지 않지만 **Next.js**라는 도구를 만든 버셀이라는 회사가 있다. 이를 사용하면 구성 파일을 걱정하지 않고도 매우 쉽게 유니버설 애플리케이션을 생성할 수 있으며 보일러플레이트 또한 크게 줄일 수 있다.

애플리케이션을 빠르게 빌드하는 데는 언제나 추상화를 사용하는 것이 매우 좋다. 하지만 너무 많은 계층을 추가하기 전에 내부 동작 방식을 알아야만 한다. 그렇기 때문에 Next.js에 관해 학습하기 전에 수동으로 작업을 했던 이유이다. SSR이 작동하는 방법과 서버에서 클라이언트로 상태를 전달하는 방법에 관해 살펴봤다. 기본 개념이 명확해졌으므로 동일한 결과를 얻기 위해 더 적은 코드를 작성할 수 있는, 복잡성을 다소 감추는 도구를 사용할 수 있다.

댄 아브라모프의 모든 gists를 로드하는 동일한 앱을 만들어볼 것이다. Next.js 덕분에 코드가 얼마나 깨끗하고 간단하게 변하는지 확인해보자.

먼저 새로운 프로젝트 폴더(next-project라 불러도 좋다)를 만들고 다음 명령을 실행한다.

```
npm init
```

작업이 완료되면 Next.js 라이브러리와 리액트를 설치할 수 있다.

```
npm install next react react-dom typescript @types/react @types/node
```

프로젝트가 생성됐으므로 바이너리를 실행하기 위한 npm 스크립트를 추가한다.

```
"scripts": {
  "dev": "next"
}
```

훌륭하다! 이제 App 컴포넌트를 생성해야 한다. Next.js는 관습에 기반하며, 가장 중요한 관습의 하나는 브라우저 URL과 일치하는 페이지를 생성할 수 있다는 것이다. 기본 페이지는 index이므로 pages라는 폴더를 만들고 그 안에 index.js 파일을 넣을 수 있다.

먼저 디펜던시를 임포트한다.

```
import fetch from 'isomorphic-fetch'
```

다음으로 isomorphic-fetch를 임포트한다. 서버 사이드에서 fetch 함수를 사용하고자 하기 때문이다.

다음으로 App 컴포넌트를 정의한다.

```
const App = () => {}
export default App
```

다음으로 정적 비동기 함수 getInitialProps를 정의한다. 이 함수에서 Next.js에게 서버 사이드 및 클라이언트 사이드 모두에서 로드할 데이터가 무엇인지 전달한다. 이 라이브러리는 함수에서 반환한 객체를 컴포넌트 내에서 props로 사용할 수 있도록 만들어준다.

클래스 메서드에 적용된 static, async 메서드는 해당 함수가 클래스 인스턴스 외부에서 접근할 수 있으며, 함수가 바디 안에서 wait 명령을 실행한다는 것을 의미한다.

이 개념들은 매우 고급 개념이며 12장의 범위에 해당하지 않는다. 하지만 여러분이 흥미를 느낀다면 ECMAScript 제안(https://github.com/tc39/proposals)을 확인해보기 바란다.

앞에서 설명한 메서드의 구현은 다음과 같다.

```
App.getInitialProps = async () => {
  const url = 'https://api.github.com/users/gaearon/gists'
  const response = await fetch(url)
  const gists = await response.json()
  return {
    gists
  }
}
```

여기에서는 함수에게 fetch를 실행하고 응답을 기다리도록 지시한 뒤, 그다음에 응답을 JSON으로 변환하도록 지시했다. JSON 변환 결과 프로미스를 반환한다. 프로미스를 해결하면 gists를 가진 props 객체를 반환할 수 있다.

컴포넌트의 렌더 부분은 이전과 매우 유사하다.

```
return (
  <ul>
    {props.gists.map(gist => (
    <li key={gist.id}>{gist.description}</li>
    ))}
  </ul>
)
```

프로젝트를 실행하기 전에 tsconfig.json을 구성해야 한다.

```
{
  "compilerOptions": {
    "baseUrl": "src",
    "esModuleInterop": true,
    "module": "esnext",
    "noImplicitAny": true,
    "outDir": "dist",
    "resolveJsonModule": true,
    "sourceMap": false,
    "target": "esnext",
    "lib": ["dom", "dom.iterable", "esnext"],
    "allowJs": true,
    "skipLibCheck": true,
    "strict": true,
    "forceConsistentCasingInFileNames": true,
    "noEmit": true,
    "moduleResolution": "node",
    "isolatedModules": true,
    "jsx": "react-jsx"
  },
  "include": ["src/**/*.ts", "src/**/*.tsx"],
  "exclude": ["node_modules"]
}
```

이제 콘솔을 열고 다음 명령을 실행한다.

```
npm run dev
```

다음 결과를 확인할 수 있다.

```
> Ready on http://localhost:3000
```

브라우저 창에서 해당 URL에 방문하면 유니버설 애플리케이션이 동작하는 것을 확인할 수 있다. Next.js 덕분에 몇 줄의 코드만으로 구성 없이 유니버설 애플리케이션을 쉽게 설정할 수 있다는 것은 매우 인상적이다.

또한 편집기에서 애플리케이션을 수정하면 페이지를 새로 고치지 않아도 변경 내용이 즉시 반영되는 것을 볼 수 있다. 이것은 Next.js가 제공하는 즉각적인 모듈 교체hot module replacement 를 가능하게 하는 또 다른 기능이다. 이는 개발 모드에서 대단히 유용하다.

12장의 내용이 마음에 들었다면 다음 깃허브(https://github.com/zeit/next.js)에 별 투표를 해주는 것도 좋다.

⁞⁞ 정리

SSR에 관한 여정을 마무리했다. 이제 리액트를 사용해 서버 사이드 렌더링 애플리케이션을 만들 수 있으며, 왜 그것이 유용할 수 있는지 명확하게 알게 됐을 것이다. SEO가 그 주요한 이유 중 하나임은 분명하지만 소셜 공유와 성능 역시 중요한 요소이다. 서버에서 데이터를 로드하고 HTML 템플릿에서 데이터를 제거해 브라우저에서 부팅될 때 클라이언트 측 애플리케이션에서 사용할 수 있게 하는 방법에 관해 학습했다.

마지막으로 Next.js와 같은 도구가 코드베이스에 일반적으로 적용되는 서버 측 렌더링 리액트 애플리케이션 설정의 복잡성을 줄이고 숨길 수 있는 방법에 관해 살펴봤다.

13장에서는 리액트 애플리케이션의 성능을 향상시키는 방법을 알아본다.

13

실제 프로젝트를 통해 GraphQL 이해하기

GraphQL은 API와 원활하게 작동하도록 설계된 강력한 쿼리 언어로, 기존 데이터와 효율적으로 상호 작용할 수 있게 해준다. 기존 REST API와 달리 GraphQL은 API의 데이터에 대한 포괄적인 개요를 제공해 필요한 정확한 데이터만 요청하고 불필요한 데이터를 제외할 수 있게 한다. 이로써 API 요청을 간소화할 뿐만 아니라 필요할 때 API를 최적화하고 개선하기가 더 쉬워진다. 또한 GraphQL은 개발자 도구를 갖추고 있어 개발 경험을 더욱 향상시킬 수 있다.

13장에서는 실제적인 프로젝트를 위한 기본적인 로그인 및 사용자 등록 시스템을 구축하면서 GraphQL의 실용적인 적용에 관해 살펴본다. 이를 통해 GraphQL을 이러한 컨텍스트에서 활용하는 방법에 관해 포괄적으로 이해하고, 여러분만의 프로젝트에서 효과적으로 적용할 수 있을 것이다.

13장에서는 다음 주제를 다룬다.

- PostgreSQL 설치하기

- .env 파일을 사용해 환경변수 생성하기

- Apollo 서버 구성하기

- GraphQL 쿼리와 뮤테이션 정의하기

- resolver 다루기

- Sequalize 모델 생성하기

- JWT 구현하기

- GraphQL Playground 이용하기

- 인증 수행하기

⠿ 기술 요구 사항

13장의 내용을 완료하려면 다음이 필요하다.

- Node.js 19+

- Visual Studio Code

- PostgreSQL

- Homebrew(https://brew.sh)

- pgAdmin 4(https://www.pgadmin.org/download/)

13장의 샘플 코드는 다음 깃허브 저장소(https://github.com/moseskim/React-18-Design-Patterns-and-Best-Practices-Fourth-Edition/tree/main/Chapter13)에서 확인할 수 있다.

PostgreSQL, Apollo 서버, GraphQL, Sequelize, JSON 웹 토큰을 사용해 백엔드 로그인 시스템 구축하기

이번 절에서는 PostgreSQL, Apollo 서버, GraphQL, Sequelize 및 **JSON Web Tokens** JWTs를 사용해 백엔드 로그인 시스템을 구축한다. 데이터 저장을 위해 PostgreSQL, 데이터베이스 작업을 수행하기 위해 Sequelize, GraphQL API를 생성하기 위해 Apollo 서버, API 구성을 위해 GraphQL, 사용자 인증 및 권한을 위해 JWT를 사용한다. 초보자이든 경험이 풍부한 개발자이든, 이 가이드는 이러한 기술을 견고하고 안전한 백엔드 로그인 시스템에 통합하는 방법에 대한 포괄적인 이해를 제공할 것이다. 그럼 시작해보자.

Postgres 설치하기

예제에서는 PostgreSQL 데이터베이스를 사용하므로 이 프로젝트를 로컬 머신에서 실행하려면 PostgreSQL을 설치해야 한다.

PostgreSQL은 데이터베이스에 대한 탁월한 선택이다. PostgreSQL은 데이터를 안전하게 유지하고 예기치 않은 문제가 발생한 경우에도 데이터를 잘 정리하는 데 능숙하기 때문이다. 다양한 유형의 데이터를 처리할 수 있는 능력을 갖추고 있어 매우 편리하다. 또한 PostgreSQL은 기본 기능 이상으로 확장 가능하며 효율적으로 작동하며 동시에 많은 사용자를 관리할 수 있다.

또한 데이터의 보호를 보장하는 강력한 보안 기능을 자랑하며, 오픈 소스 플랫폼이므로 무료이며 개선을 위해 노력하는 큰 커뮤니티를 갖고 있다. 다른 데이터베이스에 대한 경험을 해봤다면 PostgreSQL은 동일한 표준을 준수하기 때문에 이해하기 쉽다. 또한 PostgreSQL은 상당한 양의 데이터를 처리하고 동시에 여러 사용자를 수용할 수 있다. 이것이 바로 로그인 시스템과 같은 프로젝트에 대한 신뢰할 수 있는 선택이 되는 이유이다.

여러분이 macOS 머신을 가지고 있다면 PostgreSQL을 설치하는 가장 쉬운 방법은 Homebrew를 이용하는 것이다. 다음 명령어를 실행하면 된다.

```
brew install postgres
```

설치를 마쳤다면 다음 명령어를 실행한다.

```
ln -sfv /usr/local/opt/postgresql/*.plist ~/Library/LaunchAgents
```

이 명령은 macOS에서 사용되는 구성 파일인 PostgreSQL plist 파일에서 ~/Library/
LaunchAgents 디렉터리로 심볼릭 링크(바로 가기 유형)를 만든다. ln -sfv 명령과 함께 사용되는
옵션은 다음과 같다.

- "s"는 **심볼릭**symbolic(심볼릭 링크 생성)

- "f"는 **강제**force(기존 대상 파일 제거)

- "v"는 **자세히**verbose(무엇이 발생하는지 표시)

그 뒤, PostgreSQL 서버를 시작하고 중지하기 위한 2개의 새로운 별칭을 만들 수 있다.

```
alias pg_start="launchctl load ~/Library/LaunchAgents"
alias pg_stop="launchctl unload ~/Library/LaunchAgents"
```

이제 pg_start 명령으로 PostgreSQL 서버를 실행하고 pg_stop으로 서버를 중지시킬 수 있
다. 다음으로 첫 번째 데이터베이스를 생성하자.

```
createdb `whoami`
```

이제 psql 명령어를 사용해 PostgrSQL과 연결할 수 있다. "postgresql" 역할이 없다는 에
러가 발생하면 다음 명령어로 해당 에러를 수정할 수 있다.

```
createuser -s postgres
```

모든 작업을 올바르게 완료했다면 다음과 같은 결과를 볼 수 있다.

그림 13.1 psql

PostgreSQL 데이터베이스 관리를 위한 최고의 도구들

PostgreSQL 데이터베이스 관리를 위한 최고의 도구는 **pgAdmin 4**(https://www.pgadmin.org/
download/)이다. 나는 이 도구를 매우 좋아한다. 이 도구를 사용하면 새로운 서버, 사용자, 데
이터베이스를 생성할 수 있고 SQL 쿼리를 생성하고 데이터를 다룰 수 있다. 이 예시에서
pgAdmin 4를 사용하기 위해서는 데이터베이스를 생성해야 함을 기억하자.

종종 PostgreSQL 서버를 시작할 때 **FATAL lock file "postmaster.pid" already exists**(치명적.
"postmaster.pid" 록 파일이 이미 존재합니다)와 같은 에러를 만날 수 있다. 해당 에러를 만나면 다음 명령어
로 쉽게 해결할 수 있다.

```
rm /usr/local/var/postgres/postmaster.pi
```

이제 PostgreSQL 서버를 시작할 수 있다.

이제 PostgreSQL 설정을 완료했으며 데이터베이스 관리를 쉽게 할 수 있는 pgAdmin 도
구를 사용할 수 있으므로 백엔드 프로젝트 구축에 집중할 수 있다.

⠿ 백엔드 프로젝트 생성하기

먼저 GraphQL 프로젝트(graphql/backend)에 백엔드 디렉터리를 생성해야 한다. 그 뒤 다음과 같이 설치할 NPM 패키지 목록을 검토한다(가장 관련성 있는 패키지에 초점을 둔다).

```
npm init --yes
npm install @apollo/server@4.7.3 @contentpi/lib@1.0.10 @graphql-tools/
load-files@7.0.0 @graphql-tools/merge@9.0.0 @graphql-tools/schema@10.0.0
body-parser@1.20.2 cors@2.8.5 dotenv@16.1.4 express@4.18.2
graphqlmiddleware@6.1.34 graphql-tag@2.12.6 jsonwebtoken@9.0.0 pg@8.11.0
pghstore@2.3.4 pm2@5.3.0 sequelize@6.32.0 ts-node@10.9.1
npm install --save-dev prettier@2.8.8 ts-node-dev@2.0.0 typescript@5.1.3
eslint@8.42.0 @types/jsonwebtoken@9.0.2 @types/cors@2.8.13
```

나의 지난 책을 읽은 독자들 중 일부는 책을 쓴 시기 이후 패키지 버전 업데이트로 인해 특정 코드가 의도대로 작동하지 않는 문제를 만났다.

이 책의 코드가 올바르게 작동하도록 하기 위해 나는 내가 사용한 패키지의 특정 버전을 지정했다. 패키지의 최신 버전은 코드의 기능에 영향을 미칠 수 있는 파괴적인 변경 사항을 포함할 수 있으므로 문제를 피하려면 지정된 버전을 사용하는 것이 좋다.

package.json 파일에 있어야 하는 스크립트는 다음과 같다.

```
"scripts": {
  "dev": "ts-node-dev src/index.ts",
  "build": "rm -rf dist && tsc -p . --traceResolution",
  "lint": "eslint . --ext .js,.tsx,.ts",
  "lint:fix": "eslint . --fix --ext .js,.tsx,.ts",
  "test": "jest src"
}
```

다음 절에서는 환경변수를 구성할 것이다.

.env 파일 구성하기

.env 파일(또는 dotenv라고도 알려져 있다)은 애플리케이션의 환경변수를 지정하는 구성 파일이다. 일반적으로 개발, 스테이징 또는 프로덕션 환경에서 애플리케이션은 변경되지 않지만 보통 다른 구성이 필요하다. 주로 변경하는 변수는 기본 URL, API URL 또는 API 키이다.

실제 로그인 코드로 넘어가기 전에 .env(보통 이 파일은 .gitignore에서 무시된다)라는 파일을 생성해야 한다. 이 파일을 사용해 데이터베이스 연결 및 보안 비밀 정보와 같은 개인 데이터를 사용할 수 있다. 이미 .env.example이라는 파일이 저장소에 있으므로 그 파일의 이름을 변경하고 내부에 연결 데이터를 넣으면 된다. .env 파일은 다음과 같이 보일 것이다.

```
DB_DIALECT=postgres
DB_PORT=5432
DB_HOST=localhost
DB_DATABASE=<your-database>
DB_USERNAME=<your-username>
DB_PASSWORD=<your-password>
```

기본 config 파일 생성하기

이번 프로젝트에서는 /backend/config/config.json에 일부 보안 데이터를 저장하는 구성 파일을 만들어야 한다.

여기에서 서버 포트 및 일부 보안 정보 등의 기본 구성을 정의한다.

```json
{
  "server": {
    "port": 4000
  },
  "security": {
    "secretKey": "C0nt3ntP1",
    "expiresIn": "7d"
  }
}
```

다음으로 config 디렉터리에 index.ts 파일을 생성한다. 이렇게 하면 .env 파일에 정의한 모든 데이터베이스 연결 정보를 가져온 다음 $db, $security, $server라는 세 가지 구성 변수를 내보낼 것이다.

```
import dotenv from 'dotenv'
import config from './config.json'
dotenv.config()
type Db = {
  dialect: string
  host: string
  port: string
  database: string
  username: string
  password: string
}
type Security = {
  secretKey: string
  expiresIn: string
}
type Server = {
  port: number
}
const db: Db = {
  dialect: process.env.DB_DIALECT || '',
  port: process.env.DB_PORT || '',
  host: process.env.DB_HOST || '',
  database: process.env.DB_DATABASE || '',
  username: process.env.DB_USERNAME || '',
  password: process.env.DB_PASSWORD || ''
}
const { security, server } = config
export const $db: Db = db
export const $security: Security = security
export const $server: Server = server
```

.env 파일이 루트 디렉터리에 없거나 존재하지 않는 경우 모든 변수는 **Undefined**(정의되지 않은 상태)로 남게 된다.

파일을 구성하고 프로젝트의 보안 세부 정보를 확인한 후 프로젝트를 개선하기 위한 다음 단계는 Apollo 서버 사용 및 설정이다. 이 귀중한 도구는 서버와 클라이언트 간의 데이터

교환을 용이하게 관리하며 통신 프로세스를 최적화한다.

⁂ Apollo 서버 구성하기

Apollo 서버는 GraphQL을 사용하는 데 매우 인기 있는 오픈 소스 라이브러리로, 서버 및 클라이언트 모두에서 작동한다. 포괄적인 문서와 간단한 구현으로 많은 개발자에게 가장 좋은 선택이 돼 왔다. 직관적인 인터페이스와 유연한 아키텍처로 특정 요구 사항에 맞게 사용자를 정의하고 조정하기 쉽다. 강력한 기능과 안정적인 성능을 갖춘 Apollo 서버는 기존 코드베이스와 원활하게 통합되도록 보장한다. 경험이 풍부한 개발자이든 GraphQL에 처음 접하는 개발자이든 Apollo 서버는 프로젝트를 다음 단계로 이끌어 줄 강력한 도구이다.

다음 다이어그램은 Apollo 서버가 클라이언트와 서버에서 작동하는 방법을 설명한다.

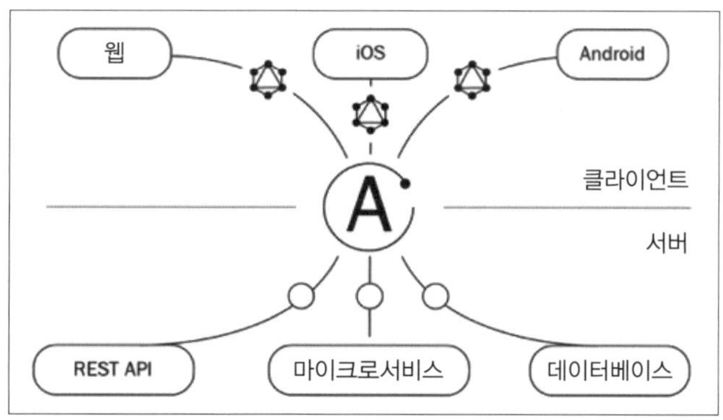

그림 13.2 Apollo 서버

Apollo 서버는 애플리케이션 또는 웹사이트와 관련된 데이터베이스 사이의 효율적인 통신을 가능하게 한다. GraphQL을 활용해 앱의 프론트엔드 부분이 한 번의 작업으로 백엔드에서 특정 데이터를 요청할 수 있게 하므로, 빠르고 원활한 데이터 교환을 가능하게 한다. 본질적으로 사용자 인터페이스와 데이터베이스 간의 효과적인 중개자 역할을 수행한다.

우리가 만든 설정에서는 Express를 사용해 Apollo 서버를 설정하고 Sequelize **객체 관계 매퍼**ORM, Objective Relational Mapper를 사용해 PostgreSQL 데이터베이스를 처리할 것이다. Apollo와의 시너지 효과 그리고 개발자에게 더 큰 자유를 제공하는 유연성으로 인해

Apollo 서버를 구성하는 데 Express를 선택하는 것이 일반적이다. Express.js는 다양한 크기의 애플리케이션, 작은 것부터 대규모 및 확장 가능한 것까지 적합한 가벼운 및 성능 최적화된 프레임워크이다. 또한 여기에 Apollo 서버를 설정하는 데 있어서 빠르고 효율적인 방법을 제공하는 것이 Express.js의 간결성이다. 따라서 필요한 구성 요소를 가져오는 것부터 시작하자.

필요한 파일은 /backend/src/index.ts에서 찾을 수 있다.

```ts
import { makeExecutableSchema } from '@graphql-tools/schema'
import { ApolloServer } from '@apollo/server'
import { expressMiddleware } from '@apollo/server/express4'
import { ApolloServerPluginDrainHttpServer } from '@apollo/server/plugin/
drainHttpServer'
import cors from 'cors'
import http from 'http'
import express from 'express'
import { applyMiddleware } from 'graphql-middleware'
import { json } from 'body-parser'
import { $server } from '../config'
import resolvers from './graphql/resolvers'
import typeDefs from './graphql/types'
import models from './models'
```

먼저 Express.js 애플리케이션과 cors를 설정하자.

```ts
const app = express()
const corsOptions = {
  origin: '*',
  credentials: true
}
app.use(cors(corsOptions))
app.use((req, res, next) => {
  res.header('Access-Control-Allow-Origin', '*')
  res.header(
    'Access-Control-Allow-Headers',
    'Origin, X-Requested-With, Content-Type, Accept'
  )
  next()
})
```

다음으로 applyMiidleware와 makeExecutableSchema를 사용해 스키마를 만든다. typeDrfs와 resolvers를 전달해야 한다.

```
// 스키마
const schema = applyMiddleware(
  makeExecutableSchema({
    typeDefs,
    resolvers
  })
)
```

다음으로 Apollo 서버의 인스턴스를 생성해야 한다. 인스턴스에 스키마와 플러그인을 전달한다.

```
// Apollo 서버
const apolloServer = new ApolloServer({
  schema,
  plugins: [ApolloServerPluginDrainHttpServer({ httpServer })]
})
```

마지막으로 Sequelize를 동기화해야 한다. 여기에서 옵셔널 변수(alter와 force)를 전달한다. force가 true이고 Sequelize 모델을 변경하는 경우, 이는 테이블과 그 값들을 삭제하고 테이블을 다시 만들도록 강제한다. force가 false이고 alter가 true이면 테이블 필드만 업데이트하고 값에는 영향을 미치지 않는다. 따라서 이 옵션의 경우 실수로 모든 데이터를 잃을 수 있으므로 조심해야 한다. 그 뒤 동기화 후 Apollo 서버를 실행해야 한다. Apollo 서버는 포트 4000($server.port)을 리스닝한다.

```
const main = async () => {
  const alter = true
  const force = false
  await apolloServer.start()
  await models.sequelize.sync({ alter, force })
  app.use(
    '/graphql',
    cors<cors.CorsRequest>(),
    json(),
```

```
    expressMiddleware(apolloServer, {
      context: async () => ({ models })
    })
  )
  await new Promise<void>((resolve) => httpServer.listen({
    port: $server.port
  }, resolve))
  console.log(`🚀 Server ready at http://localhost:${$server.port}/\graphql`)
}
main()
```

이 프로세스는 데이터베이스와 모델을 동기화하는 데 도움을 주며, 모델에 변경 사항이 자동으로 해당 테이블을 업데이트하는 것을 보장한다.

⠿ GraphQL 유형, 쿼리, 뮤테이션 정의하기

Apollo 서버를 생성했으므로 다음 단계는 GraphQL 타입을 만들어야 한다. Apollo와 같이 GraphQL 서버를 설정하는 과정에서 GraphQL 타입을 만드는 것은 매우 중요하다. 이 타입들은 여러분의 API로부터 반환되는 데이터가 믿을 만하며 기대하는 구조를 준수함을 보장한다. 이 타입들은 사용할 수 있는 데이터와 그 예상 포맷에 대한 유용한 참조와 같이 동작한다. 타입을 사용하면 애플리케이션이 필요한 데이터를 정확하게 요청할 수 있어 실행이 빨라지고 데이터 소비가 감소한다. 또한 타입은 데이터 일관성을 유지하는 데 도움을 줘 견고하고 이해하기 쉽고 효율적인 API를 만들 수 있다.

스칼라 타입

가장 먼저 스칼라^{scalar} 타입을 /backend/src/graphql/types/Scalar.ts에 정의한다.

```
import gql from 'graphql-tag'
export default gql`
  scalar UUID
  scalar Datetime
  scalar JSON
`
```

다음으로 User 타입을 생성한다(backend/src/graphql/types/User.ts).

```
import gql from 'graphql-tag'
export default gql`
  type User {
   id: UUID!
   username: String!
   email: String!
   password: String!
   role: String!
   active: Boolean!
   createdAt: Datetime!
   updatedAt: Datetime!
 }
`
```

앞에서 볼 수 있듯이 UUID, Datetime과 같은 스칼라 타입을 사용해 User 타입의 몇 가지 필드를 정의했다. 이 경우 GraphQL에서 타입을 정의할 때 type 키워드 다음에 타입 이름을 대문자로 작성해야 한다. 그런 다음 중괄호 {} 내부에서 필드를 정의할 수 있다.

GraphQL에는 String, Boolean, Float, Int와 같은 기본 데이터 타입이 있다. UUID, Datetime, JSON과 같은 사용자 정의 스칼라 타입을 정의할 수도 있으며, User 타입과 같은 사용자 정의 타입을 정의하고 그 타입의 배열 여부를 지정할 수도 있다. 예를 들어 [User]와 같이 지정할 수 있다.

NOTE

타입 끝의 ! 문자는 해당 필드가 널이 될 수 없음을 의미한다.

쿼리

GraphQL 쿼리는 데이터 저장소에서 값을 읽거나 가져오는 데 사용된다. 사용자 정의 타입을 정의하는 방법을 알았으므로 이제 Query 타입을 정의해본다. 여기에서는 getUsers 및 getUser를 정의할 것이다. 첫 번째는 사용자 목록을 가져오고, 두 번째는 특정 사용자의 데이터를 가져올 것이다.

```
type Query {
  getUser(at: String!): User!
  getUsers: [User!]
}
```

이 경우, getUsers 쿼리는 사용자 배열([User!])을 반환하고, at(액세스 토큰) 속성이 필요한 getUser 쿼리는 단일 User!를 반환한다. 여기에 추가하는 모든 쿼리는 나중에 리졸버resolver에서 정의해야 한다(다음 절에서 처리한다).

뮤테이션

뮤테이션mutation은 값을 작성하거나 게시하는 데 사용된다. 즉, 데이터 저장소에서 데이터를 수정하고 비교를 위해 값을 반환하려는 경우이다. 이는 REST의 POST, PUT, PATCH 또는 DELETE 작업과 유사하다. Mutation 타입은 Query 타입과 정확히 같은 방식으로 작동하며, 받을 인수 및 반환할 데이터를 지정해야 한다.

```
type Mutation {
  createUser(input: CreateUserInput): User!
  login(input: LoginInput): Token!
}
```

여기에서는 두 가지 뮤테이션을 정의했다. 첫 번째는 createUser로 데이터 저장소에서 새로운 사용자를 등록하거나 생성하는 데 사용되고, 두 번째는 로그인을 수행하는 데 사용한다. 아마도 두 가지 뮤테이션 모두 약간 다른 값(CreateUserInput 및 LoginInput)을 가진 입력 인수를 받는데. 이는 **입력 타입**이라 부르며 쿼리나 뮤테이션의 매개변수로 사용한다. 마지막으로 각각 User! 및 Token! 타입을 반환한다. 이제 이러한 입력을 정의하는 방법에 관해 살펴보자.

```
type Token {
  token: String!
}
input CreateUserInput {
  username: String!
  password: String!
  email: String!
```

```
    active: Boolean!
    role: String!
  }
input LoginInput {
  emailOrUsername: String!
  password: String!
  }
```

일반적으로 입력은 뮤테이션과 함께 사용하지만 쿼리에서도 사용할 수 있다.

타입 정의 병합하기

이제 모든 타입, 쿼리 및 뮤테이션을 정의했으므로 모든 GraphQL 파일을 병합해 Graph QL 스키마를 만들어야 한다. 스키마는 사실상 모든 GraphQL 정의를 포함하는 하나의 큰 파일이다.

이를 위해 다음 코드를 포함하는 **/backend/src/graphql/types/index.ts**라는 파일을 생성해야 한다.

```
import { mergeTypeDefs } from '@graphql-tools/merge'
import Scalar from './Scalar'
import User from './User'
export default mergeTypeDefs([Scalar, User])
```

타입 정의를 성공적으로 하나의 포괄적인 GraphQL 스키마로 병합했다면, 다음으로 중요한 단계는 리졸버를 생성하는 것이다. 리졸버는 GraphQL 스키마에서 정의한 필드에 해당하는 데이터를 가져오고 생성하는 역할을 하는 함수이다.

⁝⁝⁝ 리졸버 생성하기

리졸버는 GraphQL 스키마의 필드에 대한 데이터를 생성하는 역할을 하는 함수이다. 일반적으로 데이터를 원하는 방식으로 생성할 수 있으며 데이터베이스에서 데이터를 가져오거나 서드파티 API를 사용해 데이터를 생성할 수 있다.

사용자 리졸버를 만들려면 /backend/src/graphql/resolvers/user.ts라는 파일을 생성해야
한다. 리졸버가 어떤 모습인지 미리 구상해보자. 여기에서는 GraphQL 스키마에서 Query
및 Mutation 아래에 정의된 함수를 지정해야 하므로, 리졸버는 다음과 같이 보일 것이다.

```
export default {
  Query: {
    getUsers: () => {},
    getUser: () => {}
  },
  Mutation: {
    createUser: () => {},
    login: () => {}
  }
}
```

앞에서 볼 수 있듯이 Query와 Mutation이라 부르는 2개의 메인 노드와 하나의 객체를 반환
하고, GraphQL 스키마(User.ts 파일)에서 정의한 쿼리와 뮤테이션을 매핑했다. 물론 몇 가지
매개변수를 받고 데이터를 반환하기 위해서는 약간의 변경을 해야 한다. 그러나 나는 리졸
버의 기본적인 스켈레톤을 먼저 보여주고자 했다.

가장 먼저 파일에 몇 가지 임포트를 추가해야 한다.

```
import { doLogin, getUserBy } from '../../lib/auth'
import { getUserData } from '../../lib/jwt'
import { ICreateUserInput, IloginInput, Imodels, Itoken, Iuser } from
'../../types'
```

다음 절에서는 getUsers와 getUser 함수를 만든다.

getUsers 쿼리 생성하기

첫 번째 메서드는 getUsers 쿼리이다. 어떻게 정의해야 하는지 확인하자.

```
getUsers: (
  _: any,
```

```
    args: any,
    ctx: { models: Imodels }
  ): Iuser[] => ctx.models.User.findAll(),
```

모든 쿼리 또는 뮤테이션 메서드에서는 항상 4개의 매개변수를 받아야 한다.

- 부모(로 정의된다)

- 인자(args로 정의된다)

- 컨텍스트(ctx로 정의된다)

- 정보(옵셔널로 정의된다)

코드를 조금 더 단순화하고 싶다면 컨텍스트의 구조를 다음과 같이 변경할 수 있다.

```
getUsers: (
  _: any,
  args: any,
  { models }: { models: Imodels }
): Iuser[] => ctx.models.User.findAll(),
```

다음 리졸버 함수에서도 인수 구조를 변경할 것이다. 컨텍스트는 Apollo 서버 설정으로부
터 전달된다(이전에 이것을 수행했다).

```
// Apollo 서버
const apolloServer = new ApolloServer({
  schema,
  context: async () => ({
  models
  })
})
```

컨텍스트는 리졸버에서 전역적으로 무언가를 공유하기 위해 매우 중요하다.

getUser 쿼리 생성하기

이 함수는 async여야 한다. 이미 유효한 세션을 가진 사용자가 있는 경우와 같이 비동기 작업을 수행해야 하기 때문이다. 그런 다음 데이터베이스를 확인해 이 사용자가 실제 사용자인지 여부를 검증할 수 있다. 이렇게 하면 사용자가 쿠키를 수정하거나 어떤 형태의 삽입을 시도하는 것을 막을 수 있다. 연결된 사용자를 찾지 못하면 빈 데이터를 포함하는 사용자 객체를 반환한다.

```
getUser: async (
  _: any,
  { at }: { at: string },
  { models }: { models: IModels }
): Promise<any> => {
// 현재 연결된 사용자를 얻는다
  const connectedUser = await getUserData(at)
  if (connectedUser) {
    // 해당 사용자가 여전히 유효한지 검증한다
    const user = await getUserBy({
      id: connectedUser.id,
      email: connectedUser.email,
      active: connectedUser.active
    },
    [connectedUser.role],
    models
    )
    if (user) {
      return connectedUser
    }
  }
  return {
    id: '',
    username: '',
    password: '',
    email: '',
    role: '',
    active: false
  }
}
```

뮤테이션 생성하기

뮤테이션은 매우 단순하다. 단지 몇 가지 함수를 실행하고 입력 값을 전달해 모든 인자를 전달하면 된다(입력 값은 GraphQL 스키마로부터 온다). Mutation 노드의 형태는 다음과 같다.

```
Mutation: {
  createUser: (
    _: any,
    { input }: { input: ICreateUserInput },
    { models }: { models: IModels }
  ): IUser => models.User.create({ ...input }),
  login: (
    _: any,
    { input }: { input: ILoginInput },
    { models }: { models: IModels }
  ): Promise<IToken> => doLogin(input.email, input.password, models)
}
```

doLogin 함수에 email, password, models를 전달해야 한다.

리졸버 병합하기

타입 정의에서 그랬던 것처럼 @graphql-tools 패키지를 이용해 모든 리졸버를 병합해야 한다. /backend/src/graphql/resolvers/index.ts 파일을 다음과 같이 생성한다.

```
import { mergeResolvers } from '@graphql-tools/merge'
import user from './user'
const resolvers = mergeResolvers([user])
export default resolvers
```

이 파일은 모든 리졸버를 리졸버 배열로 병합한다.

리졸버가 병합돼 데이터를 가져오는 모든 함수를 일관된 구조로 통합했다면 다음 단계로 넘어가자. Sequelize는 복잡한 SQL 명령을 사용자 친화적인 자바스크립트로 변환해 애플리케이션과 다양한 데이터베이스 간의 상호 작용을 단순화하는 강력한 도구이다.

⁂ Sequelize ORM 사용하기

Sequelize는 Node.js의 인기 있는 ORM 라이브러리이다. 이를 사용하면 MySQL, Postgre SQL, SQLite 및 Microsoft SQL Server와 같은 데이터베이스와 상호 작용할 수 있으며, 기본 SQL 명령을 고수준의 사용자 친화적인 자바스크립트 객체와 메서드로 추상화한다.

Sequelize를 사용하면 원시 SQL 쿼리를 작성하지 않고도 레코드 생성, 업데이트, 삭제 및 쿼리와 같은 데이터베이스 작업을 수행할 수 있다. Sequelize는 데이터 모델을 정의하고 테이블에 매핑되는 속성, 데이터 유형 및 제약 조건을 포함해 데이터 모델을 정의하는 데 도움이 된다.

Sequelize ORM의 주요 기능은 다음과 같다.

- **모델 정의**: Sequelize를 사용하면 데이터베이스의 테이블에 매핑되는 속성, 데이터 유형 및 제약 조건을 포함해 모델을 정의할 수 있다.

- **어소시에이션**: 모델 간의 관계를 쉽게 정의할 수 있으며 이는 데이터베이스의 외래 키 제약 조건에 매핑된다.

- **쿼리**: Sequelize는 원시 SQL을 작성하지 않고도 데이터를 검색, 필터링, 정렬 및 페이지네이션pagination할 수 있는 강력한 쿼링 시스템을 제공한다.

- **트랜잭션**: 여러 데이터베이스 작업을 원자적으로 수행하기 위한 트랜잭션을 지원한다.

- **마이그레이션**: Sequelize는 시간에 따른 스키마 변경을 관리하고 데이터베이스 스키마를 애플리케이션 코드와 동기화하는 마이그레이션 시스템을 제공한다.

Sequelize에서 사용자 모델 생성하기

인증 함수를 살펴보기 전에 먼저 Sequelize에서 `User` 모델을 생성해야 한다. 이를 위해서는 `/backend/src/models/User.ts` 파일을 생성해야 한다. `User` 모델은 다음 필드를 갖는다.

- `id`

- `username`

- password

- email

- role

- active

다음 코드를 확인하자.

```
import { encrypt } from '@contentpi/lib'
import { IDataTypes, IUser } from '../types'
export default (sequelize: any, DataTypes: IDataTypes): IUser => {
  const User = sequelize.define('User', {
    id: {
      primaryKey: true,
      allowNull: false,
      type: DataTypes.UUID,
      defaultValue: DataTypes.UUIDV4()
    },
    username: {
      type: DataTypes.STRING,
      allowNull: false,
      unique: true,
      validate: {
        isAlphanumeric: {
          args: true,
          msg: 'The user just accepts alphanumeric characters'
        },
        len: {
          args: [4, 20],
          msg: 'The username must be from 4 to 20 characters'
        }
      }
    },
    password: {
      type: Datatypes.STRING,
      allowNull: false
    },
    email: {
      type: DataTypes.STRING,
      allowNull: false,
      unique: true,
```

```
        validate: {
          isEmail: {
            args: true,
            msg: 'Invalid email'
          }
        }
      },
      role: {
        type: DataTypes.STRING,
        allowNull: false,
        defaultValue: 'user'
      },
      active: {
        type: DataTypes.BOOLEAN,
        allowNull: false,
        defaultValue: false
      }
    },
    {
      hooks: {
        beforeCreate: (user: IUser): void => {
          user.password = encrypt(user.password)
        }
      }
    }
  )
  return User
}
```

코드에서 확인할 수 있듯이 beforeCreate라는 Sequelize 훅을 정의했다. 이 훅은 비밀번호
를 암호화한 뒤(sha1 사용) 데이터를 저장한다. 마지막으로 User 모델을 반환한다.

Sequelize를 PostgreSQL 데이터베이스에 연결하기

사용자 모델을 생성했으므로 Sequelize를 PostgreSQL 데이터베이스에 연결하고 모든 모
델을 하나로 모은다.

다음 코드를 /backend/src/models/index.ts 파일에 추가한다.

```
import { Sequelize } from 'sequelize'
import { $db } from '../../config'
import { IModels } from '../types'
// Db 연결
const { dialect, port, host, database, username, password } = $db
// 데이터베이스 연결하기
const uri =
`${dialect}://${username}:${password}@${host}:${port}/${database}`
const sequelize = new Sequelize(uri)
// 모델
const models: IModels = {
  User: require('./User').default(sequelize, Sequelize),
  sequelize
}
export default models
```

인증 함수

한 단계씩 모든 퍼즐 조각들을 맞춰 나가고 있다. 이제 JWT를 사용해 사용자가 연결돼 있는지 여부를 확인하고 사용자 데이터를 가져오는 데 사용할 인증 함수에 관해 살펴본다.

JWT는 RFC 7519(https://tools.ietf.org/html/rfc7519)에 따라 제공되는 공개된 표준이다. 이것은 JSON 개체로 정보를 파티 간에 전송하는 유용한 도구로 작용한다. JWT의 주요 장점 중 하나는 그들의 디지털 서명인데, 이는 그들을 쉽게 확인하고 신뢰할 수 있게 한다. 토큰은 HMAC 알고리듬과 비밀 또는 RSA 또는 ECDSA를 사용하는 공개 키 쌍을 사용해 서명되며, 안정성과 변조 불가능성을 보장한다. 이로써 JWT는 다양한 애플리케이션에서 신뢰성 있는 인증 및 권한 부여가 필요한 경우 신뢰할 수 있는 선택지가 된다.

JWT 함수 생성하기

JWT를 확인하고 사용자 데이터를 가져오는 데 도움이 되는 몇 가지 함수를 만들어본다. 이를 위해 jwtVerify, getUserData 그리고 createToken 함수를 만들어야 한다. /backend/src/lib/jwt.ts 파일을 다음과 같이 생성한다.

```typescript
import { encrypt, getBase64, setBase64 } from '@contentpi/lib'
import jwt from 'jsonwebtoken'
import { $security } from '../../config'
import { IUser } from '../types'
const { secretKey } = $security
export function jwtVerify(accessToken: string, cb: any): void {
  // accessToken과 secretKey를 사용해 JWT 토큰을 검증한다
  jwt.verify(accessToken, secretKey, (error: any, accessTokenData: any =
  {}) => {
    const { data: user } = accessTokenData
    // 에러가 발생하거나 사용자를 찾지 못하면 false를 반환한다
    if (error || !user) {
      return cb(false)
    }
    // 사용자 데이터는 Base64 기반이며 getBase64는 JSON 객체로 해당 정보를 가져온다
    const userData = getBase64(user)
    return cb(userData)
  })
}
export async function getUserData(accessToken: string): Promise<any> {
  // jwtVerify 프로미스를 해결해 사용자 데이터를 얻는다
  const UserPromise = new Promise((resolve) => jwtVerify(accessToken,
  (user: any) => resolve(user)))
  // 이것은 사용자 데이터 또는 false(사용자 데이터가 연결되지 않은 경우)를 얻는다
  const user = await UserPromise
  return user
}
export const createToken = async (user: IUser): Promise<string[]> => {
  // 사용자 데이터 추출하기
  const { id, username, password, email, role, active } = user
  // secretKey와 비밀번호를 조합해 비밀번호를 암호화한 뒤
  // base64로 변환한다
  const token = setBase64(`${encrypt($security.secretKey)}${password}`)
  // 여기에서 "token"은 비밀번호의 별칭이다
  const userData = {
    id,
    username,
    email,
    role,
    active,
    token
  }
  // JWT 토큰에 서명하고 해당 정보를 Base64로 저장한다
  const _createToken = jwt.sign({ data: setBase64(userData) }, $security.
```

```
    secretKey, {
      expiresIn: $security.expiresIn
    })
    return Promise.all([_createToken])
  }
```

jwt.sign을 사용해 새로운 JWT를 생성하고, jwt.verify를 사용해 JWT를 검증한다.

인증 함수 생성하기

JWT 함수를 생성했으므로 /backend/src/lib.auth.ts에 로그인에 도움을 줄 몇 가지 함수를 생성한다.

```
import { encrypt, isPasswordMatch } from '@contentpi/lib'
import { IToken, IModels, IUser } from '../types'
import { createToken } from './jwt'
export const getUserBy = async (where: any, models: IModels): Promise<IUser> => {
```

WHERE 조건절을 사용해 사용자를 찾는다.

```
const user = await models.User.findOne({
  where,
    raw: true
  })
  return user
}
export const doLogin = async (
  email: string,
  password: string,
  models: IModels
): Promise<IToken> => {
```

이메일로 사용자를 찾는다.

```
const user = await getUserBy({ email }, models)
```

사용자가 존재하지 않으면 Invalid Login을 반환한다.

```
if (!user) {
  throw new Error('Invalid Login')
}
```

암호화된 비밀번호가 user.password의 값과 같은지 검증한다.

```
const passwordMatch = isPasswordMatch(encrypt(password), user.password)
```

사용자가 활성 사용자인지 검증한다.

```
const isActive = user.active
```

비밀번호가 매치하지 않으면 Invalid Login을 반환한다.

```
if (!passwordMatch) {
  throw new Error('Invalid Login')
}
```

계정이 활성 계정이 아니면 에러를 반환한다.

```
if (!isActive) {
  throw new Error('Your account is not activated yet')
}
```

사용자가 존재하고, 비밀번호가 일치하고, 계정이 활성 계정이면 JWT를 생성한다.

```
const [token] = await createToken(user)
// 마지막으로 Graphql에 토큰을 반환한다
return {
  token
}
}
```

이메일을 통해 사용자가 존재하는지, 비밀번호가 올바른지, 계정이 활성 계정인지 검증한
뒤 JWT를 생성했다.

타입과 인터페이스 정의하기

마지막으로 모든 Sequelize 모델과 GraphQL 입력을 위한 타입과 인터페이스를 정의해야
한다. 다음과 같이 /backend/src/types/types.ts 파일을 생성한다.

```
export type User = {
  username: string
  password: string
  email: string
  role: string
  active: boolean
}
export type Sequelize = {
  _defaults?: any
  name?: string
  options?: any
  associate?: any
}
```

이제 다음과 같이 /backend/src/types/interfaces.ts에 인터페이스를 생성한다.

```
import { Sequelize, User } from './types'
export interface IDataTypes {
  UUID: string
  UUIDV4(): string
  STRING: string
  BOOLEAN: boolean
  TEXT: string
  INTEGER: number
  DATE: string
  FLOAT: number
}
export interface IUser extends User, Sequelize {
  id: string
  token?: string
  createdAt?: Date
```

```
  updatedAt?: Date
}
export interface ICreateUserInput extends User {}
export interface ILoginInput {
  email: string
  password: string
}
export interface IToken {
  token: string
}
export interface IModels {
  User: any
  sequelize: any
}
```

마지막으로 두 파일을 /backend/src/types/index.ts로 익스포트한다.

```
export * from './interfaces'
export * from './types'
```

더 많은 모델을 추가해야 한다면 해당 파일에 대한 타입과 인터페이스를 항상 추가해야 한다는 점을 기억하라.

마지막으로 루트 디렉터리에 tsconfig.json 파일을 생성해야 한다.

```
{
  "compilerOptions": {
    "baseUrl": "./src",
    "esModuleInterop": true,
    "module": "commonjs",
    "noImplicitAny": true,
    "outDir": "dist",
    "resolveJsonModule": true,
    "sourceMap": true,
    "target": "ESNext",
    "typeRoots": ["./src/@types", "./node_modules/@types"]
  },
  "include": ["src/**/*.ts"],
  "exclude": ["node_modules"]
}
```

다음 절에서는 프로젝트를 실행하고 테이블을 생성한다.

﹒ 처음으로 프로젝트 실행하기

다음으로 프로젝트를 처음 시작할 것이다. 모든 작업을 올바르게 수행했다면 사용자 테이블이 설정되고 Apollo 서버가 실행 중인 것을 볼 수 있을 것이다.

여기에서는 프로젝트를 시작하는 방법을 다룰 것이다. 그 뒤 GraphQL API를 사용하는 방법에 관해 살펴본다. 데이터를 검색할 수 있는 쿼리 테스트, 데이터를 수정할 수 있는 뮤테이션, 데이터의 정확성을 확인하는 유효성 검사에 대해 알아볼 것이다. 마지막으로 사용자 로그인 과정을 자세히 살펴본다. 그럼 시작해보자!

이전 절의 내용을 올바르게 따라 했고 `npm run dev` 명령을 실행했다면 사용자 테이블이 생성되고 Apollo 서버가 포트 4000에서 실행되는 것을 볼 수 있을 것이다.

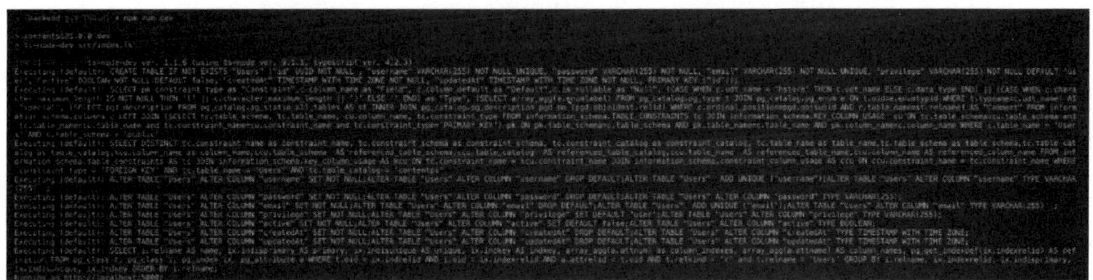

그림 13.3 처음으로 프로젝트 실행하기

이제 여러분이 사용자 모델의 "username" 필드를 "username2"로 수정하고자 한다고 가정하고, 어떤 일이 벌어질지 확인해보자.

```
[INFO] 23:45:16 Restarting: /Users/czantany/projects/React-Design-
Patterns-and-Best-Practices-Third-Edition/Chapter05/graphql/backend/src
/models/User.ts has been modified
Executing (default): CREATE TABLE IF NOT EXISTS "Users" ("id" UUID NOT
NULL , "username2" VARCHAR(255) NOT NULL UNIQUE, "password" VARCHAR(255)
NOT NULL, "email" VARCHAR(255) NOT NULL UNIQUE, "privilege" VARCHAR(255)
NOT NULL DEFAULT 'user', "active" BOOLEAN NOT NULL DEFAULT false,
"createdAt" TIMESTAMP WITH TIME ZONE NOT NULL, "updatedAt" TIMESTAMP WITH
```

```
TIME ZONE NOT NULL, PRIMARY KEY ("id"));
Executing (default): ALTER TABLE "public"."Users" ADD COLUMN "username2"
VARCHAR(255) NOT NULL UNIQUE;
Executing (default): ALTER TABLE "Users" ALTER COLUMN "password" SET NOT
NULL;ALTER TABLE "Users" ALTER COLUMN "password" DROP DEFAULT;ALTER TABLE
"Users" ALTER COLUMN "password" TYPE VARCHAR(255);
Executing (default): ALTER TABLE "Users" ALTER COLUMN "email" SET NOT NULL;
ALTER TABLE "Users" ALTER COLUMN "email" DROP DEFAULT;
ALTER TABLE "Users" ADD UNIQUE ("email");
ALTER TABLE "Users" ALTER COLUMN "email" TYPE VARCHAR(255);
Executing (default): ALTER TABLE "Users" ALTER COLUMN "privilege" SET NOT
NULL;ALTER TABLE "Users" ALTER COLUMN "privilege" SET DEFAULT 'user';ALTER
TABLE "Users" ALTER COLUMN "privilege" TYPE VARCHAR(255);
Executing (default): ALTER TABLE "Users" ALTER COLUMN "active" SET NOT
NULL;ALTER TABLE "Users" ALTER COLUMN "active" SET DEFAULT false;ALTER
TABLE "Users" ALTER COLUMN "active" TYPE BOOLEAN;
Executing (default): ALTER TABLE "Users" ALTER COLUMN "createdAt" SET NOT
NULL;ALTER TABLE "Users" ALTER COLUMN "createdAt" DROP DEFAULT;ALTER TABLE
"Users" ALTER COLUMN "createdAt" TYPE TIMESTAMP WITH TIME ZONE;
Running on http://localhost:4000/graphql
```

이것은 다음 SQL 쿼리를 실행할 것이다.

```
Executing (default): ALTER TABLE "public"."Users" ADD COLUMN "username2"
VARCHAR(255) NOT NULL UNIQUE;
Executing (default): ALTER TABLE "public"."Users" DROP COLUMN "username";
```

이제 여러분이 index.ts 파일의 force 상수를 true로 수정한다고 가정해보자. 다음과 같은
일이 발생할 것이다.

그림 13.4 DROP TABLE IF EXISTS

그림에서 볼 수 있듯이 force가 true이면 DROP TABLE IF EXISTS "Users" CASCADE;가 실행된
다. 이 명령은 여러분의 테이블과 값들을 완전히 삭제한 뒤, 테이블을 처음부터 다시 생성

340

한다. 그렇기 때문에 force 옵션을 사용할 때는 주의해야 한다.

이 시점에서 http://localhost:4000/graphql을 방문하면 다음과 같이 새로운 GraphQL 탐색기를 확인할 수 있다.

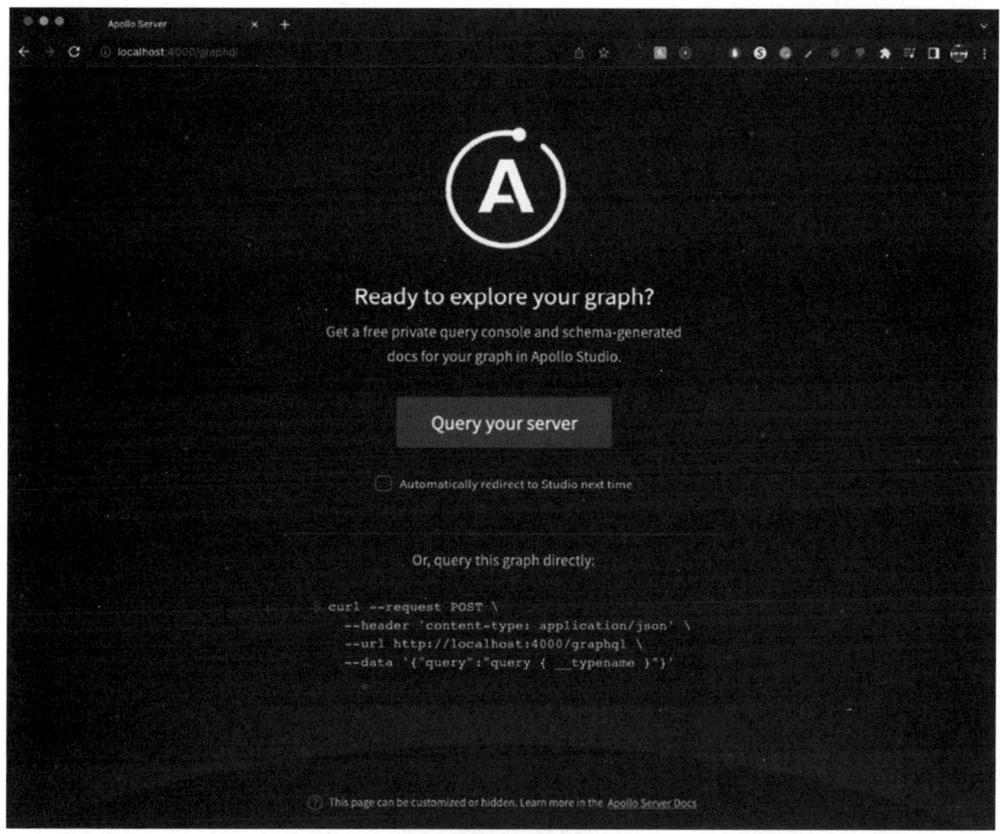

그림 13.5 GraphQL 편집기

Query your server 버튼을 클릭하면 쿼리와 뮤테이션을 테스트할 수 있다.

GraphQL 쿼리와 뮤테이션 테스팅하기

좋다! 이제 첫 번째 GraphQL 쿼리와 뮤테이션을 거의 실행할 수 있게 됐다. 여러분이 실행할 첫 번째 쿼리는 getUsers일 것이다. 다음은 쿼리를 실행할 올바른 구문이다.

```
query {
  getUsers {
    id
    username
    email
    role
  }
}
```

쿼리에 전달할 속성이 아무것도 없다면 query {...} 블록 아래 쿼리 이름만 지정한 뒤 쿼리를 실행할 때 가져올 필드만 지정하면 된다. 여기에서는 id, username, email, role 필드를 가져올 것이다.

이 쿼리를 실행하면서 빈 데이터 배열을 얻을 것이다. 아직 사용자를 등록하지 않았기 때문이다.

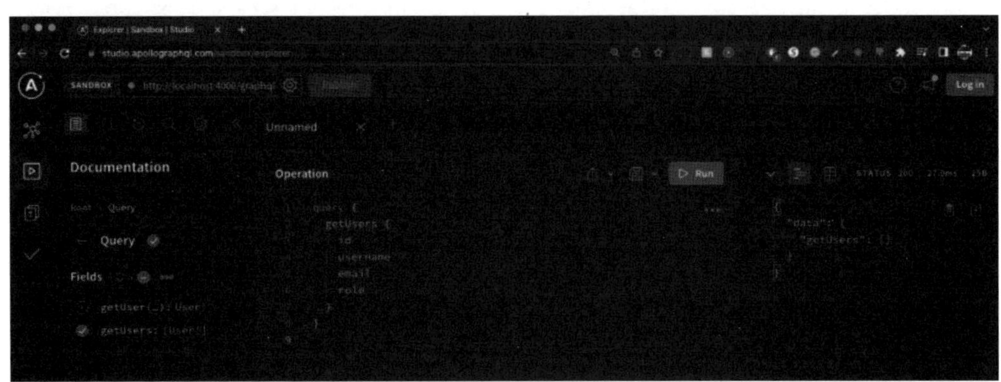

그림 13.6 getUsers 쿼리

이것은 첫 createUser mutation을 실행해 첫 번째 사용자를 생성해야 한다는 의미이다. 내가 GraphQL 탐색기를 좋아하는 점은 왼쪽 Schema 아이콘에서 모든 스키마 문서를 볼 수 있다는 점이다. **Schema** 아이콘을 클릭하면 모든 쿼리와 뮤테이션 목록을 확인할 수 있다.

Schema 아이콘을 클릭하고 createUser mutation을 선택해 무엇을 호출해야 하고 어떤 데이터가 반환되는지 확인하자.

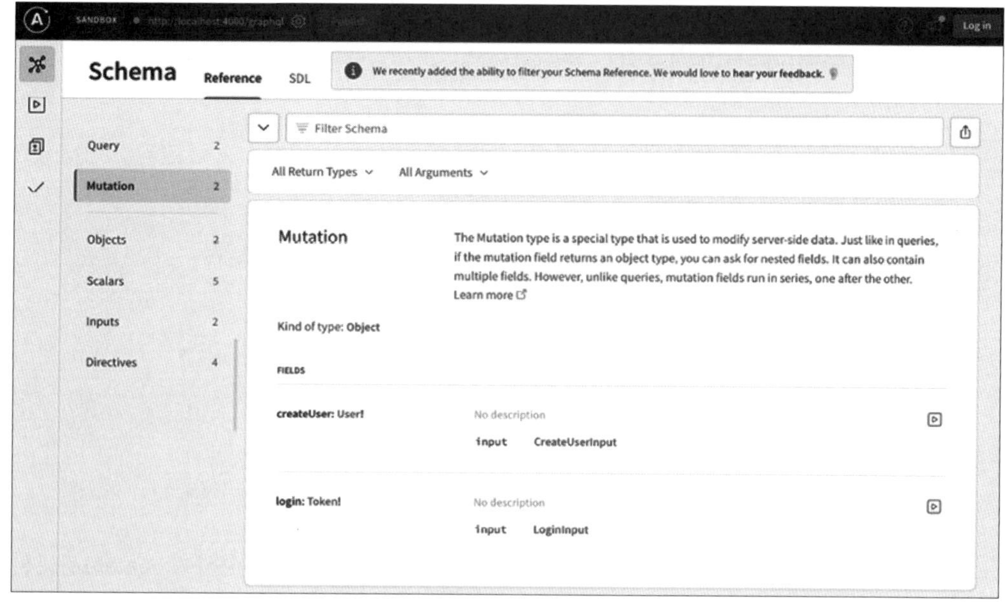

그림 13.7 스키마

그림에서 볼 수 있듯이 cureateUser mutation은 CreateUserInput 입력 인수가 필요하다. 해당 입력을 클릭하자.

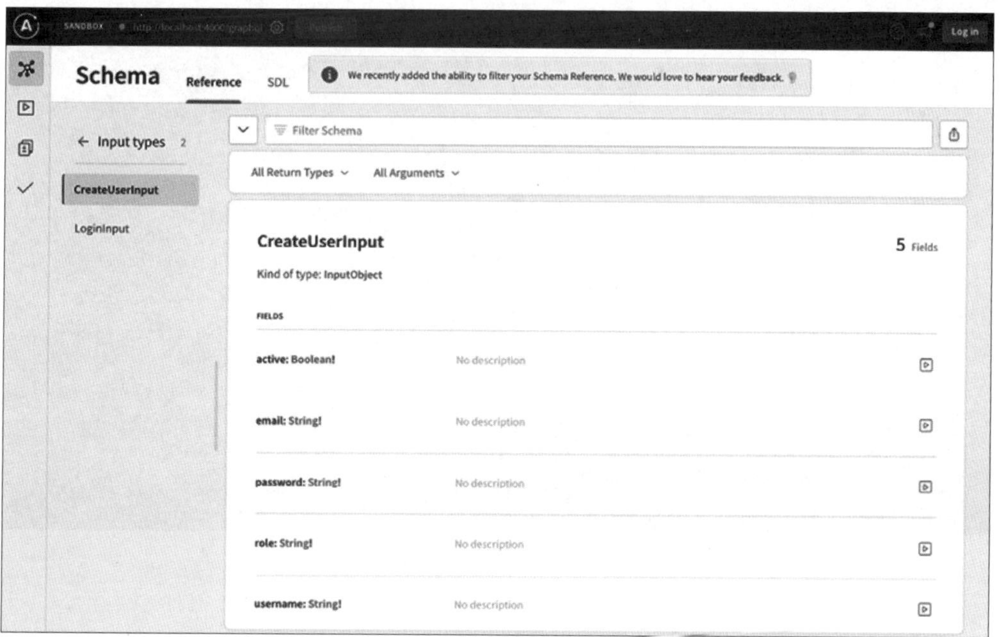

그림 13.8 CreateUserInput

멋지다! 이제 username, password, email, role, active 필드를 전달해야 새로운 사용자를 생성할 수 있음을 알았다. 그럼 사용자를 생성하자.

새로운 탭을 만들어 첫 번째 쿼리를 유지한 뒤 뮤테이션을 작성하자.

```
mutation($input: CreateUserInput) {
  createUser(input: $input) {
    id
    username
    email
    role
    active
  }
}
```

코드에서 볼 수 있듯이 뮤테이션은 mutation {...} 블록 안에 작성해야 하며 Variable 섹션에 반드시 입력 인수들을 객체로 전달해야 한다. 마지막으로 뮤테이션이 올바르게 실행됐을 때 가져올 필드를 지정해야만 한다. 모든 것이 잘 설정됐다면 다음과 같은 결과를 확인할 수 있을 것이다.

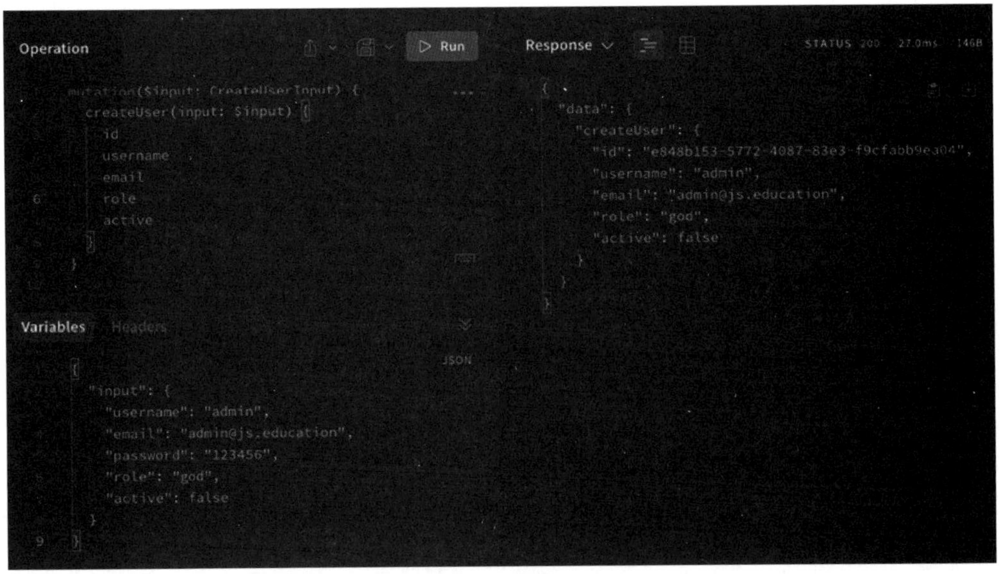

그림 13.9 CreateUser 뮤테이션

Apollo 서버를 실행하는 터미널을 확인한다면 사용자를 위해 수행한 SQL 쿼리를 볼 수 있을 것이다.

```
INSERT INTO "Users"
  ("id","username","password","email","role","active","createdAt","updatedAt")
  VALUES ($1,$2,$3,$4,$5,$6,$7,$8)
```

VALUES 변수는 Apollo 서버가 처리하므로 실제 값을 볼 수는 없다. 하지만 데이터베이스에서 어떤 조작이 실행되는지는 확인할 수 있다.

이제, 여러분의 첫 번째 쿼리(getUsers)로 돌아가 다시 실행해보자!

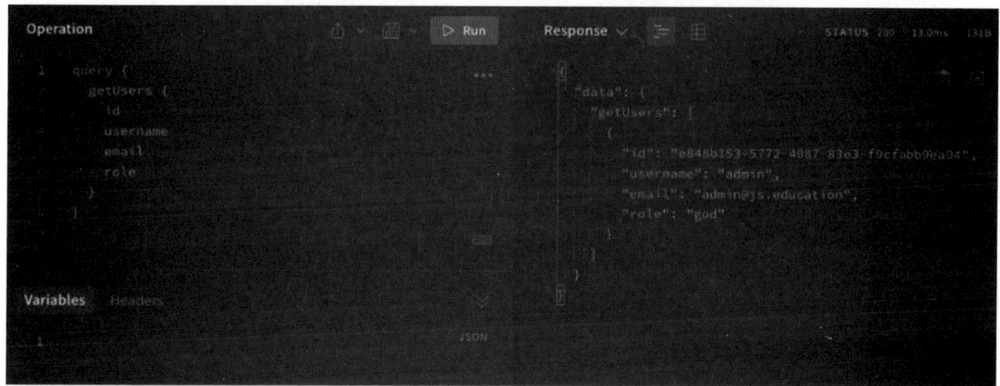

그림 13.10 getUsers 쿼리

좋다. 이것은 여러분의 GraphQL에서 올바르게 실행된 첫 번째 쿼리이자 뮤테이션이다. 데이터베이스에서 이 데이터를 보고 싶다면 OmniDB 또는 PgAdmin 4를 사용해 PostgreSQL 데이터베이스의 Users 테이블을 확인하면 된다.

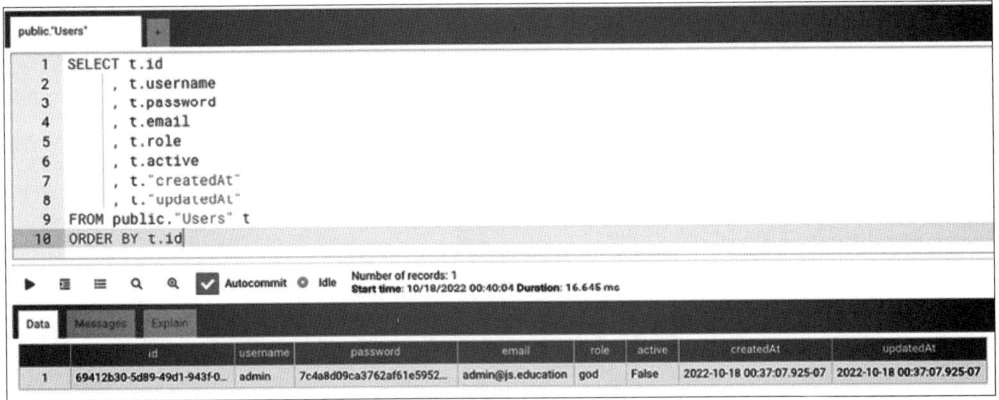

그림 13.11 Database 쿼리

그림에서 볼 수 있듯이 우리의 첫 번째 레코드는 고유한 id 필드(UUID)와 암호화된 비밀번호 필드(사용자 모델의 beforeCreate 훅을 기억하자)를 갖는다. 기본적으로 Sequelize는 createdAt과 updatedAt 필드를 생성한다.

모델 검증 테스트하기와 사용자 질의하기

사용자 모델에서 모든 유효성 검사가 잘 작동하는지 확인하려면 사용자 이름이 고유하고 이메일이 유효하며 동시에 고유한지 확인하면 된다. 동일한 뮤테이션을 다시 실행하면 된다.


```
{
  "errors": [
    {
      "message": "Validation error",
      "locations": [
        {
          "line": 2,
          "column": 3
        }
      ],
      "path": [
        "createUser"
      ],
      "extensions": {
        "code": "INTERNAL_SERVER_ERROR",
        "exception": {
          "name": "SequelizeUniqueConstraintError",
          "errors": [
            {
              "message": "username must be unique",
              "type": "unique violation",
              "path": "username",
              "value": "admin",
              "origin": "DB",
              "instance": {
                "id": "38fb8276-b872-40ce-a717-b00f55a0d78c",
                "username": "admin",
                "password": "7c4a8d09ca3762af61e59520943dc26494f8941b",
                "email": "admin@js.education",
                "active": false,
                "role": "god",
                "updatedAt": "2022-10-18T07:41:01.088Z",
                "createdAt": "2022-10-18T07:41:01.088Z"
              },
              "validatorKey": "not_unique",
              "validatorName": null,
              "validatorArgs": []
            }
          ],
```


그림 13.12 사용자 이름은 고유해야 한다

앞에서 볼 수 있듯이 이미 "admin" 사용자를 등록했기 때문에 "username must be unique" 오류 메시지를 얻게 된다. 이제 사용자 이름을 "admin2"로 변경하고 이메일은 그대로 유지 하자(admin@js.education).


```
{
  "errors": [
    {
      "message": "Validation error",
      "locations": [
        {
          "line": 2,
          "column": 3
        }
      ],
      "path": [
        "createUser"
      ],
      "extensions": {
        "code": "INTERNAL_SERVER_ERROR",
        "exception": {
          "name": "SequelizeUniqueConstraintError",
          "errors": [
            {
              "message": "email must be unique",
              "type": "unique violation",
              "path": "email",
              "value": "admin@js.education",
              "origin": "DB",
              "instance": {
                "id": "26a3c886-c14f-4992-960b-bb5103d5a20c",
                "username": "admin2",
                "password": "7c4a8d09ca3762af61e59520943dc26494f8941b",
                "email": "admin@js.education",
                "active": false,
                "role": "god",
                "updatedAt": "2022-10-18T07:42:00.657Z",
                "createdAt": "2022-10-18T07:42:00.657Z"
              },
              "validatorKey": "not_unique",
              "validatorName": null,
              "validatorArgs": []
            }
          ],
```


그림 13.13 이메일 주소는 고유해야 한다

이제 이메일에 대해 "email must be unique" 에러가 발생한다. 이메일을 admin@myfakedomain 과 같이 유효하지 않은 주소로 변경해보자.

```json
{
  "errors": [
    {
      "message": "Validation error: Invalid email",
      "locations": [
        {
          "line": 2,
          "column": 3
        }
      ],
      "path": [
        "createUser"
      ],
      "extensions": {
        "code": "INTERNAL_SERVER_ERROR",
        "exception": {
          "name": "SequelizeValidationError",
          "errors": [
            {
              "message": "Invalid email",
              "type": "Validation error",
              "path": "email",
              "value": "admin@myfakedomain",
              "origin": "FUNCTION",
              "instance": {
                "id": "8c6fce2a-790d-4c11-84f5-08ecc8e1e564",
                "username": "admin2",
                "password": "123456",
                "email": "admin@myfakedomain",
                "active": false,
                "role": "god",
                "updatedAt": "2022-10-18T07:42:52.494Z",
                "createdAt": "2022-10-18T07:42:52.494Z"
              },
```

그림 13.14 유효하지 않은 이메일

이제 "Invalid email" 에러 메시지가 표시된다. 정말 멋지지 않은가? 이제 유효성 검사와 장난은 그만두고 새로운 유효한 사용자(username: admin2 및 email: admin2@js.education)를 추가하자. 두 번째 사용자를 만든 후 다시 getUsers 쿼리를 실행하되, 이번에는 반환할 필드 목록에 active 필드를 추가하자.

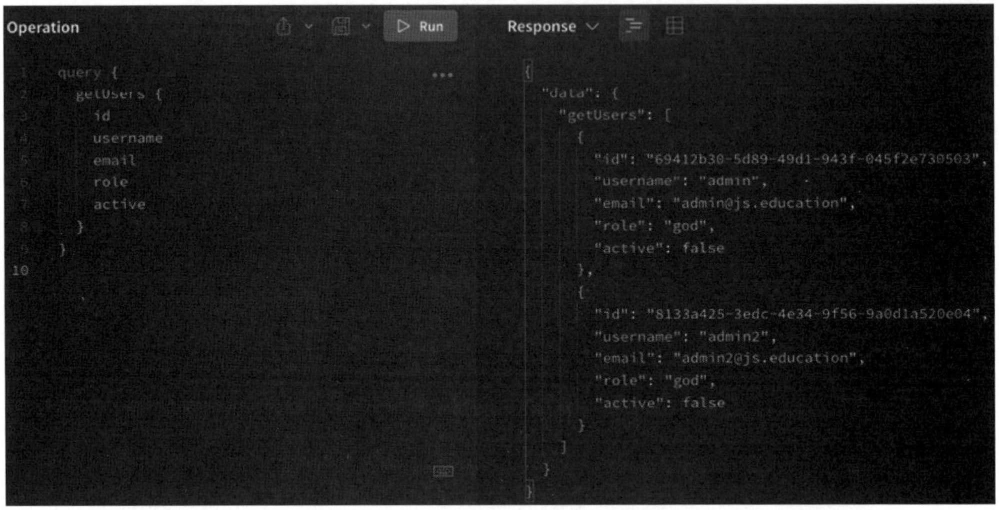

그림 13.15 getUsers 쿼리

이제 두 명의 사용자를 등록했다. 그리고 두 사용자 모두 비활성화된 계정이다(`"active"` = `false`).

내가 GraphQL을 좋아하는 이유 중 하나는 쿼리나 뮤테이션을 작성하다가 특정 필드를 기억하지 못할 때도 GraphQL이 항상 해당 쿼리 또는 뮤테이션에 사용 가능한 필드 목록을 표시한다는 점이다. 예를 들어 비밀번호에 대한 필드를 작성할 때 'p'만 입력하면 다음과 같이 사용 가능한 필드 목록을 표시해준다.

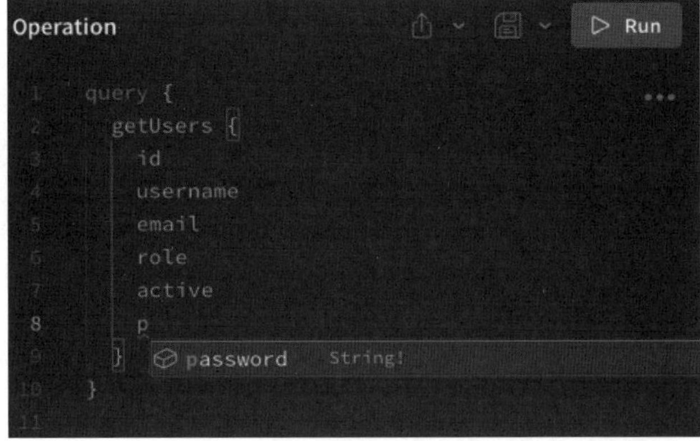

그림 13.16 자동 완성

이제 로그인을 시도해보자!

로그인 수행하기

여기까지 온 여러분께 축하를 전한다. 많은 내용을 다뤘고, 이제 거의 다 왔다! 여기에서는 GraphQL을 사용해 로그인을 시도한다(얼마나 멋진가?).

가장 먼저 로그인 뮤테이션을 작성해야 한다.

```
mutation($input: LoginInput) {
  login(input: $input) {
    token
  }
}
```

다음으로 이메일 주소 "fake@email.com"과 비밀번호 "123456"으로 로그인을 해야 한다. 이 이메일 주소와 비밀번호는 데이터베이스에 존재하지 않는다.

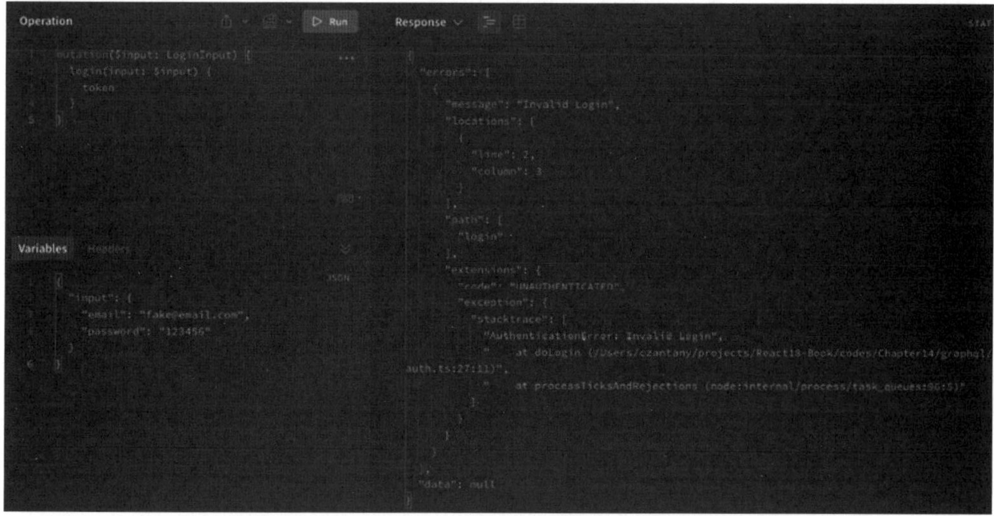

그림 13.17 존재하지 않는 로그인 정보를 이용한 유효하지 않은 로그인

이 이메일은 데이터베이스에 존재하지 않으므로 Invalid Login 에러 메시지가 반환된다. 이제 올바른 이메일과 잘못된 비밀번호를 추가하자.

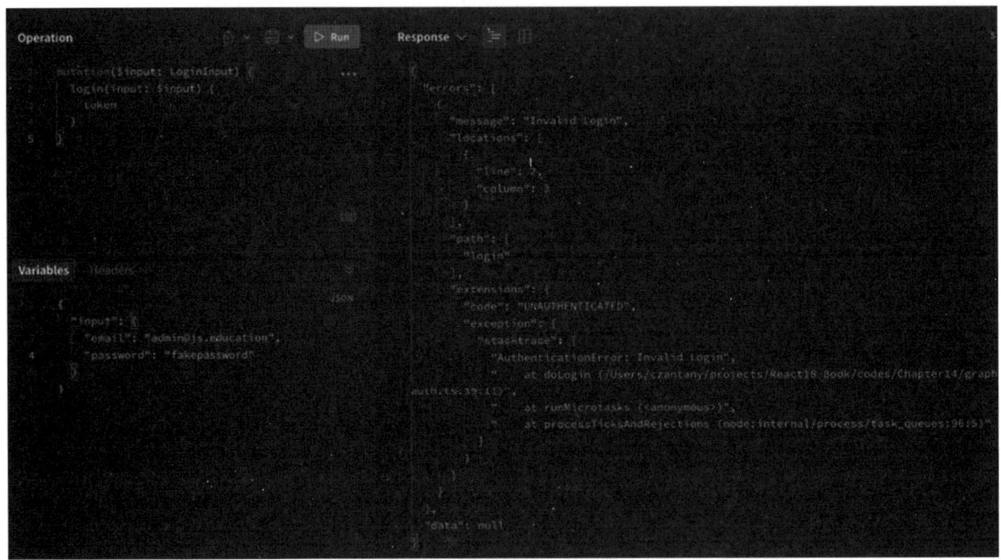

그림 13.18 올바른 이메일과 잘못된 비밀번호를 사용한 유효하지 않은 로그인

앞에서 볼 수 있듯이 동일한 에러(Invalid Login)가 발생한다. 이것은 우리가 잘못된 로그인에 관해 너무 많은 정보를 제공하지 않길 원하기 때문이다. 누군가가 여러분의 시스템에 대한 해킹을 시도할 수도 있다. Invalid password(잘못된 비밀번호입니다) 또는 Your email does not exist in our system(이메일이 시스템에 존재하지 않습니다)과 같은 에러 메시지는 공격자들에게 유용할 수 있는 추가 정보를 전달할 수 있다.

이제 올바른 사용자와 비밀번호(admin@js.education과 123456)를 사용해 로그인을 시도해보고 어떤 일이 벌어지는지 확인하자.

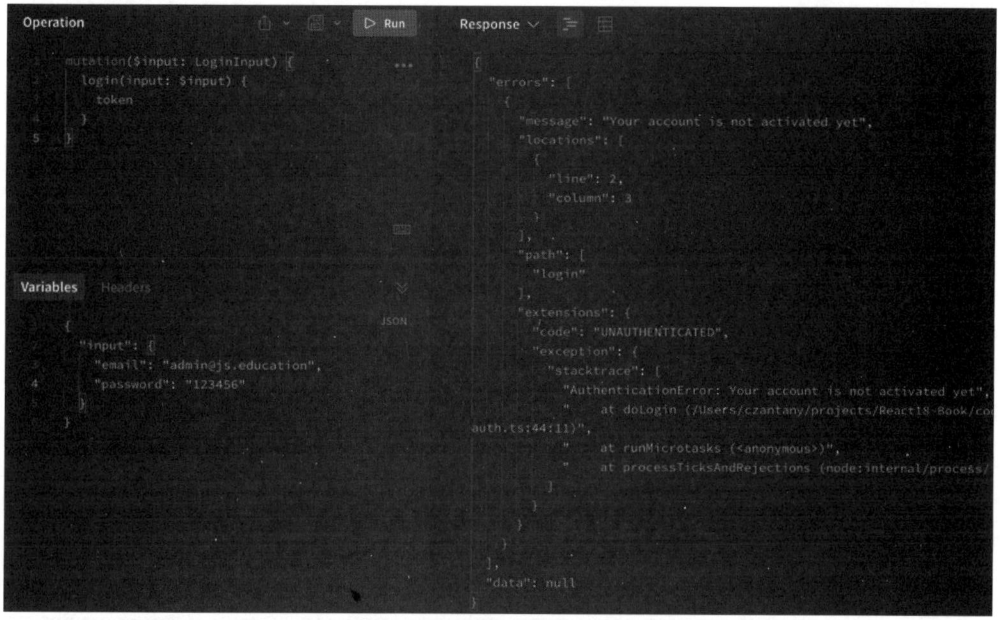

그림 13.19 계정이 아직 활성화되지 않았다

이제 **Your account is not activated yet**(계정이 아직 활성화되지 않았습니다) 에러가 발생한다. 해당 사용자는 아직 활성화돼 있지 않으므로 이 에러는 문제없다. 일반적으로 사용자가 시스템에 등록되면 사용자의 이메일로 링크를 보내 계정을 활성화하도록 해야 한다. 우리에겐 아직 해당 기능이 없지만 우리가 이미 사용자에게 이메일을 보냈고 사용자가 그 계정을 활성화했다고 가정하자. OnmiDB 또는 PgAdmin 4를 사용해 데이터베이스의 값을 수동으로 변경함으로써 이를 시뮬레이션할 수 있다.

UPDATE SQL 쿼리를 사용해 이를 수행할 수 있다.

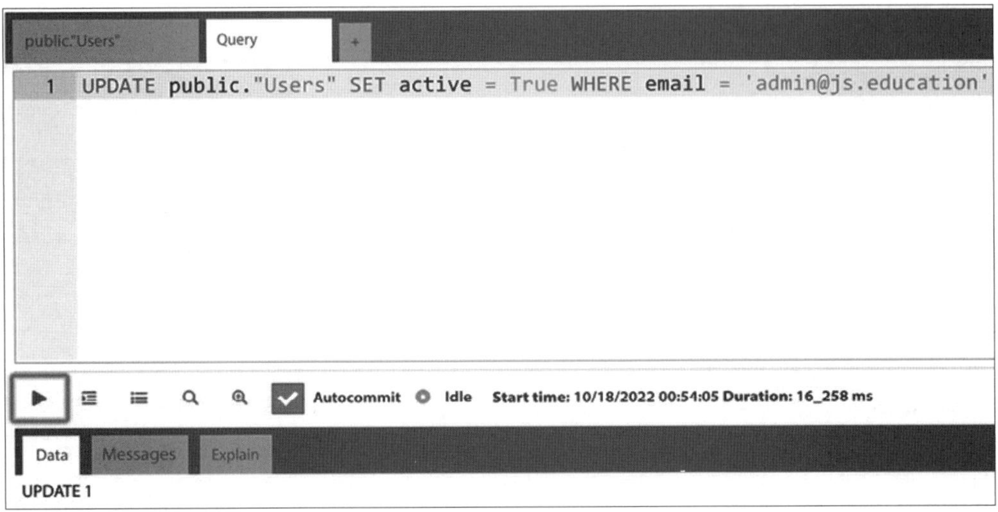

그림 13.20 UPDATE SQL 쿼리

이제 다시 로그인해보자!

그림 13.21 Login 토근

좋다. 로그인에 성공했다! 현재 여러분의 위치는 다음과 같을 것이다.

그림 13.22 익명

이제 로그인에 성공했고 JWT를 가져왔다. 거대한 문자열을 복사해 getUser 쿼리에 사용하자. 해당 사용자의 데이터를 가져왔는지 확인할 수 있다.

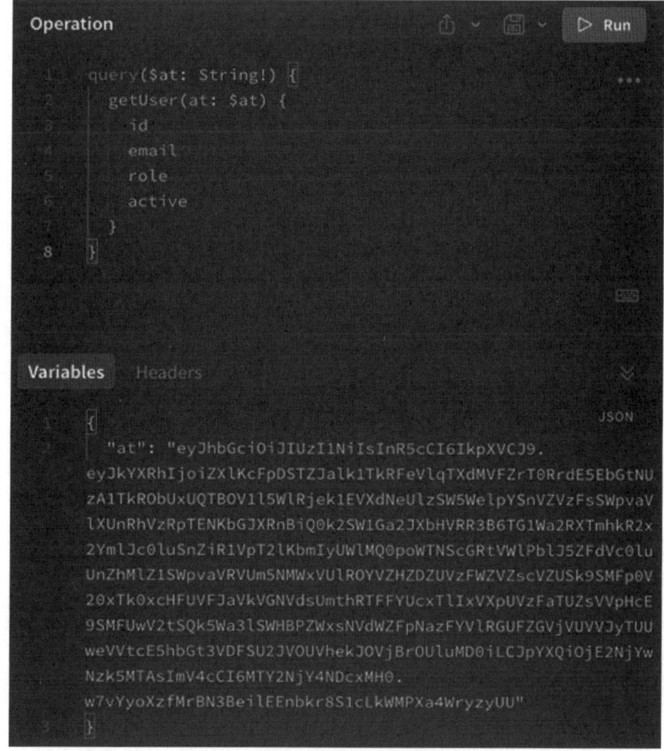

그림 13.23 Access 토큰

실행에 문제가 없다면 사용자 데이터를 얻을 수 있을 것이다.

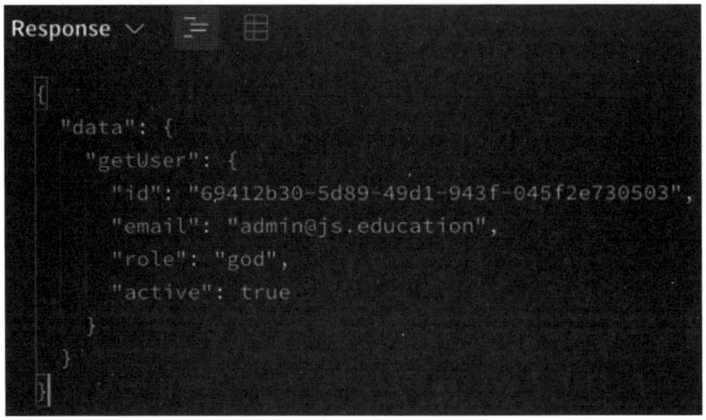

그림 13.24 getUser 데이터

문자열의 한 문자라도 변경하거나 삭제하면(즉, 토큰이 유효하지 않으면) 빈 사용자 데이터를 얻게 될 것이다.

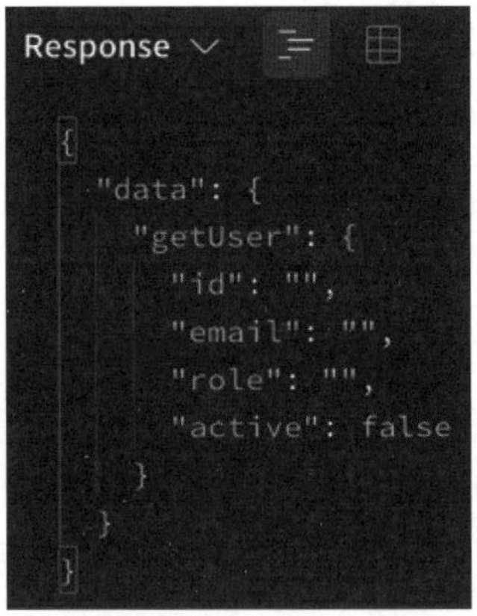

그림 13.25 빈 getUser 데이터

이제 로그인 시스템이 백엔드에서 완벽하게 동작한다. 이제 프론트엔드 애플리케이션에서 로그인을 구현할 시간이다. 다음 절에서 이를 구현한다.

⠿ Apollo 클라이언트를 사용해 프론트엔드 로그인 시스템 구현하기

이전 절에서는 Apollo 서버를 사용해 로그인을 위한 백엔드를 구현하고 GraphQL 쿼리와 뮤테이션을 생성하는 방법을 학습했다. 아마도 이렇게 생각할 수도 있다. 훌륭하다. 동작하는 백엔드를 가졌다. 그런데 이것을 프론트엔드에서는 어떻게 이용할 수 있을까? 여러분의 생각이 옳다. 나는 늘 시간이 다소 걸리더라도 전체 예제를 통해 기본적인 것들만 보여줄 뿐만 아니라 모든 것을 설명하는 것을 선호한다. 이제 시작해보자.

이번 절에서 사용한 예시 코드는 다음 깃허브 저장소(https://github.com/moseskim/React-18-Design-Patterns-and-Best-Practices-Fourth-Edition/tree/main/Chapter13/graphql/frontend)에서 다운로드할 수 있다.

웹팩 5 구성하기

vite 프로젝트를 사용하는 대신 웹팩 5와 Node.js를 이용해 처음부터 리액트 프로젝트를 구성할 것이다.

먼저 프론트엔드 디렉터리를 만들고 그 안에 필요한 모든 패키지들을 설치한다. 다음 명령어를 실행하자.

```
npm init --yes

npm install @apollo/client@3.7.0 @contentpi/lib@1.0.10 cookie-parser@1.4.6
cors@2.8.5 dotenv-webpack@8.0.1 express@4.18.2 jsonwebtoken@8.5.1 pm2@5.2.2
react@18.2.0 react-dom@18.2.0 react-cookie@4.1.1 react-routerdom@6.4.2
run-script-webpack-plugin@0.1.1 styled-components@5.3.6 typescript-plugin-
styled-components@2.0.0 webpack-node-externals@3.0.0

npm install --save-dev @babel/core@7.19.3 @babel/preset-env@7.19.4 @babel/
preset-react@7.18.6 @types/node@18.11.3 buffer@6.0.3 cross-env@7.0.3
crypto-browserify@3.12.0 dotenv@16.0.3 html-webpack-plugin@5.5.0 npmrun-
all@4.1.5 prettier@2.7.1 stream-browserify@3.0.0 ts-loader@9.4.1
ts-node@10.9.1 ts-node-dev@2.0.0 typescript@4.8.4 webpack@5.74.0
webpackcli@4.10.0 webpack-dev-server@4.11.1 webpackbar@5.0.2
```

buffer, crypto-browserify, 및 stream-browserify는 웹팩 4까지는 기본적으로 포함돼 있던 폴리필이다. 그러나 최신 버전인 웹팩 5에는 더 이상 포함되지 않으므로 다음과 같은 에러가 발생할 수 있다.

```
ERROR in ./node_modules/@contentpi/lib/dist/security/index.js 8:33-50
Module not found: Error: Can't resolve 'crypto' in '/Users/czantany/projects/React-Design-Patterns-and-Best-Practices-Third-Edition/Chapter05/graphql/frontend/node_modules/@contentpi/lib/dist/security'

BREAKING CHANGE: webpack < 5 used to include polyfills for node.js core modules by default.
This is no longer the case. Verify if you need this module and configure a polyfill for it.

If you want to include a polyfill, you need to:
    - add a fallback 'resolve.fallback: { "crypto": require.resolve("crypto-browserify") }'
    - install 'crypto-browserify'
If you don't want to include a polyfill, you can use an empty module like this:
    resolve.fallback: { "crypto": false }
```

그림 13.26 웹팩 버전 5 이전에서는 Node.js 코어 모듈을 위한 폴리필을 기본적으로 포함한다.

package.json 안에 다음 스크립트를 포함해야 한다.

```
"scripts": {
  "build": "npm-run-all clean build:production:*",
  "build:production:client": "webpack --env mode=production --env presets=client",
  "build:production:server": "webpack --env mode=production --env presets=server",
  "clean": "rm -rf dist",
  "dev": "cross-env DEBUG=server:* npm-run-all clean serve:dev",
  "analyze": "cross-env ANALYZE=true cross-env DEBUG=server:* npm-run-all clean serve:*",
  "start": "pm2 start apps.json",
  "stop": "pm2 stop apps.json",
  "restart": "pm2 restart apps.json",
  "serve:dev": "cross-env NODE_ENV=development ts-node ./src/server/devServer.ts",
  "webpack": "cross-env NODE_ENV=production webpack",
  "lint": "eslint . --ext .js,.tsx,.ts",
  "lint:fix": "eslint . --fix --ext .js,.tsx,.ts",
  "test": "jest src",
  "test:coverage": "jest src --coverage"
}
```

나는 웹팩 구성을 클라이언트용, 서버용, 개발용, 프로덕션용으로 쉽게 식별할 수 있도록 분할하는 것을 선호한다. 먼저 /frontend/webpack/presets 아래 프리셋 디렉터리를 만들자. 그 뒤 webpack.client.ts 파일을 생성하고 클라이언트 구성을 지정하자.

```typescript
import HtmlWebpackPlugin from 'html-webpack-plugin'
import { Configuration } from 'webpack'
import { BundleAnalyzerPlugin } from 'webpack-bundle-analyzer'
import WebpackBar from 'webpackbar'
const isAnalyze = Boolean(process.env.ANALYZE) // 이것은 번들 크기를 분석하기 위한
것이다
const webpackClientConfig: (args: { mode: string }) => Configuration = ({
mode }) => {
  const isProductionMode = mode === 'production'
  const title = 'My Website Title'
  const webpackConfig: Configuration = {
    entry: {
      main: './src/client/index.tsx' // 클라이언트 애플리케이션 엔트리
    },
    output: {
      publicPath: 'http://localhost:3001/' // webpack-dev-server용
    },
    plugins: [
      new HtmlWebpackPlugin({
        title,
        template: './src/client/index.html',
        filename: './index.html'
      }),
      new WebpackBar({
        name: 'client',
        color: '#2EA1F8'
      })
    ]
  }
  if (isProductionMode) {
    webpackConfig.output = {
      filename: '[name].js',
      chunkFilename: '[name].js',
      publicPath: '/'
    }
  }
  if (isAnalyze) {
    webpackConfig.plugins = [
      ...(webpackConfig.plugins || []),
      new BundleAnalyzerPlugin({
        analyzerPort: 9001
      })
    ]
  }
```

```
    return webpackConfig
}
export default webpackClientConfig
```

이것은 클라이언트 프리셋이다. 다음으로 /frontend/webpack/presets/webpack.server.ts에 서버 프리셋을 만든다.

```
import { resolve } from 'path'
import { RunScriptWebpackPlugin } from 'run-script-webpack-plugin'
import { Configuration, IgnorePlugin, optimize } from 'webpack'
import { BundleAnalyzerPlugin } from 'webpack-bundle-analyzer'
import nodeExternals from 'webpack-node-externals'
import WebpackBar from 'webpackbar'
const isAnalyze = Boolean(process.env.ANALYZE)
const webpackServerConfig: (args: { mode: string }) => Configuration = ({
mode }) => {
  const isDevelopment = mode === 'development'
  const webpackConfig: Configuration = {
    target: 'node', // 대상 노드는 서버용이다
    entry: './src/server/index.ts', // 서버 app을 위한 엔트리
    output: {
      libraryTarget: 'commonjs2',
      filename: 'server.js',
      path: resolve('dist')
    },
    externals: [nodeExternals()], // 모든 node_modules는 무시한다
    plugins: [
      new optimize.LimitChunkCountPlugin({
        maxChunks: 1
      }),
      new IgnorePlugin({
        resourceRegExp: /\.((sc|c)ss|jpe?g|png|gif|svg)$/i
      }),
      new WebpackBar({
        name: 'server',
        color: '#2EA1F8',
        profile: true,
        basic: false
      })
    ]
  }
  if (isDevelopment) {
```

```
      webpackConfig.watch = true
      if (webpackConfig.entry instanceof Array) {
        webpackConfig.entry.unshift('webpack/hot/poll?300') // HMR용
      }
      if (webpackConfig.plugins instanceof Array) {
        webpackConfig.plugins.push(
          new RunScriptWebpackPlugin({
            name: 'server.js',
            nodeArgs: ['--inspect']
          })
        )
      }
      webpackConfig.externals = [
        nodeExternals({
          allowlist: ['webpack/hot/poll?300']
        })
      ]
    }
    if (isAnalyze) {
      webpackConfig.plugins = [
        ...(webpackConfig.plugins || []),
        new BundleAnalyzerPlugin({
          analyzerPort: 9002
        })
      ]
    }
    return webpackConfig
  }
export default webpackServerConfig
```

이 프리셋을 만들었다면 이 프리셋을 다룰 loadPresets.ts 파일을 생성한다. 이 파일은
/frontend/webpack/loadPresets.ts에 위치한다.

```
import { Configuration } from 'webpack'
import { merge } from 'webpack-merge'
import { ConfigArgs } from './webpack.types'
const loadPresets: (mode: ConfigArgs) => Promise<Configuration> = async
(env) => {
  const presets: string[] = ([] as string[]).concat(...[env.presets])
  const webpackConfigs = await Promise.all(
    presets.map(async (presetName: string) => {
      try {
```

```
    // 동적으로 프리셋을 로딩
    const {default: webpackConfig} = await import(`./presets/
webpack.${presetName}`)
    return Promise.resolve(webpackConfig(env))
  } catch (err) {
    return Promise.resolve({})
  }
})
)
return merge({}, ...webpackConfigs)
}
export default loadPresets
```

클라이언트와 서버 프리셋 외에 몇 가지 구성 파일을 생성해야 한다. 개발용 파일 하나, 프로덕션용 파일 하나, 두 환경의 공통 구성을 포함한 파일 하나를 만든다. 먼저 공통 구성 파일을 /frontend/webpack/webpack.common.ts에 만든다.

```
import Dotenv from 'dotenv-webpack'
import { resolve } from 'path'
import createStyledComponentsTransformer from 'typescript-plugin-
styledcomponents'
import { Configuration } from 'webpack'
const styledComponentsTransformer = createStyledComponentsTransformer()
const webpackCommonConfig: () => Configuration = () => {
  const webpackConfig: Configuration = {
    output: {
      path: resolve('dist') // 출력은 기본적으로 dist 디렉터리가 된다
    },
    resolve: {
      extensions: ['.ts', '.tsx', '.js', '.jsx', '.json'],
      alias: {
        '~': resolve(__dirname, '../src') // src를 위한 별칭
      },
      fallback: {
        crypto: require.resolve('crypto-browserify'),
        buffer: require.resolve('buffer/'),
        stream: require.resolve('stream-browserify')
      }
    },
    optimization: { // 이것은 번들을 main.js (app)과 vendor.js (node_modules)로
나누기 위한 것이다
```

```javascript
      splitChunks: {
        cacheGroups: {
          default: false,
          commons: {
            test: /node_modules/,
            name: 'vendor',
            chunks: 'all'
          }
        }
      }
    },
    module: {
      rules: [
        {
          test: /\.(woff|woff2)$/, // 폰트 로딩용
          use: {
            loader: 'url-loader'
          }
        },
        {
          test: /\.(ts|tsx)$/, // 타입스크립트 파일 로딩용
          exclude: /node_modules/,
          use: [
            {
              loader: 'ts-loader',
              options: {
                transpileOnly: true,
                getCustomTransformers: () => ({
                  before: [styledComponentsTransformer]
                })
              }
            }
          ]
        }
      ]
    },
    plugins: [new Dotenv()] // 이것은 .env 변수를 웹팩으로 로딩한다
  }
  return webpackConfig
}
export default webpackCommonConfig
```

다음으로 개발용 구성을 /frontend/webpack/webpack.development.ts에 생성한다.

```
import { Configuration, HotModuleReplacementPlugin, NoEmitOnErrorsPlugin }
from 'webpack'
const webpackDevConfig: () => Configuration = () => {
  const webpackConfig: Configuration = {
    mode: 'development',
    devtool: 'source-map',
    output: {
      filename: '[name].js'
    },
    plugins: [new HotModuleReplacementPlugin(), new NoEmitOnErrorsPlugin()]
  }
  return webpackConfig
}
export default webpackDevConfig
```

개발용 파일에서 볼 수 있듯이 **HMR**용 HotModuleReplacementPlugin을 포함해서 무언가 변경될 때마다 사이트를 다시 로드한다. 다음으로 프로덕션용 구성 파일을 /frontend/webpack/webpack.production.ts에 만든다.

```
import { Configuration } from 'webpack'
const webpackProdConfig: (args: { presets: string[] }) => Configuration = () => {
  const webpackConfig: Configuration = {
    mode: 'production' // By default this mode minifies all code
  }
  return webpackConfig
}
export default webpackProdConfig
```

마지막으로 웹팩 타입 파일 /frontend/webpack/webpack.types.ts를 생성한다.

이들은 웹팩용으로 사용할 타입스크립트 파일이다.

```
export type WebpackMode = 'production' | 'development'
export type ConfigArgs = {
  mode: WebpackMode
  presets: string[]
}
```

이 시점에서 `index.html` 파일을 만들어야 한다. 이 파일은 `/frontend/src/client/index.html`에 위치한다. 이 파일은 `HtmlWebpackPlugin`이 처리하는 초기 HTML 파일이다.

```html
<!DOCTYPE html>
<html>
<head>
<meta charset="UTF-8" />
  <title><%= htmlWebpackPlugin.options.title %></title>
</head>
<body>
  <div id="root"></div>
</body>
</html>
```

다음 절에서 타입스크립트를 구성한다.

타입스크립트 구성하기

타입스크립트는 주로 웹 애플리케이션 작성에 사용되는 자바스크립트의 특별한 버전이다. 타입스크립트의 흥미로운 점은 코드의 조기에 실수를 식별함으로써 잠재적으로 상당한 시간을 줄여준다는 점이다. 이것은 대규모 프로젝트에서 작업할 때 특히 가치를 제공한다. 그래서 우리는 프로젝트에서 타입스크립트를 활용할 것이다. 그러면 타입스크립트 설정 단계에 관해 살펴보자.

`tsconfig.json` 파일의 형태는 다음과 같다.

```json
{
  "compilerOptions": {
    "sourceMap": true,
    "target": "ESNext",
    "lib": ["dom", "dom.iterable", "esnext"],
    "allowJs": true,
    "skipLibCheck": true,
    "esModuleInterop": true,
    "allowSyntheticDefaultImports": true,
    "strict": true,
    "forceConsistentCasingInFileNames": true,
    "noFallthroughCasesInSwitch": true,
```

```json
    "module": "commonjs",
    "moduleResolution": "node",
    "resolveJsonModule": true,
    "isolatedModules": true,
    "noEmit": true,
    "jsx": "react-jsx",
    "noImplicitAny": false,
    "paths": {
      "~/*": ["./src/*"]
    }
  },
  "include": ["src"],
  "exclude": ["node_modules", "**/*.test.tsx"]
}
```

이제 Express 서버를 구성하는 방법에 관해 학습하자.

Express 서버 구성하기

우리가 만드는 애플리케이션은 Express 서버를 사용해서 검증을 수행한다. 이를 활용하면 사용자가 연결돼 있는지(이후 설명할 커스텀 미들웨어를 사용한다) 확인할 수 있고 Express 세션을 구성할 수 있다. 우리 사이트에는 크게 4개의 라우트를 제공한다.

- /: 홈페이지이다(리액트에서 처리한다).

- /dashboard: 대시보드 페이지이며 보호돼 있다. god 혹은 admin 권한을 가진 사용자에게만 허용된다(Express가 먼저 처리하고 다음으로 리액트가 처리한다).

- /login: 로그인 페이지이다(리액트에서 처리한다).

- /logout: 기존 세션을 삭제한다(Express에서 처리한다).

서버 코드를 확인해보자. 다음 파일은 /frontend/src/server.ts에 위치한다. 이 파일은 Express 애플리케이션을 생성하고 리액트 애플리케이션을 실행하기 위한 것이다.

```typescript
import cookieParser from 'cookie-parser'
import cors from 'cors'
```

```typescript
import express, { Application, Request, Response } from 'express'
import { resolve } from 'path'
import * as config from '../config'
import html from './html'
import { isConnected } from './lib/middlewares/user'
// Express 애플리케이션
const app: Application = express()
const distDir = resolve('dist')
const staticDir = resolve('src', 'static')
// 미들웨어
app.use(express.json())
app.use(express.urlencoded({ extended: true }))
app.use(cookieParser(config.security.secretKey))
app.use(cors({ credentials: true, origin: true }))
// 정적 디렉터리
app.use(express.static(distDir))
app.use(express.static(staticDir))
// 라우트
app.get('/login', isConnected(false), (req: Request, res: Response) => {
  res.send(html({ title: 'My Website' }))
})
app.get(`/logout`, (req: Request, res: Response) => {
  const redirect: any = req.query.redirectTo || '/'
  res.clearCookie('at')
  res.redirect(redirect)
})
app.get('*', (req: Request, res: Response) => {
  res.send(html({ title: 'My Website' }))
})
export default app
```

앞에서 볼 수 있듯이 dashboard 라우트는 isConnected 미들웨어로 보호한다. 여기에서 login 라우트에 연결돼 있지 않은 사용자만 받아들이도록 검증한다.

프론트엔드 구성 생성하기

이제 프론트엔드 구성을 생성해야 한다. 구성은 /frontend/src/config.ts에 생성한다. 이 파일은 우리가 GraphQL 포트와 서버를 관리하고, 시크릿 키 및 기한 만료 옵션과 같은 보안 구성을 통합하도록 지원한다.

```typescript
// 타입
type API = {
  uri: string
}
type Security = {
  secretKey: string
  expiresIn: string
}
// 환경 구성
export const isProduction: boolean = process.env.NODE_ENV === 'production'
export const isDevelopment: boolean = process.env.NODE_ENV !==
'production'
// 서버 구성
const devUrl = 'localhost'
const prodUrl = 'localhost' // 여러분의 프로덕션 url로 변경한다
export const PORT: number = Number(process.env.PORT) || 3000
export const DEV_SERVER_PORT = 3001
export const GRAPHQL_PORT = 4000
export const GRAPHQL_SERVER = isDevelopment ? devUrl : prodUrl
// 경로 구성
export const domain: string = devUrl
export const baseUrl: string = isProduction
  ? `https://${domain}:${PORT}`
  : `http://${domain}:${PORT}` // 실제 프러덕션에서는 포트를 제거한다
export const publicPath: string = isProduction
  ? ''
  : `http://${domain}:${DEV_SERVER_PORT}/`
// API 구성
export const api: API = {
  uri: `http://${GRAPHQL_SERVER}:${GRAPHQL_PORT}/graphql`
}
// 보안 구성
export const security: Security = {
  secretKey: process.env.SECURITY_SECRET_KEY || '',
  expiresIn: '7d'
}
```

다음으로 사용자가 호출하는 미들웨어와 jwt 함수를 생성해 사용자가 연결돼 있고 올바른
권한을 가지고 있는지 검증한다.

사용자 미들웨어 생성하기

웹 개발에서 미들웨어는 요청 객체^{req}, 응답 객체^{res}, 애플리케이션의 요청–응답 사이클에서 next 함수에 접근할 수 있는 함수이다. next 함수는 Express 라우터 안의 함수로, 호출되면 현대 미들웨어에 이은 미들웨어를 실행한다. 이것은 함수의 연결^{chain}을 생성하며, 각 연결은 특정한 태스크를 수행하거나 필요에 따라 요청 및 응답 객체를 수정한다. 미들웨어를 활용함으로써 코드와 복잡한 프로세스를 단순화할 수 있다.

다음 다이어그램은 미들웨어의 흐름을 시각적으로 나타낸 것이다.

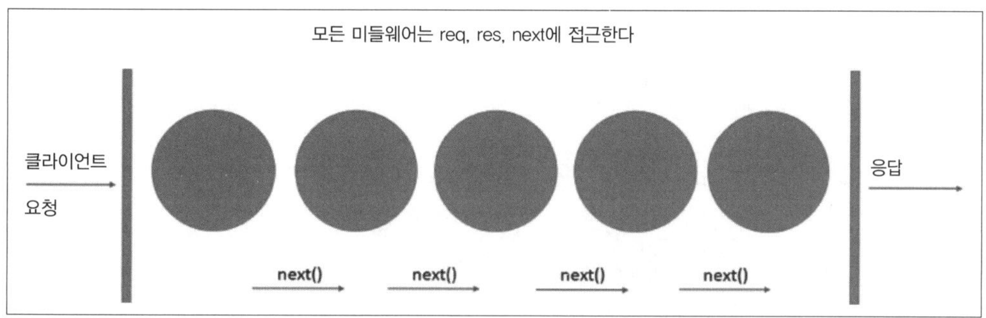

그림 13.27 미들웨어 플로우의 시각적 표현

우리 예시에서는 isConnected 미들웨어를 만들어 사용자가 연결돼 있고 올바른 권한을 가졌는지 검증한다. 사용자가 유효하지 않으면 흐름을 끊고 사용자를 로그인 페이지로 되돌려 보낸다. 사용자가 유효하면 미들웨어의 다음 조각을 실행해 리액트 애플리케이션을 렌더링한다. 다음 다이어그램은 이 프로세스를 나타낸 것이다.

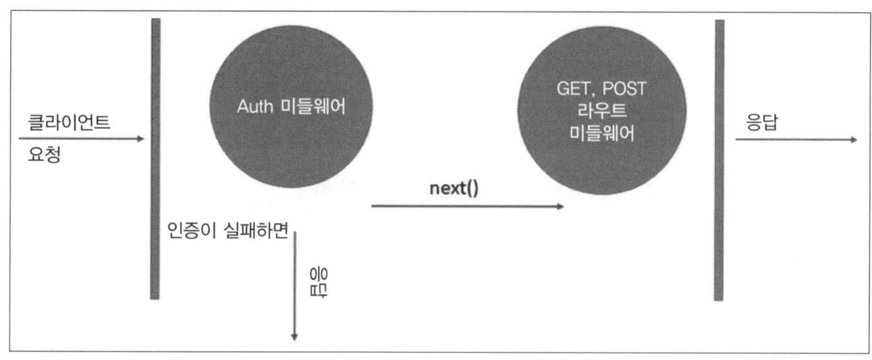

그림 13.28 Auth 미들웨어

이론적인 부분을 코드에 적용해보자. 이 파일은 /frontend/src/server/lib/middlewares/user.ts에 존재해야 한다.

```typescript
import { NextFunction, Request, Response } from 'express'
import { getUserData } from '../jwt'
export const isConnected = (isLogged = true, roles = ['user'], redirectTo
= '/') =>
  async (req: Request, res: Response, next: NextFunction): Promise<void> => {
    const user = await getUserData(req.cookies.at)
    if (!user && !isLogged) {
      return next()
    }
    if (user && isLogged) {
      if (roles.includes('god') && roles.role === 'god') {
        return next()
      }
      if (roles.includes('admin') && user.role === 'admin') {
        return next()
      }
      if (roles.includes('user') && user.role === 'user') {
        return next()
      }
      res.redirect(redirectTo)
    } else {
      res.redirect(redirectTo)
    }
  }
```

기본적으로 이 미들웨어를 사용해 해당 사용자가 연결돼 있는지(isLogged = true) 아니면 검증하기 원하는지 제어할 수 있다. 그 뒤 특정한 역할(roles = ['god', 'admin'])을 검증할 수 있고 사용자가 연결돼 있지 않거나 적절한 역할을 갖지 않으면 리다이렉트시킬 수 있다(redirectTo = '/').

코드에서 볼 수 있듯이 jwt의 getUserData 함수를 사용하고 있다. 다음 절에서 jwt 함수를 생성한다.

JWT 함수 생성하기

앞서 백엔드 코드에 관해 설명할 때 JWT에 관해 언급했다. 프론트엔드에서는 그 함수들을 사용해 토큰을 검증하고 사용자 데이터를 얻는다. 다음 코드를 /frontend/src/server/lib/jwt.ts에 작성하자.

```
import { getBase64 } from '@contentpi/lib'
import jwt from 'jsonwebtoken'
import * as config from '~/config'
const { security: { secretKey } } = config
export function jwtVerify(accessToken: string, cb: any) {
  jwt.verify(accessToken, secretKey, (error: any, accessTokenData: any = {}) => {
    const { data: user } = accessTokenData
    if (error || !user) {
      return cb(null)
    }
    const userData = getBase64(user)
    return cb(userData)
  })
}
export async function getUserData(accessToken: string): Promise<any> {
  const UserPromise = new Promise(
    (resolve) => jwtVerify(accessToken, (user: any) => resolve(user))
  )
  const user = await UserPromise
  return user
}
```

여기에서 볼 수 있듯이 getUserData 함수는 accessToken을 사용해 데이터를 얻는다. access Token은 쿠키로부터 가져온다.

JWT는 보안상 유효해야 하며 사용자의 신원이 증명됐음을 보장해야 한다. 서버는 이 토큰을 사용자가 요청을 보낼 때마다 검증한다. 토큰이 유효하지 않으면 서버는 사용자의 요청을 수행하지 않는다. 추가로 토큰은 사용자 정보를 보호하는 데 도움을 준다. 서버의 관여 없이는 변경될 수 없기 때문이다. 무엇보다 이 토큰들은 만료 시간을 가지고 있으며, 만료 시간이 지나면 사용자는 다시 로그인해야 한다. 이를 통해 인증되지 않은 개인이 훔친 토큰을 사용해 사용자 행세를 하지 못하게 한다. 따라서 JWT의 유효성을 보장하는 것은 대단히 중요하다.

GraphQL 쿼리와 뮤테이션 생성하기

이미 백엔드 프로젝트에서 필요한 쿼리와 뮤테이션을 생성했다. 하지만 이 시점에서는 프론트엔드 프로젝트에서 그것들을 실행하는 파일을 생성해야 한다. 이제 `getUserData` 쿼리와 로그인 뮤테이션을 정의해 프론트엔드에서의 로그인을 수행해야 한다.

`getUser` 쿼리를 `/frontend/src/client/graphql/user/getUser.query.ts`에 생성하자.

```ts
import { gql } from '@apollo/client'
  export default gql`
  query getUser($at: String!) {
    getUser(at: $at) {
      id
      email
      username
      role
      active
    }
  }
`
```

로그인 뮤테이션은 `/frontend/src/graphql/user/login.mutation.ts`에 위치한다.

```ts
import { gql } from '@apollo/client'
export default gql`
  mutation login($email: String!, $password: String!) {
    login(input: { email: $email, password: $password }) {
      token
    }
  }
`
```

쿼리와 뮤테이션을 정의했으므로, 사용자 컨텍스트를 만들고 이들을 사용하자.

로그인 및 연결된 사용자를 처리하기 위한 사용자 컨텍스트 생성하기

사용자 컨텍스트 안에 로그인 메서드를 갖는다. 이 메서드는 뮤테이션을 실행하고 이메일과 비밀번호가 올바른지 검증한다. 또한 사용자 데이터를 익스포트한다.

이 컨텍스트를 /frontend/src/client/contexts/user.tsx에 생성한다.

```
import { useMutation, useQuery } from '@apollo/client'
import { getGraphQlError, redirectTo } from '@contentpi/lib'
import { createContext, FC, ReactElement, useEffect, useState } from 'react'
import { useCookies } from 'react-cookie'
import GET_USER_QUERY from '../graphql/user/getUser.query'
import LOGIN_MUTATION from '../graphql/user/login.mutation'
// 인터페이스
interface IUserContext {
  login(input: any): any
  connectedUser: any
}
interface IProps {
  page?: string
  children: ReactElement
}
// 컨텍스트 생성하기
export const UserContext = createContext<IUserContext>({
  login: () => null,
  connectedUser: null
})
const UserProvider: FC<IProps> = ({ page = '', children }) => {
  const [cookies, setCookie] = useCookies()
  const [connectedUser, setConnectedUser] = useState(null)
  // 뮤테이션
  const [loginMutation] = useMutation(LOGIN_MUTATION)
  // 쿼리
  const { data: dataUser } = useQuery(GET_USER_QUERY, {
    variables: {
      at: cookies.at || ''
    }
  })
  // 이펙트
  useEffect(() => {
    if (dataUser) {
      if (!dataUser.getUser.id && page !== 'login') {
        // 사용자 세션이 유효하지 않고 로그인 페이지가 아닌 곳에 있다면
```

```
        // 로그인 페이지로 리다이렉트한다
        redirectTo('/login?redirectTo=/dashboard')
      } else {
        // 사용할 수 있는 사용자 데이터가 있다면 connectedUser 상태에
        // 데이터를 저장한다
        setConnectedUser(dataUser.getUser)
      }
    }
  }, [dataUser, page])
  async function login(input: { email: string; password: string }):Promise<any> {
    try {
      // loginMutation을 실행하고 이메일과 비밀번호를 전달한다
      const { data: dataLogin } = await loginMutation({
        variables: {
          email: input.email,
          password: input.password
        }
      })
      if (dataLogin) {
        // 로그인이 성공했다면 "at" 쿠키에 토큰을 저장한다
        setCookie('at', dataLogin.login.token, { path: '/' })
        return dataLogin.login.token
      }
    } catch (err) {
      // 에러가 발생한다면 에러를 반환한다
      return getGraphQlError(err)
    }
  }
  // 컨텍스트를 익스포트한다
  const context = {
    login,
    connectedUser
  }
  return <UserContext.Provider value={context}>{children}</UserContext.Provider>
}
export default UserProvider
```

코드에서 볼 수 있듯이 로그인을 처리하고 connectedUser 데이터를 컨텍스트에 갖는다. 여기에서 GET_USER_QEURY를 항상 실행함으로써 사용자가 연결됐는지 검증한다(단지 쿠키만이 아니라 데이터베이스에 대해 검증한다).

Apollo 클라이언트 구성하기

지금까지 많은 코드를 생성했지만, 이 모든 코드들은 Apollo 클라이언트를 구성해야만 동작한다. Apollo 클라이언트를 구성하려면 클라이언트를 `/frontend/src/client/index.tsx`의 인덱스 파일에 추가해야 한다.

```tsx
import { ApolloClient, ApolloProvider, InMemoryCache } from '@apollo/client'
import { render } from 'react-dom'
import * as config from '../config'
import AppRoutes from './AppRoutes'
const client = new ApolloClient({
  uri: config.api.uri,
  cache: new InMemoryCache()
})
render(
  <ApolloProvider client={client}>
  <AppRoutes />
  </ApolloProvider>,
  document.querySelector('#root')
)
```

기본적으로 `config.api.uri`를 전달한다. 이것은 GraphQL Playground가 실행되는 위치이다(http://localhost:4000/graphql). 그 뒤 `AppRoutes` 컴포넌트를 `ApolloProvider` 컴포넌트로 감싼다.

애플리케이션 라우트 생성하기

`react-router-dom`을 사용해서 애플리케이션 라우트를 생성할 것이다. 필요한 코드를 `/frontend/src/client/AppRoutes.tsx`에 생성한다.

```tsx
import { BrowserRouter as Router, Route, Routes } from 'react-router-dom'
import DashboardPage from './pages/dashboard'
import Error404 from './pages/error404'
import HomePage from './pages/home'
import LoginPage from './pages/login'
const AppRoutes = () => (
  <>
    <Router>
      <Routes>
```

```
        <Route path="/" element={<HomePage />} />
        <Route path="/dashboard" element={<DashboardPage />} />
        <Route path="/login" element={<LoginPage />} />
        <Route element={<Error404 />} />
      </Routes>
    </Router>
  </>
)
export default AppRoutes
```

코드에서 볼 수 있듯이 HomePage, DashboardPage^(보호됨), LoginPage와 같은 몇 개의 페이지를
라우트에 추가했다. 사용자가 다른 URL로 접근을 시도하면 Error404 컴포넌트를 표시할 것
이다. 이 페이지들은 다음 절에서 생성한다.

페이지 생성하기

홈페이지는 /frontend/src/client/pages/home.tsx에 위치한다.

```
const Page = () => (
  <div className="home">
    <h1>Home</h1>
    <ul>
      <li><a href="/dashboard">Go to Dashboard</a></li>
    </ul>
  </div>
)
export default Page
```

Dashboard 페이지는 /frontend/src/client/pages/dashboard.tsx에 위치한다.

```
import DashboardLayout from '../components/dashboard/DashboardLayout'
import UserProvider from '../contexts/user'
const Page = () => (
  <UserProvider>
    <DashboardLayout />
  </UserProvider>
)
export default Page
```

Login 페이지는 /frontend/src/client/pages/login.tsx에 위치한다.

```tsx
import { isBrowser } from '@contentpi/lib'
import { FC, ReactElement } from 'react'
import LoginLayout from '../components/users/LoginLayout'
import UserProvider from '../contexts/user'
interface IProps {
  currentUrl?: string
}
const Page: FC<IProps> = ({
  currentUrl = isBrowser() ? window.location.search.
  replace('?redirectTo=', '') : ''
}) => (
  <UserProvider page="login">
    <LoginLayout currentUrl={currentUrl} />
  </UserProvider>
)
export default Page
```

마지막으로 Error404 페이지를 생성한다(/frontend/src/client/pages/error404.tsx).

```tsx
const Page = () => (
  <div className="error404">
    <h1>Error404</h1>
  </div>
)
export default Page
```

작업을 거의 완료했다. 퍼즐의 마지막 조각은 Login과 Dashboard 컴포넌트를 생성하는 것이다. 이들은 다음 절에서 생성한다.

로그인 컴포넌트 생성하기

로그인과 대시보드를 위한 몇 가지 기본 컴포넌트를 생성했다. 물론 스타일은 개선할 수 있지만 먼저 이들이 작동하는 방법과 로그인 시스템의 형태부터 확인하자.

가장 먼저 생성해야 할 파일은 /frontend/src/client/components/users/LoginLayout.tsx
이다.

```tsx
import { FC, useContext } from 'react'
import { UserContext } from '../../contexts/user'
import Login from './Login'
// 인터페이스
interface IProps {
  currentUrl: string
}
const Layout: FC<IProps> = ({ currentUrl }) => {
  const { login } = useContext(UserContext)
  return <Login login={login} currentUrl={currentUrl} />
}
export default Layout
```

레이아웃 파일은 특정한 레이아웃을 컴포넌트에 추가할 때 유용하다. 또한 컨텍스트로부터
데이터를 소비하고 해당 데이터나 함수를 props로 전달할 때도 유용하다.

Login 컴포넌트는 다음과 같다(/frontend/src/client/components/users/Login.tsx).

```tsx
import { redirectTo } from '@contentpi/lib'
import { ChangeEvent, FC, useState } from 'react'
import { IUser } from '../../types'
import { StyledLogin } from './Login.styled'
interface IProps {
  login(input: any): any
  currentUrl: string
}
const Login: FC<IProps> = ({ login, currentUrl }) => {
  const [values, setValues] = useState({
    email: '',
    password: ''
  })
  const [errorMessage, setErrorMessage] = useState('')
  const [invalidLogin, setInvalidLogin] = useState(false)
  const onChange = (e: ChangeEvent<HTMLInputElement>): void => {
    const { target: { name, value } } = e
    if (name) {
      setValues((prevValues: any) => ({
        ...prevValues,
```

```
      [name]: value
    }))
  }
}
const handleSubmit = async (user: IUser): Promise<void> => {
  // 로그인 뮤테이션을 실행한다
  const response = await login(user)
  if (response.error) {
    setInvalidLogin(true)
    setErrorMessage(response.message)
  } else {
    redirectTo(currentUrl || '/')
  }
}
return (
  <>
    <StyledLogin>
      <div className="wrapper">
        {invalidLogin && <div className="alert">{errorMessage}</div>}
        <div className="form">
          <p>
            <input
              autoComplete="off"
              type="email"
              className="email"
              name="email"
              placeholder="Email"
              onChange={onChange}
              value={values.email}
            />
          </p>
          <p>
            <input
              autoComplete="off"
              type="password"
              className="password"
              name="password"
              placeholder="Password"
              onChange={onChange}
              value={values.password}
            />
          </p>
          <div className="actions">
            <button name="login" onClick={() => handleSubmit(values)}>
```

```
          Login
        </button>
      </div>
    </div>
  </StyledLogin>
</>
  )
}
export default Login
```

다음으로 dashboard 컴포넌트를 생성한다.

dashboard 컴포넌트 생성하기

dashboard 컴포넌트를 생성할 때 가장 먼저 /frontend/src/client/components/dashboard/
DashboardLayout.tsx 파일을 생성한다.

```
import { FC, useContext } from 'react'
import { UserContext } from '../../contexts/user'
import Dashboard from './Dashboard'
const Layout: FC = () => {
  const { connectedUser } = useContext(UserContext)
  // 사용자가 연결됐을 때만 Dashboard를 렌더링한다
  if (connectedUser) {
    return <Dashboard connectedUser={connectedUser} />
  }
  return <div />
}
export default Layout
```

이렇게 dashboard를 보호해서 연결된 사용자들에게만 허용한다. 다음으로 /frontend/src/
components/dashboard/Dashboard.tsx에 dshboard 컴포넌트를 생성한다.

```
interface IProps {
  connectedUser: any
}
const Dashboard = ({ connectedUser }) => (
```

```
  <div className="dashboard">
    <h1>Welcome, {connectedUser.username}!</h1>
    <ul>
      <li><a href="/logout">Logout</a></li>
    </ul>
  </div>
)
export default Dashboard
```

이것으로 완료했다. 다음 절에서는 로그인 시스템을 테스트한다.

로그인 시스템 테스트하기

이전 절의 내용을 잘 따라왔다면 로그인 시스템을 성공적으로 실행할 수 있을 것이다. 이를 위해서는 3개의 터미널을 열어야 한다.

- 첫 번째, 백엔드 프로젝트를 실행하는 터미널(npm run dev)

- 두 번째, 프론트엔드 프로젝트의 Node.js 서버를 실행하는 터미널(npm run dev)

세 번째 터미널에서는 브라우저 등에서 http://localhost:3000을 처음 열었을 때 Home 페이지를 볼 수 있다.

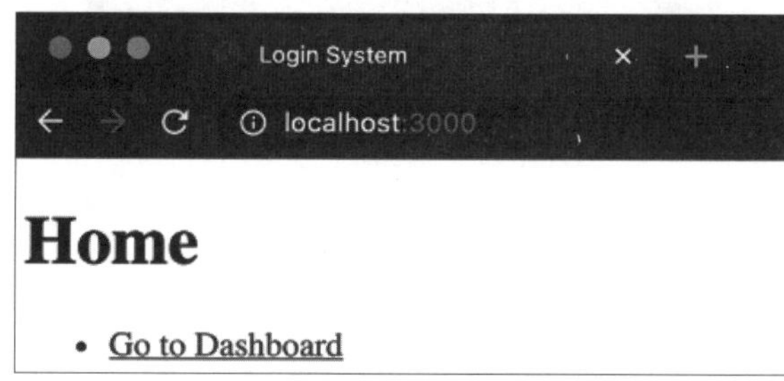

그림 13.29 Home 페이지

다음으로 **Go to Dashboard** 링크(http://localhost:3000/dashboard)를 클릭하면 http://localhost:3000/login?redirectTo=/dashboard로 리다이렉트되며 다음과 같은 화면이 나타난다.

그림 13.30 Login 페이지

이것은 로그인 폼이다. 거짓 크리덴셜을 사용해서 로그인을 시도하면 다음과 같은 에러를
얻는다.

그림 13.31 유효하지 않은 로그인

GraphQL 요청을 확인하고 싶다면 **Headers** 탭에서 확인할 수 있다.

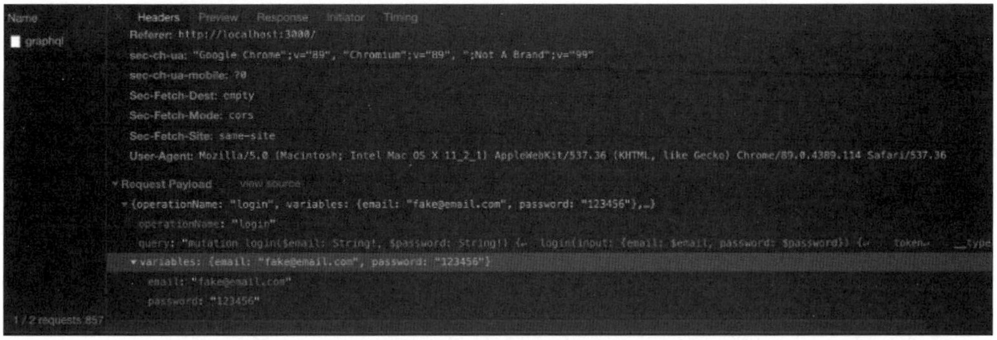

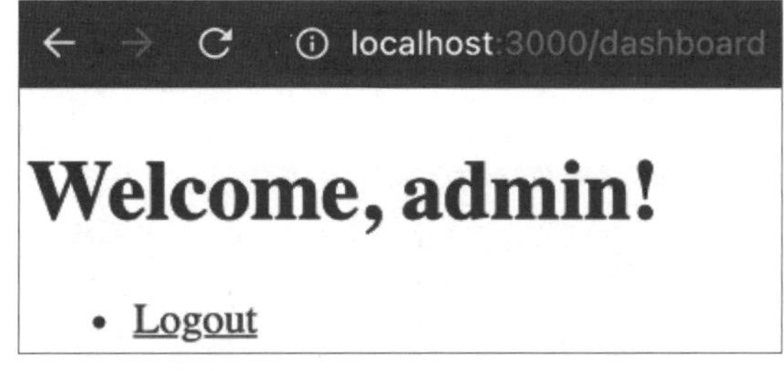

그림 13.32 GraphQL 요청

여기에서 여러분이 실행한 쿼리와 전송한 변수(email, password)를 확인할 수 있다. **Preview** 탭에서는 응답을 확인할 수 있다.

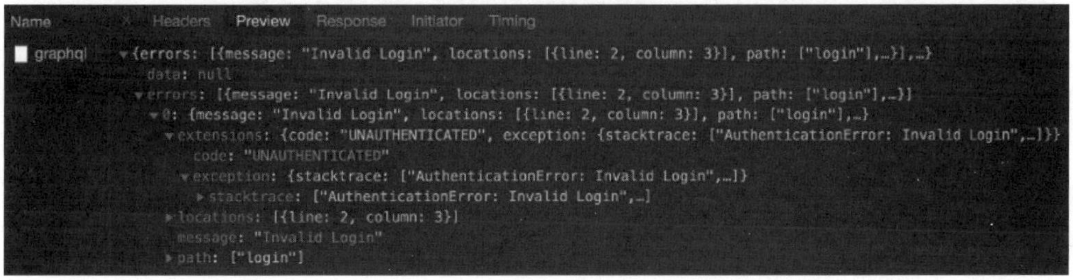

그림 13.33 유효하지 않은 로그인

탭에서 볼 수 있듯이 "Invalid Login" 에러 메시지가 발생했다. login 컴포넌트를 렌더링한 이유가 바로 이것이다.

이제 올바른 계정으로 연결을 시도하자(admin@js.education, 123456). 올바르게 로그인했다면 대시보드로 리다이렉트되며 다음 페이지를 볼 수 있을 것이다.

그림 13.34 Welcome, admin! 페이지

추가로 사용자 데이터를 가져오기 위해 실행된 쿼리를 확인할 수 있다(getUser).

그림 13.35 getUser 데이터

여기에서 반환된 페이로드를 확인할 수 있다.

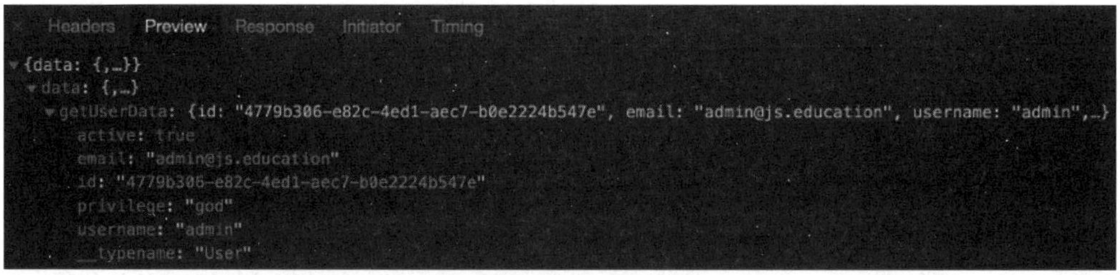

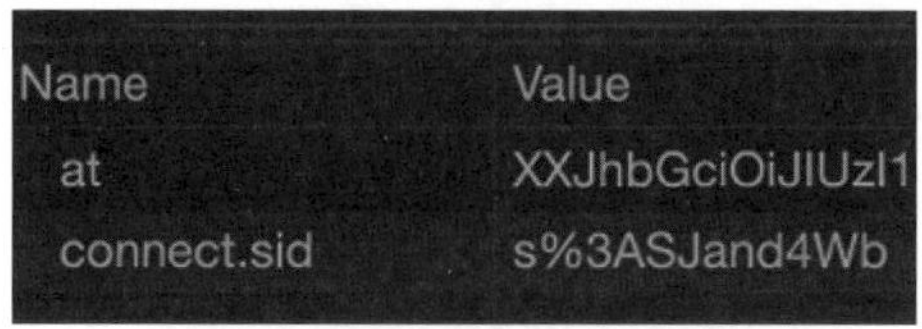

그림 13.36 getUserData 페이로드

접근 토큰으로부터 사용자 정보를 얻었다(at). 페이지를 새로 고침해도 페이지에 연결된 상태로 유지돼야 한다. 이것은 토큰을 포함한 쿠키를 저장했기 때문이다.

그림 13.37 쿠키

이제 토큰의 아무 글자나 바꿔서 쿠키를 수정해보자. 첫 번째 2개의 문자(ey)를 XX로 변경하자.

그림 13.38 쿠키 업데이트하기

이제 사용자에 대한 빈 데이터를 얻을 것이다. 이것은 세션을 무효화하며 여러분을 다시 로그인 페이지로 리다이렉트시킬 것이다.

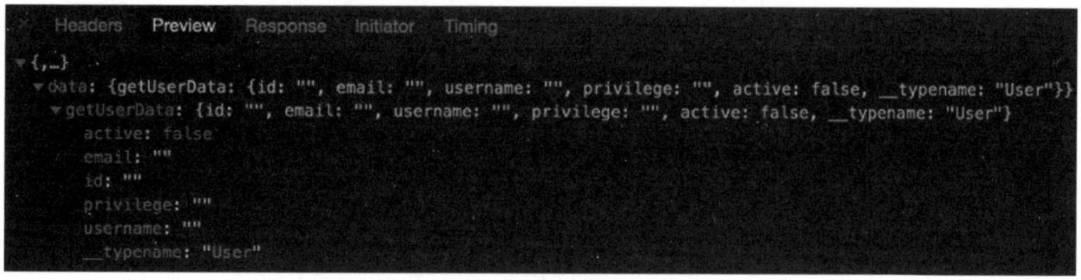

그림 13.39 빈 데이터

이제 여러분은 백엔드에서 GraphQL을 구현하는 방법, 프론트엔드에서 쿼리와 뮤테이션을 소비하는 방법을 배웠다.

이 로그인 시스템은 나의 유튜브 강의 중 일부이다. 강의에서 나는 헤드리스 CMS를 처음부터 개발하는 방법을 가르치고 있다. 해당 강의에 관심이 있다면 다음 유튜브 강의(https://www.youtube.com/watch?v=4n1AfD6aV4M)를 확인하기 바란다.

정리

13장에서 다룬 GraphQL, JWT 생성, 로그인 기능, Sequelize 모델 생성이 흥미로웠기를 바란다. 13장은 귀중한 통찰력과 실용적인 팁을 제공해 여러분의 프로젝트에 적용할 수 있도록 도움을 준다. 이를 통해 개발 프로세스를 최적화하고 여러분의 목표를 더 효율적으로 달성할 수 있다. 이러한 개념을 숙달함으로써 여러분은 사용자의 요구 사항을 충족하고 성공을 이루도록 할 수 있는 기술을 습득하게 될 것이다.

여기까지 읽어줘서 감사하다. 14장에서는 더 많은 것들을 공유하고자 한다. 14장에서는 단일 저장소^{monorepository} 및 다중 사이트 프로젝트^{multi-site project}를 만드는 방법을 살펴본다.

14

단일 저장소 아키텍처

애플리케이션 구현을 생각할 때 우리는 일반적으로 하나의 애플리케이션, 하나의 깃 저장소, 하나의 빌드 결과물을 말한다. 그러나 애플리케이션과 저장소의 이러한 구성이 항상 개발자의 실제 경험을 반영하는 것은 아니다. 조직들은 자주 단일 저장소를 사용하는데 이 저장소에는 모든 애플리케이션, 컴포넌트 및 공통 개발에서 사용될 수 있는 라이브러리가 포함돼 있다. 이것들은 단일 저장소(monorepository 또는 single repository)라 부르며 최근에 매우 유명해지기 시작했다.

조직에게 있어 단일 저장소의 어떤 점들이 흥미로운가? 왜 모든 코드를 한 장소에 두는가? 여러 작은 분리된 저장소 대신 단일 깃 저장소를 갖는 이유는 무엇인가? 모든 코드를 하나의 프로젝트에 모아두면 어떤 장점이 있는가?

모든 코드를 하나의 저장소에 두면 조직 전체에서 모든 디펜던시를 최신 상태로 유지할 수 있다. 이것이 단일 저장소의 가장 큰 이점일 것이다. 이렇게 하면 여러 다른 프로젝트의 모든 디펜던시를 업데이트하는 데 시간을 낭비하지 않아도 될 것이다.

14장에서는 타입스크립트, 웹팩, 및 NPM 워크스페이스를 사용해 다중 패키지로 구성된 단일 저장소를 만드는 방법에 관해 살펴본다.

14장에서는 다음 주제를 다룬다.

- 단일 저장소의 이점 및 해결할 수 있는 문제들

- 단일 저장소 생성 방법

- 단일 저장소에 타입스크립트 구현하기

- 웹팩을 사용해 다른 패키지를 컴파일하는 `devtools` 패키지 생성하기

- `utils` 패키지 생성하기

- 다중 사이트 시스템 생성 방법

⁖ 기술 요구 사항

14장의 내용을 완료하려면 다음이 필요하다.

- Node.js 19+

- Visual Studio Code

14장에서 사용하는 코드는 다음 깃허브 저장소(https://github.com/moseskim/React-18-Design-Patterns-and-Best-Practices-Fourth-Edition/tree/main/Chapter14)에서 확인할 수 있다.

⁖ 단일 저장소의 장점과 단일 저장소가 해결하는 문제들

단일 저장소^{MonoRepo, MonoRepository}의 장점 중 일부는 다음과 같다.

- **공유하기 쉽다**: 모든 코드가 하나의 장소에 있으면 여러 프로젝트 사이에 동일한 코드나 도구를 활용하기 더 쉬워지며 소중한 시간과 노력을 절약할 수 있다.

- **혼란을 방지한다**: 단일 저장소에서 모든 프로젝트는 동일한 버전의 공유된 컴포넌트를 사용하므로 다른 버전 사이의 호환성 문제에 대한 우려가 제거된다.

- **모두 한꺼번에 변경한다**: 단일 저장소에서 모든 프로젝트를 동시에 변경하는 것은 개별 저장소에서 개별 프로젝트를 관리하는 것과 달리 그 작업이 간단하다.

- **그룹화해서 변경한다**: 단일 저장소 안에서 동시에 여러 프로젝트를 수정하면 모든 관련 컴포넌트들이 동기화되므로 효율적이고 일관적으로 업데이트할 수 있다.

- **모든 사람이 모든 것을 볼 수 있다**: 모든 코드가 하나의 저장소에 중앙 집중되며 모든 개발자가 접근할 수 있으므로, 전체 시스템에 대한 더 나은 이해를 돕고 효과적인 협업을 촉진한다.

이제 단일 저장소로 해결할 수 있는 현실적인 몇 가지 문제들을 살펴보자.

- **좀 더 빠른 업데이트**: 단일 저장소를 사용하면 모든 프로젝트를 한 번에 업데이트할 수 있다. 그렇지 않으면 각 프로젝트를 개별적으로 업데이트해야 하므로 많은 시간이 소요될 수 있다.

- **혼란 방지**: 단일 저장소가 없으면 다른 프로젝트가 동일한 컴포넌트의 다른 버전을 사용할 수 있으며, 이로 인해 문제가 발생할 수 있다. 단일 저장소를 사용하면 모든 컴포넌트가 동일한 버전을 사용하므로 혼란이 발생하지 않는다.

- **더 나은 팀워크**: 모든 코드가 한곳에 모여 있으므로 개발자들은 다른 사람들이 무엇을 했는지 쉽게 보고 이해할 수 있다. 이는 효과적인 협업에 도움을 준다.

- **신규 멤버의 쉬운 시작**: 신규 팀 멤버에게는 모든 코드가 한 위치에 있을 때 시작하기 더 쉽다. 다른 위치에서 검색하지 않고 전체 시스템을 빠르게 이해할 수 있다.

단일 저장소가 항상 최적의 선택은 아니라는 점을 기억하자. 잠재적인 성능 이슈나 규모가 커짐에 따른 복잡성 증가 등 나름의 단점을 어려움을 갖고 있다. 단일 저장소 도입은 팀의 구체적인 필요 및 프로젝트의 규모에 따라 적절하게 접근해야 한다.

다음 그림은 **단일 저장소**^{Mono Repo}와 **다중 저장소**^{Multi Repo}의 차이를 나타낸 것이다.

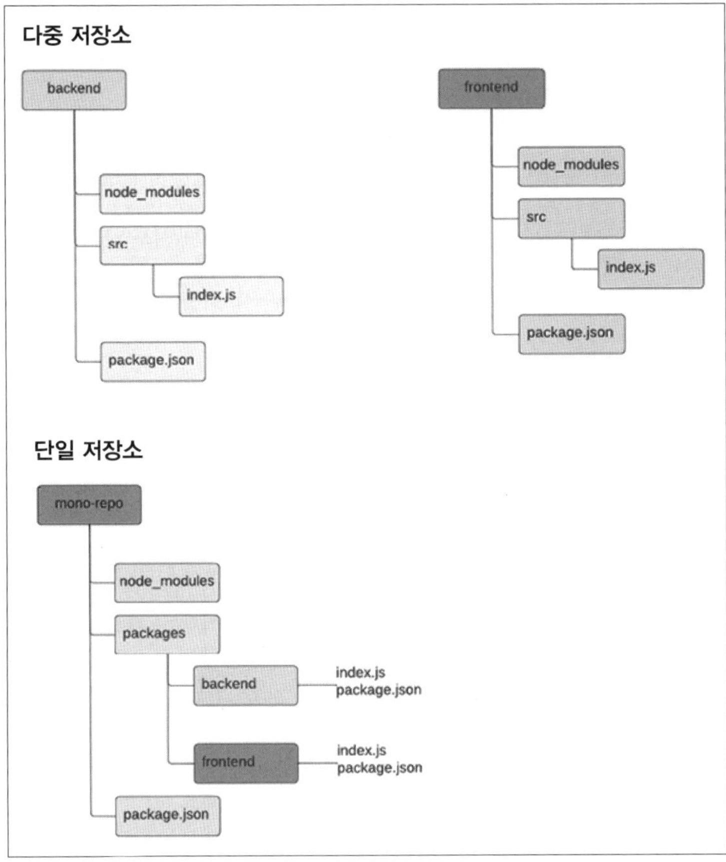

그림 14.1 다중 저장소 대 단일 저장소

단일 저장소의 개념과 조직에 점진적으로 인기를 얻고 있는 이유를 살펴봤다. 이제 NPM Workspaces를 사용해 단일 저장소를 실제적으로 구현해보자.

NPM Workspaces를 사용해 단일 저장소 생성하기

NPM Workspaces는 NPM 7에서 도입됐으며 npm CLI에서 제공하는 일련의 기능을 가리키는 일반적인 용어이다. 이 기능들은 단일 최상위 루트 패키지 안에서 로컬 파일 시스템의 여러 패키지를 관리할 수 있도록 지원한다.

단일 저장소를 생성하기 위해 가장 먼저 해야 할 일은 루트 `package.json`을 생성하는 것이다. `package.json`의 내용은 다음과 같다.

```
{
  "name": "web-creator",
  "private": true,
  "workspaces": [
    "packages/*"
  ]
}
```

단일 저장소의 이름을 web-creator로 지정했다. web-creator가 프라이빗(루트에서만)임을 지정해야 하며, 패키지가 위치할 워크스페이스를 지정해야 한다. 이 작업은 "packages/*"에서 수행한다. 여기서 *는 packages 폴더 아래에 존재하는 모든 디렉터리를 포함함을 의미한다. 그런 다음 패키지를 직접 만들어야 한다.

새로운 packages 폴더 아래 packages/api, packages/frontend 폴더를 만들자. api 프로젝트로 이동해 npm init -y를 실행한다.

```
cd packages/api
npm init -y
```

명령어를 실행하면 다음과 같은 `package.json`을 생성한다.

```
{
  "name": "api",
  "version": "1.0.0",
  "main": "index.js",
  "author": "",
  "license": "ISC"
}
```

앞에서 볼 수 있듯이 패키지 이름은 기본값으로 api로 설정된다. 하지만 해당 패키지를 메인 단일 저장소에 연결하기 위해서는 이 패키지를 특별한 형식으로 호출해야 한다. 여기에서는 패키지 이름을 @<name_of_root_package>/api로 변경해야 한다. 예시에서는 @web-creator/api가 된다. 따라서 package.json은 다음과 같이 된다.

```json
{
  "name": "@web-creator/api",
  "version": "1.0.0",
  "main": "index.js",
  "author": "",
  "license": "ISC"
}
```

이제 api 디렉터리 안에 packages/api/index.js 파일을 생성해야 한다(나중에 타입스크립트로 변경할 것이다). 코드는 다음과 같다.

```js
module.exports = () => console.log("I'm the API package")
```

다음으로 frontend 패키지(packages/frontend)로 이동해 npm init -y 명령어를 실행한다.

```
cd packages/frontend
npm init -y
```

마찬가지로 패키지 이름을 @web-creator/frontend로 변경한다.

```json
{
  "name": "@web-creator/frontend",
  "version": "1.0.0",
  "main": "index.js",
  "author": "Carlos Santana",
  "license": "ISC"
}
```

단일 저장소는 이제 패키지를 공유할 준비가 됐다. frontend 패키지에서 api 패키지를 소비한다고 가정해보자. 이를 수행하려면 api 패키지를 디펜던시로 지정하고 api 패키지에서 사용한 것과 동일한 버전을 지정해야 한다. 예시에서는 1.0.0이다. 이 버전은 반드시 필요한 경우가 아니면 바꾸지 않도록 주의해야 한다. 만약 이 버전을 변경한다면 dependencies 노드도 업데이트해야 한다.

다음은 packages/frontend의 package.json 파일이다.

```json
{
  "name": "@web-creator/frontend",
  "version": "1.0.0",
  "main": "index.js",
  "author": "Carlos Santana",
  "license": "ISC",
  "dependencies": {
    "@web-creator/api": "1.0.0" // 이 버전은 API의 package.json의 그것과 일치해야 한다
  }
}
```

api 패키지를 디펜던시로 지정했다면 frontend 프로젝트 안에서 npm install을 실행해야 한다. 매우 흥미로운 점은 frontend 패키지 안(packages/frontend)에서 npm install 명령을 실행하더라도 node_modules 폴더는 루트 레벨에서 생성된다는 점이다. 디렉터리 형태는 다음과 같다.

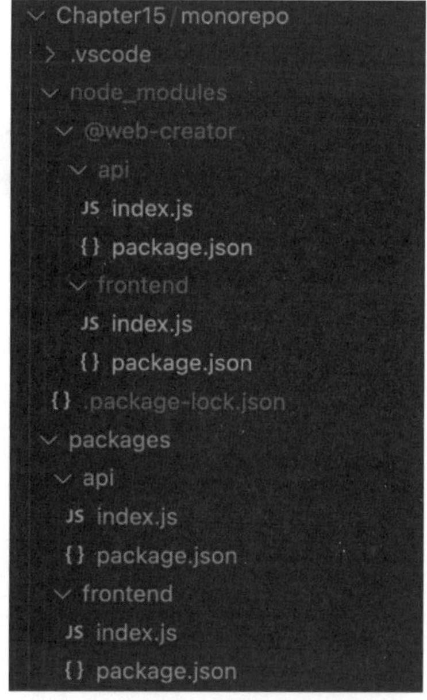

그림 14.2 단일 저장소 구조

모든 것이 예상대로 동작한다면 frontend 패키지에서 api 패키지를 소비할 수 있다. 이를 위해서는 packages/frontend/index.js 파일을 다음과 같이 생성해야 한다.

```
const api = require('@web-creator/api')
api()
```

이제 node로 인덱스 파일을 실행할 수 있다. 그리고 api 패키지로부터 온 콘솔 메시지를 확인할 수 있다.

그림 14.3 프론트엔드 실행하기

단일 저장소의 가장 큰 이점 가운데 하나는 API index.js를 업데이트하면 해당 변경이 즉시 반영된다는 점이다. 무언가를 컴파일하거나 패키지를 NPM 레지스트리에 공개할 필요도 없다. 이는 매우 유용하며 대규모 프로젝트에서 코딩하는 개발자들의 시간을 크게 줄여준다. 이제 메시지를 packages/api/index.js의 메시지를 I'm the API package UPDATED로 변경한 뒤 node를 사용해 다시 실행하자.

그림 14.4 API 업데이트

축하한다. 첫 번째 단일 저장소를 성공적으로 생성했다. 다음 절에서는 단일 저장소를 타입스크립트를 사용할 수 있도록 변환할 것이다.

단일 저장소에서 타입스크립트 구현하기

프로젝트에 타입스크립트를 추가하기 위해서는 가장 먼저 루트 레벨에서 typescript 패키지를 설치해야 한다.

```
npm install -D typescript
```

그 뒤 루트 레벨에서 다음과 같이 tsconfig.json을 생성해야 한다.

```
{
  "extends": "./tsconfig.common.json",
  "compilerOptions": {
    "baseUrl": "./packages",
    "paths": {
      "@web-creator/*": ["*/src"]
    }
  }
}
```

앞에서 볼 수 있듯이 tsconfig.json 파일을 tsconfig.common.json으로 확장했다. 이것은 타입스크립트로 변환하고자 하는 모든 패키지에 대해 반복하기를 원치 않기 때문이다. 우리가 지정하고자 하는 유일한 compilerOptions는 packages 디렉터리에 있는 baseUrl이며, 경로에서 코드 내에서 가져오기를 수행할 수 있도록 단일 저장소 이름을 지정해야 한다. 이것이 만들어야 하는 tsconfig.common.json 파일이다.

```json
{
  "compilerOptions": {
    "allowSyntheticDefaultImports": true,
    "alwaysStrict": true,
    "declaration": true,
    "declarationMap": true,
    "downlevelIteration": true,
    "esModuleInterop": true,
    "experimentalDecorators": true,
    "jsx": "react-jsx",
    "lib": ["DOM", "DOM.Iterable", "ESNext"],
    "module": "commonjs",
    "moduleResolution": "node",
    "noEmit": false,
    "noFallthroughCasesInSwitch": false,
    "noImplicitAny": true,
    "noImplicitReturns": true,
    "outDir": "dist",
    "resolveJsonModule": true,
    "skipLibCheck": true,
    "sourceMap": true,
    "strict": true,
    "strictFunctionTypes": true,
    "strictNullChecks": true,
    "suppressImplicitAnyIndexErrors": false,
    "target": "ESNext"
  },
  "exclude": ["node_modules", "dist", "coverage", ".vscode", "**/__tests__/*"]
}
```

프로젝트 아키텍처는 다음과 같다.

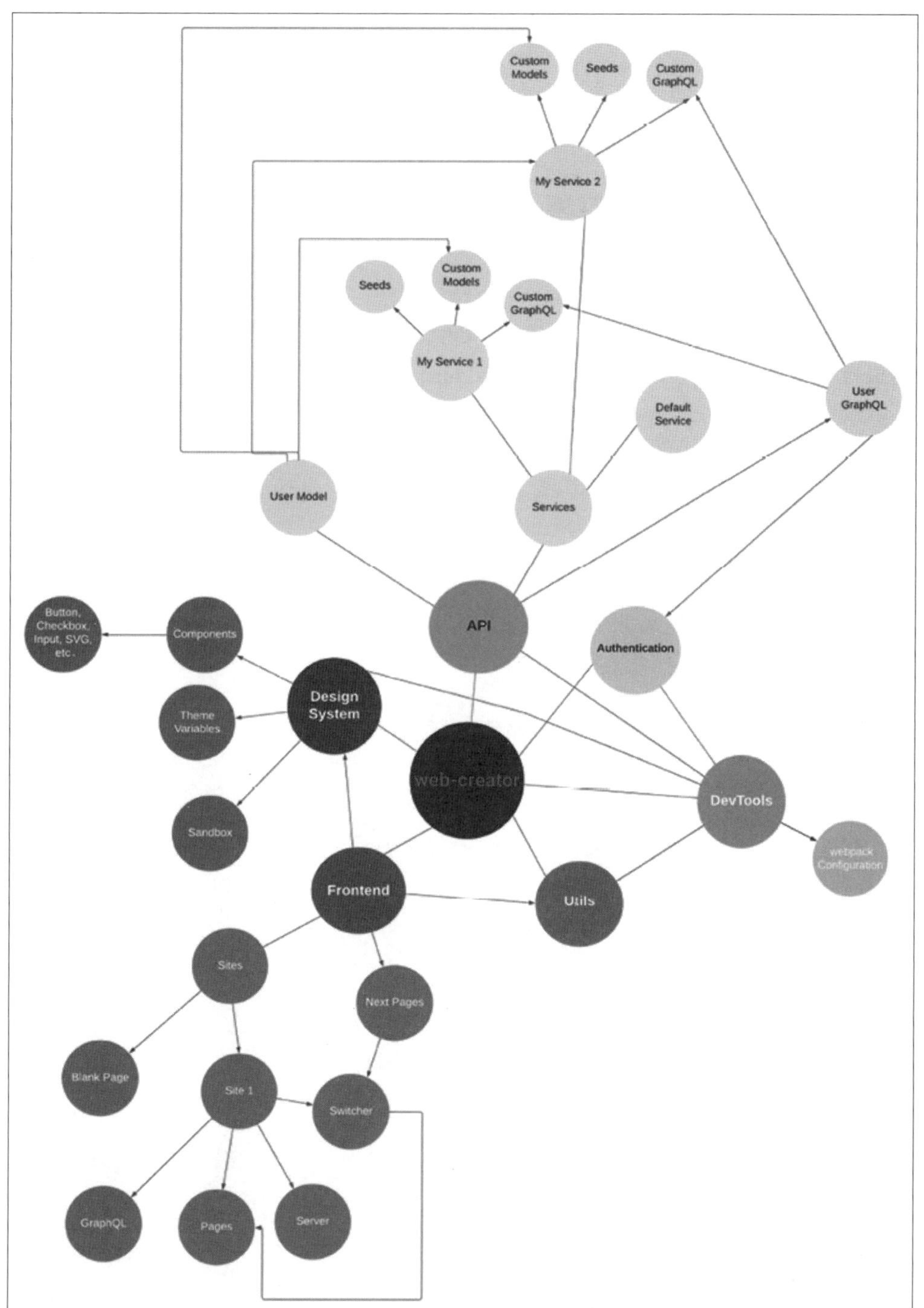

그림 14.5 Web creator 아키텍처

프로젝트 아키텍처에 관해 살펴봤으므로 웹팩 구성을 관리할 첫 번째 패키지를 다뤄보자.
이 패키지는 devtools라고 부른다.

⠿ 웹팩을 사용해 패키지를 컴파일하기 위한 devtools 패키지 생성하기

다른 패키지들을 컴파일하기 위해 첫 번째로 설치해야 하는 패키지는 devtools이며,
packages/devtools에 생성해야 한다. package.json 파일은 다음과 같이 설정해야 한다.

```
{
  "name": "@web-creator/devtools",
  "version": "1.0.0",
  "main": "dist/index.js",
  "types": "dist/index.d.ts",
  "files": [
    "dist"
  ],
  "scripts": {
    "build": "npm-run-all clean compile",
    "clean": "rm -rf ./dist",
    "compile": "tsc",
    "lint": "npm run --prefix ../../ lint",
    "lint:fix": "npm run --prefix ../../ lint:fix"
  },
  "author": "Carlos Santana",
  "license": "MIT",
  "devDependencies": {
    "@types/cli-color": "^2.0.2",
    "@types/ip": "^1.1.0",
    "@types/webpack-bundle-analyzer": "^4.6.0",
    "@types/webpack-node-externals": "^2.5.3"
  },
  "dependencies": {
    "@svgr/webpack": "^6.5.1",
    "@types/file-loader": "^5.0.1",
    "cli-color": "^2.0.3",
    "css-loader": "^6.7.3",
    "dotenv": "^16.0.3",
    "file-loader": "^6.2.0",
```

```
      "html-webpack-plugin": "^5.5.0",
      "path-browserify": "^1.0.1",
      "run-script-webpack-plugin": "^0.1.1",
      "style-loader": "^3.3.1",
      "ts-loader": "^9.4.2",
      "typescript-plugin-styled-components": "^2.0.0",
      "webpack": "^5.75.0",
      "webpack-bundle-analyzer": "^4.7.0",
      "webpack-dev-server": "^4.11.1",
      "webpack-node-externals": "^3.0.0",
      "webpackbar": "^5.0.2"
  }
}
```

package.json을 생성했다면 devtools를 위한 tsconfig.json을 설치해야 한다. 각 패키지는
그 자체의 tsconfig.json 파일을 갖는다. 기본적으로 루트의 tsconfig.common.json을 확장
하고 outDir을 지정하며 src 폴더 안에 필요한 파일들을 포함한다.

```
{
  "extends": "../../tsconfig.common.json",
  "compilerOptions": {
    "outDir": "./dist"
  },
  "include": ["src/**/*"]
}
```

다양한 색상의 로그 생성하기

우리가 구현할 웹팩 구성을 강조하는 데 도움을 주는 로그 함수를 만든다. 이를 위해 cli-
color 패키지를 사용해 로그에 색상을 추가한다. 이 파일은 packages/devtools/src/cli/
log.ts에 위치한다.

```
import cliColor from 'cli-color'
type Args = {
  text?: string
  tag?: string
  json?: any
```

```ts
  type?: 'info' | 'error' | 'warning'
}
export const log = (args: Args | any) => {
  const blockColor: any = {
    info: cliColor.bgCyan.whiteBright.bold,
    error: cliColor.bgRed.whiteBright.bold,
    warning: cliColor.bgYellow.blackBright.bold
  }
  const textColor: any = {
    info: cliColor.blue,
    error: cliColor.red,
    warning: cliColor.yellow
  }
  if (typeof args === 'string') {
    console.info(textColor.info(args))
  }
  const { tag, json, type } = args
  if (tag && json) {
    console.info(blockColor[type](`<<< BEGIN ${tag.toUpperCase()}`))
    console.info(textColor[type](JSON.stringify(json, null, 2)))
    console.info(blockColor[type](`END ${tag.toUpperCase()} >>>`))
  }
}
```

웹팩 공통 구성

로그 기능을 준비했으므로 계속해서 웹팩 구성을 생성한다. 웹팩 구성은 `webpack.common.ts`, `webpack.development.ts`, `webpack.production.ts`의 3개 파일로 나눈다. 공통 구성은 각각 개발용, 프로덕션용에 병합된다. 그러나 공통 구성을 생성하기 전에 웹팩 타입을 생성해야 한다. 이 파일을 `packages/devtools/src/webpack/webpack.types.ts`에 추가한다.

```ts
export type WebpackMode = 'production' | 'development'
export type ConfigType = 'web' | 'package'
export type Package = 'api' | 'design-system' | 'frontend' | 'utils'
export type ConfigArgs = {
  mode: WebpackMode
  type: ConfigType
  sandbox?: 'true' | 'false'
  packageName: Package
```

```
  }
export type ModeArgs = {
  configType: ConfigType
  packageName: Package
  mode?: WebpackMode
  sandbox?: boolean
  devServer?: boolean
  isAnalyze?: boolean
  port?: number
  analyzerPort?: number
  color?: string
  htmlOptions?: {
    title: string
  template: string
  }
}
```

이제 `webpack.common.ts` 파일을 생성한다. 필요한 패키지부터 임포트한다.

```
import HtmlWebPackPlugin from 'html-webpack-plugin'
import path from 'path'
import createStyledComponentsTransformer from 'typescript-plugin-
styledcomponents'
import { Configuration } from 'webpack'
import { BundleAnalyzerPlugin } from 'webpack-bundle-analyzer'
import nodeExternals from 'webpack-node-externals'
import { ModeArgs } from './webpack.types'
```

다음으로 `getWebpackCommonConfig` 함수를 생성한다. 이 함수는 터미널에서 인수를 받고 NPM 스크립트를 경유해서 각 패키지를 컴파일한다.

```
const getWebpackCommonConfig = (args: ModeArgs): Configuration => {
  const {
    configType, // "web" 또는 "package"가 될 수 있다
    isAnalyze,
    port = 3000,
    mode,
    analyzerPort = 9001,
    packageName,
    htmlOptions,
```

```
    sandbox,
    devServer
  } = args
  // 코드의 다음 블록을 기술한다
}
export default getWebpackCommonConfig
```

깃허브 저장소에서 확인할 수 있는 14장의 다음 코드 블록은 앞의 코드의 //코드의 다음 블록을 기술한다 부분에 추가해야 한다.

먼저 샌드박스^{sandbox}를 실행하고 있는지 확인하자(이 샌드박스는 디자인 시스템 패키지가 될 것이다). 샌드박스 환경이라면 8080포트를 사용할 것이다. 그렇지 않다면 port + 1(기본값 3001)번 포트를 사용할 것이다.

```
const devServerPort = sandbox && devServer ? 8080 : port + 1
```

첫 번째로 생성할 구성 옵션은 entry이다. 이 옵션은 프로젝트를 컴파일하기 위해 사용하는 index 파일을 정의하며, 스크립트에 지정한 packageName에 기반한다. 다음 코드를 실행해 entry를 생성할 수 있다.

```
// 클라이언트 엔트리
const entry = configType !== 'web'
  ? path.resolve(__dirname, `../../../${packageName}/src/index.ts`)
  : path.resolve(__dirname, `../../../${packageName}/src/index.tsx`)
```

configureType이 "package"이면(혹은 "web"과 다르면) index.ts 엔트리를 지정하고 웹 패키지에 대해서는 index.tsx를 사용한다.

두 번째로 생성할 구성 옵션은 resolve 노드이다. 이 노드는 우리가 지원할 확장자와 각 패키지에 대한 별칭(~)을 포함한다. 웹팩 5에서는 더 이상 기본적으로 활성화되지 않는 몇 가지 폴백 패키지를 비활성화해야 한다.

```
// 해결
const resolve = {
  extensions: ['*', '.ts', '.tsx', '.js', '.jsx'],
```

```
    alias: {
      '~': path.resolve(__dirname, `../../../${packageName}/src`)
    },
    fallback: {
      buffer: false,
      crypto: false,
      stream: false,
      querystring: false,
      os: false,
      zlib: false,
      http: false,
      https: false,
      url: false,
      path: require.resolve('path-browserify')
    }
  }
```

세 번째 구성 옵션은 output이다. 이 옵션은 컴파일된 프로젝트의 위치를 지정하고(dist 디렉터리), 동적 파일명을 지정한다([name].js). 패키지를 컴파일하고 싶다면 해당 패키지를 익스포트하기 위해 필요한 옵션을 추가한다(libraryTarget, library, umdNamedDefine 및 globalObject).

```
// 출력
const output = {
  path: path.resolve(__dirname, `../../../${packageName}/dist`),
  filename: '[name].js',
  ...(sandbox && {
    publicPath: '/',
    chunkFilename: '[name].js'
  }),
  ...(configType === 'package' && !sandbox && {
    filename: 'index.js',
    libraryTarget: 'umd',
    library: 'lib',
    umdNamedDefine: true,
    globalObject: 'this'
  })
}
```

네 번째 옵션은 plugins이다. 이 옵션은 번들 크기를 분석하고 싶은지(BundleAnalyzerPlugin), HtmlWebPackPlugin을 추가했는지에 따라 적용된다.

```javascript
// 플러그인
const plugins = []
if (isAnalyze) {
  plugins.push(
    new BundleAnalyzerPlugin({
      analyzerPort
    })
  )
}
if (mode === 'development' && htmlOptions?.title && htmlOptions.template)
{
  plugins.push(
    new HtmlWebPackPlugin({
      title: htmlOptions.title,
      template: path.resolve(__dirname,
      `../../../${packageName}/${htmlOptions.template}`),
      filename: './index.html'
    })
  )
}
```

다섯 번째 구성 옵션은 rules이다. 이 옵션은 우리가 처리하고자 하는 확장 파일에 따라 정의한다. 또한 ts-loader 같은 웹팩 로더를 사용해 타입스크립트 파일을 로드하거나 svg-url-loader 및 @svgr/webpack을 사용해 SVG 파일을 로드한다.

```javascript
// 규칙
const rules = []
rules.push({
  test: /\.(tsx|ts)$/,
  exclude: /node_modules/,
  loader: 'ts-loader',
  options: {
    getCustomTransformers: () => ({
      before: [
        createStyledComponentsTransformer({
          displayName: true,
          ssr: true,
          minify: true
        })
      ]
    })
```

```
    }
  })
  if (packageName === 'design-system') {
    const svgUrlLoaderInclude: Record<string, string[]> = {
      'design-system': [
          path.resolve(__dirname, '../../../design-system/src/components/
Spinner/loaders'),
          path.resolve(__dirname, '../../../design-system/src/components/
Dialog/icons'),
          path.resolve(__dirname, '../../../design-system/src/icons')
      ]
    }
    const svgrWebpackInclude: Record<string, string[]> = {
      'design-system': [
        path.resolve(__dirname, '../../../design-system/src/components/Icon/
icons')
      ]
    }
    rules.push({
      test: /\.svg$/,
      oneOf: [
        {
          use: 'svg-url-loader',
          include: configType === 'package' ?
          svgUrlLoaderInclude[packageName] ?? [] : []
        },
        {
          use: '@svgr/webpack',
          include: configType === 'package' ? svgrWebpackInclude[packageName]
?? [] : []
        }
      ]
    })
  }
  if (configType === 'package' && sandbox) {
    rules.push({
      test: /\.(jpe?g|png|gif|svg)$/i,
      use: [{ loader: 'file-loader', options: {} }]
    })
  }
}
```

마지막으로 이 모두를 webpakcConfig 객체로 묶는다.

```
const webpackConfig = {
  entry,
  ...(configType === 'package' && sandbox && {
    entry: path.resolve(__dirname, `../../../${packageName}/sandbox/index.tsx`)
  }),
  ...(devServer && {
    devServer: {
      historyApiFallback: true,
      static: output.path,
      port: devServerPort
    }
  }),
  ...(!sandbox && {
    externals: [nodeExternals()]
  }),
  output,
  resolve,
  plugins,
  module: {
    rules
  },
  ...(configType !== 'web' && !sandbox && {
    target: 'node'
  })
}
return webpackConfig as Configuration
```

웹팩 개발 구성

웹팩 공통 구성 파일을 생성했다면 webpack.development.ts 파일을 생성한다. 이 파일은 공통 구성 파일보다 작으며 공통 구성(webpack.common.ts)을 확장한다. 웹팩의 개발 모드를 지정하고, source 맵을 추가하고, HRM 플러그인을 전달한다.

```
import {
  Configuration as WebpackConfiguration,
  HotModuleReplacementPlugin,
  NoEmitOnErrorsPlugin
} from 'webpack'
import { Configuration as WebpackDevServerConfiguration } from 'webpackdev-
server'
```

```typescript
interface Configuration extends WebpackConfiguration {
  devServer?: WebpackDevServerConfiguration
}
const getWebpackDevelopmentConfig = (): Configuration => {
  const webpackConfig: Configuration = {
    mode: 'development',
    devtool: 'source-map',
    plugins: [new HotModuleReplacementPlugin(), new NoEmitOnErrorsPlugin()]
  }
  return webpackConfig
}
export default getWebpackDevelopmentConfig
```

웹팩 프로덕션 구성

마지막으로 webpack.production.ts 파일을 생성한다. 이 파일은 **리액트, Apollo 서버, JSON 웹 토큰** 같은 공유 라이브러리를 사용하는 패키지를 컴파일할 때 사용하는 외부 라이브러리들을 지정하거나 mode를 프로덕션으로 지정하고 source 맵을 비활성화한다.

```typescript
import { Configuration } from 'webpack'
import { ModeArgs } from './webpack.types'
const getWebpackProductionConfig = (args: ModeArgs): Configuration => {
  const { configType } = args
  // Externals
  const externals = configType === 'package' ? {
    react: {
      commonjs: 'react',
      commonjs2: 'react',
      amd: 'React',
      root: 'React'
    },
    'react-dom': {
      commonjs: 'react-dom',
      commonjs2: 'react-dom',
      amd: 'ReactDOM',
      root: 'ReactDOM'
    },
    jsonwebtoken: 'jsonwebtoken'
  } : {}
  const webpackConfig = {
```

```
    mode: 'production',
    devtool: false,
    externals
  }
  return webpackConfig as Configuration
}
export default getWebpackProductionConfig
```

devtools 패키지 구성을 마쳤다. 이제 packages/devtools/src/index.ts를 생성해 모든 웹팩 구성을 익스포트하면 devtools 패키지를 컴파일할 수 있다.

```
// CLI
export * from './cli/log'
// Webpack
export { default as getWebpackCommonConfig } from './webpack/webpack.common'
export { default as getWebpackDevelopmentConfig } from './webpack/webpack.
development'
export { default as getWebpackProductionConfig } from './webpack/webpack.
production'
export * from './webpack/webpack.types'
```

이 패키지는 다른 패키지를 컴파일하는 기본 패키지이므로 이 패키지를 가장 먼저 빌드해야 한다. 이를 위해서는 tsc 명령어를 실행해 타입스크립트를 자바스크립트 파일로 변환한다. 먼저 packages/devtools 안에서 build 명령어를 실행한다.

```
npm run build
```

모든 것이 잘 동작한다면 다음과 같은 화면을 볼 수 있을 것이다.

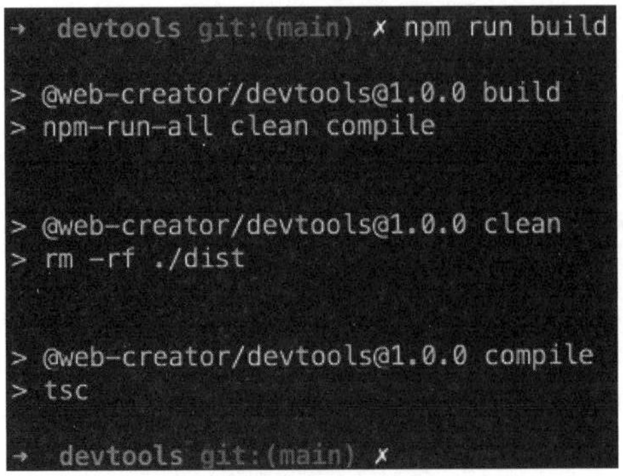

그림 14.6 npm run build

마지막으로 루트 레벨에서 `webpack.config.ts` 파일을 생성해야 한다. 여기에서는 새로운 `devtools` 패키지를 소비하고 `webpack-merge`를 사용해 구성을 병합한다(개발 + 공통 또는 프로덕션 + 공통).

```ts
import {
  ConfigArgs,
  getWebpackCommonConfig,
  getWebpackDevelopmentConfig,
  getWebpackProductionConfig,
  log
} from '@web-creator/devtools'
import { Configuration } from 'webpack'
import { merge } from 'webpack-merge'
// Mode 구성
const getModeConfig = {
  development: getWebpackDevelopmentConfig,
  production: getWebpackProductionConfig
}
// Mode 구성(개발/프로덕션)
const modeConfig: (args: ConfigArgs) => Configuration = ({mode, type,
packageName}) => {
  const getWebpackConfiguration = getModeConfig[mode]
  return getWebpackConfiguration({
    configType: type,
    packageName,
    sandbox: true,
    devServer: true
  })
}
// 모든 구성 병합
const webpackConfig: (args: ConfigArgs) => Promise<Configuration> = async ({
  mode, type, sandbox, packageName
  } = {
    mode: 'production',
    type: 'web',
    sandbox: 'false',
    packageName: 'design-system'
  }) => {
  const isSandbox = type === 'package' && sandbox === 'true'
  const commonConfiguration = getWebpackCommonConfig({
    configType: type,
    packageName,
    mode,
```

```
    ...(isSandbox && {
      htmlOptions: { title: 'Sandbox', template: 'sandbox/index.html' },
      sandbox: isSandbox,
      devServer: isSandbox
    })
  })
  // Mode 구성
  const modeConfiguration = mode && type ? modeConfig({ mode, type,packageName })
: {}
  // 모든 구성 병합
  const webpackConfiguration = merge(commonConfiguration, modeConfiguration)
  // Webpack 구성 로깅
  log({ tag: 'Webpack Configuration', json: webpackConfiguration, type:
'warning' })
  return webpackConfiguration
}
export default webpackConfig
```

utils 패키지 생성하기

devtools 패키지를 생성했다면 기본적인 utils 패키지를 추가해 devtools를 사용한 웹팩 컴
파일을 테스트한다. 이를 위해서는 packages.utils에 디렉터리를 생성해야 한다. 책의 예시
에서는 devtools를 테스트하기 위한 하나의 util 파일만 추가하지만, 실제 저장소에서는 더
많은 util 파일이 프로젝트에 추가돼 있음을 확인할 수 있을 것이다.

언제나처럼 utils 패키지 안에 package.json 파일부터 생성하자.

```
{
  "name": "@web-creator/utils",
  "version": "1.0.0",
  "main": "dist/index.js",
  "types": "dist/index.d.ts",
  "files": [
    "dist"
  ],
  "scripts": {
    "build": "cross-env NODE_ENV=production npm-run-all clean compile
webpack:production",
```

```json
    "build:dev": "cross-env NODE_ENV=development npm-run-all clean compile
webpack:development",
    "clean": "rm -rf ./dist",
    "compile": "tsc",
    "lint": "npm run --prefix ../../ lint",
    "lint:fix": "npm run --prefix ../../ lint:fix",
    "prepublishOnly": "npm run lint && npm run build",
    "webpack:development": "webpack --config=../../webpack.config.ts --env
mode=development --env type=package --env packageName=utils",
    "webpack:production": "webpack --config=../../webpack.config.ts --env
mode=production --env type=package --env packageName=utils"
  },
  "author": "Carlos Santana",
  "license": "MIT",
  "dependencies": {
    "currency-formatter": "^1.5.9",
    "slug": "^8.2.2",
    "uuid": "^9.0.0"
  },
  "devDependencies": {
    "@types/currency-formatter": "^1.5.1",
    "@types/slug": "^5.0.3",
    "@types/uuid": "^9.0.0"
  }
}
```

이 `package.json`에는 언급해야 할 몇 가지 중요한 엘리먼트가 있다.

- 첫 번째는 패키지의 이름인 `@web-creator/utils`이다. 앞에서 언급했듯이 이것은 단일 저장소 안에서 패키지의 이름을 붙이는 올바른 방법이다.

- 두 번째 노드는 `version`이다. 이 노드는 항상 `1.0.0`이다(NPM 저장소에 이 패키지를 공개하기를 원치 않는 한 변하지 않는다. 지금은 걱정할 필요가 없다).

- `main`은 `utils` 코드가 위치하는 곳이며 항상 `dist/index.js`이다.

- `types` 노드는 타입스크립트의 타입을 로드할 수 있다. 지정하지 않으면 이 패키지를 소비할 때 여러분이 `utils` 패키지에 추가한 타입을 볼 수 없다.

- 마지막으로 `files` 노드는 배열이며 컴파일된 패키지를 포함하는 `dist` 디렉터리를 포함한다.

추가로 여러분이 알아둬야 할 흥미로운 점이 있다. build 명령어는 npm-run-all을 사용해
여러 스크립트를 실행한다. npm-run-all은 여러 스크립트를 차례로 실행하도록 도와주는
라이브러리이다. 여기에서는 clean 스크립트를 먼저 실행해서 dist 폴더를 없앤 뒤 깨끗한
환경에서 시작한다. 그 뒤 타입스크립트(tsc)와 함께 코드를 compile하고 webpack:production
을 실행한다. 이것은 webpack을 실행하는데, webpack은 루트(두 단계 위)에 존재하는 구성 파일을
지정한다. 또한 --env 플래그를 사용해 값들을 변수로 전달한다.

이 변수들은 webpack.config.ts 파일에 정의돼 있다. 예시에서는 mode=production, type=
package 그리고 packageName=utils를 전달한다.

몇몇 스크립트는 npm run --prefix ../../를 포함하고 있다. 나는 여러분이 명령어의
--prefix의 의미를 궁금해할 것이라고 확신한다. 이 플래그는 근본적으로 NPM에게 다른
package.json으로부터 스크립트를 실행할 것을 원한다고 전달하는 방법이다. 이 예시에서
우리는 디렉터리 구조에서 두 단계를 거슬러 올라가 루트 package.json에 존재하는 lint 스
크립트를 실행할 것이다.

이제 첫 번째 util 파일인 is.tsx를 생성하자. 이 파일은 packages/utils/src/utils/is.tsx
에 위치하며 그 내용은 다음과 같다.

```
const is = {
  Array(v: unknown) {
    return v instanceof Array
  },
  Defined(v: unknown) {
    return typeof v !== 'undefined' && v !== null
  },
  Email(email: string) {
    const regex = /^[^\s@]+@[^\s@]+\.[^\s@]+$/
    return regex.test(email)
  },
  False(v: unknown) {
    return (this.Defined(v) && v === false) || v === 'false'
  },
  Number(v: unknown) {
    return typeof v === 'number'
  },
  Function(v: unknown) {
```

```typescript
      return typeof v === 'function'
  },
  Object(v: unknown) {
    return this.Defined(v) && typeof v === 'object' && !this.Array(v)
  },
  String(v: unknown) {
    return this.Defined(v) && typeof v === 'string'
  },
  Undefined(v: unknown) {
    return typeof v === 'undefined' || v === null
  },
  JSON(str: string) {
    if (!str || str === null) {
      return false
    }
    try {
      JSON.parse(str)
    } catch (e) {
      return false
    }
    return true
  },
  Password(password: string, min = 8) {
    return Boolean(password && password.length >= min)
  },
  PasswordMatch(p1: string, p2: string) {
    return this.Password(p1) && this.Password(p2) && p1 === p2
  },
  Browser() {
    return typeof window !== 'undefined'
  },
  Device() {
    if (!this.Browser()) {
      return false
    }
    const ua = navigator.userAgent
    if (/(tablet|ipad|playbook|silk)|(android(?!.*mobi))/i.test(ua)) {
      return true
    }
    if (/Mobile|Android|iP(hone|od)|IEMobile|BlackBerry|Kindle|Silk-
Accelerated|(hpw|web)OS|Opera M(obi|ini)/.test(ua)) {
      return true
    }
    return false
```

```
  },
  EmptyObject(v: any) {
    return v ? Object.keys(v).length === 0 : true
  }
}
export default is
```

이 util 파일을 생성한 뒤에는 packages/utils/src/index.ts 파일을 생성해야 한다. 여기에서 여러분의 모든 utils를 익스포트한다.

```
export { default as is } from './utils/is'
```

마지막으로 새로운 utils 패키지를 컴파일할 수 있도록 루트 package.json에 스크립트를 추가해야 한다. 루트 package.json의 내용은 다음과 같다.

```json
{
  "name": "web-creator",
  "private": true,
  "workspaces": [
    "packages/*"
  ],
  "scripts": {
    "lint": "eslint --ext .tsx,.ts ./packages/**/src",
    "lint:fix": "eslint --ext .tsx,.ts ./packages/**/src",
    "build": "npm-run-all build:*",
    "build:devtools": "cd ./packages/devtools && npm run build",
    "build:utils": "cd ./packages/utils && npm run build",
    "build:authentication": "cd ./packages/authentication && npm run build",
    "build:design-system": "cd ./packages/design-system && npm run build",
    "build:api": "cd ./packages/api && npm run build",
  },
  "devDependencies": {
    "@typescript-eslint/eslint-plugin": "^5.49.0",
    "@typescript-eslint/parser": "^5.49.0",
    "cross-env": "^7.0.3",
    "eslint": "^8.33.0",
    "eslint-config-airbnb": "^19.0.4",
    "eslint-config-airbnb-typescript": "^17.0.0",
    "eslint-config-prettier": "^8.6.0",
    "eslint-import-resolver-typescript": "^3.5.3",
```

```json
      "eslint-plugin-import": "^2.27.5",
      "eslint-plugin-jsx-a11y": "^6.7.1",
      "eslint-plugin-prettier": "^4.2.1",
      "eslint-plugin-react": "^7.32.2",
      "eslint-plugin-react-hooks": "^4.6.0",
      "npm-run-all": "^4.1.5",
      "prettier": "^2.8.3",
      "ts-node": "^10.9.1",
      "typescript": "^4.9.5",
      "webpack-cli": "^5.0.1"
    },
    "dependencies": {
      "webpack": "^5.75.0",
      "webpack-merge": "^5.8.0"
    }
  }
```

앞에서 볼 수 있듯이 build:package_name(여기에서는 build:utils) 스크립트를 빌드하기 원하는 각 패키지에 대해 추가해야 한다. 그러면 빌드 스크립트는 npm-run-all build:*를 사용해서 해당 패키지들을 모두 빌드한다.

이제 utils 디렉터리 안에서 npm run build를 실행하면 utils 패키지를 빌드할 수 있다. 빌드 실행 결과는 다음과 같다.

```
  → utils git:(main) ✗ npm run build

> @web-creator/utils@1.0.0 build
> cross-env NODE_ENV=production npm-run-all clean compile webpack:production


> @web-creator/utils@1.0.0 clean
> rm -rf ./dist


> @web-creator/utils@1.0.0 compile
> tsc


> @web-creator/utils@1.0.0 webpack:production
> webpack --config=../../webpack.config.ts --env mode=production --env type=package --env packageName=utils
```

그림 14.7 utils 빌드하기

이어서 이 패키지를 컴파일할 때 사용한 웹팩 구성 로그를 확인할 수 있다.

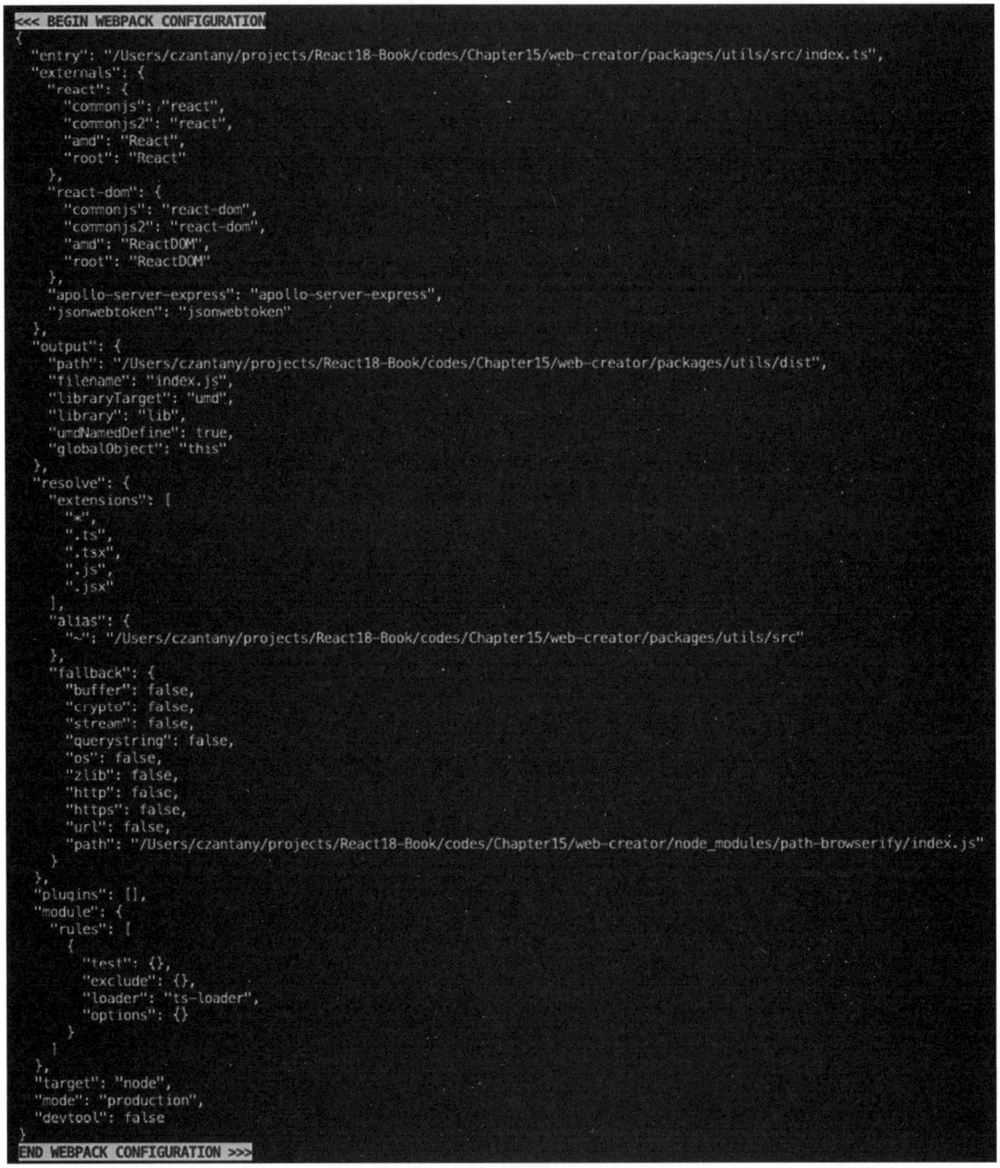

```
<<< BEGIN WEBPACK CONFIGURATION
{
  "entry": "/Users/czantany/projects/React18-Book/codes/Chapter15/web-creator/packages/utils/src/index.ts",
  "externals": {
    "react": {
      "commonjs": "react",
      "commonjs2": "react",
      "amd": "React",
      "root": "React"
    },
    "react-dom": {
      "commonjs": "react-dom",
      "commonjs2": "react-dom",
      "amd": "ReactDOM",
      "root": "ReactDOM"
    },
    "apollo-server-express": "apollo-server-express",
    "jsonwebtoken": "jsonwebtoken"
  },
  "output": {
    "path": "/Users/czantany/projects/React18-Book/codes/Chapter15/web-creator/packages/utils/dist",
    "filename": "index.js",
    "libraryTarget": "umd",
    "library": "lib",
    "umdNamedDefine": true,
    "globalObject": "this"
  },
  "resolve": {
    "extensions": [
      "*",
      ".ts",
      ".tsx",
      ".js",
      ".jsx"
    ],
    "alias": {
      "~": "/Users/czantany/projects/React18-Book/codes/Chapter15/web-creator/packages/utils/src"
    },
    "fallback": {
      "buffer": false,
      "crypto": false,
      "stream": false,
      "querystring": false,
      "os": false,
      "zlib": false,
      "http": false,
      "https": false,
      "url": false,
      "path": "/Users/czantany/projects/React18-Book/codes/Chapter15/web-creator/node_modules/path-browserify/index.js"
    }
  },
  "plugins": [],
  "module": {
    "rules": [
      {
        "test": {},
        "exclude": {},
        "loader": "ts-loader",
        "options": {}
      }
    ]
  },
  "target": "node",
  "mode": "production",
  "devtool": false
}
END WEBPACK CONFIGURATION >>>
```

그림 14.8 웹팩 구성

마지막으로 웹팩에 의해 컴파일된 파일을 확인할 수 있다.

```
assets by path utils/ 11.2 KiB
  assets by path utils/*.ts 5.41 KiB
    asset utils/dates.d.ts 778 bytes [compared for emit]
    asset utils/is.d.ts 597 bytes [compared for emit]
    asset utils/graphql.d.ts 497 bytes [compared for emit]
    + 20 assets
  assets by path utils/*.map 5.74 KiB
    asset utils/graphql.d.ts.map 553 bytes [compared for emit]
    asset utils/values.d.ts.map 491 bytes [compared for emit]
    asset utils/url.d.ts.map 429 bytes [compared for emit]
    asset utils/dates.d.ts.map 321 bytes [compared for emit]
    + 19 assets
asset index.js 61.8 KiB [emitted] [minimized] (name: main) 1 related asset
asset index.d.ts.map 1 KiB [compared for emit]
asset index.d.ts 1020 bytes [compared for emit]
orphan modules 9.85 KiB [orphan] 15 modules
runtime modules 937 bytes 4 modules
javascript modules 78.9 KiB
  modules by path ./src/ 29.2 KiB
    modules by path ./src/utils/*.ts 23.6 KiB 22 modules
    ./src/index.ts 3.81 KiB [built] [code generated]
    ./src/utils/is.tsx 1.79 KiB [built] [code generated]
  modules by path ../../node_modules/ 49.6 KiB
    modules by path ../../node_modules/locale-currency/*.js 3.52 KiB 2 modules
    + 5 modules
  external "crypto" 42 bytes [built] [code generated]
json modules 26 KiB
  ../../node_modules/currency-formatter/currencies.json 25 KiB [built] [code generated]
  ../../node_modules/currency-formatter/localeFormats.json 1.03 KiB [built] [code generated]
webpack 5.75.0 compiled successfully in 1560 ms
```

그림 14.9 웹팩에 의해 컴파일된 파일

이제 devtools로 컴파일되는 첫 번째 패키지를 생성했고 패키지의 구조에 관해 이해했다.
이제 API를 다뤄보자.

⁝⁝ API 패키지 생성하기

이 패키지에는 다중 서비스 시스템을 구현할 것이다. 이 시스템을 사용하면 하나 이상의 서비스를 여러 데이터베이스에 연결할 수 있다. api 패키지의 package.json 파일의 형태를 살펴보자.

```json
{
  "name": "@web-creator/api",
  "version": "1.0.0",
  "main": "index.js",
```

```json
  "scripts": {
    "build": "cross-env NODE_ENV=production npm-run-all clean compile
webpack:production",
    "build:dev": "cross-env NODE_ENV=development npm-run-all clean compile
webpack:development",
    "clean": "rm -rf ./dist",
    "compile": "tsc",
    "dev": "ts-node-dev src/index.ts",
    "lint": "npm run --prefix ../../ lint",
    "lint:fix": "npm run --prefix ../../ lint:fix",
    "webpack:development": "webpack --config=../../webpack.config.ts --env
mode=production --env type=api --env packageName=api",
    "webpack:production": "webpack --config=../../webpack.config.ts --env
mode=development --env type=api --env packageName=api"
  },
  "author": "Carlos Santana",
  "license": "MIT",
  "dependencies": {
    "@graphql-tools/merge": "8.3.18",
    "@graphql-tools/schema": "9.0.16",
    "@web-creator/authentication": "1.0.0",
    "@web-creator/utils": "^1.0.0",
    "@apollo/server": "^4.7.3",
    "cookie-parser": "^1.4.6",
    "cors": "^2.8.5",
    "dotenv": "^16.0.3",
    "express": "^4.18.2",
    "graphql": "16.6.0",
    "graphql-middleware": "6.1.33",
    "graphql-tag": "2.12.6",
    "isomorphic-fetch": "^3.0.0",
    "jsonwebtoken": "^9.0.0",
    "pg": "^8.9.0",
    "pg-hstore": "^2.3.4",
    "pg-native": "^3.0.1",
    "sequelize": "^6.28.0",
    "sequelize-typescript": "^2.1.5"
  },
  "devDependencies": {
    "@types/body-parser": "^1.19.2",
    "@types/express-jwt": "^6.0.4",
    "@types/jsonwebtoken": "^9.0.1",
    "@types/cors": "^2.8.13",
    "@types/node": "^18.11.18",
```

```
      "@types/pg": "^8.6.6",
      "ts-node-dev": "2.0.0"
    }
  }
}
```

여기에서는 Sequelize(ORM)와 데이터베이스로 PostgreSQL을 사용한다. 하지만 원한다면 MySQL 혹은 Sequalize가 지원하는 다른 데이터베이스를 사용해도 관계없다.

다음 절에서는 이 단계들을 자세히 살펴볼 것이다. 모든 컴포넌트를 통합하고 성공적으로 여러분의 CRM 서비스를 작동시키는 방법을 소개할 것이다. 복잡해 보인다고 해도 걱정할 필요 없다. 천천히 진행하면서 충분한 설명을 제공할 것이다.

사용자 공유 모델 생성하기

가장 먼저 생성해야 할 것은 공유 모델로, 현재는 User 모델뿐이다. 이 공유 모델은 모든 사이트에 대해 공유된 인증 시스템을 생성한다.

User 모델 파일은 packages/api/src/models/User.ts에 생성해야 하며 id(UUID), username (STRING), password(STRING), Email(STRING), Role(STRING), 및 active(BOOLEAN) 필드들을 포함해야 한다.

```
import { security } from '@web-creator/utils'
import { DataType, Sequelize, User } from '../types'
export default (sequelize: Sequelize, dataType: DataType): User => {
  const user = sequelize.define('User', {
      id: {
        primaryKey: true,
        allowNull: false,
        type: dataType.UUID,
        defaultValue: dataType.UUIDV4()
      },
      username: {
        type: dataType.STRING,
        allowNull: false,
        unique: true,
        validate: {
          isAlphanumeric: {
```

```
          args: true,
          msg: 'The user just accepts alphanumeric characters'
        },
        len: {
          args: [4, 20],
          msg: 'The username must be from 4 to 20 characters'
        }
      }
    },
    password: {
      type: dataType.STRING,
      allowNull: false
    },
    email: {
      type: dataType.STRING,
      allowNull: false,
      unique: true,
      validate: {
        isEmail: {
          args: true,
          msg: 'Invalid email'
        }
      }
    },
    role: {
      type: dataType.STRING,
      allowNull: false
    },
    active: {
      type: dataType.BOOLEAN,
      allowNull: false,
      defaultValue: false
    }
  },
  {
    hooks: {
      beforeCreate: (u: User): void => {
        u.password = security.encrypt(u.password)
      }
    }
  }
)

  return user
}
```

사용자 공유 GraphQL 타입 및 리졸버

User 공유 모델 외에 공유 GraphQL **타입**과 **리졸버**를 생성해야 한다. 이들은 모든 사이트에서 GraphQL을 사용해 인증을 처리하기 위한 것이다.

먼저 error라 부르는 또 다른 공유 GraphQL 타입을 생성해야 한다. 이 타입은 뒤에서 생성할 모든 쿼리 또는 뮤테이션에서의 에러를 처리하는 데 도움을 준다. 이 파일은 packages/api/src/graphql/types/Error.ts에 위치한다.

```
import gql from 'graphql-tag'
export default gql`
type ErrorResponse {
  code: Int
  message: String!
}


type Error {
  error: ErrorResponse
}
`
```

또 다른 공유 타입은 스칼라 타입이다. 이 타입은 UUID, Datetime, JSON과 같은 스칼라 타입을 정의한다. 이 파일은 packages/api/src/graphql/types/Scalar.ts에 위치한다.

```
import gql from 'graphql-tag'
export default gql`
scalar UUID
scalar Datetime
scalar JSON
`
```

마지막으로 User 타입을 생성해야 한다. 이 타입은 액세스 토큰(at)을 경유해서 특정한 사용자를 얻고, 모든 사용자를 얻고, 새로운 사용자를 생성하고 로그인을 하기 위한 몇 가지 뮤테이션을 얻는 등의 쿼리를 포함한다.

이 파일은 packages/api/src/graphql/types/User.ts에 위치한다.

```
import gql from 'graphql-tag'
export default gql`
  "User type"
  type User {
    id: UUID!
    username: String!
    email: String!
    role: String!
    active: Boolean!
    createdAt: Datetime!
    updatedAt: Datetime!
  }
  "Token type"
  type Token {
      token: String!
    }
  "User Query"
  type Query {
    getUser(at: String!): User!
    getUsers: [User!]
  }
  "User Mutation"
  type Mutation {
    createUser(input: ICreateUser): User!
    login(input: ILogin): Token!
  }
  "CreateUser Input"
  input ICreateUser {
    username: String!
    password: String!
    email: String!
    active: Boolean!
    role: String!
  }
  "Login Input"
  input ILogin {
    emailOrUsername: String!
    password: String!
  }
  `
```

앞에서 설명한 타입들을 생성했다면 사용자 리졸버를 생성해야 한다. 이를 위해 authentica
tion 패키지를 사용한다(https://github.com/moseskim/React-18-Design-Patterns-and-Best-Practices-Fourth-Edition/
tree/main/Chapter14/web-creator/packages/authentication의 코드를 확인하라). 13장에서 생성했던 인증 시스템을
기억하는가? 동일한 코드이지만 이번에는 자체 패키지를 가질 것이다. 이 리졸버는 packages/
api/src/graphql/resolvers/user.ts에 위치한다.

```
import { authenticate, getUserBy, getUserData } from '@web-builder/
authentication'
import { ICreateUser, ILogin, Model } from '../../types'
const getUsers = (_: any, _args: any, { models }: { models: Model }) => models.
User.findAll()
const getUser = async (_: any, { at }: { at: string }, { models }: {models:
Model}) => {
  const connectedUser = await getUserData(at)
  if (connectedUser) {
    // Validating if the user is still valid
    const user = await getUserBy(
      {
        id: connectedUser.id,
        email: connectedUser.email,
        active: connectedUser.active
      },
      [connectedUser.role],
      models
    )
    if (user) {
      return {
        ...connectedUser
      }
    }
  }
  return {
    id: '',
    username: '',
    email: '',
    role: '',
    active: false
  }
}
const createUser = (_:any, {input}: {input: ICreateUser}, {models}:
{models: Model}) => models.User.create({ ...input })
```

```
const login = (_: any, { input }: { input: ILogin }, { models }: { models: Model })
=> authenticate(input.emailOrUsername, input.password, models)
export default {
  Query: {
    getUser,
    getUsers
  },
  Mutation: {
    createUser,
    login
  }
}
```

커스텀 서비스 생성하기

이제 커스텀 서비스를 생성할 차례이다. 이를 위해 하나의 기본 서비스와 ^(빈 서비스를 갖기 위해) CRM 프로젝트를 위한 하나의 서비스를 만든다^(crm이라 부른다).

가장 먼저 서비스 구성을 생성해야 한다. 이를 위해 몇 가지 타입을 생성한다. 이 타입들은 구성이 맞는 옵션을 엄격하게 통제하는 데 도움을 준다. 이 파일은 packages/api/src/types/ config.ts에 위치한다.

```
import { ValueOf } from '@web-creator/utils'
// 여기에서 여러분이 생성하고자 하는 모든 서비스를 추가해야 한다
export const Service = {
  CRM: 'crm'
} as const
export type Service = ValueOf<typeof Service>
export type Mode = 'production' | 'development'
export enum DeploymentType {
  PRODUCTION = 'production',
  STAGING = 'staging',
  DEVELOPMENT = 'development'
}
export interface ServiceConfiguration {
  domainName: string
  port: number
  database?: {
    engine?: string
```

```ts
    port?: number
    host?: string
    database?: string
    username?: string
    password?: string
  }
}
export interface ServiceBuilderConfiguration extends ServiceConfiguration
{
  service: Service
}
```

기본 구성은 다음과 같다(packages/api/src/services/default/config.ts).

```ts
import { ServiceConfiguration } from '../../types/config'
export const config: ServiceConfiguration = {
  domainName: 'localhost',
  port: 4000,
  database: {
    engine: 'postgresql',
    port: 5432,
    host: 'localhost',
    database: '',
    username: '',
    password: ''
  }
}
```

다음으로 CRM 구성을 생성한다(커스텀 서비스). 이 파일은 packages/api/src/services/crm/config.ts에 위치한다.

```ts
import { ServiceConfiguration } from '../../types/config'
export const config: ServiceConfiguration = {
  domainName: 'ranchosanpancho.com',
  port: 4000,
  database: {
    database: 'crm'
  }
}
```

데이터베이스 노드(engine, port, host, username 및 password)의 다른 옵션들은 어디에 있는지 궁금할 것이다. 그 옵션들은 나중에 작성할 메인 구성 파일에 덮어쓰일 것이지만, 그 값들은 .env 파일에서 가져올 것이다(.env.example 파일의 이름을 바꿔야 한다). 그러면 packages/api/.env 파일을 생성하자.

```
DB_ENGINE=postgresql
DB_PORT=5432
DB_HOST=localhost
DB_USERNAME=<YourDBUserName>
DB_PASSWORD=<YourDBPassword>
```

서비스 구성 빌드하기

커스텀 서비스CRM를 준비했으므로 구성을 빌드하자. 이를 위해 구성 파일을 packages/api/src/config.ts에 생성해야 한다.

```typescript
// 이 패키지는 .env 파일에서 환경변수들을 로드한다
import dotenv from 'dotenv'
// 여기에 여러분의 커스텀 서비스 구성을 추가할 수 있다
import { config as crmConfig } from './services/crm/config'
import { config as blankServiceConfig } from './services/default/config'
import { Service, ServiceBuilderConfiguration, ServiceConfiguration } from './types/config'
// 환경변수 로딩
dotenv.config()
const getServiceConfig = (service: Service): ServiceConfiguration => {
  switch (service) {
    // 여기에 여러분의 커스텀 서비스를 추가한다
    case Service.CRM:
    return crmConfig
    default:
    return blankServiceConfig
  }
}
const buildConfig = (): ServiceBuilderConfiguration => {
  const service = process.env.SERVICE as Service
  if (!service) {
    throw 'You must specify a service (E.g., SERVICE=crm npm run dev)'
```

```typescript
  }
  const serviceConfig = getServiceConfig(service)
  const config: ServiceBuilderConfiguration = {
    ...serviceConfig,
    database: {
      ...serviceConfig.database,
      engine: process.env.DB_ENGINE,
      host: process.env.DB_HOST,
      port: Number(process.env.DB_PORT),
      username: process.env.DB_USERNAME,
      password: process.env.DB_PASSWORD
    },
    service
  }
  return config
}
// 구성을 빌드한다
const Config = buildConfig()
export default Config
```

커스텀 모델 생성하기

구성을 올바르게 생성했다면 CRM 서비스를 위한 커스텀 모델을 생성해야 한다. 커스텀 모델은 특정 서비스를 위해 생성하며 다른 서비스와 공유되지 않는다. 여기에서는 Guest 모델 하나를 추가한다. 이 모델은 packages/api/src/services/crm/models/Guest.ts에 저장한다.

```typescript
import { DataType } from '../../../types'
export default (sequelize: any, dataType: DataType) => {
  const Guest = sequelize.define('Guest', {
    id: {
      primaryKey: true,
      allowNull: false,
      type: dataType.UUID,
      defaultValue: dataType.UUIDV4()
    },
    fullName: {
      type: dataType.STRING,
      allowNull: false
    },
    email: {
```

```
      type: dataType.STRING,
      allowNull: false,
      unique: true
    },
    photo: {
      type: dataType.STRING,
      allowNull: true
    },
    phone: {
      type: dataType.STRING,
      allowNull: true
    },
    socialMedia: {
      type: dataType.STRING,
      allowNull: true
    },
    location: {
      type: dataType.STRING,
      allowNull: true
    },
    gender: {
      type: dataType.STRING,
      allowNull: true
    },
    birthday: {
      type: dataType.STRING,
      allowNull: true
    }
  })
  return Guest
}
```

Guest 모델을 생성했다면 데이터베이스에 연결하고, 글로벌 모델(User)과 로컬 모델(Guest)을 연결해 서비스 테이블을 생성해야 한다. 이 파일은 packages/api/src/services/crm/models/index.ts에 생성해야 한다.

```
import { keys, ts } from '@web-creator/utils'
import pg from 'pg'
import { Sequelize } from 'sequelize'
import Config from '../../../config'
// 데이터베이스 연결
```

```typescript
const { engine, port, host, database, username, password } = Config.
database ?? {}
const uri = `${engine}://${username}:${password}@${host}:${port}/${database}`
const sequelize = new Sequelize(uri, {
  dialectModule: pg
})
// 모델
const addModel = (path: string) => require(path).default(sequelize,
Sequelize)
const models: any = {
  User: addModel('../../../models/User'), // 글로벌 모델
  Guest: addModel('./Guest'), // 로컬 모델
  sequelize // sequelize 객체를 전달해야 한다
}
// 관계
keys(models).forEach((modelName: string) => {
  if (ts.hasKey(models, modelName)) {
    if (models[modelName].associate) {
      models[modelName].associate(models)
    }
  }
})
export default models
```

모델 시드 생성하기

시드^{Seed}는 모델(테이블)을 위한 초기 데이터이다. 대부분의 경우 우리는 모든 모델 값들을 삭제하지만 그중 몇 가지 값은 기본값으로 남겨두기를 원한다. 여기에서는 User 모델과 Guest 모델에 몇 가지 기본 데이터를 추가할 것이다.

```typescript
import models from '../models'
async function createFirstUser(): Promise<any> {
  const existingUsers = await models.User.findAll()

  if (existingUsers.length === 0) {
    const newUser: any = await models.User.create({
      username: 'admin',
      password: '12345678',
      email: 'admin@ranchosanpancho.com',
```

```typescript
      role: 'god',
      active: true
    })
    return newUser
  }
  return null
}
async function createGuests(): Promise<any> {
  const existingGuests = await models.Guest.findAll()
  if (existingGuests.length === 0) {
    const newGuests: any = await models.Guest.bulkCreate([
      {
        fullName: 'Carlos Santana',
        email: 'carlos@ranchosanpancho.com',
        photo: 'carlos.jpg',
        phone: '+1 555 555 5555',
        socialMedia: 'https://www.facebook.com/carlos.santana',
        location: 'Colima, Mexico',
        gender: 'Male',
        birthday: '11/21/1987'
      },
      {
        fullName: 'Cristina Santana',
        email: 'cristina@ranchosanpancho.com',
        photo: 'cristina.jpg',
        phone: '+1 444 444 4444',
        socialMedia: 'https://www.facebook.com/cristina.santana',
        location: 'Colima, Mexico',
        gender: 'Female',
        birthday: '1/20/1989'
      }
    ])
    return newGuests
  }
  return null
}
function setInitialSeeds(): void {
  createFirstUser()
  createGuests()
}
export default setInitialSeeds
```

커스텀 GraphQL 타입과 리졸버 생성하기

CRM에 대해 우리가 생성한 다양한 서비스에서 GraphQL을 사용할 수 있는 방법을 설명하기 위해 Guest 타입과 리졸버를 생성할 것이다. 가장 먼저 Guest 타입을 생성해야 하며 이파일은 packages/api/src/services/crm/graphql/types/Guest.ts에 위치한다.

```
import gql from 'graphql-tag'
export default gql`
  type Guest {
    id: UUID!
    fullName: String!
    email: String!
    photo: String!
    socialMedia: String!
    location: String!
    phone: String!
    gender: String!
    birthday: String
    createdAt: Datetime!
    updatedAt: Datetime!
  }
  type GuestResponse {
    guests: [Guest!]!
  }
  union GuestResult = GuestResponse | Error
  type Query {
    getGuests: GuestResult
  }
`
```

코드에서 볼 수 있듯이 Guest 타입을 fullName, email, photo 등과 같은 몇 가지 개인 필드들과 함께 정의했다. 그다음 GuestResponse 타입을 만들었다. 이 타입은 게스트의 배열을 나타낸다([Guest!]!). 대괄호([])는 이것이 배열임을 나타내고, 느낌표(!)는 null 값을 포함할 수 없음을 나타낸다. 그다음 하나의 union 타입을 생성했다. 이 타입은 schema 필드가 여러 객체 타입 중 하나를 반환할 수 있게 한다. 여기에서는 게스트를 가질 때, 또는 게스트를 갖지 못하거나 다른 이슈로 Error 타입을 가질 때 GuestResponse를 반환할 수 있다. 다른 상황이 발생한다면 리졸버에 해당 타입에 대한 응답을 정의한다.

이 타입의 파일(들)을 작성했다면 모든 **타입 정의**^{Type Definition}(TypeDefs)를 병합해야 한다. 이를 위해 types 디렉터리 안에 index.ts 파일을 생성하고 글로벌 타입(Error, Scalar, User)을 임포트한다. 또한 로컬 타입(Guest)을 포함시키고 이를 @graphql-tools/merge가 제공하는 함수에 병합한다.

```
import { mergeTypeDefs } from '@graphql-tools/merge'
// 글로벌 타입
import Error from '../../../../graphql/types/Error'
import Scalar from '../../../../graphql/types/Scalar'
import User from '../../../../graphql/types/User'
// 로컬 타입
import Guest from './Guest'
export default mergeTypeDefs([Error, Scalar, User, Guest])
```

이제 여러분이 작성한 타입을 병합했으므로 Guest 리졸버를 생성해야 한다. 이 파일은 packages/api/src/services/crm/graphql/resolvers/guest.ts에 위치한다.

```
export default {
  Query: {
    getGuests: async (_: any, _args: any, { models }: { models: any }):
Promise<any> => {
      const guests = await models.Guest.findAll({
        order: [['fullName', 'ASC']]
      })
      // 게스트가 존재하면 게스트를 GuestResponse 타입과 함께 반환한다
      if (guests.length > 0) {
        return {
          __typename: 'GuestResponse',
          guests
        }
      }
      // 게스트가 존재하지 않으면 404 코드 및 메시지와 함께 Error 타입을 반환한다
      return {
        __typename: 'Error',
        error: {
          code: 404,
          message: 'No guests found'
        }
      }
    }
```

```
    }
  }
```

보다시피, 게스트(또는 데이터)를 찾으면 이를 반환하고 __typename 속성(GraphQL 속성인)에 값을 GuestResponse로 추가한다. 이 속성은 union을 사용했기 때문에 올바른 타입으로 쿼리를 해결하기 위해 필요하다. 여기에서는 GuestResponse 타입 또는 Error 타입을 반환한다. 반면 게스트를 찾지 못하면 에러 객체와 코드 및 메시지를 반환하고 __typename은 Error로 설정한다.

리졸버에 대해서도 동일한 작업을 수행해야 한다. 글로벌 리졸버와 로컬 리졸버를 병합해야 한다. 이를 위해서는 index.ts 파일을 동일한 resolvers 디렉터리에 생성하고 다음 코드를 추가한다.

```
import { mergeResolvers } from '@graphql-tools/merge'
import user from '../../../../graphql/resolvers/user'
import guest from './guest'
const resolvers = mergeResolvers([user, guest])
export default resolvers
```

리졸버에 대해서도 TypeDef에서 했던 것과 유사한 작업을 수행했다. 이제 글로벌 사용자 리졸버와 게스트 리졸버를 병합해야 한다.

모델 동기화하기와 Apollo 서버 시작하기

이제 커스텀 configs, models, seeds, types, 및 resolvers를 생성했으므로 모든 것을 하나로 모으고, 모델을 동기화하고, Apollo 서버를 시작한다. 이 파일은 packages/api/src/index.ts에 위치한다.

```
import { makeExecutableSchema } from '@graphql-tools/schema'
import { ts } from '@web-creator/utils'
import { ApolloServer } from '@apollo/server'
import { expressMiddleware } from '@apollo/server/express4'
import { ApolloServerPluginDrainHttpServer } from '@apollo/server/plugin/
drainHttpServer'
```

```
import bodyParser from 'body-parser'
import http from 'http'
import cookieParser from 'cookie-parser'
import cors from 'cors'
import express, { NextFunction, Request, Response } from 'express'
import { applyMiddleware } from 'graphql-middleware'
import { json } from 'body-parser'
import { Service } from './types/config'
```

필요한 모든 패키지를 임포트한 뒤 먼저 터미널에서 SERVICE 변수를 받았는지 확인해야 한다. 해당 변수를 받지 않았다면 기본 서비스를 선택한다. 또한 서비스가 유효한지(Service 타입에 존재하는지) 확인한다.

```
// 서비스
const service: any = process.env.SERVICE ?? 'default'
// 서비스 검증
if (!ts.includes(Service, service)) {
  throw 'Invalid service'
}
```

서비스가 유효한 것으로 확인되면 동적으로 resolvers, types, models 및 seeds를 임포트한다.

```
// 서비스 파일들을 동적으로 임포트한다
const resolvers = require(`./services/${service}/graphql/resolvers`).default
const typeDefs = require(`./services/${service}/graphql/types`).default
const models = require(`./services/${service}/models`).default
const seeds = require(`./services/${service}/seeds`).default
```

다음으로 Express 앱을 생성하고 cors, cookieParser 및 bodyParser를 구성한다.

```
const app = express()
const httpServer = http.createServer(app)
const corsOptions = {
  origin: '*',
  credentials: true
}
```

```
app.use(cors(corsOptions))
app.use(cookieParser())
app.use(bodyParser.json())
// CORS
app.use((req: Request, res: Response, next: NextFunction) => {
  res.header('Access-Control-Allow-Origin', '*')
  res.header('Access-Control-Allow-Headers', 'Origin, X-Requested-With, Content-
Type, Accept')
  next()
})
```

makeExecutableSchema와 함께 GraphQL 스키마를 생성하고 applyMiddleware를 사용한다.

```
// 스키마
const schema = applyMiddleware(
  makeExecutableSchema({
    typeDefs,
    resolvers
  })
)
```

마지막으로 AplloServer 인스턴스를 생성하고, 앞에서 생성한 스키마와 플러그인을 전달
한다.

```
// Apollo 서버
const apolloServer = new ApolloServer({
  schema,
  plugins:[ApolloServerPluginDrainHttpServer({ httpServer })]
})
```

이제 모델을 동기화해야 한다. alter 옵션을 사용하면 모델의 변경점을 리스닝하고 모델을
수정할 수 있다.

NOTE

무언가를 변경할 때 force 옵션은 매우 신중하게 사용해야 한다. force 옵션이 true이면 모든 테이블을 잘라
낼 것이다(즉, 여러분의 모든 데이터가 삭제된다). 따라서 반드시 필요할 때만 사용해야 한다.

```javascript
// 데이터베이스 동기화
  const main = async () => {
    const alter = true
    const force = false

    await apolloServer.start()
    await models.sequelize.sync({ alter, force })
    // 초기 시드 설정
    console.log('Initializing Seeds...')
    seeds()
    app.use(
      '/graphql',
      cors<cors.CorsRequest>(),
      json(),
      expressMiddleware(apolloServer, {
        context: async () => ({ models })
      })
    )
    await new Promise<void>((resolve) => httpServer.listen({ port: 4000 },
resolve))
    console.log(' Server ready at http://localhost:4000/graphql')
  }
  main()
```

CRM 서비스 테스트하기

모든 작업을 올바르게 수행했다면 api 패키지 안에서 `SERVICE=crm npm run dev` 명령을 실행할 수 있다. 실행 결과는 다음과 같을 것이다.

그림 14.10 SERVICE=crm npm run dev

데이터베이스를 확인하면 여러분의 모델로부터 2개의 테이블(Guests와 Users)이 생성된 것을 확인할 수 있다. 또한 여러분이 추가한 시드도 확인할 수 있다.

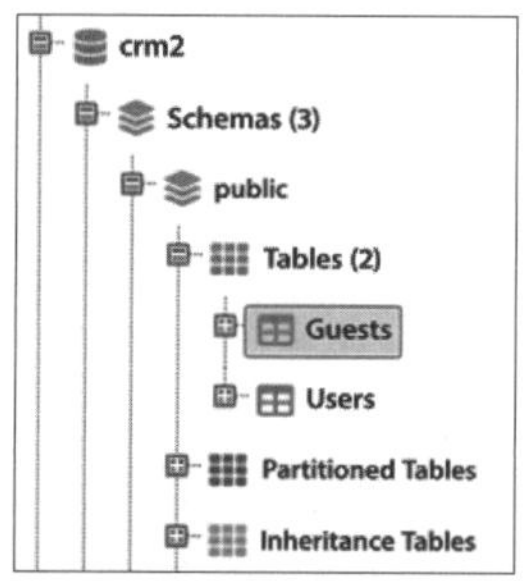

그림 14.11 Database 쿼리

그림에서 볼 수 있듯이 createdAt과 updatedAt 필드는 Sequelize가 자동으로 생성한다. 여기에서 http:.//localhost:4000/graphql에 방문하면 Apollo 서버가 올바르게 동작하는지 확인할 수 있다.

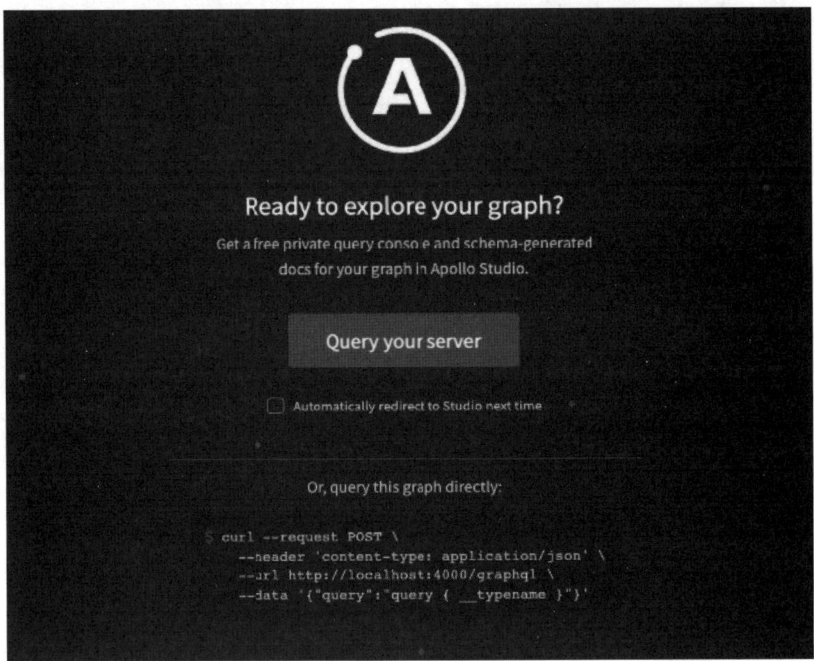

그림 14.12 GraphQL 탐색기

getGuests와 같은 서비스 쿼리를 테스트할 수 있다. 해당 쿼리가 무엇을 반환하는지 확인해 보자.

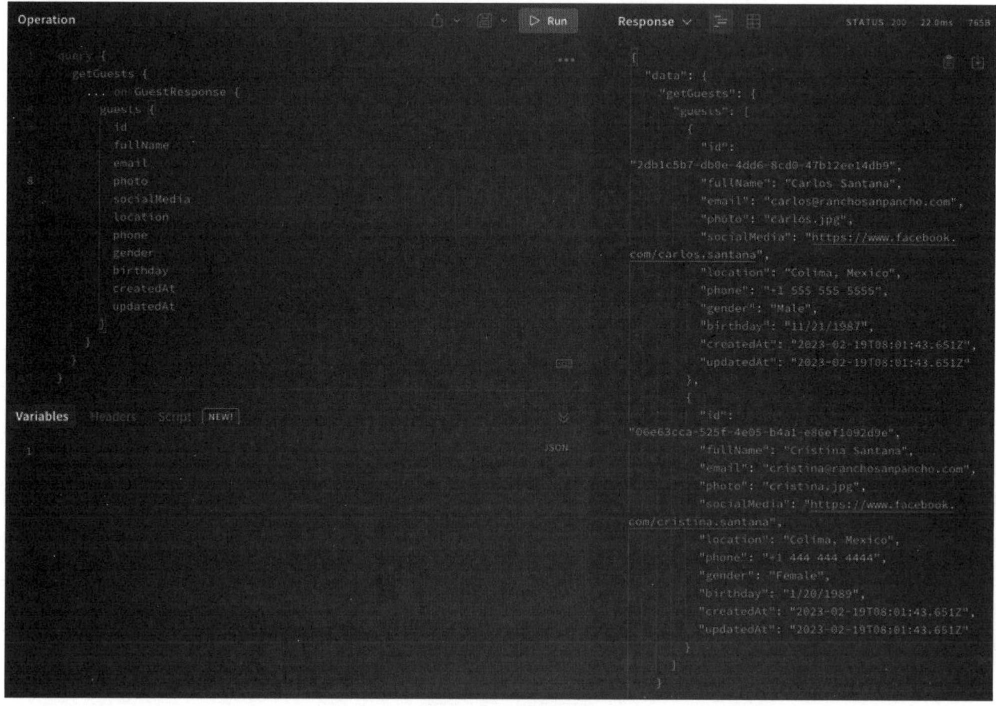

그림 14.13 getGuests 쿼리

getUsers 쿼리도 테스트할 수 있다.

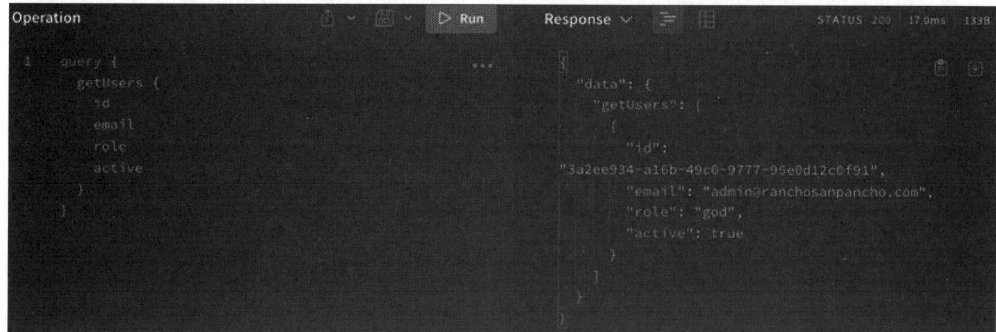

그림 14.14 getUsers 쿼리

마지막으로 로그인 뮤테이션을 테스트해서 글로벌 인증 시스템이 잘 동작하는지 확인할 수 있다.

그림 14.15 로그인 뮤테이션

∷ 프론트엔드 패키지 생성하기

이 패키지 안에는 다중 사이트 시스템을 구현한다. 여기에서 학습하는 내용은 동일한 코드 베이스를 사용해 하나 이상의 사이트를 만드는 데 도움을 줄 것이다.

이 패키지에 대한 package.json 파일은 다음과 같다.

```
{
  "name": "@web-creator/frontend",
  "version": "1.0.0",
  "scripts": {
    "dev": "cross-env NODE_ENV=development npm run next:dev",
    "build": "next build",
    "next": "ts-node src/server.ts",
    "next:dev": "ts-node src/server.ts",
```

```json
    "lint": "npm run --prefix ../../ lint",
    "lint:fix": "npm run --prefix ../../ lint:fix",
    "typecheck": "tsc --noEmit"
  },
  "author": "Carlos Santana",
  "license": "ISC",
  "peerDependencies": {
    "react": ">=17.0.2",
    "react-dom": ">=17.0.2"
  },
  "devDependencies": {
    "@babel/core": "^7.20.12",
    "@babel/node": "^7.20.7",
    "@types/cookie-parser": "^1.4.3",
    "@types/isomorphic-fetch": "^0.0.36",
    "@types/styled-components": "^5.1.26",
    "babel-plugin-jsx-remove-data-test-id": "^3.0.0",
    "babel-plugin-styled-components": "^2.0.7"
  },
  "dependencies": {
    "@apollo/client": "^3.7.7",
    "@web-creator/authentication": "1.0.0",
    "@web-creator/devtools": "1.0.0",
    "@web-creator/utils": "^1.0.0",
    "babel-preset-next": "^1.4.0",
    "cookie-parser": "^1.4.6",
    "dotenv": "^16.0.3",
    "express": "^4.18.2",
    "isomorphic-fetch": "^3.0.0",
    "next": "^13.1.6",
    "react-cookie": "^4.1.1",
    "styled-components": "^5.3.6",
    "webpack": "^5.75.0"
  }
}
```

frontend 패키지는 다른 패키지와 다소 다르게 동작한다. 이는 **Next.js**를 사용하기 때문이다. **Next.js**는 그 자체의 웹팩 구성을 처리한다. 다른 페이지와 달리 이 패키지는 devtools로 컴파일하지 않으며, 타입스크립트 구성 또한 약간 다르다.

다음은 frontend 패키지의 tsconfig.json 파일이다.

```json
{
  "extends": "../../tsconfig.common.json",
  "compilerOptions": {
    "outDir": "./dist",
    "baseUrl": ".",
    "isolatedModules": true,
    "noEmit": false,
    "allowJs": true,
    "forceConsistentCasingInFileNames": true,
    "incremental": true,
    "jsx": "preserve",
    "paths": {
      "~/*": ["./src/*"]
    }
  },
  "include": ["src/**/*"]
}
```

코드에서 볼 수 있듯이 ~ 경로를 정의한다. 이 경로는 다른 패키지에서는 devtools에 의해 처리되지만 여기에서는 다음 웹팩 구성을 직접 수정해야 한다. 이를 위해 next.config.js(그렇다. .ts가 아닌 .js이다) 파일을 다음과 같이 생성해야 한다.

```js
const path = require('path')
module.exports = {
  reactStrictMode: true,
  webpack: (config, { isServer }) => {
    // `fs` 모듈에 의존하는 npm 패키지를 수정한다
    if (!isServer) {
      config.resolve.fallback.fs = false
    }
    // 별칭
    config.resolve.alias['~'] = path.resolve(__dirname, './src')
    return config
  }
}
```

또 다른 설정으로 babelrc 파일에 styled-components 플러그인을 추가해야 한다. 그리고 next/babel 프리셋을 사용한다. 이 파일은 packages/frontend/.babelrc에 위치한다.

```json
{
  "presets": ["next/babel"],
  "plugins": [["styled-components", { "ssr": true, "preprocess": false
  }]],
  "env": {
    "production": {
      "plugins": ["babel-plugin-jsx-remove-data-test-id"]
    }
  }
}
```

14장의 상당한 부분을 완료했으므로, 이제 유니버설 User 모델을 생성할 것이다. 이 모델은 가입하는 모든 사용자를 위해 웹사이트 전체에서 활용할 수 있는 템플릿 역할을 한다.

다음으로 Sites 시스템 개발로 눈을 돌린다. 이 시스템은 웹사이트 관리를 책임지는 마스터 컨트롤 룸으로 시각화할 수 있다. 마치 TV 채널을 변경하는 것처럼 사용자가 웹사이트의 다른 페이지로 원활하게 전환할 수 있는 **페이지 스위처**Page Switcher도 만들 것이다.

다음으로 모든 웹사이트에서 일관된 로그인 경험을 보장하는 공통 Login 시스템을 구축할 것이다. 사용자 정의 및 기능을 향상시키기 위해 Sites 구성을 설정한다. 이 구성은 각 개별 사이트에 대한 규칙 또는 설정 패널로 작동하며, 사이트의 동작 및 기능을 지시할 것이다.

이 모든 컴포넌트를 통합해 server.ts라는 단일 파일에 모아 넣을 것이다. 이 파일은 시스템의 명령 센터 역할을 한다.

설정을 완료한 뒤에는 프로그램을 실행하고 다양한 예제를 사용해 결과를 확인하는 테스트를 진행할 것이다. 문제가 발생하면 시스템은 에러 메시지를 제공함으로써 문제 해결을 지원할 것이다.

다음 절에서는 이러한 단계가 작동하는 방법을 직접 확인하고, 이런 단계를 대규모 시스템 안에서 어떻게 통합하는지 이해하게 될 것이다. 지금으로서는 복잡하게 들릴 수 있지만 각 단계를 상세하게 설명하고 이해를 돕기 위해 안내할 것이니 걱정하지 말자.

Sites 시스템 생성하기

Sites 시스템은 API 패키지에서 생성한 서비스 시스템과 거의 동일하다. 단, 이 시스템은 데이터베이스 대신 웹사이트를 관리한다. 그러므로 앞에서와 마찬가지로 가장 먼저 할 일은 각 사이트의 구성을 생성하는 것이다. 이 시나리오에서는 'blank-page'라 부르는 기본 사이트를 갖는다. 이 사이트는 아무런 사이트도 제공되지 않을 때 시스템이 부서지는 것을 방지한다.

이 사이트에 대한 구성 파일을 packages/frontend/src/sites/blank-page/config.ts에 생성한다. 파일의 내용은 다음과 같다.

```ts
import { SiteConfiguration } from '../../types/config'
export const config: SiteConfiguration = {
  siteTitle: 'Blank Page',
  domainName: 'localhost',
  api: {
    uri: 'http://localhost:4000/graphql'
  },
  pages: ['index']
}
```

이 예시에서는 san-pancho와 codejobs라는 2개의 개인 사이트를 사용하지만 여러분이 원하는 만큼 사이트를 추가해도 좋다.

사이트의 일부분으로 graphql 파일들을 생성해야 한다. 이 파일들은 API 쿼리와 뮤테이션 그리고 이 사이트의 특정 페이지들을 소비하기 위한 것이다. 여기에서는 getGuests라는 쿼리 하나만 추가한다. 이 쿼리는 앞서 API 패키지에서 생성한 것이다. 이 파일은 packages/frontend/src/sites/san-pancho/graphql/guest/getGuests.query.ts에 위치한다. 만약 어떤 시점에서 여러분이 뮤테이션을 생성하기를 원한다면 myMutation.mutation.ts 포맷의 파일 이름을 사용하면 된다.

```ts
import { gql } from '@apollo/client'
export const getGuestsQuery = `
  getGuests {
    on GuestResponse {
```

```
        guests {
          id
          fullName
          email
          photo
          socialMedia
          location
          gender
          birthday
          note
        }
      }
      on Error {
        error {
          code
          message
        }
      }
    }
  `

export default gql`
  query getGuests {
    ${getGuestsQuery}
  }
`
```

페이지 스위처 생성하기

여러분이 과거에 Next.js를 사용해봤다면 **Next**의 페이지 시스템이 동작하는 방법에 관해 알 것이다. 기본적으로 여러분은 **pages** 디렉터리를 가지며, 해당 디렉터리에 추가한 파일이나 디렉터리들은 페이지의 라우트를 나타낸다. 예시에서는 각 사이트의 커스텀 페이지를 "변환switch" 또는 렌더링하는 몇 가지 Next 페이지들을 생성해야 한다. 조금 복잡하게 들릴지도 모르지만, 부분으로 작게 나눠서 만들어보자.

가장 먼저 `index.tsx` 페이지를 `packages/frontend/src/pages/index.tsx`에 생성한다(이것은 Next 페이지이다).

```
import React, { FC } from 'react'
import Config from '~/config'
const SwitcherPage = require(`~/sites/${Config.site}/switcher`).default
const getRouterParams = require(`~/sites/${Config.site}/server/routerParams`).
default
type Props = {
  siteTitle: string
}
const Page: FC<Props> = ({ siteTitle }) => {
  const routerParams = getRouterParams({})
  return <SwitcherPage routerParams={routerParams} siteTitle={siteTitle} />
}
export default Page
```

생성해야 할 또 다른 Next.js 페이지는 특별한 이름을 가지며 packages/frontend/src/
pages/[page]/[...params].tsx에 생성해야 한다. [page]는 동적 경로이다. [prams].tsx 파일
은 URL로 전달되는 모든 추가 매개변수를 받을 것이다. 두 번 이상 중첩된 라우트가 있다
면 이 추가 라우트는 params 변수에 배열로 추가한다.

```
import { useRouter } from 'next/router'
import React, { FC } from 'react'
import Config from '~/config'
const SwitcherPage = require('~/sites/${Config.site}/switcher').default
const getRouterParams = require('~/sites/${Config.site}/server/routerParams').
default
type Props = {
  siteTitle: string
  serverData: any
}
const Page: FC<Props> = ({ siteTitle, serverData }) => {
  const router = useRouter()
  const routerParams = getRouterParams(router.query)
  return (
    <SwitcherPage
      routerParams={routerParams}
      siteTitle={siteTitle}
      props={{ serverData }}
    />
  )
}
export default Page
```

각 Next.js 페이지에서 각 사이트에 존재하는 SwitcherPage 컴포넌트를 임포트할 것이다. 또한 routerParams를 임포트한다. 이것은 각 사이트에 대한 라우팅을 통제한다. 또한 props를 경유해서 siteTitle을 받는다. 다시 말해 SwitcherPage 컴포넌트를 렌더링하고 props를 전달하는 것이다.

다음은 san-pancho 사이트의 Switcher 컴포넌트이다(packages/frontend/src/sites/san-pancho/switcher.tsx).

```tsx
import dynamic from 'next/dynamic'
import React from 'react'
import Switcher, { Props } from '~/components/Switcher'
const dynamicPages: Record<string, Record<string, any>> = {
  index: {
    index: dynamic(() => import('./pages/index'))
  },
  login: {
    index: dynamic(() => import('./pages/login'))
  },
  dashboard: {
    index: dynamic(() => import('./pages/dashboard/index'))
  }
}
export default ({ routerParams, siteTitle, props }: Props) => (
  <Switcher
    routerParams={routerParams}
    siteTitle={siteTitle}
    props={props}
    dynamicPages={dynamicPages}
  />
)
```

next/dynamic은 React.lazy와 Suspense의 복합 확장이다. 이 컴포넌트들은 Suspense 경계가 해결될 때까지 흡수를 지연한다. 예시에서는 이 사이트에서 동적으로 페이지(구체적으로는 index.index, login.index 및 dashboard.index)를 로드한다. 각각에 대해 중첩된 index 페이지를 갖는 이유가 궁금할 수도 있다. 이것은 중첩된 페이지를 가질 수 있기 때문에다. 예를 들어 index.index는 http://localhost:3000/, login.index는 http://localhost:3000/login, dashboard.index는 http://localhost:3000/dashboard를 가리킨다. 하지만 여러분이 대시보드 안에 guests와

같은 페이지를 추가하고 싶다고 가정하자. 그러면 dashboards.guests를 추가하면 된다. 이것은 http://localhost:3000/dashboard/guests를 가리키게 된다.

sites 디렉터리의 각 switcher.ts 파일은 Switcher 컴포넌트를 이용한다. 따라서 Switcher 컴포넌트를 생성하자. 이 파일은 packages/frontend/src/components/Switcher.tsx에 위치한다.

```tsx
import React, { FC } from 'react'
import ErrorPage from '~/components/ErrorPage'
type Route = {
  page: string
  section?: string
  subSection?: string
  urlParams?: string[]
  queryParams?: Record<string, string>
}
export type Props = {
  routerParams: Route
  siteTitle: string
  props?: Record<string, any>
  dynamicPages: any
}
const Switcher: FC<Props> = ({ routerParams, props = {}, dynamicPages: sitePages
}) => {
  const {
    page,
    section = 'index',
    subSection = '',
    urlParams,
    queryParams = {}
  } = routerParams
  const extraProps = {
    queryParams,
    router: {
      section,
      subsection
    },
    ...urlParams
  }
  const pageName = page
  let PageToRender // 이것은 동적 리액트 컴포넌트이다
  let sectionPages: any = {}
```

```
    // 메인 페이지(index, login 또는 dashboard)가 존재하는지 검증한다
    if (sitePages[pageName]) {
      // 존재하면 sectionPages(index.index, login.index, 및 dashboard.index)를
가져온다
      sectionPages = sitePages[pageName]
      // 기본적으로 각 페이지의 index를 렌더링하려고 시도한다
      PageToRender = sectionPages.index
      // subsection을 가지고 있다면 렌더링한다(dashboard.guests)
      if (sectionPages[section][subSection]) {
        PageToRender = sectionPages[section][subSection]
      } else if (section !== 'index') {
        // index만 가지고 있는 중첩된 라우트를 렌더링하기 위한 것이다
        PageToRender = sectionPages[section].index
      }
    } else {
      // 아무런 페이지도 찾을 수 없다면 ErrorPage를 렌더링한다
      PageToRender = ErrorPage
    }
    return <PageToRender {...props} {...extraProps} />
  }
export default Switcher
```

San Pancho 사이트에 대한 index 페이지를 생성하자. 이 페이지의 목적은 단순하다. 사이트의 제목을 보여줌으로써 현재 페이지가 San Pancho 사이트인지 확인할 수 있도록 한다. 이 파일은 packages/frontend/src/sites/san-pancho/pages/index.tsx에 위치한다.

```
import React from 'react'
export default () => <h1>San Pancho Index Page</h1>
```

다음으로 대시보드에 대한 인덱스 페이지를 생성한다(packages/frontend/src/sites/san-pancho/pages/dashboard/index.tsx).

```
import React from 'react'
export default () => (
<>
  <h1>Dashboard for San Pancho</h1>
  <a href="/logout">Logout</a>
</>
)
```

마지막으로 san-pancho에 대한 login 페이지를 생성하자. 이 페이지는 모든 사이트에 대해 Login 컴포넌트를 공유할 것이다(packages/frontend/src/sites/san-pancho/pages/login.tsx).

```
import React from 'react'
import Login from '~/components/Login'
export default () => <Login />
```

Login 시스템 생성하기

모든 사이트들은 동일한 로그인 페이지를 사용한다. 이것은 인증 시스템을 공유하기 때문이다. Login 컴포넌트를 생성하고 로그인을 어떻게 수행할 수 있는지 확인하자.

```
import { Button, Input, RenderIf } from '@web-creator/design-system'
import { getRedirectToUrl, redirectTo } from '@web-creator/utils'
import React, { FC, useContext, useState } from 'react'
import { FormContext } from '~/contexts/form'
import { UserContext } from '~/contexts/user'
import { CSS } from './Login.styled'
type Props = {
  background?: string
}
const Login: FC<Props> = () => {
  const redirectToUrl = getRedirectToUrl()
  // 상태
  const [values, setValues] = useState({
    emailOrUsername: '',
    password: ''
  })

  const [notification, setNotification] = useState({
    id: Math.random(),
    message: ''
  })
  const [invalidLogin, setInvalidLogin] = useState(false)
  // 컨텍스트
  const { change } = useContext(FormContext)
  const { login } = useContext(UserContext)
  // 메서드
  const onChange = (e: any): any => change(e, setValues)
```

```jsx
const handleSubmit = async (user: any): Promise<void> => {
  const response = await login(user)
  if (response.error) {
    setInvalidLogin(true)
    setNotification({
      id: Math.random(),
      message: response.message
    })
  } else {
    redirectTo(redirectToUrl || '/', true)
  }
}

return (
  <>
    <RenderIf isTrue={invalidLogin && notification.message !== ''}>
      {notification.message}
    </RenderIf>
    <CSS.Login>
      <CSS.LoginBox>
        <header>
          <img className="logo" src="/images/isotype.png" alt="Logo" /><br />
          <h2>Sign In</h2>
        </header>
        <section>
          <Input
            autoComplete="off"
            name="emailOrUsername"
            placeholder="Email Or Username"
            onChange={onChange}
            value={values.emailOrUsername}
          />
          <Input
            name="password"
            type="password"
            placeholder="Password"
            onChange={onChange}
            value={values.password}
          />
          <div className="actions">
            <Button onClick={(): Promise<void> => handleSubmit(values)}>
              Login
            </Button>
            <Button color="success">
              Register
```

```
            </Button>
          </div>
        </section>
      </CSS.LoginBox>
    </CSS.Login>
  </>
  )
}
export default Login
```

코드에서 볼 수 있듯이 handleSubmit 안에서 실행되는 login 함수는 UserContext로부터 왔다. 이것은 사용자가 로그인을 시도하면 login 뮤테이션을 실행하고 getUser 쿼리를 사용해 로그인한 사용자가 유효한 사용자인지 검증한다. User Context(Context API)를 생성하자. 이 컨텍스트는 packages/frontend/src/contexts/user.tsx에 위치한다.

```
import { useMutation, useQuery } from '@apollo/client'
import { getGraphQlError, parseDebugData, redirectTo } from '@web-builder/
utils'
import React, { createContext, FC, ReactElement,
useEffect,useMemo,useState} from 'react'
import { useCookies } from 'react-cookie'
import Config from '~/config'
import GET_USER_QUERY from '~/graphql/user/getUser.query'
import LOGIN_MUTATION from '~/graphql/user/login.mutation'
// 인터페이스
interface IUserContext {
  login(input: any): any
  user: any
}
type Props = {
  children: ReactElement
}
// 컨텍스트를 생성한다
export const UserContext = createContext<IUserContext>({
  login: () => null,
  user: null
})
const UserProvider: FC<Props> = ({ children }) => {
  // 상태
  const [cookies, setCookie] = useCookies()
  const [user, setUser] = useState(null)
```

```tsx
  // 뮤테이션
  const [loginMutation] = useMutation(LOGIN_MUTATION)
  // 쿼리
  const { data: dataUser } = useQuery(GET_USER_QUERY, {
    variables: {
      at: cookies[`at-${Config.site}`] || ''
    }
  })
  // 이펙트
  useEffect(() => {
    if (dataUser) {
      setUser(dataUser.getUser)
    }
  }, [dataUser])
  async function login(input:{emailOrUsername: string;password: string }):
Promise<any> {
    try {
      const { data: dataLogin } = await loginMutation({
        variables: {
          emailOrUsername: input.emailOrUsername,
          password: input.password
        }
      })
      if (dataLogin) {
        setCookie(`at-${Config.site}`, dataLogin.login.token, {
          path: '/',
          maxAge: 45 * 60 * 1000
        })
        return dataLogin.login.token
      }
    } catch (err) {
      return getGraphQlError(err)
    }
    return null
  }
  const context = useMemo(() => ({
    login,
    user
  }), [user])
  return <UserContext.Provider value={context}>{children}</UserContext.Provider>
}
export default UserProvider
```

`login` 뮤테이션을 생성하자. 이것은 $emailOrUsername, $password라는 2개의 매개변수를 받는다. 이 파일은 packages/frontend/src/graphql/user/login.mutation.ts에 위치한다.

```
import { gql } from '@apollo/client'
export default gql`
  mutation login($emailOrUsername: String!, $password: String!) {
    login(input: { emailOrUsername: $emailOrUsername, password: $password
  }) {
      token
    }
  }
`
```

다음으로 getUser 쿼리를 생성한다. 이것은 accessToken(at)을 매개변수로 받고 연결된 사용자가 유효한지 검증한다. 이 파일은 packages/frontend/src/graphql/user/getUser.query.ts에 위치한다.

```
import { gql } from '@apollo/client'
export default gql`
  query getUser($at: String!) {
    getUser(at: $at) {
      id
      email
      username
      role
      active
    }
  }
`
```

두 가지 작업을 더 수행해야 한다. 첫 번째는 UserProvider를 애플리케이션 래퍼로 추가하는 것이다. 이 작업은 pages 디렉터리 안의 _app.tsx라는 특별한 페이지에서 수행해야 한다.

```
import { ApolloProvider } from '@apollo/client'
import React, { FC } from 'react'
import Config from '~/config'
import GlobalStyle from '~/components/GlobalStyles/GlobalStyles'
import { useApollo } from '~/contexts/apolloClient'
```

```
import FormProvider from '~/contexts/form'
import UserProvider from '~/contexts/user'
const App: FC<any> = ({ Component, pageProps }) => {
  const apolloClient = useApollo((pageProps && pageProps.initialApolloState) ||
{})
  return (
    <>
      <GlobalStyle />
      <ApolloProvider client={apolloClient}>
        <UserProvider>
          <FormProvider>
            <Component {...pageProps} />
          </FormProvider>
        </UserProvider>
      </ApolloProvider>
    </>
  )
}
// @ts-ignore
App.getInitialProps = async () => ({
  ...Config
})
export default App
```

마지막으로 pages 디렉터리에 _document.tsx라는 또 다른 특별한 파일을 생성해야 한다. 이
파일 안에 styled-components의 ServerStyleSheet을 렌더링해서 서버(Next.js)에서 styled-
components를 사용할 수 있도록 할 것이다.

```
import { cx } from '@web-creator/utils'
import Document, { Head, Html, Main, NextScript } from 'next/document'
import React from 'react'
import { ServerStyleSheet } from 'styled-components'
import Config from '~/config'
export default class MyDocument extends Document {
  static async getInitialProps(ctx: any) {
    const sheet = new ServerStyleSheet()
    const originalRenderPage = ctx.renderPage
    try {
      ctx.renderPage = () =>originalRenderPage({
        enhanceApp: (App: any) => (props: any) => {
          const themeClassname = 'theme--light'
```

```
          return sheet.collectStyles(
            <body className={cx.join(themeClassname)}>
              <App {...props} title={Config.siteTitle} />
            </body>
          )
        }
      })
      const initialProps = await Document.getInitialProps(ctx)
      return {
        ...initialProps,
        styles: (
          <>
            {initialProps.styles}
            {sheet.getStyleElement()}
          </>
        )
      }
    } finally {
      sheet.seal()
    }
  }
  render() {
    return (
      <Html>
        <Head>
          <link rel="icon" type="image/x-icon" href="/images/favicon.png" />
        </Head>
        <Main />
        <NextScript />
      </Html>
    )
  }
}
```

Sites 구성 생성하기

API 프로젝트에서와 마찬가지로 사이트에 대한 구성을 생성해야 한다. 가장 먼저 SiteCon
figuration 타입을 생성하자. 이 파일은 packages/frontend/src/types/config.ts에 위치
한다.

```typescript
import { ValueOf } from '@web-creator/utils'
// 여기에 사이트를 추가한다
export const Site = {
  SanPancho: 'san-pancho',
  Codejobs: 'codejobs',
  BlankPage: 'blank-page'
} as const
export type Site = ValueOf<typeof Site>
export type Mode = 'production' | 'development'
export enum DeploymentType {
  PRODUCTION = 'production',
  STAGING = 'staging',
  DEVELOPMENT = 'development'
}
export interface SiteConfiguration {
  siteTitle: string
  domainName: string
  hostname?: string
  mode?: string
  api?: {
    uri: string
  }
  pages: string[]
  custom?: any
}
export interface SiteBuilderConfiguration extends SiteConfiguration {
  site: Site
  homeUrl: string
}
```

san-pancho 사이트에 대한 구성을 생성한다. 이 파일은 packages/frontend/src/sites/san-pancho/config.ts에 위치한다.

```typescript
import path from 'path'
import { SiteConfiguration } from '../../types/config'
export const config: SiteConfiguration = {
  siteTitle: 'Caba?as San Pancho',
  domainName: 'ranchosanpancho.com',
  pages: ['index', 'login']
}
```

다음으로 메인 config.ts 파일을 생성해야 한다. 이 파일은 packages/frontend/src/config.
ts에 위치한다.

```ts
import { is } from '@web-creator/utils'
// 사이트 구성을 임포트한다
import { config as blankPageConfig } from './sites/blank-page/config'
import { config as sanPanchoConfig } from './sites/san-pancho/config'
import { config as codejobsConfig } from './sites/codejobs/config'
import { Site, SiteBuilderConfiguration, SiteConfiguration } from './types/
config'
const isProduction = process.env.NODE_ENV === 'production'
const isLocal = process.env.LOCAL === 'true'
const isLocalProduction = isProduction && isLocal
// 사이트 구성을 얻는다
const getSiteConfig = (site: Site): SiteConfiguration => {
  switch (site) {
    case Site.SanPancho:
      return sanPanchoConfig
    case Site.Codejobs:
      return codejobsConfig
    default:
      return blankPageConfig
  }
}
// 구성을 빌드한다
const buildConfig = (): SiteBuilderConfiguration => {
  // 서버 사이트
  let site = process.env.SITE as Site
  // 클라이언트 사이트에서는 Next props로부터 사이트를 가져온다
  if (is.Browser()) {
    const { props } = window.__NEXT_DATA__
    if (props && props.site) {
      site = props.site
    }
  } else if (!site) {
    throw 'You must specify a site (E.g. SITE=san-pancho npm run dev)'
  }
  const siteConfig = getSiteConfig(site)
  // 환경 및 사이트 구성을 기반으로 구성을 빌드한다
  const config: SiteBuilderConfiguration = {
    ...siteConfig,
    api: {
      uri: isProduction && !isLocalProduction
        ? `https://${siteConfig.domainName}/graphql`
```

```
        : `http://localhost:4000/graphql`
    },
    site,
    homeUrl: `https://${siteConfig.domainName}`,
    hostname: isProduction && !isLocalProduction ? siteConfig.domainName :
'localhost',
    mode: isProduction ? 'production' : 'development'
  }
  return config
}
const Config = buildConfig()
export default Config
```

모든 것을 합치기

퍼즐의 마지막 조각은 server.ts 파일이다. 이 파일은 Next.js, 정적 디렉터리, 라우트를 처리한다. 파일을 부분으로 나눠서 상세히 살펴보자. 이 파일은 packages/frontend/src/server.ts에 위치한다.

가장 먼저 몇 가지 디펜던시와 사이트 구성을 임포트한다.

```
import cookieParser from 'cookie-parser'
import express, { Application, NextFunction, Request, Response } from 'express'
import nextJS from 'next'
import path from 'path'
import { ts } from '@web-creator/utils'
import Config from './config'
import { isConnected } from './lib/middlewares/user'
import { Site } from './types/config'
```

다음으로 터미널에서 전달된 SITE가 유효한지 확인한다.

```
// 사이트
const site: string = process.env.SITE ?? 'blank-page'
// 서비스를 검증한다
if (!ts.includes(Site, site)) {
  throw 'Invalid site'
}
```

사이트가 유효하면 Next 및 Express 애플리케이션을 준비한다.

```
// Next 애플리케이션을 설정한다
const { hostname } = Config
const port = 3000
const dev = process.env.NODE_ENV !== 'production'
const nextApp = nextJS({ dev, hostname, port })
const handle = nextApp.getRequestHandler()
// Next 애플리케이션을 실행한다
nextApp.prepare().then(() => {
  // Express 애플리케이션
  const app: Application = express()
```

또한 cookieParser를 구성해서 쿠키를 사용할 수 있도록 한다. 그리고 사이트의 정적 디렉터리를 설정해서 공유된 public 폴더와 각 사이트 안에서 지정된 static 디렉터리를 가질 수 있도록 한다.

```
// 쿠키
app.use(cookieParser())
// 사이트 정적 디렉터리
app.use(express.static(path.join(__dirname, '../public')))
app.use(express.static(path.join(__dirname, `./sites/${Config.site}/static`)))
```

다음으로 커스텀 라우트를 처리하고 /dashboard와 같은 특정 라우트에 대한 보호를 추가할 것이다. 이러한 라우트에는 연결된 사용자만 접근할 수 있도록 보장할 것이다. 이를 위해 사용자가 연결됐는지 확인하는 isConnected 미들웨어를 사용한다. 사용자가 연결돼 있지 않은 경우에는 로그인 페이지로 리다이렉트한다.

```
// 커스텀 라우트
app.get('/logout', (req: Request, res: Response) => {
  const redirect: any = req.query.redirectTo || '/'
  // "at(accessToken)" 쿠키는 사이트마다 존재한다(예: "at-sanpancho", "at-codejobs")
  res.clearCookie(`at-${Config.site}`)
  res.redirect(redirect)
})
app.get(
  '/dashboard',
```

```
      isConnected(true, ['god', 'admin', 'editor'], '/login?redirectTo=/
  dashboard'),
     (req: Request, res: Response, next: NextFunction) => next()
  )
```

마지막으로 모든 다른 트래픽은 Next.js가 처리한다. 그리고 3000번 포트를 리스닝한다.

```
// 트래픽 처리
app.all('*', (req: Request, res: Response) => handle(req, res))
// 리스닝...
app.listen(3000)
```

데모 시간

모든 구성을 마쳤다면 프로젝트를 실행하고 동작을 확인하자. API에서 했던 것과 유사한
방법으로 실행해야 한다. 단, SERVICE 변수 대신 SITE 변수를 사용한다. 또한 어떤 사이트를
실행할지 지정해야 한다(san-pancho 또는 codejobs). 존재하지 않은 다른 사이트로 접근을 시도하면
에러가 발생한다. 사이트 검증을 테스트하기 위해 해당 작업을 수행해보자.

```
→ frontend git:(main) ✗ SITE=fake-site npm run dev

> @web-creator/frontend@1.0.0 dev
> cross-env NODE_ENV=development npm run next:dev


> @web-creator/frontend@1.0.0 next:dev
> ts-node src/server.ts

'Invalid site'
npm ERR! Lifecycle script `next:dev` failed with error:
npm ERR! Error: command failed
npm ERR!   in workspace: @web-creator/frontend@1.0.0
npm ERR!   at location: /Users/czantany/projects/React18-Book/codes/Chapter15/web-creator/packages/frontend
npm ERR! Lifecycle script `dev` failed with error:
npm ERR! Error: command failed
npm ERR!   in workspace: @web-creator/frontend@1.0.0
npm ERR!   at location: /Users/czantany/projects/React18-Book/codes/Chapter15/web-creator/packages/frontend
```

그림 14.16 getGuests 쿼리

검증은 잘 동작한다. 이번에는 san-pancho 사이트를 실행해보자(SITE=san-pancho npm run dev
command 명령).

그림 14.17 San Pancho Index 페이지

모든 것이 잘 동작한다면 다음 페이지를 볼 수 있을 것이다. 다음으로 codejobs 사이트를 실행해보자(SITE=codejobs npm run dev 명령).

그림 14.18 Codejobs 인덱스 페이지

좋다. 두 사이트 모두 기대한 대로 동작한다!

각 사이트의 로그인 페이지를 테스트해보자. 먼저 San Pancho부터 시작하자.

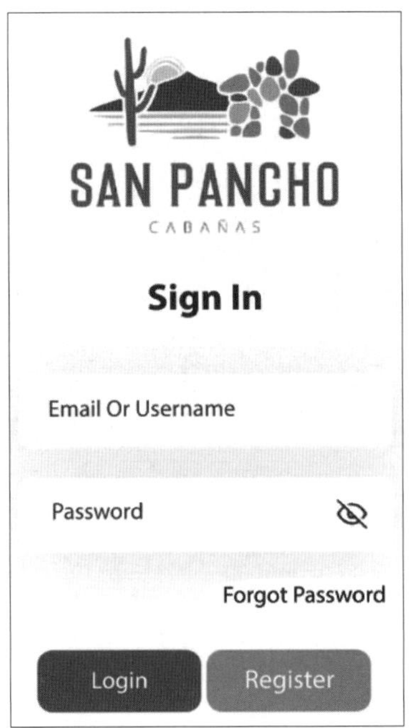

그림 14.19 San Pancho 로그인 페이지

다음으로 Codejobs의 로그인 페이지를 테스트하자.

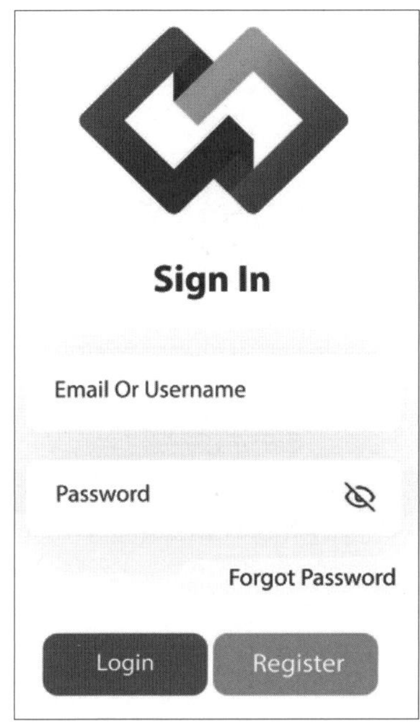

그림 14.20 Codejobs 로그인 페이지

지금까지는 모든 것이 좋아 보인다. 기본 크리덴셜을 사용해 로그인을 테스트하자(username: admin, password: 12345678)

그림 14.21 San Pancho의 대시보드

좋다! 이제 San Pancho의 대시보드에 연결됐다.

여기에서 강조하고 싶은 것이 한 가지 있다. 사용자 세션을 위해 사용한 쿠키 이름이 at-san-pancho라는 것이다. 하지만 여러분이 San Pancho에 로그인했더라도 Codejobs 대시보드에 접근하려고 하면 여러분은 다시 로그인하도록 요청받을 것이다. 각 사이트의 세션은 서로 독립적이기 때문이다.

그림 14.22 사이트 쿠키

마지막으로 사이트에 존재하지 않는 URL에 대한 접근을 테스트하자.

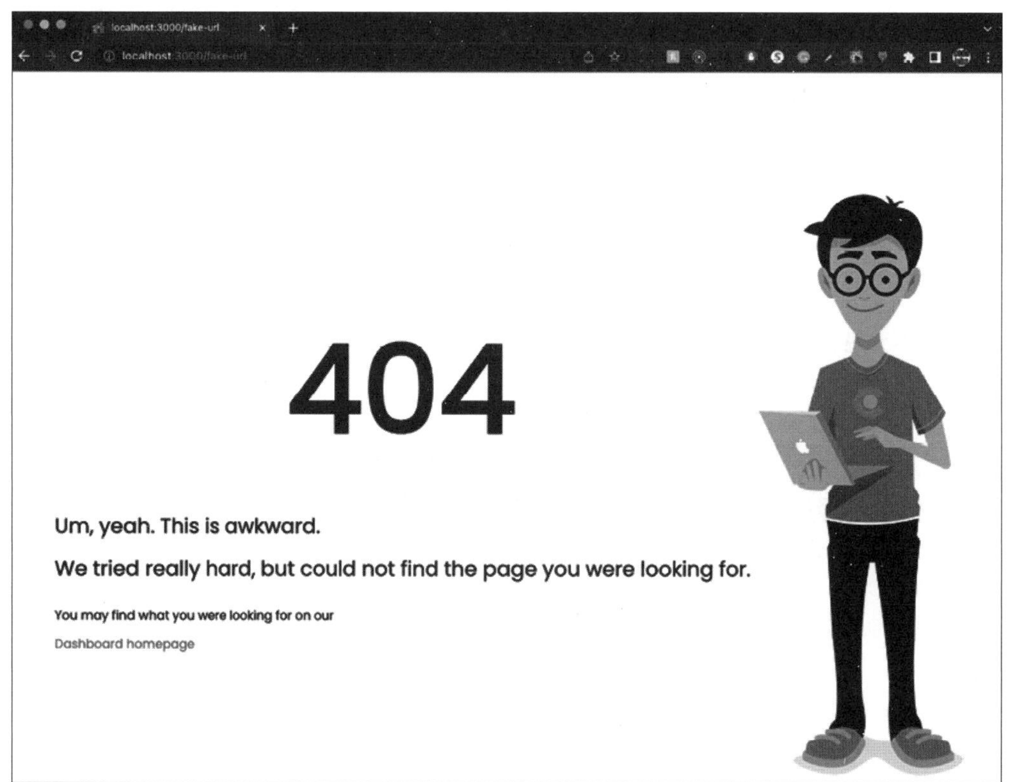

그림 14.23 404 에러 페이지

404 페이지를 볼 수 있을 것이다. 이 페이지는 두 사이트 전체에 공유된다.

여기까지 온 것을 축하한다! 의심할 여지없이 14장의 내용은 매우 복잡했다. 그렇지만 한편으로 매우 흥미로웠을 것이다. 이제 여러분의 개인 웹사이트에 작업을 시작할 수 있는 기본 지식을 습득했다.

14장을 통해 여러분은 전체적인 스킬 셋을 얻었다. User 모델과 GraphQL 타입을 생성하는 방법을 학습했고, 에러 처리에 관해 이해했으며, CRM과 같은 커스텀 서비스를 설정했다. 여러분은 성공적으로 사이트 시스템을 구현하는 과정을 탐색했고, 페이지 스위처를 사용해서 사용자 경험을 개선하고, 공유된 로그인 시스템을 구축했다. 또한 구성 관리에 관한 지식을 얻었다. "시드" 또는 모델의 기본 데이터를 다뤘고, 여러 컴포넌트들을 servier.ts와 같은 명령 파일로 통합했다. 결과적으로 모델을 동기화하고 Apollo 서버를 시작하며 테스트를 실행하고 발생할 수 있는 문제를 효과적으로 해결할 수 있게 됐다. 본질적으로 여러 사이트 웹 시스템을 관리하고 사용자 경험을 향상시키며 GraphQL을 이해하고 문제 해결하는 강력한 기초를 세우게 됐다.

15장에서는 여러분의 리액트 애플리케이션의 성능을 개선하는 방법에 관해 학습함으로써 스킬을 한층 높일 기회를 얻게 될 것이다.

15

애플리케이션 성능 개선하기

웹 애플리케이션의 유효 성능은 좋은 사용자 경험을 제공하고 전환을 개선하는 데 매우 중요하다. 리액트 라이브러리는 컴포넌트를 빠르게 렌더링하고 **문서 객체 모델**DOM에 최소한으로 접근하기 위한 다양한 기술을 구현한다. DOM에 변경 사항을 적용하는 것은 일반적으로 많은 비용이 들기 때문에, 작업 수를 최소화하는 것이 중요하다.

하지만 리액트가 절차를 최적화하지 못하는 몇 가지 시나리오가 존재하며, 이 경우 애플리케이션이 원활하게 실행되도록 구체적인 해결책을 구현하는 것은 개발자의 몫이다.

15장에서는 리액트의 기본 개념에 관해 살펴보고 몇 가지 API를 사용해 라이브러리가 사용자 경험을 훼손하지 않고 DOM을 업데이트하는 최적의 경로를 찾을 수 있도록 돕는 방법에 관해 학습한다. 또한 애플리케이션에 해를 끼치고 동작을 늦추는 일반적인 실수에 관해 살펴본다.

컴포넌트 최적화하는 것 자체를 목표로 삼아서는 안 된다. 다음 절에서 볼 기술들은 실제로 필요할 때만 적용하는 것이 중요하다.

15장에서는 다음 주제를 다룬다.

- 조정reconciliation이 동작하는 방법과 키를 사용해서 리액트가 더 잘 일하도록 하는 방법

- 일반적인 최적화 기법 및 성능과 연관된 실수들

- 애플리케이션이 좀 더 빠르게 실행되도록 돕는 유용한 도구 및 라이브러리

- 불변 데이터immutable data를 사용한다는 것의 의미와 사용 방법

⠿ 기술 요구 사항

15장의 내용을 완료하려면 다음이 필요하다.

- Node.js 19+

- Visual Studio Code

15장에서 사용하는 코드는 다음 깃허브 저장소(https://github.com/moseskim/React-18-Design-Patterns-and-Best-Practices-Fourth-Edition/tree/main/Chapter15)에서 확인할 수 있다.

⠿ 조정이 동작하는 방법

대부분의 경우 리액트는 기본적으로 충분히 빠르기 때문에 애플리케이션의 성능을 개선하기 위한 별다른 작업을 수행할 필요는 없다. 리액트는 다양한 기법을 활용해 화면에서의 컴포넌트 렌더링을 최적화한다.

리액트가 컴포넌트를 표시해야 하면 리액트는 render 메서드를 호출하고, 그 render 메서드는 재귀적으로 자녀들을 호출한다. 컴포넌트의 render 메서드는 리액트 엘리먼트 트리를 반환한다. 리액트는 엘리먼트 트리를 사용해 UI를 업데이트하기 위해 어떤 DOM 동작을 수행해야 하는지 결정한다.

컴포넌트의 상태가 변경될 때마다 리액트는 노드의 render 메서드를 다시 호출하고 그 결과를 이전의 리액트 엘리먼트 트리와 비교한다. 라이브러리는 화면에 예상되는 변경 사항을 적용하기 위해 필요로 하는 최소한의 작업 세트를 찾아낸다. 이 프로세스를 **조정**Reconciliation 이라 부르며, 리액트가 이를 투명하게 관리한다. 이를 통해 주어진 시점에서 컴포넌트가 어떻게 보여야 하는지 선언적으로 쉽게 설명하고, 라이브러리에 나머지 일을 처리하게 할 수 있다.

리액트는 DOM에 대한 작업을 최소화하려고 시도한다. DOM을 만지는 것은 많은 비용이 들기 때문이다.

그러나 2개의 요소 트리를 비교하는 작업 또한 무료가 아니다. 리액트는 복잡성을 줄이기 위해 다음 두 가지를 가정한다.

- 두 엘리먼트의 타입이 다르다면, 이들은 다른 트리를 렌더링한다.
- 개발자들은 키를 사용해서 다른 렌더링 호출 사이에 자식이 안정된 것으로 표시할 수 있다.

두 번째 가정이 개발자 관점에서 흥미로운 점인데, 이를 활용하면 리액트가 뷰를 빠르게 렌더링할 수 있도록 도울 수 있기 때문이다.

기본적으로 DOM 노드의 자녀들로 돌아올 때, 리액트는 동시에 2개의 자녀 목록을 반복하고 차이가 있는 경우 뮤테이션을 생성한다.

몇 가지 예시를 확인해보자. 다음 두 트리 사이를 변환하는 것은 맨 끝에 엘리먼트를 추가하는 경우에는 잘 동작한다.

```
<ul>
  <li>Carlos</li>
  <li>Javier</li>
</ul>
<ul>
  <li>Carlos</li>
  <li>Javier</li>
  <li>Emmanuel</li>
</ul>
```

2개의 `<li>Carlos</li>` 트리는 리액트에 의해 2개의 `<li>Javier</li>` 트리와 일치하므로 `<li>Emmanuel</li>` 트리를 추가한다.

엘리먼트를 처음에 삽입하는 것은 순진하게 구현되면 성능을 열화시킨다. 다음 예시에서는 두 트리의 변환 성능이 매우 좋지 않다.

```
<ul>
  <li>Carlos</li>
  <li>Javier</li>
</ul>
<ul>
  <li>Emmanuel</li>
  <li>Carlos</li>
  <li>Javier</li>
</ul>
```

리액트에서는 하위 트리 `<li>Carlos</li>`와 `<li>Javier</li>`를 그대로 유지할 수 있다는 것을 인식하고 대신 모든 자식을 리액트에서 변형시킨다. 이는 문제가 될 수 있지만 물론 해결할 수 있다. 리액트에서 지원하는 key 속성을 사용하는 것이다. 이 방법에 관해서는 다음 절에서 살펴본다.

⠿ 키 사용하기

자녀들은 키를 가지며 리액트는 이 키를 사용해 하위 트리와 오리지널 트리 사이에서 자녀를 매치한다.

```
<ul>
  <li key="2018">Carlos</li>
  <li key="2019">Javier</li>
</ul>
<ul>
  <li key="2017">Emmanuel</li>
  <li key="2018">Carlos</li>
  <li key="2019">Javier</li>
</ul>
```

리액트는 이제 2017 키가 새로운 것이고 2018, 2019 키가 이동한 것을 인식한다.

키를 찾는 것은 어렵지 않다. 여러분이 표시하고자 하는 엘리먼트는 이미 고유한 ID를 가지고 있을 것이다. 따라서 키는 여러분의 데이터에서 바로 추출할 수 있다.

```
<li key={element.id}>{element.title}</li>
```

새로운 ID는 여러분이 모델에 추가하거나 콘텐츠의 일부로 생성될 수 있다. 키는 형제들 사이에서 고유해야 하지만, 글로벌하게 고유할 필요는 없다. 배열의 아이템 인덱스는 키로 전달될 수 있지만 현재는 나쁜 프랙티스로 간주된다. 하지만 아이템의 순서가 변경되지 않는다면 이는 잘 동작한다. 순서 변경은 성능에 큰 영향을 미친다.

map 함수를 사용해 여러 아이템을 렌더링하면서 key 속성을 지정하지 않으면 '경고: 배열 혹은 이터레이터의 각 자녀는 고유한 key 속성을 가져야 한다(Warning: Each child in an array or iterator should have a unique key prop)'라는 메시지가 나타난다.

다음 절에서는 몇 가지 최적화 기법에 관해 학습한다.

최적화 기법

이 책에서 사용하는 모든 예시는 create-react-app을 사용해서 생성하거나 처음부터 생성한 것이며, 항상 개발 버전의 리액트를 사용했음을 주지하기 바란다.

개발 버전의 리액트를 사용하는 것은 코딩과 디버깅에 매우 유용하다. 개발 버전의 리액트를 사용하면 다양한 문제를 수정하기 위해 필요한 모든 정보를 얻을 수 있다. 하지만 모든 확인과 경고는 그만한 비용을 수반하며 이는 프로덕션에서 피해야 할 것들이다.

그러므로 애플리케이션에서 가장 먼저 최적화해야 할 부분은 번들을 빌드하는 것이다. NODE_ENV 환경변수를 production으로 설정한다. 웹팩을 사용하면 이를 쉽게 설정할 수 있다. 다음과 같이 DefinePlugin을 사용하면 된다.

```
new webpack.DefinePlugin({
  'process.env': {
```

```
      NODE_ENV: JSON.stringify('production')
  }
})
```

최고의 성능을 달성하기 위해 production 플래그를 활성화해서 번들을 생성할 뿐만 아니라 번들을 애플리케이션용과 node_modules용으로 분할한다.

이렇게 하기 위해 웹팩의 새로운 optimization 노드를 사용한다.

```
optimization: {
  splitChunks: {
    cacheGroups: {
      default: false,
      commons: {
        test: /node_modules/,
        name: 'vendor',
        chunks: 'all'
      }
    }
  }
}
```

웹팩은 development와 production 두 가지 모드를 가진다. 기본적으로 production 모드가 활성화돼 있으며, 이는 production 모드를 사용해 번들을 컴파일하면 코드가 최소화되고 압축됨을 의미한다. 다음 코드 블록을 사용해 모드를 지정할 수 있다.

```
{
  mode: process.env.NODE_ENV === 'production' ? 'production' : 'development',
}
```

webpack.config.ts 파일은 다음과 같다.

```
module.exports = {
  entry: './index.ts',
  optimization: {
    splitChunks: {
      cacheGroups: {
```

```
        default: false,
        commons: {
          test: /node_modules/,
          name: 'vendor',
          chunks: 'all'
        }
      }
    }
  },
  plugins: [
    new webpack.DefinePlugin({
      'process.env': {
        NODE_ENV: JSON.stringify('production')
      }
    })
  ],
  mode: process.env.NODE_ENV === 'production' ? 'production' : 'development'
}
```

이 웹팩 구성을 사용하면 가장 최적화된 번들을 얻을 수 있다. 하나는 벤더를 위한 것이고 다른 하나는 실제 애플리케이션을 위한 것이다.

∷ 도구와 라이브러리

다음 절에서는 성능을 감시하고 개선하기 위해 코드 베이스에 적용할 수 있는 다양한 기법, 도구 및 라이브러리에 관해 살펴본다.

불변성

React.memo와 같은 새로운 리액트 혹은 props에 대한 얕은^{shallow} 비교 메서드를 사용한다. 이것은 객체를 prop으로 전달하고, 그 값 중 하나를 변경하면 기대한 행동을 얻지 못한다는 의미이다.

사실 얕은 비교는 속성에 대한 뮤테이션을 발견하지 못하며 컴포넌트는 객체 자체가 변경되지 않는 한 다시 렌더링되지 않는다. 이 문제를 해결하는 한 가지 방법은 불변 데이터, 다시 말해 한 번 생성되면 변경되지 않는 데이터를 사용하는 것이다.

예를 들어 다음 모드로 상태를 설정할 수 있다.

```
const [state, setState] = useState({})
const obj = state.obj
obj.foo = 'bar'
setState({ obj })
```

객체의 foo 속성의 값이 변하더라도 객체의 참조는 동일하며 얕은 비교는 이를 인식하지 못한다.

대신 다음과 같이 객체를 변경할 때마다 새로운 인스턴스를 생성할 수 있다.

```
const obj = Object.assign({}, state.obj, { foo: 'bar' })
setState({ obj })
```

여기에서는 foo 속성이 bar로 설정된 새로운 객체를 가지며, 얕은 비교는 차이를 찾아낸다. ES6와 Babel을 사용하면 같은 개념을 더 우아한 방법으로 표현할 수 있다. 그것은 바로 객체 전개 연산자^{object spread operator}를 사용하는 것이다.

```
const obj = {
  ...state.obj,
  foo: 'bar'
}
setState({ obj })
```

이 구조는 이전 예시보다 훨씬 간결하며 동일한 결과를 생성한다. 하지만 집필 시점을 기준으로 브라우저에서 코드를 실행하려면 트랜스파일해야 한다.

리액트는 불변 객체를 쉽게 다룰 수 있도록 몇 가지 불변성 헬퍼를 제공한다. 그중에 유명한 것으로 immutable.js가 있다. 이 라이브러리는 강력한 기능을 제공하지만 이를 사용하려면 새로운 API를 학습해야 한다.

바벨 플러그인

몇 가지 흥미로운 **바벨** 플러그인을 설치하고 사용하면 리액트 애플리케이션의 성능을 개선할 수 있다. 이 플러그인들을 사용하면 애플리케이션의 속도를 높이고, 빌드 시간에 코드의 부분들을 최적화할 수 있다.

첫 번째는 리액트의 **상수 엘리먼트 변환기**^{constant elements transformer}이다. 상수 엘리먼트 변환기는 props에 따라 변경되지 않는 모든 정적 엘리먼트를 찾아내고 이들을 render(혹은 함수형 컴포넌트)에서 추출해 불필요한 _jsx 호출을 회피한다.

바벨 플러그인은 직관적으로 사용할 수 있다. 먼저 npm을 설치한다.

```
npm install --save-dev @babelplugin-transform-react-constant-elements
```

.bablerc 파일을 생성하고 plugins 키를 추가한다. 키의 값은 활성화하고자 하는 플러그인의 목록이다.

```
{
  "plugins": ["@babel/plugin-transform-react-constant-elements"]
}
```

성능을 개선하기 위해 선택한 두 번째 Babel 플러그인은 리액트의 인라인 엘리먼트 변환기이다. 이 플러그인은 모든 JSX 선언(혹은 _jsx 호출)을 최적화된 버전으로 변환해 실행 속도를 높인다.

다음 명령어로 플러그인을 설치한다.

```
npm install --save-dev @babel/plugin-transform-react-inline-elements
```

다음으로 .babelrc 파일의 플러그인 배열에 이 플러그인을 쉽게 추가할 수 있다.

```
{
  "plugins": ["@babel/plugin-transform-react-inline-elements"]
}
```

이 플러그인들은 개발 모드에서는 디버깅을 어렵게 만들기 때문에 프로덕션 모드에서만 사용해야 한다. 지금까지 여러 최적화 기법과 웹팩을 사용해 몇 가지 플러그인을 구성하는 방법을 배웠다.

⸪ 정리

성능과 관련된 여정을 완료했다. 사용자에게 좀 더 나은 사용자 경험을 제공하기 위해 애플리케이션을 최적화할 수 있게 됐다.

15장에서는 조정 알고리듬이 동작하는 방법, 리액트가 항상 DOM에 변경을 적용하는 가장 짧은 경로를 찾으려 시도하는 방법을 익혔다. 또한 키를 사용해 해당 라이브러리가 그 작업을 최적화하도록 도움을 줄 수도 있다. 여러분이 병목을 식별했다면 15장에서 살펴본 기법 중 하나를 적용해 그 문제를 해결할 수 있을 것이다.

15장에서는 컴포넌트의 구조를 적절한 방식으로 리팩터링 및 설계하는 방법을 통해 성능을 한층 높일 수 있음을 학습했다. 우리의 목표는 최상의 방법으로 단일 기능을 수행하는 작은 컴포넌트를 보유하는 것이다. 15장의 마지막에서 불변성에 관해 논의했으며, 데이터를 변형하지 않고 React.memo와 shallowCompare가 작동하도록 하는 것이 중요한 이유에 관해 확인했다. 마지막으로 애플리케이션을 더욱 빠르게 만들 수 있는 다양한 도구와 라이브러리에 관해 살펴봤다.

16장에서는 리액트 테스팅 라이브러리인 Jest와 리액트 DevTools를 사용한 테스팅과 디버깅에 관해 살펴본다.

16
테스팅과 디버깅

리액트에서는 컴포넌트를 사용해 애플리케이션을 쉽게 테스트할 수 있다. 여러 다양한 도구들을 사용해 리액트에서의 테스트를 생성할 수 있다. 16장에서는 가장 유명한 몇 가지 도구와 이들이 제공하는 이점을 살펴본다.

Jest는 올인원[all-in-one] 테스팅 프레임워크 솔루션으로 메타의 크리스토프 나카자와[Christoph Nakazawa]와 커뮤니티의 기여자들이 유지보수하고 있으며, 최고의 개발자 경험을 제공하는 것을 목표로 하고 있다.

16장을 마치고 나면 여러분은 테스트 환경을 처음부터 생성하고 애플리케이션 컴포넌트를 위한 테스트를 작성할 수 있을 것이다.

16장에서는 다음 주제를 다룬다.

- 애플리케이션을 테스트하는 것이 중요한 이유 및 테스트가 개발자들이 좀 더 빠르게 움직이도록 도움을 주는 방법

- Jest 환경을 설정하고 Enzyme을 사용해 컴포넌트를 테스트하는 방법

- 리액트 테스팅 라이브러리가 무엇인지와 리액트 애플리케이션 테스팅을 위해 반드시 필요한 이유

- 이벤트를 테스트하는 방법

- Vitest를 구현하는 방법

- 리액트 DevTools와 몇 가지 에러 처리 기법

⁞ 기술 요구 사항

16장의 내용을 완료하려면 다음이 필요하다.

- Node.js 19+

- Visual Studio Code

16장에서 사용하는 코드는 다음 깃허브 저장소(https://github.com/moseskim/React-18-Design-Patterns-and-Best-Practices-Fourth-Edition/tree/main/Chapter16)에서 확인할 수 있다.

⁞ 테스팅의 이점 이해하기

웹 UI 테스팅은 항상 어려운 작업이었다. 단위 테스트부터 엔드-투-엔드end-to-end 테스트까지 인터페이스들은 브라우저에 의존적이라는 사실과 사용자 인터랙션 및 많은 변수들은 효과적인 테스팅 전략을 구현하기 어렵게 만들었다.

여러분이 웹에 대한 엔드-투-엔드 테스트를 작성해보려고 시도해봤다면 일관적인 결과를 얻는 것이 얼마나 복잡한지, 테스트 결과는 네트워크와 같은 다양한 요소에 의한 거짓 음성false negative의 영향을 얼마나 자주 받는지 알 것이다. 무엇보다 사용자 인터페이스는 사용자 경험 개선, 전환 최대화 혹은 신규 기능 추가로 인해 빈번하게 업데이트된다.

테스트를 작성하고 유지보수하기 어렵다면 개발자들은 그들의 애플리케이션을 커버하려고 하지 않을 것이다. 한편 테스트는 중요하다. 테스트는 개발자들의 자신들의 코드에 대한 자신감을 갖게 도와주고, 자신감은 개발 속도와 품질에 반영된다. 코드 일부가 잘 테스트되면(그리고 테스트들이 잘 작성되면), 개발자들은 그 코드 조각이 잘 동작하고 전달할 준비가 됐다고 확신할 수 있다. 마찬가지로 테스트가 있기 때문에 코드를 리팩터링하기 쉬워진다. 테스트가 해당 기능이 코드를 재작성하는 동안 변경되지 않음을 보장하기 때문이다.

개발자들은 자신들이 현재 구현하는 기능에만 집중하는 경향이 있으며, 그 변경으로 인해 애플리케이션의 다른 부분이 영향을 받는지 때때로 깨닫지 못한다. 테스트는 리그레션을 피할 수 있게 도와준다. 테스트는 새로운 코드가 기존 테스트를 깨뜨리는지 알려줄 수 있기 때문이다. 새로운 기능 작성에 대한 자신감이 클수록 릴리스 또한 빨라진다.

애플리케이션의 주요 기능을 테스트하는 것은 코드 베이스를 좀 더 강건하게 만들어주며, 새로운 버그가 발견될 때마다 재현되고, 수정되고, 테스트에 의해 커버됨으로써 미래에 같은 버그가 다시 발생하지 않는다.

다행히 리액트(및 컴포넌트 영역)를 사용하면 사용자 인터페이스 테스트를 쉽고 효율적으로 수행할 수 있다. 테스팅 컴포넌트, 또는 컴포넌트를 테스트하는 것은 비교적 덜 까다로운 작업이다. 애플리케이션의 각 부분이 그 자체의 책임과 경계를 갖기 때문이다. 컴포넌트가 올바른 방식으로 구축되고 순수하며 구성 가능성과 재사용성을 목표로 한다면 간단한 함수와 같이 테스트할 수 있다.

현대적인 도구들을 통해 얻을 수 있는 또 다른 놀라운 힘은 Node.js와 콘솔을 사용해서 테스트를 수행할 수 있는 능력이다. 개별 테스트를 할 때마다 브라우저를 띄우는 것은 테스트 속도를 늦추고, 예측성을 떨어뜨리며, 개발자 경험을 저하시킨다. 대신 콘솔을 사용해서 테스트를 실행하면 훨씬 빠르다.

콘솔에서만 컴포넌트를 테스트하는 것은 때때로 실제 브라우저에서 렌더링될 때 예상치 못한 동작을 일으킬 수 있지만, 나의 경험상으로 이런 경우는 드물다. 리액트 컴포넌트를 테스트할 때 그들이 올바르게 동작하고 다른 세트의 속성이 주어진 경우에도 항상 올바른 출력을 생성하는지 확인하려고 한다.

또한 컴포넌트가 가질 수 있는 모든 상태를 다루고 싶을 수 있다. 상태는 버튼을 클릭해 변경할 수 있으므로 모든 이벤트 핸들러가 예상대로 작동하는지 확인하는 테스트를 작성한다.

컴포넌트의 모든 기능을 커버하지만 더 많은 작업을 수행하려면 컴포넌트의 **에지 케이스**edge case에서의 동작을 확인하는 테스트를 작성할 수 있다. 에지 케이스는 모든 프로퍼티가 널인 경우나 에러가 있는 경우 등 컴포넌트가 가질 수 있는 상태이다. 테스트를 작성한 후 컴포넌트가 예상대로 작동한다고 확신할 수 있다.

단일 컴포넌트를 테스트하는 것은 좋지만, 그 테스트는 개별적으로 테스트된 여러 컴포넌트가 함께 조합될 때도 여전히 동작할 것임을 보장하진 않는다. 나중에 보게 되겠지만 리액트를 사용하면 컴포넌트 트리를 마운트하고 그들 사이의 통합을 테스트할 수 있다.

테스트를 작성하는 데 사용할 수 있는 다양한 기술이 있으며, 그중 가장 인기 있는 것은 **테스트 주도 개발**TDD, Test-Driven Development이다. TDD를 적용하면 먼저 테스트를 작성한 다음 테스트를 통과하는 코드를 작성한다.

이 패턴을 따르면 주로 더 높은 품질로 이어지는 기능을 구현하기 전에 디자인에 관해 더 많이 생각하도록 강제되므로 더 나은 코드를 작성하는 데 도움이 된다.

지금까지 이 모든 내용을 다뤘으니 이제 리액트 컴포넌트에 대한 테스트를 작성할 것이다. 또한 테스트 주도 개발이라는 멋진 코드 작성 방법과 자바스크립트 테스트를 간소화하는 데 유용한 Jest라는 편리한 도구를 배우게 될 것이다. 준비됐는가? 지급투어 실제 코드 작업을 시작하고 함께 빠져들어보자!

∷ Jest를 사용한 고통 없는 자바스크립트 테스팅

올바른 방법으로 리액트 컴포넌트를 테스트하는 방법을 배우는 가장 중요한 방법은 코드를 작성하는 것이다. 이번 절에서 우리가 할 일이다.

리액트 문서에 따르면 페이스북에서는 컴포넌트를 테스트하기 위해 Jest를 사용한다. 그러나 리액트는 특정한 테스트 프레임워크를 사용하도록 강요하지 않으며, 좋아하는 테스트 프레임워크를 사용해도 전혀 문제가 없다. Jest를 실제로 사용해보려면 처음부터 프로젝트를 생성하고 모든 종속성을 설치하고 몇 가지 테스트를 포함한 컴포넌트를 작성한다. 재미있을 것이다!

먼저 새로운 폴더로 이동해 다음 명령을 실행한다.

```
npm init
```

package.json을 생성했다면 의존성을 설치하기 시작할 수 있다. 가장 먼저 설치할 것은 jest 패키지 자체이다.

```
npm install --save-dev jest
```

npm에게 테스트를 실행하기 위해 jest 명령어를 사용한다는 것을 알리기 위해 package.json에 다음 스크립트를 추가해야 한다.

```
"scripts": {
  "build": "webpack",
  "start": "node ./dist/server",
  "test": "jest",
  "test:coverage": "jest --coverage"
}
```

ES6와 JSX를 사용해서 컴포넌트와 테스트를 작성하려면 모든 바벨 관련 패키지를 설치해야 한다. Jest는 이 패키지들을 사용해서 코드를 트랜스파일하고 이해한다.

두 번째 디펜던시 세트는 다음과 같이 설치한다.

```
npm install --save-dev @babel/core @babel/preset-env @babel/preset-react
ts-jest
```

이제 .babelrc 파일을 생성해야 한다. 바벨은 이 파일을 사용해서 프로젝트 안에서 우리가 사용할 프리셋과 플러그인을 이해한다.

`.babelrc` 파일은 다음과 같다.

```
{
  "presets": ["@babel/preset-env", "@babel/preset-react"]
}
```

이제 리액트와 ReactDOM을 설치해야 한다. 이는 컴포넌트를 생성하고 렌더링하기 위해 필요하다.

```
npm install --save react react-dom
```

설정이 준비됐으므로 ES6 코드에 대해 Jest를 실행하고 DOM 안에 컴포넌트를 렌더링할 수 있다. 하지만 한 가지 할 일이 더 있다.

`jest-environment-jsdom`, `@testing-library/jest-dom`, 및 `@testinglibrary/react`를 설치해야 한다.

```
npm install @testing-library/jest-dom @testing-library/react jestenvironment-jsdom
```

이 패키지들을 설치했다면 `just.config.js` 파일을 생성해야 한다.

```
module.exports = {
  preset: 'ts-jest',
  setupFilesAfterEnv: ['<rootDir>/setUpTests.ts'],
  testEnvironment: 'jsdom'
}
```

다음으로 `setUPTests.ts` 파일을 생성한다.

```
import '@testing-library/jest-dom/extend-expect'
```

이제 Hello 컴포넌트를 가지고 있다고 가정해보자(src/components/Hello/index.tsx).

```tsx
import React, { FC } from 'react'
type Props = {
  name?: string
}
function Hello({ name }: Props) {
  return <h1 className="Hello">Hello {name || 'World'}</h1>
}
Hello.defaultProps = {
  name: ''
}
export default Hello
```

이 컴포넌트를 테스트하기 위해서는 2개의 같은 파일을 생성해야 한다. 새로운 파일에는 .test(또는 .spec)라는 접미사를 추가한다. 다음은 테스트 파일이다.

```tsx
import React from 'react'
import { render, cleanup } from '@testing-library/react'
import Hello from './index'
describe('Hello Component', () => {
  it('should render Hello World', () => {
    const wrapper = render(<Hello />)
    expect(wrapper.getByText('Hello World')).toBeInTheDocument()
  })
  it('should render the name prop', () => {
    const wrapper = render(<Hello name="Carlos" />)
    expect(wrapper.getByText('Hello Carlos')).toBeInTheDocument()
  })
  it('should has .Home classname', () => {
    const wrapper = render(<Hello />)
    expect(wrapper.container.firstChild).toHaveClass('Hello')
  })
  afterAll(cleanup)
})
```

다음으로 테스트를 실행하기 위해 다음 명령을 실행한다.

```
npm test
```

다음과 같은 결과를 볼 수 있다.

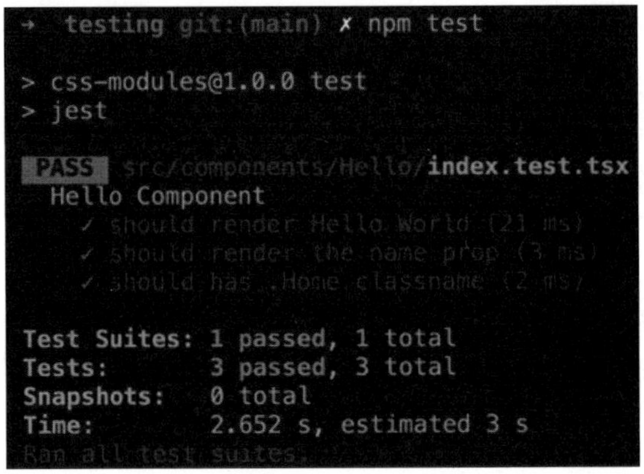

그림 16.1 npm test

PASS 라벨은 모든 테스트를 성공적으로 통과했음을 나타낸다. 테스트가 하나라도 실패하면 FAIL 라벨이 표시된다. 테스트 하나를 수정해서 실패하게 해보자.

```
it('should render the name prop', () => {
  const wrapper = render(<Hello name="Carlos" />)
  expect(wrapper.getByText('Hello World')).toBeInTheDocument()
})
```

다음은 그 결과이다.

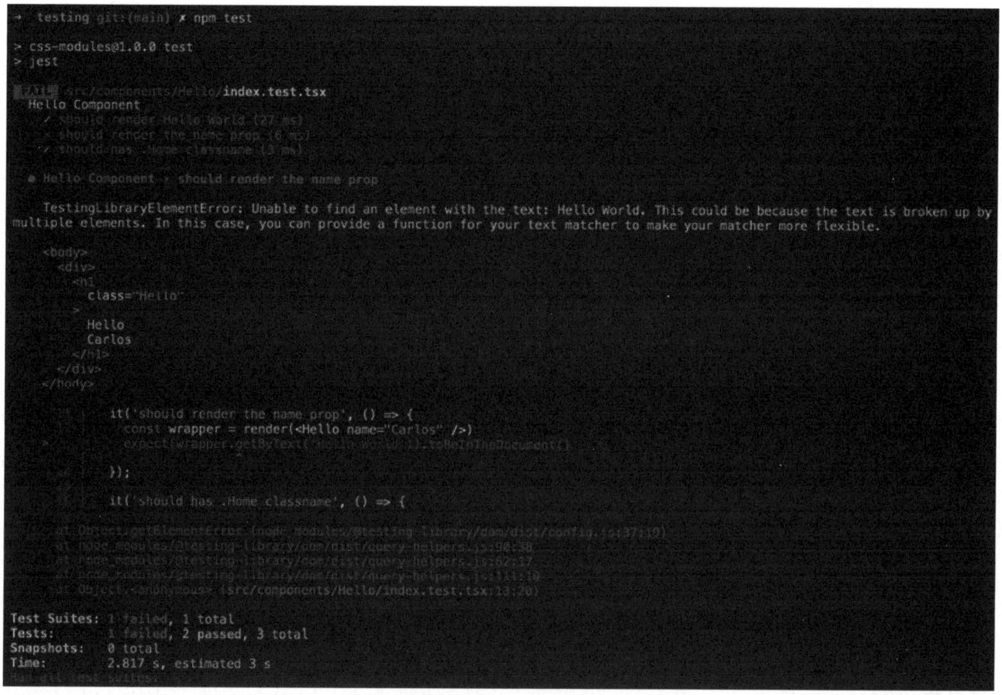

```
→ testing git:(main) ✗ npm test

> css-modules@1.0.0 test
> jest

 FAIL  src/components/Hello/index.test.tsx
  Hello Component
    ✓ should render Hello World (27 ms)
    ✗ should render the name prop (6 ms)
    ✓ should has .Home classname (3 ms)

  ● Hello Component › should render the name prop

    TestingLibraryElementError: Unable to find an element with the text: Hello World. This could be because the text is broken up by
    multiple elements. In this case, you can provide a function for your text matcher to make your matcher more flexible.

    <body>
      <div>
        <h1
          class="Hello"
        >
          Hello
          Carlos
        </h1>
      </div>
    </body>

          it('should render the name prop', () => {
            const wrapper = render(<Hello name="Carlos" />)
            expect(wrapper.getByText('Hello World')).toBeInTheDocument()

          });

          it('should has .Home classname', () => {

      at Object.getElementError (node_modules/@testing-library/dom/dist/config.js:37:19)
      at node_modules/@testing-library/dom/dist/query-helpers.js:90:38
      at node_modules/@testing-library/dom/dist/query-helpers.js:62:17
      at node_modules/@testing-library/dom/dist/query-helpers.js:111:19
      at Object.<anonymous> (src/components/Hello/index.test.tsx:13:20)

Test Suites: 1 failed, 1 total
Tests:       1 failed, 2 passed, 3 total
Snapshots:   0 total
Time:        2.817 s, estimated 3 s
```

그림 16.2 실패 테스트

결과에서 볼 수 있듯이 FAIL 라벨이 X와 함께 지정된다. 또한 기대^{expected}, 실제^{received} 값도 유용한 정보를 제공한다. 어떤 값이 기댓값이고 어떤 값이 실제 값인지 확인할 수 있다.

모든 단위 테스트의 커버리지^{coverage} 비율을 보고 싶다면 다음 명령을 실행하면 된다.

```
npm run test:coverage
```

결과는 다음과 같다.

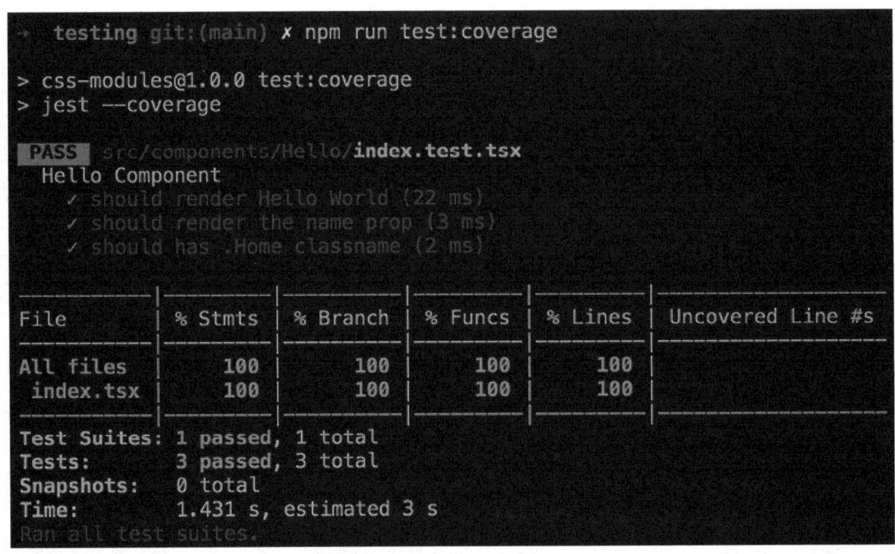

그림 16.3 성공 테스트

커버리지는 HTML 버전의 결과를 생성할 수도 있다. coverage라는 데이터를 디렉터리를 생성하고 그 안에 Icov-report를 생성한다. 브라우저에서 index.html 파일을 열면, HTML 버전의 보고서를 확인할 수 있다.

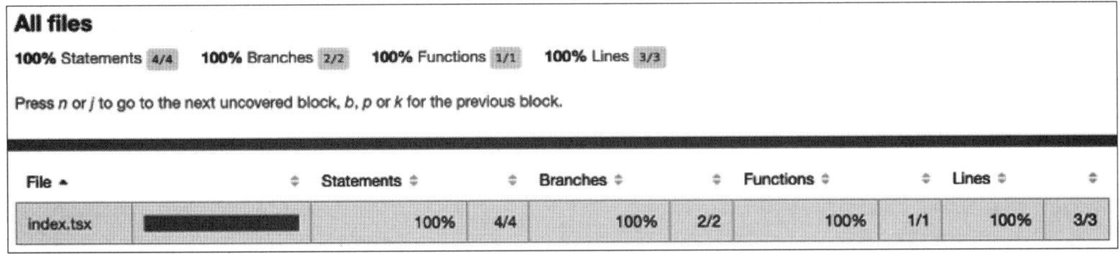

그림 16.4 Icov-report

이제 여러분은 첫 번째 테스트를 완료했고, 커버리지 데이터를 수집하는 방법에 관해 학습했다. 다음 절에서는 이벤트를 테스트하는 방법을 살펴보자.

이벤트 테스트하기

웹 애플리케이션에서 이벤트는 매우 흔하다. 그리고 이벤트도 테스트해야 한다. 이제 이벤트를 테스트해보자. 이를 위해 새로운 ShowInformation 컴포넌트를 생성하자.

```
import { useState, ChangeEvent } from 'react'
function ShowInformation() {
  const [state, setState] = useState({ name: '', age: 0, show: false })
  const handleOnChange = (e: ChangeEvent<HTMLInputElement>) => {
    const { name, value } = e.target
      setState({
        ...state,
        [name]: value
      })
  }
  const handleShowInformation = () => {
    setState({
      ...state,
      show: true
    })
  }
  if (state.show) {
    return (
      <div className="ShowInformation">
        <h1>Personal Information</h1>
        <div className="personalInformation">
          <p><strong>Name:</strong> {state.name}</p>
          <p><strong>Age:</strong> {state.age}</p>
        </div>
      </div>
    )
  }

  return (
    <div className="ShowInformation">
      <h1>Personal Information</h1>
      <p><strong>Name:</strong></p>
      <p>
        <input name="name" type="text" value={state.name}
onChange={handleOnChange} />
      </p>
      <p>
        <input name="age" type="number" value={state.age}
```

```
onChange={handleOnChange} />
      </p>
      <p><button onClick={handleShowInformation}>Show Information</button></p>
    </div>
  )
}
export default ShowInformation
```

이제 테스트 파일을 src/components/ShowInformation/index.test.tsx에 생성하자.

```
import { render, cleanup, fireEvent } from '@testing-library/react'
import ShowInformation from './index'
describe('Show Information Component', () => {
  let wrapper
  beforeEach(() => {
    wrapper = render(<ShowInformation />)
  })
  it ('should modify the name', () => {
    const nameInput = wrapper.container.querySelector('input[name="name"]') as
HTMLInputElement
    const ageInput = wrapper.container.querySelector('input[name="age"]') as
HTMLInputElement
    fireEvent.change(nameInput, { target: { value: 'Carlos' } })
    fireEvent.change(ageInput, { target: { value: 34 } })
    expect(nameInput.value).toBe('Carlos')
    expect(ageInput.value).toBe('34')
  })
  it ('should show the personal information when user clicks on the button', ()
=> {
    const button = wrapper.container.querySelector('button')
    fireEvent.click(button)
    const showInformation = wrapper.container.querySelector('.
personalInformation')
    expect(showInformation).toBeInTheDocument()
  })
  afterAll(cleanup)
})
```

테스트를 실행하고 잘 동작한다면 다음과 같은 결과를 볼 수 있다.

```
→ events git:(main) ✗ npm test

> css-modules@1.0.0 test
> jest

 PASS  src/components/ShowInformation/index.test.tsx
  Show Information Component
    ✓ should modify the name (33 ms)
    ✓ should show the personal information when user clicks on the button (8 ms)

Test Suites: 1 passed, 1 total
Tests:       2 passed, 2 total
Snapshots:   0 total
Time:        2.499 s, estimated 3 s
Ran all test suites.
```

그림 16.5 테스트 통과하기

⋮⋮ Vitest 도입하기

Vitest는 Vite 위에 구축된 단위 테스트 프레임워크이며 속도와 최소 구성을 위해 설계됐다. Vitest는 Jest, Mocha, Chai와 같은 다양한 테스팅 도구를 대신한다. Vitest는 Jest API를 기반으로 구현됐기 때문에 여러분이 Jest를 사용하는 방법을 알고 있다면 비슷한 방식으로 동작한다.

이런 배경을 바탕으로 여기에서는 Vite를 활용한다. Vite는 모던 웹 프로젝트의 빠르고 간결한 개발 경험을 제공하기 위해 만들어진 빌드 도구이다.

먼저 Vite를 글로벌로 설치한다.

```
npm install vite -g
```

Vite가 설치되면 **npm** 명령어로 첫 번째 프로젝트를 생성해야 한다.

```
npm create vite@latest
```

프로젝트 이름을 물어본다. my-first-vite-project로 이름을 지정하고, 사용할 프레임워크를 지정한 뒤(React), 마지막으로 변형을 선택한다(TypeScript).

```
  → projects npm create vite@latest
  ✓ Project name: … my-first-vite-project
  ✓ Select a framework: › React
  ✓ Select a variant: › TypeScript

Scaffolding project in /Users/czantany/projects/my-first-vite-project...

Done. Now run:

  cd my-first-vite-project
  npm install
  npm run dev
```

그림 16.6 npm create vite@latest

다음으로 프로젝트 디펜던시를 설치하고 npm run dev 명령을 실행해야 한다. 이렇게 하면 포트 5173번에서 다음과 유사한 화면을 확인할 수 있다.

그림 16.7 Vite 애플리케이션

Vitest 설치 및 구성하기

Vite 애플리케이션이 실행됐다면 이제 Vitest를 설치하자. 프로젝트 터미널에서 다음 명령을 실행하면 된다.

```
npm install -D vitest @test-library/react
```

Vitest를 설치했다면 다음과 같이 `vite.config.ts` 파일을 수정한다.

```
/// <reference types="vitest" />
import react from '@vitejs/plugin-react'
import { defineConfig } from 'vite'

// https://vitejs.dev/config/
export default defineConfig({
  plugins: [react()],
  test: {
    environment: 'jsdom'
  }
})
```

코드에서 볼 수 있듯이 여기에서는 `jsdom` 환경을 이용한다. 따라서 다음을 설치해야 한다.

```
npm install -D jsdom
```

추가로 Vitest는 Vitest UI라는 플러그인을 제공한다. 이 플러그인을 사용하면 Vitest가 제공하는 시각적인 사용자 인터페이스를 통해 브라우저에서 테스트를 확인하고 인터랙션할 수 있다. 이것은 옵셔널 플러그인이지만 이를 사용할 것이다. 다음 명령을 실행, 설치할 수 있다.

```
npm install -D @vitest/ui
```

코드를 테스트하려면 다음 테스트 스크립트를 `package.json` 파일에 추가한다. `vitest --ui` 명령을 사용한다.

```
"scripts": {
  "dev": "vite",
  "build": "tsc && vite build",
  "preview": "vite preview",
  "test": "vitest --ui"
}
```

Jest에서 사용했던 동일한 Hello 컴포넌트를 사용할 것이다. 다만 몇 가지 차이가 있다. 이
컴포넌트는 src/components/Hello/index.tsx에 위치해야 한다.

```
import React, { FC } from 'react'
type Props = {
  name?: string
}
const Hello: FC<Props> = ({ name }) => <h1 className="Hello">Hello {name
|| "World"}</h1>
export default Hello
```

다음으로 index.test.tsx 테스트 파일을 같은 컴포넌트 디렉터리에 생성해야 한다.

```
import { cleanup, render } from '@testing-library/react'
import { afterAll, describe, expect, it } from 'vitest'
import Hello from './index'
describe("Hello Component", () => {
  it("should render Hello World", () => {
    const wrapper = render(<Hello />)
    expect(wrapper.getByText("Hello World")).toBeDefined()
  })
  it("should render the name prop", () => {
    const wrapper = render(<Hello name="Carlos" />)
    expect(wrapper.getByText("Hello Carlos")).toBeDefined()
  })
  it("should has .Home classname", () => {
    const wrapper = render(<Hello />)
    const firstChild = wrapper.container.firstChild as HTMLElement
    expect(firstChild?.classList.contains("Hello")).toBe(true)
  })
  afterAll(cleanup)
})
```

이 코드는 Jest의 그것과 매우 유사하다. 한 가지 주요한 차이는 afterAll, describe, expect, it과 같은 사용할 메서드들을 모두 임포트한다는 점이다.

test 명령을 실행하면서 터미널에서 다음과 같은 결과를 확인할 수 있다.

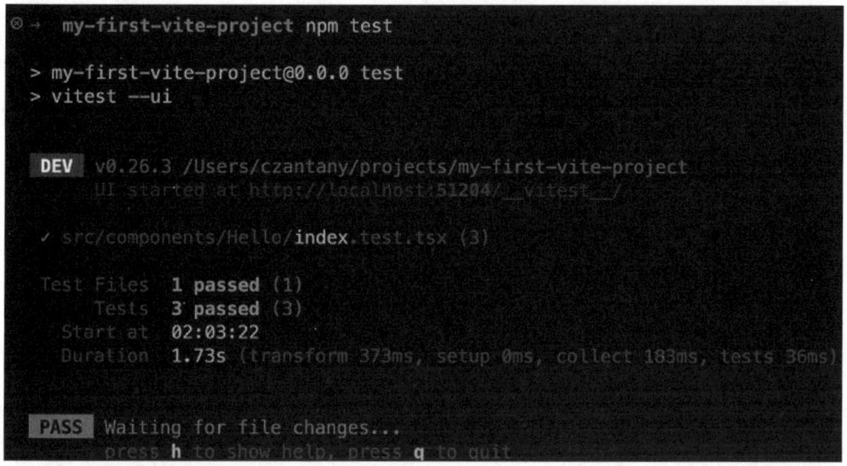

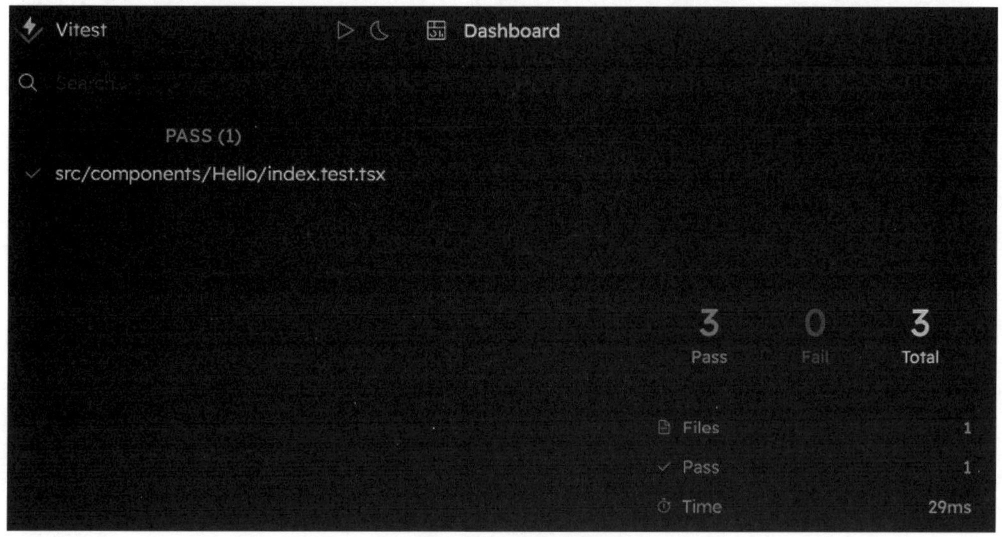

그림 16.8 npm test

앞에서 설치한 Vitest UI 플러그인이 생성한 링크 정보가 표시되는 것을 알아챘을 것이다. 해당 링크를 클릭하면 다음과 같은 화면을 볼 수 있다.

그림 16.9 Vitest UI

현재는 테스트 파일이 하나뿐이지만, 더 많은 테스트 파일을 추가하면 왼쪽에 해당 파일들의 리스트가 표시된다. 현재의 Hello 테스트를 클릭해보자.

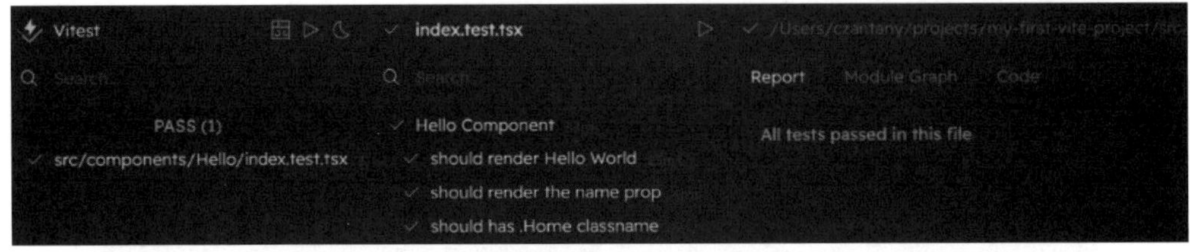

그림 16.10 보고서

성공적으로 통과한 여러 테스트 케이스를 확인할 수 있다. 하지만 이 UI 플러그인의 가장 흥미로운 장점은 **Code** 탭을 클릭해 테스트 코드를 브라우저에서 직접 수정할 수 있다는 것이다.

```tsx
import { cleanup, render } from '@testing-library/react'
import { afterAll, describe, expect, it } from 'vitest'

import Hello from './index'

describe("Hello Component", () => {
  it("should render Hello World", () => {
    const wrapper = render(<Hello />);
    expect(wrapper.getByText("Hello World")).toBeDefined();
  });

  it("should render the name prop", () => {
    const wrapper = render(<Hello name="Carlos" />);
    expect(wrapper.getByText("Hello Carlos")).toBeDefined();
  });

  it("should has .Home classname", () => {
    const wrapper = render(<Hello />);
    const firstChild = wrapper.container.firstChild as HTMLElement;

    expect(firstChild?.classList.contains("Hello")).toBe(true);
  });

  afterAll(cleanup);
});
```

그림 16.11 코드

몇 가지 테스트가 실패하도록 의도적으로 코드를 수정해보자. 첫 번째 테스트가 Hello World 대신 Hello Foo를 출력하도록 수정할 수 있다. 수정한 뒤 테스트를 저장하자(Cmd + S 또는 Ctrl + S).

그림 16.12 실패하는 테스트

이제 첫 번째 테스트 Hello Foo 텍스트를 찾을 수 없으므로 실패한다.

globals 활성화하기

개인적으로 나는 필요한 모든 파일 또는 변수를 하나의 파일에 임포트하는 것을 선호한다. 하지만 여러 테스트 파일을 생성할 때는 describe, it, expect 등과 같은 글로벌 테스팅 변수를 반복적으로 임포트하는 것이 번거롭다는 것을 깨달았다.

다행히 Vitest는 globals를 활성화하는 옵션을 제공한다. 이를 사용하면 해당 변수들을 매번 임포트할 필요가 없다. 이 기능을 활성화하려면 vite.config.ts 파일을 다음과 같이 수정해야 한다.

```
/// <reference types="vitest" />
/// <reference types="vite/client" />
import react from '@vitejs/plugin-react'
import { defineConfig } from 'vite'
// https://vitejs.dev/config/
```

```
export default defineConfig({
  plugins: [react()],
  test: {
    environment: "jsdom",
     globals: true
  }
})
```

앞에서 설명한 것처럼 변경한 뒤 tsconfig.json 파일에 해당 글로벌 타입을 추가한다.

```
"compilerOptions": {
  "types": ["vitest/globals"]
}
```

이 단계를 수행하면 테스트 파일의 **globals** 임포트를 삭제할 수 있다. 만약 타입스크립트 에러가 발생한다면 타입스크립트 서버를 재실행하거나 VSCode에서 창을 새로 고침하자.

인소스 테스팅

Vitest는 테스트를 소스 코드에서 구현과 함께 실행할 수 있는 인소스 테스팅in-source testing 방법도 제공한다. 이것은 러스트Rust의 모듈 테스트와 유사하다.

개인적으로 나는 오래된 접근 방식을 취하며, 보통은 테스팅을 위한 별도의 테스트 파일을 갖는 것을 선호한다. 그러나 테스트 대상 컴포넌트나 함수가 매우 작을 때는 새로운 테스트 파일을 생성하는 것이 과도하게 보일 수 있는 상황도 존재한다.

이 기능을 활성화하려면 vite.config.ts 파일에 includeSource 옵션을 추가해야 한다.

```
export default defineConfig({
  plugins: [react()],
  test: {
    environment: "jsdom",
    globals: true,
    includeSource: ["src/**/*.{ts,tsx}"]
  }
})
```

타입스크립트 문제를 해결하려면 vitest/importMeta 타입을 tsconfig.json 파일에 추가해야 한다.

```
"compilerOptions": {
  "types": ["vitest/globals", "vitest/importMeta"]
}
```

이제 테스트 파일의 Hello 컴포넌트를 동일한 Hello 컴포넌트 안으로 이동하자. 다시 말하지만 이것은 선택 사항이며 단지 가능성을 확인하기 위한 것이다. 어떤 테스트 접근 방식을 사용할지는 여러분의 선택에 달렸다.

이를 위해서는 현재 테스팅 모드인지 확인하기 위한 if 구문으로 Hello 컴포넌트에 추가해야 한다. if (import.meta.vitest) 구문을 사용하면 된다. 이 블록 안에 모든 테스트 케이스를 옮기고 해당 블록 안에서만 리액트 테스팅 라이브러리 메서드를 활성화한다. 이렇게 하면 코드의 형태는 다음과 같이 된다.

```
import React, { FC } from 'react'
  type Props = {
  name?: string;
}
const Hello: FC<Props> = ({ name }) => <h1 className="Hello">Hello {name
|| "World"}</h1>
export default Hello;
if (import.meta.vitest) {
  const { cleanup, render } = require('@testing-library/react')

  describe("Hello Component", () => {
    it("should render Hello World", () => {
      const wrapper = render(<Hello />)
      expect(wrapper.getByText("Hello World")).toBeDefined()
    })
    it("should render the name prop", () => {
      const wrapper = render(<Hello name="Carlos" />)
      expect(wrapper.getByText("Hello Carlos")).toBeDefined()
    })
    it("should has .Home classname", () => {
      const wrapper = render(<Hello />)
      const firstChild = wrapper.container.firstChild as HTMLElement
      expect(firstChild?.classList.contains("Hello")).toBe(true)
```

```
    })

    afterAll(cleanup)
  })
}
```

이제 이전 파일(index.test.tsx) 파일을 삭제할 수 있다. 테스트를 다시 실행하면 같은 결과를 얻을 수 있다.

차이점은 이제 전체 코드(Component와 Test 케이스)를 볼 수 있다는 것이다.

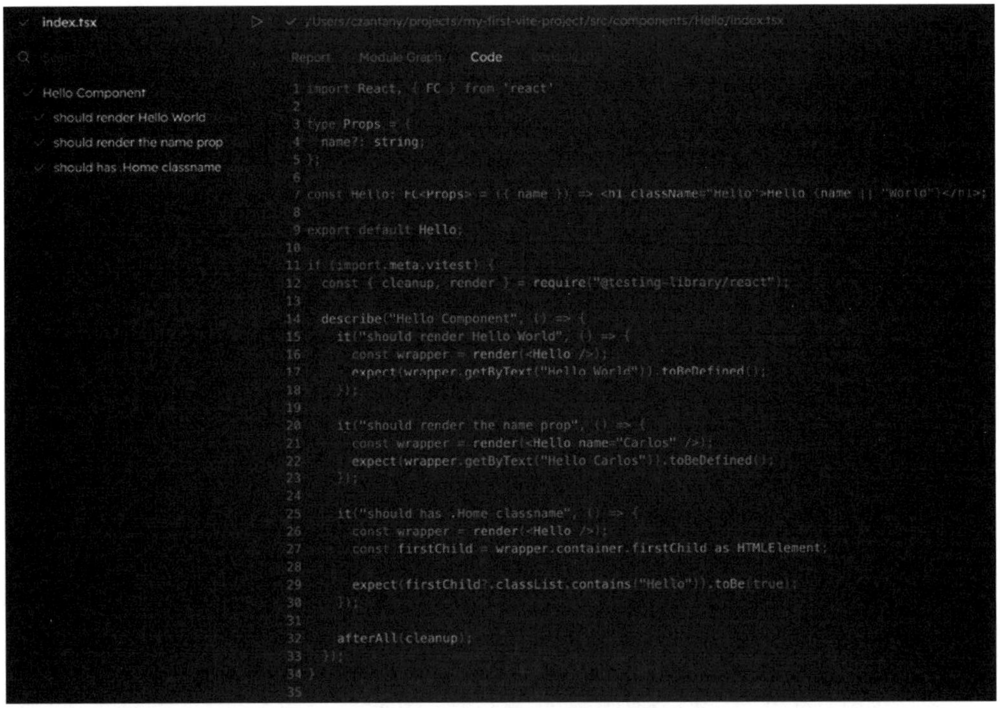

그림 16.13 테스트 통과하기

이 접근 방식은 컴포넌트 혹은 함수의 테스팅 프로세스의 속도를 높일 수 있을지 모른다. 그러나 개인적으로 나는 별도의 테스트 파일에서 테스트를 수행하는 것을 선호한다. 그럼에도 불구하고 여러분과 여러분의 프로젝트에 최적인 것이 무엇인지는 자유롭게 선택할 수 있다.

인소스 테스팅의 개념을 살펴봤으므로 이제 리액트 DevTools를 개발 프로세스에 효과적으로 적용해 애플리케이션 성능을 최적화하고 애플리케이션이 원활하게 수행되는 것을 보장하는 방법에 관해 살펴보자.

리액트 DevTools 사용하기

콘솔에서의 테스팅으로 충분하지 않고, 애플리케이션이 브라우저에서 실행되는 동안 확인하고 싶다면 리액트 DevTools를 사용할 수 있다.

> **NOTE**
>
> 이 크롬 확장 기능은 다음 URL에서 설치할 수 있다.
>
> https://chrome.google.com/webstore/detail/react-developer-tools/fmkadmapgofadopljbjfkapdkoienihi?hl=en

DevTools를 설치하면 크롬 개발자 도구에 **React** 탭이 추가된다. 이 탭에서는 렌더링된 컴포넌트 트리, 및 특정한 시점에 이들이 받은 속성과 상태를 확인할 수 있다.

속성과 상태를 읽을 수 있고, 실시간으로 이들을 변경해 UI를 업데이트할 수 있으며, 그 결과를 즉시 확인할 수 있다. 이 도구는 반드시 활용해야 하는 것으로 가장 최근 버전에서는 **Trace React Updates** 박스에 체스해 신규 기능을 활성화할 수 있다.

이 기능을 활성화하면 애플리케이션을 사용하면서 특정한 액션을 수행했을 때 어떤 컴포넌트들이 업데이트되는지 확인할 수 있다. 업데이트된 컴포넌트들은 색상이 있는 사각형으로 강조되므로 최적화가 가능한 부분을 쉽게 식별할 수 있다.

리덕스 DevTools 사용하기

애플리케이션에서 리덕스를 사용한다면 리덕스 DevTools를 사용해 리덕스 흐름을 디버그하고 싶을 것이다. 리덕스 DevTools는 다음 URL(https://chrome.google.com/webstore/detail/redux-devtools/lmhkpmbekcpmknklioeibfkpmmfibljd?hl=es)에서 설치할 수 있다.

그리고 redux-devtools-extension 패키지를 설치해야 한다.

```
npm install --save-dev redux-devtools-extension
```

리액트 DevTools와 리덕스 DevTools를 설치했다면 이들을 설정해야 한다.

리덕스 DevTools을 직접 사용하고자 한다면 동작하지 않을 것이다. composeWithDevTools 메서드를 리덕스 스토어에 전달해야 하기 때문이다. 이것은 configureStore.ts 파일에서 수행한다.

```typescript
import { createStore, applyMiddleware } from 'redux';
import thunk from 'redux-thunk';
import { composeWithDevTools } from 'redux-devtools-extension';
import rootReducer from '@reducers';

export default function configureStore({
  initialState,
  reducer
}) {
  const middleware = [thunk];
  return createStore(
    rootReducer,
    initialState,
    composeWithDevTools(applyMiddleware(...middleware))
  );
}
```

이것은 리덕스 애플리케이션을 테스트하기 위한 최고의 도구이다.

⠿ 정리

16장에서는 테스팅이 주는 이점을 전체적으로 이해함과 동시에 리액트 컴포넌트를 테스트할 때 사용할 수 있는 여러 프레임워크와 도구를 살펴봤다. 리액트 테스팅 라이브러리를 사용해 컴포넌트와 이벤트를 구현하고 테스트하는 방법, Jest 커버리지를 활용해 테스팅 프로세스를 최적화하는 방법을 배웠다. 또한 리액트 DevTools, 리덕스 DevTools와 같이 여러분의 개발 경험을 한층 개선할 수 있는 도구들을 살펴봤다. 고차 컴포넌트나 다중 중첩 필드를 포함하는 폼과 같이 복잡한 컴포넌트를 테스트할 때는 애플리케이션의 기능을 테스트가 정확하게 반영하도록 작성하기 위해 고려해야 할 일반적인 솔루션을 유념해야 한다.

17장에서는 애플리케이션을 프로덕션으로 배포하는 방법을 학습한다.

17

프로덕션으로 배포하기

이제 첫 번째 리액트 애플리케이션을 완성했으므로 애플리케이션을 세상으로 배포하는 방법을 학습한다. 이를 위해 **DigitalOcean**이라는 클라우드 서비스를 사용한다.

17장에서는 DigitalOcean으로부터 우분투 서버에서 Node.js와 `nginx`를 사용해 리액트 애플리케이션을 배포하는 방법을 학습한다. 핵심적으로 다음 주제를 다룬다.

- DegitalOcean Droplet 생성하기와 구성하기

- nginx, PM2, 도메인 구성하기

- 지속적인 통합을 위한 CircleCI 구현하기

⁞⁝ 기술 요구 사항

17장의 내용을 완료하려면 다음이 필요하다.

- Node.js 19+

- Visual Studio Code

⁞⁝ 첫 번째 DigitalOcean Droplet 생성하기

나는 지난 7년 동안 DigitalOcean을 사용해왔다. 내가 지금까지 사용해본 최고의 클라우드 서비스 중 하나라고 말할 수 있다. 합리적인 가격은 물론 쉽고 빠르게 구성할 수 있고, 커뮤니티에서 제공하는 많은 업데이트된 문서를 통해 서버 구성과 관련된 대부분의 이슈를 수정할 수 있다.

현재 이 서비스를 사용하려면 약간의 비용을 투입해야 한다. 가장 저렴한 비용으로 사용할 수 있는 방법을 소개할 것이다. 향후 여러분의 Droplet의 성능을 높이고 싶다면 구성을 다시 수행하지 않고 수용량을 증가시킬 수 있다.

가장 저렴한 기본 Droplet 비용은 월당 USD 6.00이다(시간당 USD 0.009).

여기에서는 Ubuntu 20.04를 사용한다(하지만 최신 버전인 21.04를 사용해도 좋다). Droplet을 설정하기 위해서는 몇 가지 기본적인 Linux 명령 사용법을 알아야 한다. 여러분이 Linux를 처음 사용하더라도 걱정하지 말자. 차근차근 매우 쉽게 알려줄 것이다.

DigitalOcean에 가입하기

DigitalOcean 계정을 갖고 있지 않다면 다음 사이트(https://cloud.digitalocean.com/registrations/new)에서 가입할 수 있다.

구글 계정으로 가입하거나 직접 등록할 수 있다. 구글 계정으로 등록하면 다음과 같은 **청구 정보**^{Billing Info} 화면을 확인할 수 있다.

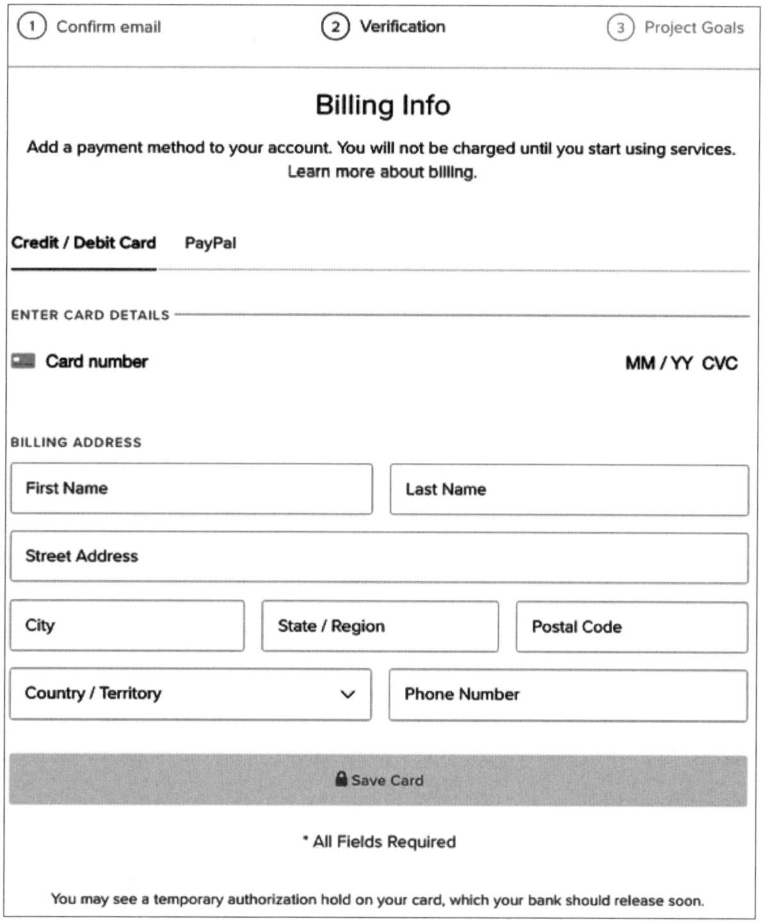

그림 17.1 청구 정보

신용카드 또는 페이팔^{PayPal}을 사용해 비용을 지불할 수 있다. 지불 정보를 설정하면 DigitalOcean은 여러분의 프로젝트와 관련된 몇 가지 질문을 던진다. 이를 통해 여러분의 Droplet을 빠르게 구성한다.

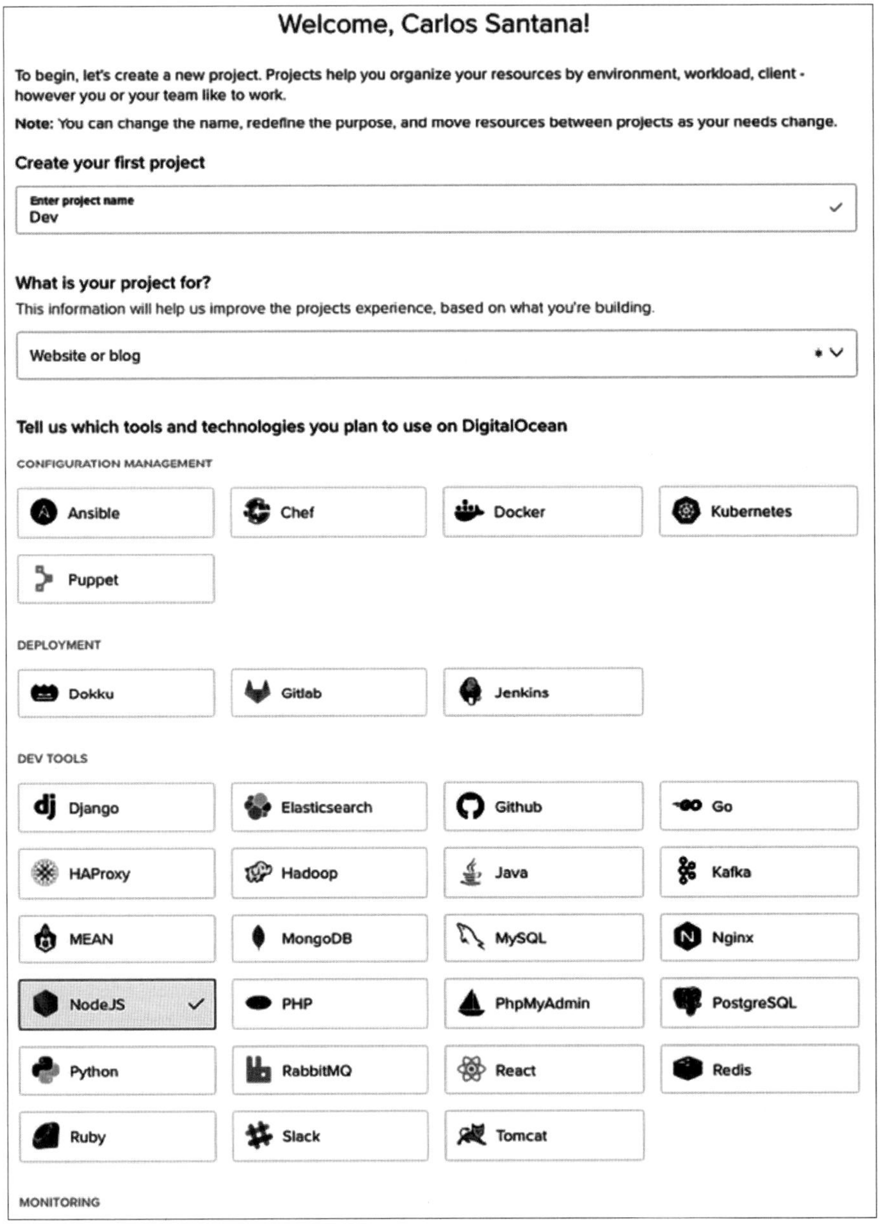

그림 17.2 첫 번째 애플리케이션

그럼 이제 첫 번째 Droplet을 생성하자.

첫 번째 Droplet 생성하기

새로운 Droplet을 처음부터 생성한다. 다음 단계를 따라 생성하면 된다.

1. **New Droplet** 옵션을 선택한다.

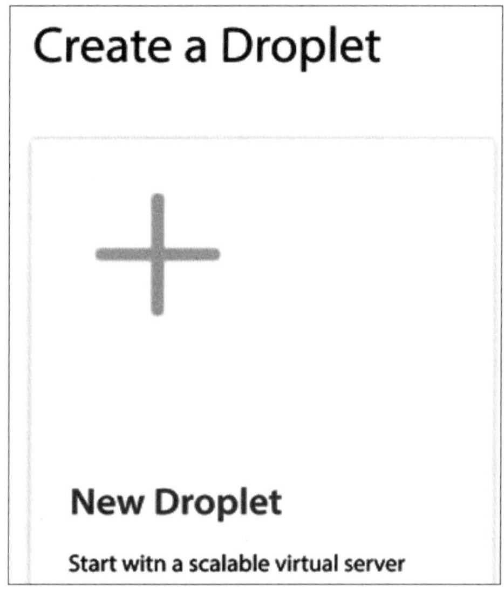

그림 17.3 New Droplet

2. **Ubuntu 20.04 (LTS) x64**를 선택한다.

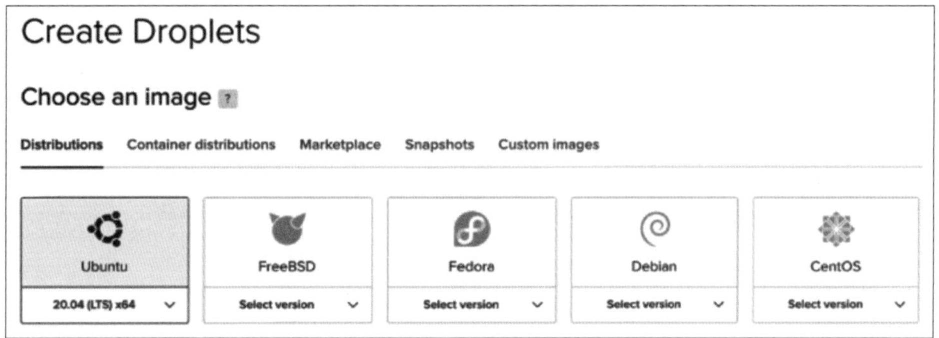

그림 17.4 이미지를 선택한다

3. 다음으로 **Basic** Plan을 선택한다.

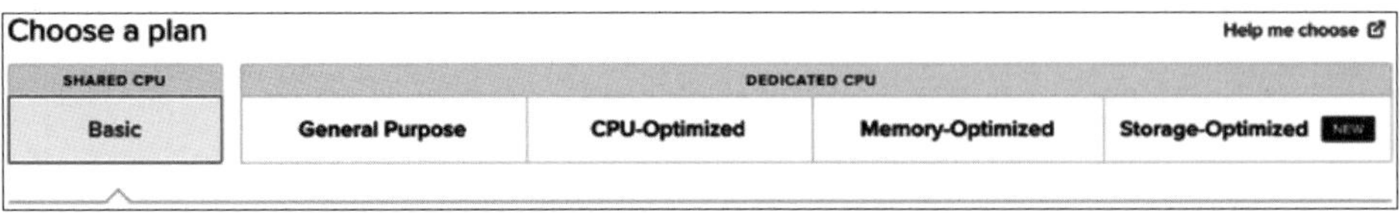

그림 17.5 플랜을 선택한다

4. 다음으로 지불 플랜 옵션에서 **$6/mo**를 선택한다.

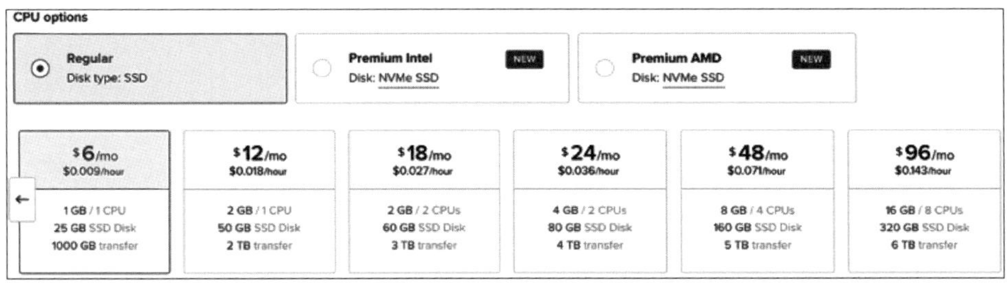

그림 17.6 지불 플랜을 선택한다

5. 지역^region을 선택한다. 여기에서는 **San Francisco**를 선택한다.

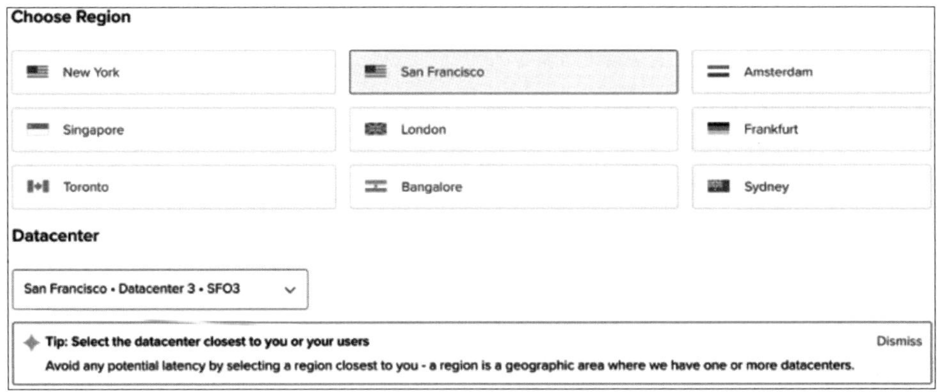

그림 17.7 지역을 선택한다

6. 루트 비밀번호를 생성한다. Droplet 이름을 추가한 뒤 **Create Droplet** 버튼을 클릭한다.

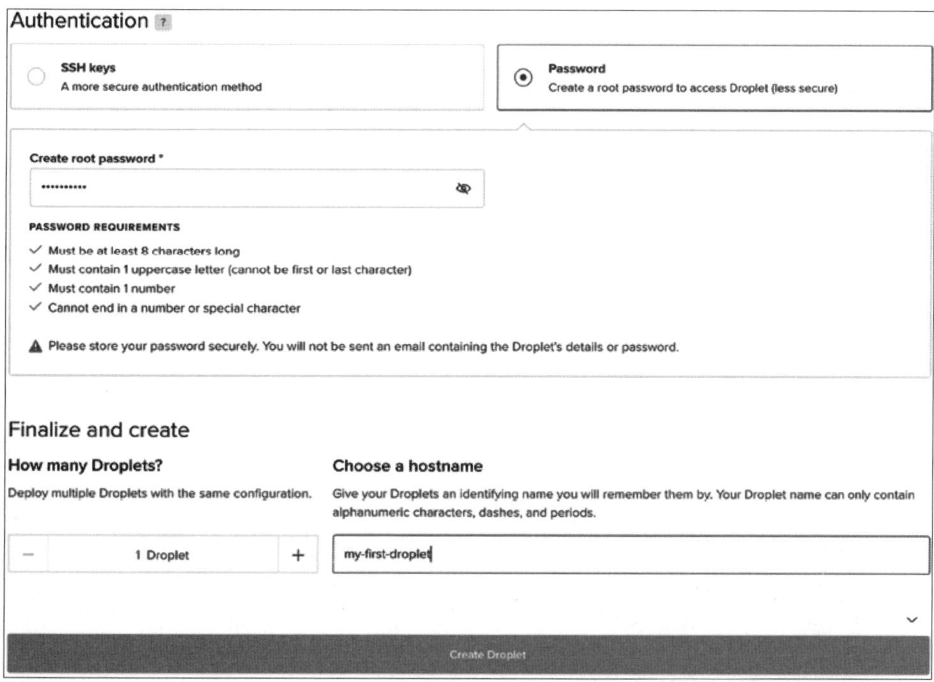

그림 17.8 인증

7. 30초 후에 Droplet이 생성된다. Droplet이 생성되면 내용을 확인할 수 있다.

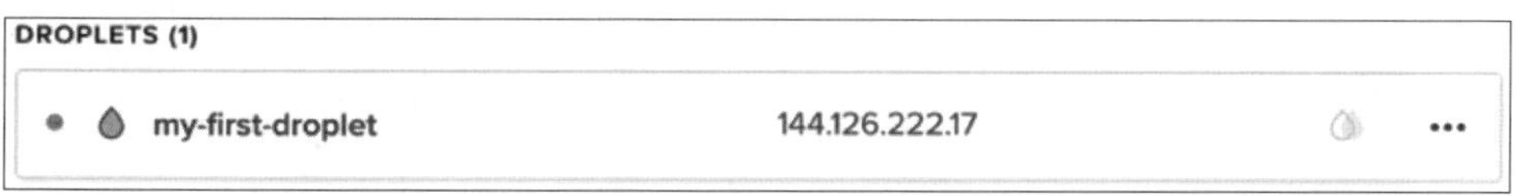

그림 17.9 첫 번째 Droplet

8. 터미널에서 다음 명령을 실행하면 Droplet에 접근할 수 있다.

```
ssh root@THE_DROPLET_IP
```

9. 처음 연결할 때 지문^{fingerprint}을 요청받는다. Yes를 입력하면 비밀번호를 요구한다 (Droplet을 생성할 때 정의한 비밀번호를 입력한다).

이것은 특별히 **중간자 공격**^{man-in-the-middle attack}을 방지하기 위해 설계된 보안 기능이다. 서버의 "지문"은 구별된 디지털 서명처럼 동작하며 서버 자체에 대해 고유하다. 지문이 예상된 것과 일치한 것을 확인한 뒤 yes를 입력하고 **Enter** 키를 눌러 진행할 수 있다. 그 후 서버가 암호를 입력하라는 메시지를 표시한다. 도메인 생성 시 정의한 암호를 입력하고 **Enter** 키를 누른다. 보안상의 이유로 암호를 입력할 때는 화면에 문자가 표시되지 않는다. 인증에 성공하며 서버에 로그인되고 명령을 실행할 수 있다.

```
→  ~ ssh root@144.126.222.17
The authenticity of host '144.126.222.17 (144.126.222.17)' can't be established.
ECDSA key fingerprint is SHA256:j/SZ4/nXy9t5yD9VnC3fC4mqoFdgKZbKQCvpKQopOgA.
Are you sure you want to continue connecting (yes/no/[fingerprint])? yes
Warning: Permanently added '144.126.222.17' (ECDSA) to the list of known hosts.
root@144.126.222.17's password:
Welcome to Ubuntu 20.04.1 LTS (GNU/Linux 5.4.0-51-generic x86_64)

 * Documentation:  https://help.ubuntu.com
 * Management:     https://landscape.canonical.com
 * Support:        https://ubuntu.com/advantage

  System information as of Tue May 11 06:31:54 UTC 2021

  System load:  0.0                Users logged in:        0
  Usage of /:   5.1% of 24.06GB    IPv4 address for eth0: 144.126.222.17
  Memory usage: 18%                IPv4 address for eth0: 10.48.0.5
  Swap usage:   0%                 IPv4 address for eth1: 10.124.0.2
  Processes:    98

1 update can be installed immediately.
0 of these updates are security updates.
To see these additional updates run: apt list --upgradable


The list of available updates is more than a week old.
To check for new updates run: sudo apt update


The programs included with the Ubuntu system are free software;
the exact distribution terms for each program are described in the
individual files in /usr/share/doc/*/copyright.

Ubuntu comes with ABSOLUTELY NO WARRANTY, to the extent permitted by
applicable law.

root@my-first-droplet:~#
```

그림 17.10 Droplet에 연결하기

이제 Node.js를 설치할 준비가 됐다. 다음 절에서 Node.js를 설치한다.

Node.js 설치하기

Droplet에 연결됐으므로 이제 Droplet을 구성한다. 먼저 개인 패키지 아카이브[PPA, Personal Package Archive]를 통해 최신 버전의 Node.js를 설치해야 한다. 이 책의 집필 시점을 기준으로 현재 버전은 19.9.x이다. 다음 단계를 따라 Node.js를 설치한다.

1. 여러분이 이 책을 읽고 있는 시점에 노드가 새로운 버전을 가지고 있다면, 명령의 setup_19.x에서 버전을 변경한다.

```
cd ~
curl -sL https://deb.nodesource.com/setup_19.x -o nodesource_setup.sh
```

2. nodesourse_setup.sh 파일을 얻었다면 다음 명령을 실행한다.

```
sudo bash nodesource_setup.sh
```

3. 다음 명령을 실행해 Node를 설치한다.

```
sudo apt install nodejs -y
```

4. 모든 것이 잘 동작한다면 설치된 Node와 npm 버전을 확인한다.

```
node -v
v19.9.0
npm -v
9.6.3
```

새로운 버전의 Node.js가 필요하다면, 언제든 업그레이드할 수 있다.

깃, 깃허브 구성하기

내가 여러분이 첫 번째 애플리케이션을 프로덕션으로 배포하는 것을 돕기 위한 특별한 저장소를 생성했다(https://github.com/FoggDev/production).

여러분의 Droplet에서 이 깃 저장소를 클론하자(배포할 수 있는 리액트 애플리케이션이 있다면 그 저장소를 클론해도 좋다). 이 프로덕션 저장소는 퍼블릭이지만, 일반적으로 여러분은 프라이빗 저장소를 사용할 것이다. 이 경우 Droplet의 SSH 키를 여러분의 깃허브 계정에 추가해야 한다.

이 키를 생성하려면 다음 단계를 따른다.

1. **ssh-keygen** 명령을 실행하고 **Enter** 키를 세 번 입력한다. passphrase는 입력하지 않는다.

```
root@my-first-droplet:~# ssh-keygen
Generating public/private rsa key pair.
Enter file in which to save the key (/root/.ssh/id_rsa):
Enter passphrase (empty for no passphrase):
Enter same passphrase again:
Your identification has been saved in /root/.ssh/id_rsa
Your public key has been saved in /root/.ssh/id_rsa.pub
The key fingerprint is:
SHA256:FzejHaIZaY88/wlVUDocpeEjV+wjwY/RfBowIQenWts root@my-first-droplet
The key's randomart image is:
+---[RSA 3072]----+
|           ooXO+ |
|        . B+O= . |
|       + * &*.+  |
|      o O @oB=   |
|       S = E. .  |
|        + .      |
|         o       |
|          o .    |
|           o     |
+----[SHA256]-----+
root@my-first-droplet:~#
```

그림 17.11 ssh-keygen

5분 이상 터미널을 비활성화한 상태로 자리를 비우면 Droplet 연결이 끊어지므로 다시 연결해야 한다.

2. Droplet SSH 키를 생성했다면 다음 명령을 실행해 해당 내용을 확인할 수 있다.

```
vi /root/.ssh/id_rsa.pub
```

다음과 유사한 내용을 확인할 수 있다.

```
ssh-rsa AAAAB3NzaC1yc2EAAAADAQABAAABgQCzz49rPKe+dctYr3UG8F+vr3uKZS
rqVKbJjypIzOc2OrrEPyjulL0GEYBRLYNDVFHjmhAhQo45Y86xlIfQn4aC9QODiDcj
sDJZwc+bQ91NqvhP4q5+RHK/yizlcVBZKCw5RIx9AzpQt8bFRWWlP188cnvXhHlBxL
b0eej5xtaL6afdAEUh5z/klXGQO6kIzZlnyEnvqqKfUmUHDyLOyqB1xjkY/Shgf5o1
YdNk2hAFfC4r96mIyfVRR23tYPPE06OqZ1M= root@my-first-droplet
```

그림 17.12 ssh-rsa

3. SSH 키를 복사한 뒤 여러분의 깃허브 계정에 방문하자. **Settings | SSH and GPG Keys**(https://github.com/settings/ssh/new)로 이동한 뒤, 텍스트 입력 창에 키를 붙여넣고 키의 제목을 입력한다.

그림 17.13 깃허브에 새로운 SSH 키 등록하기

4. **Add SSH Key** 버튼을 클릭하면 다음과 같이 SSH 키를 확인할 수 있다.

그림 17.14 SSH

5. 이제 다음 명령을 실행해 우리 저장소(여러분의 저장소)를 클론할 수 있다.

```
git clone git@github.com:FoggDev/production.git
```

6. 저장소를 처음 클론하면 RSA 키 지문을 묻는 메시지가 나타난다.

```
root@my-first-droplet:~# git clone git@github.com:D3vEducation/production.git
Cloning into 'production'...
The authenticity of host 'github.com (192.30.255.113)' can't be established.
RSA key fingerprint is SHA256:nThbg6kXUpJWG17E1IGOCspRomTxdCARLviKw6E5SY8.
Are you sure you want to continue connecting (yes/no/[fingerprint])?
```

그림 17.15 저장소 클론하기

7. 저장소를 클론하려면 Yes를 입력하고 **Enter** 키를 치면 된다.

```
Warning: Permanently added 'github.com,192.30.255.113' (RSA) to the list of known hosts.
remote: Enumerating objects: 188, done.
remote: Total 188 (delta 0), reused 0 (delta 0), pack-reused 188
Receiving objects: 100% (188/188), 217.06 KiB | 1.07 MiB/s, done.
Resolving deltas: 100% (61/61), done.
root@my-first-droplet:~#
```

그림 17.16 알려진 호스트

8. 다음으로 프로덕션 디렉터리로 이동해 npm 패키지를 설치한다.

```
cd production
npm install
```

9. 애플리케이션을 테스트하고 싶다면 start 스크립트를 실행하면 된다.

```
npm start
```

10. 브라우저를 열고 Droplet IP로 이동한 뒤 포트 번호를 추가한다. 예시에서는 `http://`
    `144.126.222.17:3000`이다.

그림 17.17 개발 모드에서 실행되는 프로젝트

11. 이 명령을 프로젝트를 개발 모드에서 실행한다. 프로덕션 모드에서 실행하려면 다음
    명령을 실행한다.

```
npm run start:production
```

다음 스크린샷과 같이 **프로덕션 프로세스 관리자**[PM2, Production Process Manager]가 동작하는 것을 확인할 수 있다.

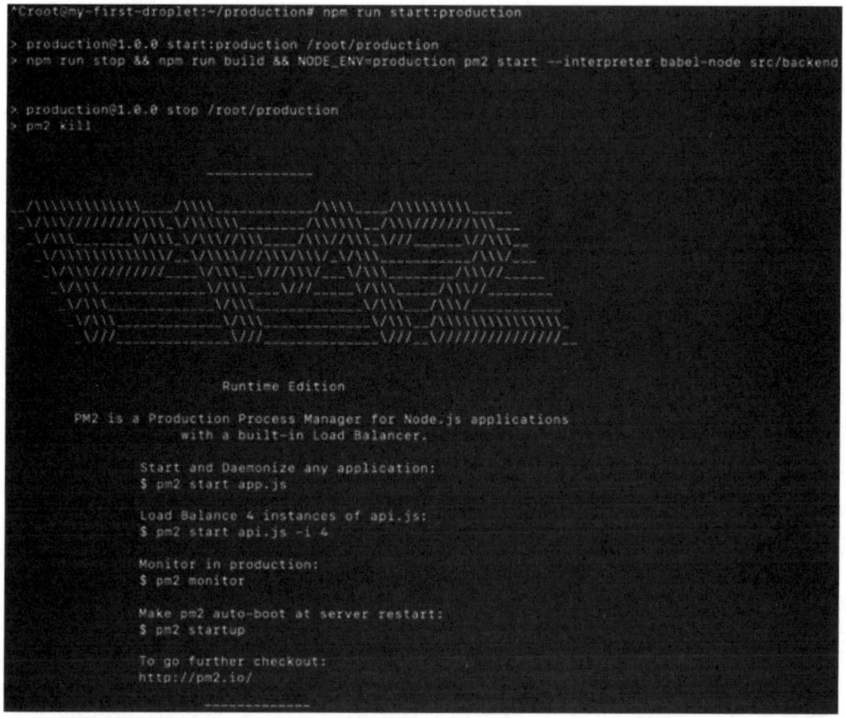

그림 17.18 PM2

12. 프로덕션 모드에서 실행한 뒤 크롬 DevTools의 **Network**를 보면 번들이 로딩된 것을 확인할 수 있다.

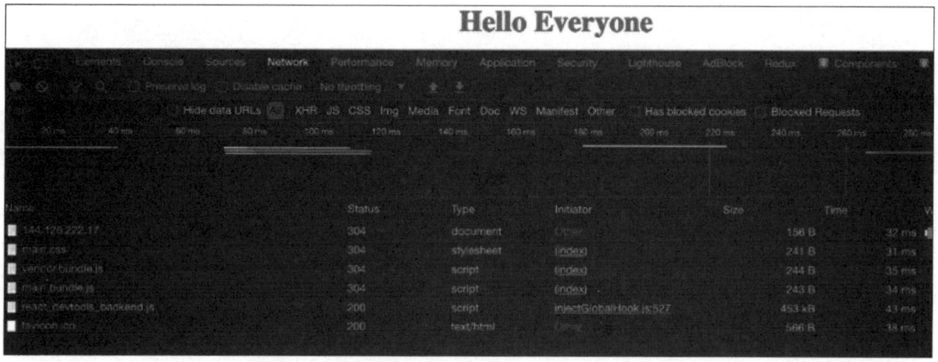

그림 17.19 The Network tab

이제 리액트 애플리케이션이 프로덕션에서 동작한다. 다음 절에서는 DigitalOcean에서 무엇을 할 수 있는지 확인해보자.

Droplet 종료하기

다음 단계를 따라 Droplet을 종료할 수 있다.

1. Droplet을 종료하고 싶다면 **Power** 영역에서 **ON/OFF** 스위치를 사용할 수 있다.

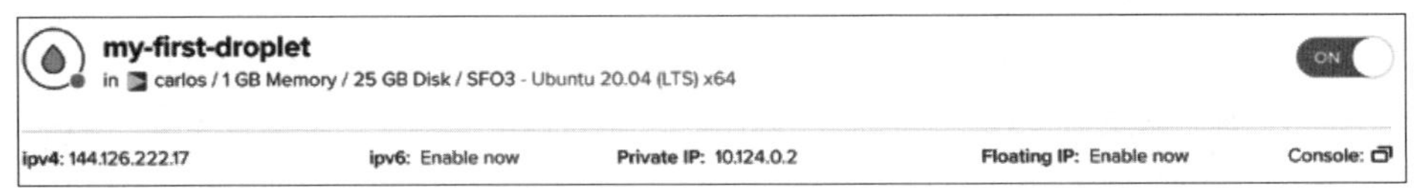

그림 17.20 Droplet 종료하기

2. DigitalOcean은 Droplet이 실행 중(ON)일 때만 과금을 한다. ON 스위치를 클릭해서 Droplet을 종료하면 다음과 같은 확인 메시지가 표시된다.

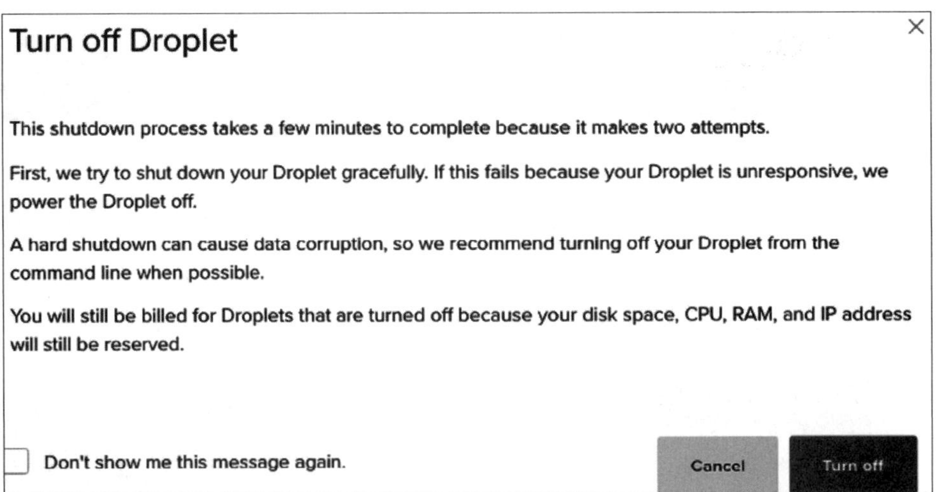

그림 17.21 Droplet 종료하기

이런 방식으로 Droplet을 제어할 수 있으며, Droplet을 사용하지 않을 때는 불필요한 과금이 되지 않도록 할 수 있다.

⁘ nginx, PM2 및 도메인 구성하기

Droplet은 프로덕션용으로 사용할 수 있다. 하지만 앞에서 볼 수 있듯이 현재 3000번 포트를 사용하고 있다. nginx를 구성해서 트래픽을 80번 포트에서 3000번으로 리다이렉트하도록 프록시를 구현해야 한다. 이것은 더 이상 포트를 명시할 필요가 없음을 의미한다.

Node PM2는 프로덕션에서 안전하게 Node 서버를 실행할 수 있도록 도와준다. 일반적으로 node 혹은 babel-node 명령어로 노드를 직접 실행하면 애플리케이션에서 에러가 발생해, 크래시와 함께 애플리케이션이 동작을 멈춘다. PM2는 에러가 발생하면 노드 서버를 재시작한다.

먼저 Droplet에서 글로벌하게 PM2를 설치해야 한다.

```
npm install -g pm2
```

PM2를 사용하면 리액트 애플리케이션을 매우 쉽게 실행할 수 있다.

nginx 설치 및 구성하기

nginx를 설치하려면 다음 명령을 실행한다.

```
sudo apt-get update
sudo apt-get install nginx
```

nginx를 설치했다면 구성을 진행할 수 있다.

1. 80번 포트에 대한 트래픽을 허용하기 위해 방화벽 설정을 변경해야 한다. 사용할 수 있는 애플리케이션 구성 목록을 표시하기 위해, 다음 명령을 실행한다.

   ```
   sudo ufw app list
   Available applications:
   Nginx Full
   Nginx HTTP
   Nginx HTTPS
   OpenSSH
   ```

2. `Nginx Full`은 80번 포트(HTTP)와 443번 포트(HTTPS)로부터의 트래픽을 모두 허용한다는 의미이다. SSL과 관련된 도메인을 아직 구성하지 않았으므로, 지금은 80번 포트(HTTP)에 대한 트래픽만 허용한다.

```
sudo ufw allow 'Nginx HTTP'
Rules updated
Rules updated (v6)
```

Droplet IP로 접근을 시도하면 다음과 같이 nginx가 동작하는 것을 볼 수 있다.

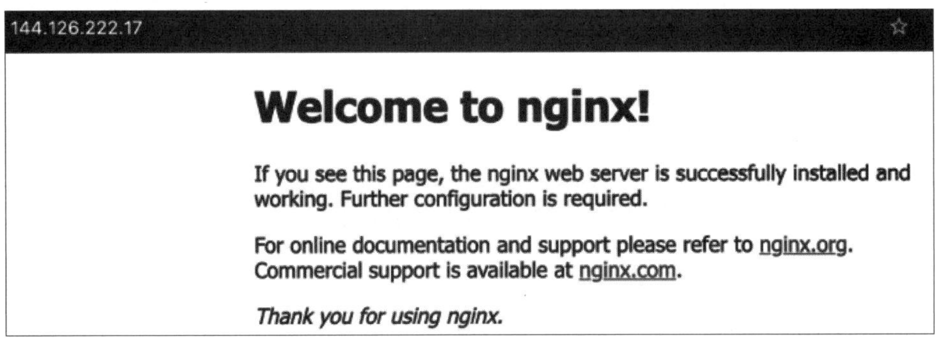

그림 17.22 Welcome to nginx

3. 다음 명령으로 nginx 프로세스를 관리할 수 있다.

```
Start server: sudo systemctl start nginx
Stop server: sudo systemctl stop nginx
Restart server: sudo systemctl restart nginx
```

nginx는 놀라운 웹 서버이며 최근에 많은 인기를 얻고 있다.

역프록시 서버 설정하기

앞에서 언급한 것처럼 역프록시 서버reverse proxy server를 설정해서 80번 포트(HTTP)에서의 트래픽을 3000번 포트(리액트 애플리케이션)로 전송해야 한다. 이를 위해 다음 파일을 열자.

```
sudo vi /etc/nginx/sites-available/default
```

다음 단계를 따라 역프록시 서버를 설정한다.

1. `location /` 블록의 코드를 다음과 같이 변경해야 한다.

```
location / {
  proxy_pass http://localhost:3000;
  proxy_http_version 1.1;
  proxy_set_header Upgrade $http_upgrade;
  proxy_set_header Connection 'upgrade';
  proxy_set_header Host $host;
  proxy_cache_bypass $http_upgrade;
}
```

2. 이 파일을 저장한 뒤, 다음 명령으로 nginx 구성에 구문 에러가 없는지 검증할 수 있다.

```
sudo nginx -t
```

3. 모든 것이 정상이면 다음과 같은 출력을 확인할 수 있다.

```
root@my-first-droplet:~# sudo nginx -t
nginx: the configuration file /etc/nginx/nginx.conf syntax is ok
nginx: configuration file /etc/nginx/nginx.conf test is successful
root@my-first-droplet:~#
```

그림 17.23 sudo ngnix-t

4. 마지막으로 nginx 서버를 다시 시작해야 한다.

```
sudo systemctl restart nginx
```

이제 포트 번호를 지정하지 않아도 다음 스크린샷과 같이 리액트 애플리케이션에 접근할 수 있다.

그림 17.24 포트 번호를 지정하지 않은 리액트 애플리케이션

거의 다 왔다! 다음 절에서는 Droplet에 도메인을 추가할 것이다.

Droplet에 도메인 추가하기

웹사이트에 접속하기 위해 IP 주소를 사용하는 것은 현명하지 않다. 사용자들이 웹사이트를 좀 더 쉽게 찾을 수 있도록 도메인을 사용해야 한다. 여러분의 Droplet과 함께 도메인을 사용하고 싶다면 여러분의 도메인이 DigitalOcean DNS를 가리키도록 네임서버를 변경해야 한다. 나는 GoDaddy를 사용해 도메인을 등록한다.

다음 단계를 따라 GoDaddy를 사용할 수 있다.

1. https://dcc.godaddy.com/manage/YOURDOMAIN.COM/dns에서 **Nameservers** 영역으로 이동한다.

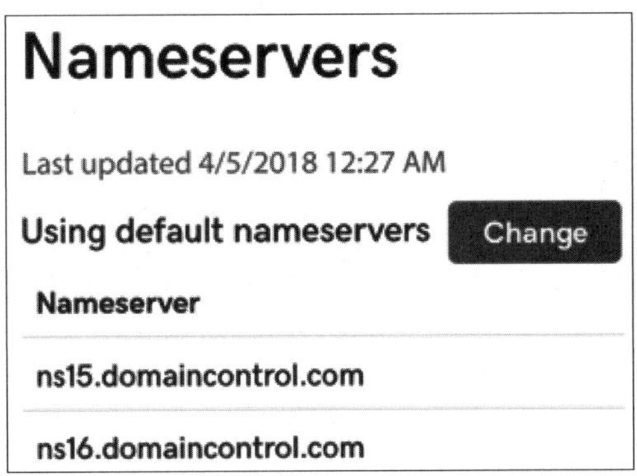

그림 17.25 Nameservers

2. **Change** 버튼을 클릭하고 **Custom**을 선택한다. 그 뒤 DigitalOcean DNS를 지정한다.

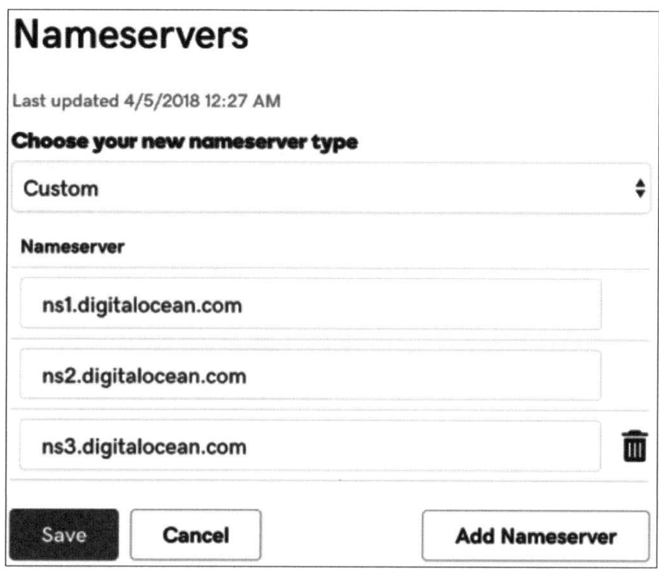

그림 17.26 DigitalOcean Nameservers

3. 보통 15~30분 정도 시간이 지나면 DNS 변경이 반영된다. 지금은 여러분의 이름 서버를 업데이트한 뒤 **Droplet** 대시보드로 이동해 **Add a domain** 옵션을 선택한다.

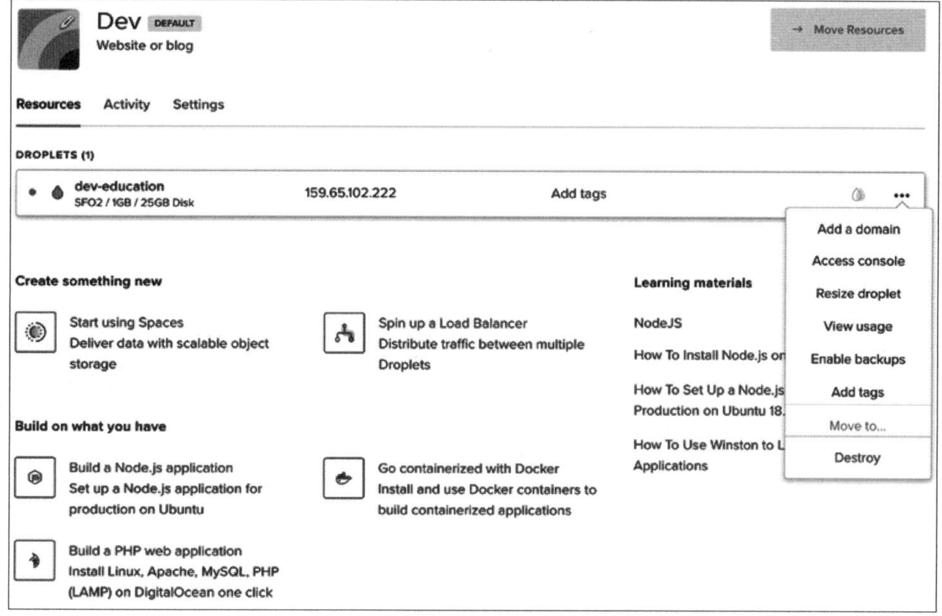

그림 17.27 도메인을 추가한다

4. 다음으로 여러분의 도메인 이름을 입력하고 여러분의 Droplet을 선택한 뒤 **Add Domain** 버튼을 클릭한다.

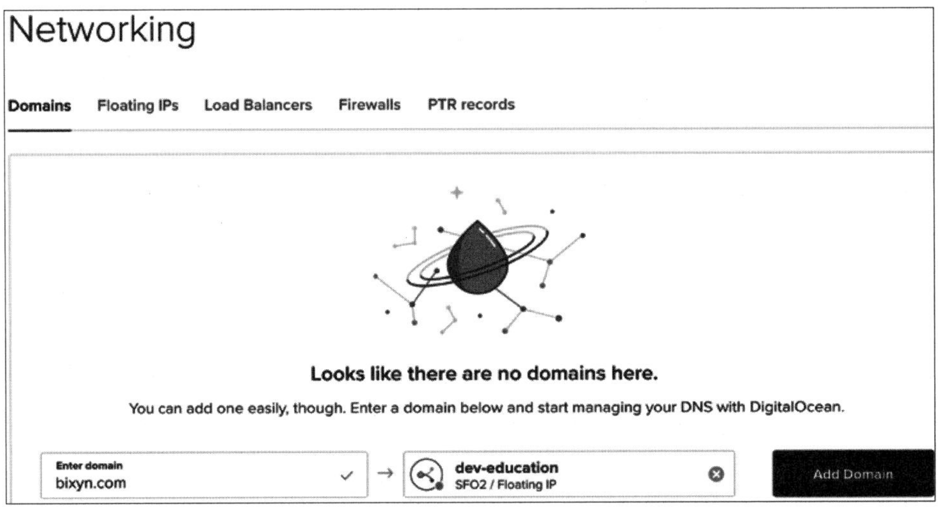

그림 17.28 Networking

5. 이제 **CNAME**을 위한 신규 레코드를 생성해야 한다. **CNAME** 탭을 클릭한 뒤, **HOST NAME**에서 www를 입력한다. **alias** 필드에서 @을 입력한다. 기본적으로 TTL은 43200이다. 이 모든 것은 여러분의 도메인에서 www 접두사를 사용할 수 있도록 하기 위한 것이다.

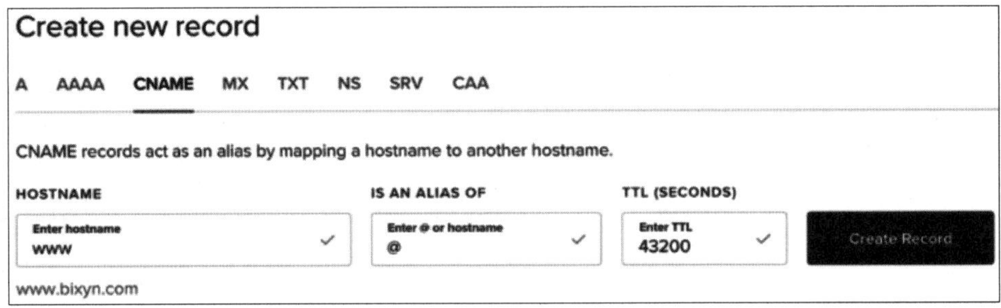

그림 17.29 Create new record

모든 것이 올바르게 동작했다면 여러분은 여러분의 도메인에 접근해서 리액트 애플리케이션이 동작하는 것을 확인할 수 있을 것이다. 앞에서 언급한 것처럼, 이 과정에는 최대 30분이 소요된다. 하지만 어떤 DNS 전파 속도에 따라 24시간이 소요되기도 한다.

그림 17.30 도메인에서 실행 중인 React 애플리케이션

멋지다. 여러분은 이제 첫 번째 리액트 애플리케이션을 프로덕션에 공식적으로 배포했다!

⠿ 지속적인 통합을 위한 CircleCI 구현하기

나는 한동안 CircleCI를 사용했다. 그리고 이것이 최고의 CI 솔루션 중 하나라고 말할 수 있다. 개인은 무료로 사용할 수 있으며, 저장소와 사용자에 제한이 없다. 월당 1,000빌드 분build minutes, 하나의 컨테이너 및 하나의 동시 작업을 사용할 수 있다. 더 많은 작업을 해야 한다면 월당 USD 50의 초기 가격으로 요금제를 업그레이드할 수 있다.

가장 먼저 깃허브 계정(혹은 빗버킷Bitbucket 등)을 사용해 해당 사이트에 가입해야 한다.

깃허브 계정을 사용하기로 선택했다면 CircleCI를 여러분의 계정에서 아래 화면처럼 허가해야 한다.

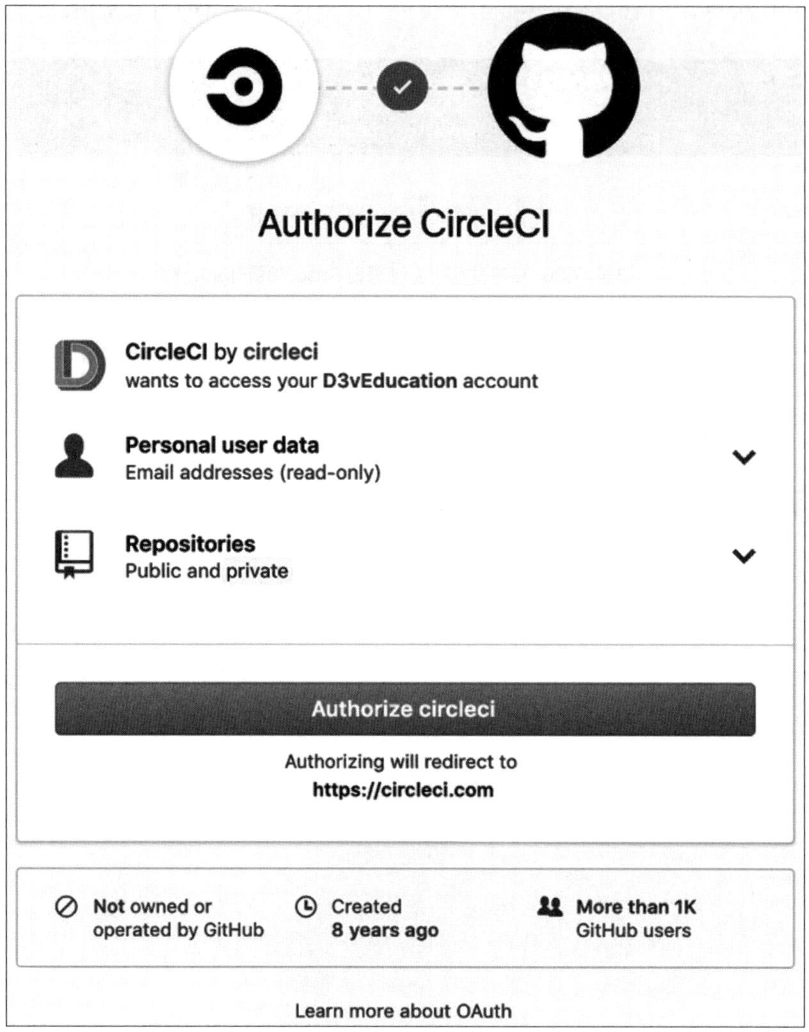

그림 17.31 CircleCI 허가하기

다음 절에서는 CircleCI에 SSH 키를 추가한다.

CircleCI에 SSH 키 추가하기

CircleCI의 계정을 생성했다. CircleCI는 배포 스크립트를 실행하기 위해 DigitalOcean Droplet에 로그인해야 한다. 다음 단계를 따라 이를 수행하자.

1. Droplet 안에서 다음 명령을 실행해 새로운 SSH 키를 생성한다.

```
ssh-keygen -t rsa
# Then save the key as /root/.ssh/id_rsa_droplet with no password.
# After go to .ssh directory
cd /root/.ssh
```

2. 다음으로 authorized_keys에 해당 키를 추가한다.

```
cat id_rsa_droplet.pub >> authorized_keys
```

3. 이제 개인 키private key를 다운로드해야 한다. 새로운 키를 사용해 로그인할 수 있는지 검증하기 위해 해당 키를 로컬 머신에 복사해야 한다.

```
# 로컬 머신에서 다음을 수행하자
scp root@YOUR_DROPLET_IP:/root/.ssh/id_rsa_droplet ~/.ssh/
cd .ssh
ssh-add id_rsa_droplet
ssh -v root@YOUR_DROPLET_IP
```

모든 것을 올바르게 수행했다면 비밀번호를 사용하지 않고 Droplet에 로그인할 수 있다. 이것은 CircleCi 또한 Droplet에 접근할 수 있다는 것을 의미한다.

4. `id_rsa_droplet.pub` 키의 콘텐츠를 복사한 뒤 저장소 설정으로 이동하자(https://app.cir

cleci.com/settings/project/github/YOUR_GITHUB_USER/YOUR_REPOSITORY).

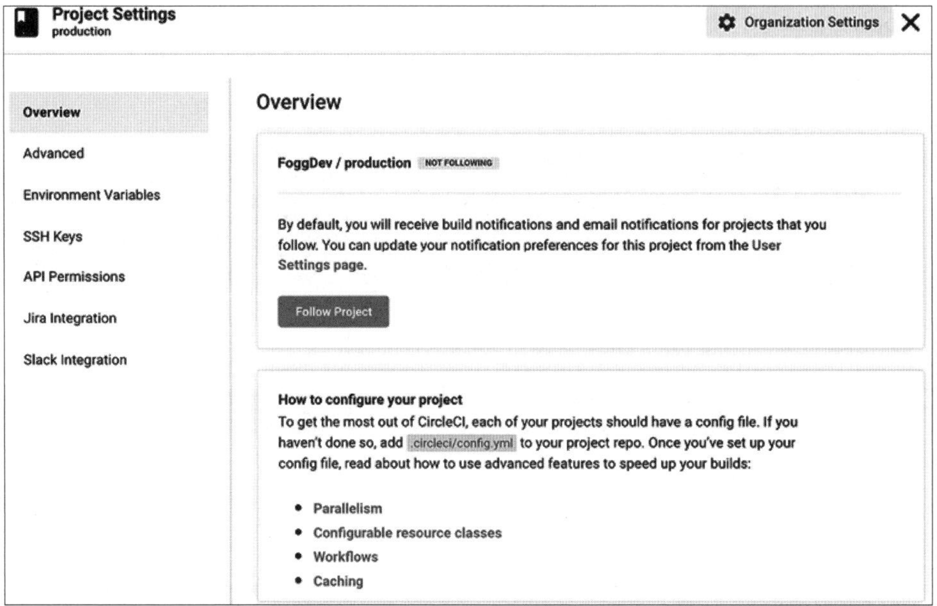

그림 17.32 Project Settings

5. 다음과 같이 **SSH Keys**로 이동한다.

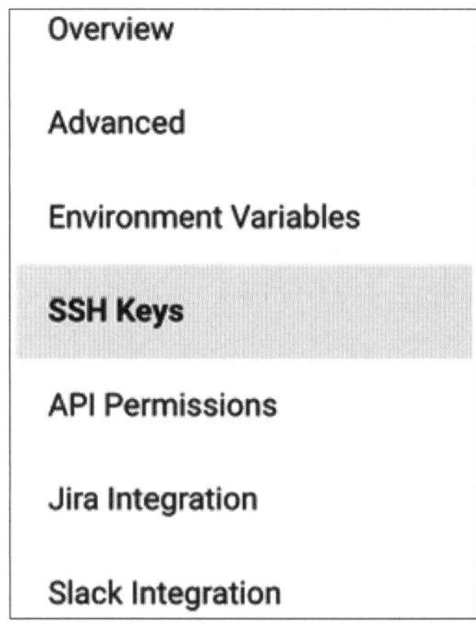

그림 17.33 SSH Keys

6. https://app.circleci.com/settings/project/github/YOUR_GITHUB_USER/
   YOUR_REPOSITORY/ssh에도 접근할 수 있다. 접근한 뒤 아래쪽의 **Add SSH Key** 버
   튼을 클릭한다.

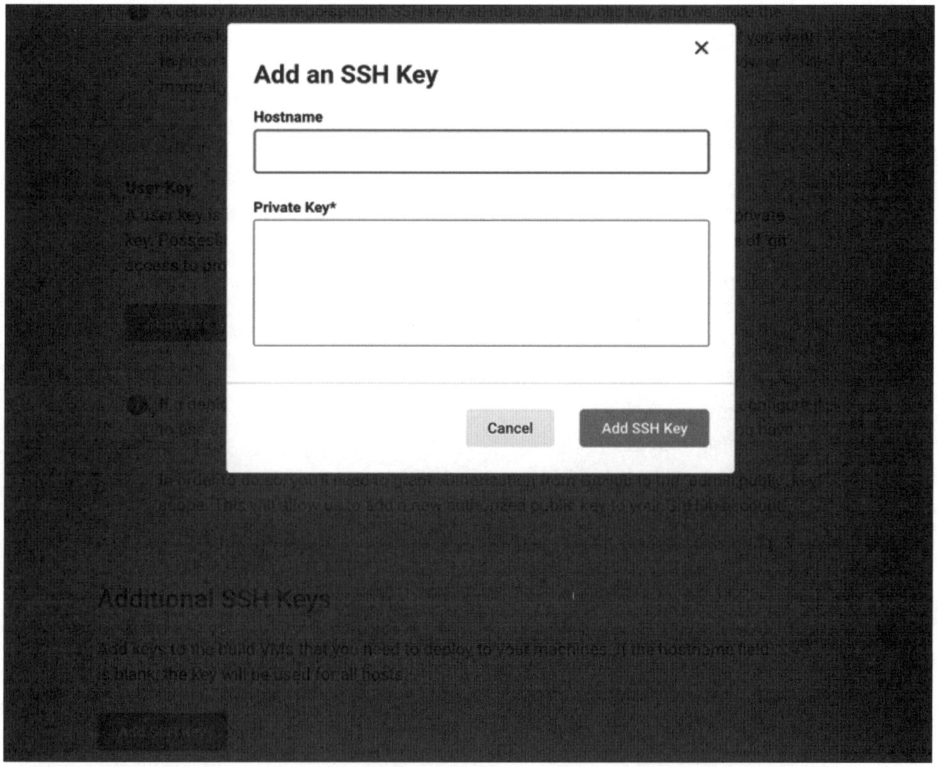

그림 17.34 Add an SSH key

7. 개인 키를 붙여 넣은 뒤, **Hostname** 필드에 이름을 입력한다. 여기에서는 `DigitalOcean`
   을 사용한다.

다음 절에서는 CircleCI 인스턴스를 구성한다.

CircleCI 구성하기

CircleCI가 Droplet에 접근할 수 있도록 설정했으므로, 프로젝트에 config 파일을 추가해서 배포 프로세스에서 실행하고자 하는 작업을 지정해야 한다.

다음 단계를 따라 진행한다.

1. .circleci 디렉터리를 생성하고 그 안에 config.yml 파일을 추가한다.

```
version: 2.1
jobs:
build:
working_directory: ~/tmp
docker:
  - image: cimg/node:14.16.1
steps:
  - checkout
  - run: npm install
  - run: npm run lint
  - run: npm test
  - run: ssh -o StrictHostKeyChecking=no $DROPLET_USER@$DROPLET_IP
'cd production; git checkout master; git pull; npm install; npm run
start:production;'
workflows:
build-deploy:
jobs:
  - build:
filters:
branches:
only: master
```

2. .yml 파일에서는 들여쓰기에 주의해야 한다. 들여쓰기는 파이썬의 그것과 비슷하며 들여쓰기를 올바르게 하지 않으면 에러가 발생한다. 이 파일의 구조를 살펴보자.

3. 사용할 CircleCI 버전을 지정한다. 이 인스턴스에서는 버전 2.1을 지정한다(이 책을 집필하는 시점에 가장 최신 버전이다).

```
version: 2.1
```

4. 작업 내부에서는 컨테이너를 구성해야 함을 지정한다. 도커를 사용해 컨테이너를 생성하고 배포 프로세스에 따를 단계를 개요로 설명한다.

5. working_directory는 npm 패키지를 설치하고 배포 스크립트를 실행하는 임시 디렉터리이다. 여기에서는 tmp 디렉터리를 다음과 같이 사용한다.

```
jobs:
build:
working_directory: ~/tmp
```

6. 앞에서 언급한 것처럼 도커 컨테이너를 만들고, 이 인스턴스 안에서 node: 18.12.1을 포함한 기존 이미지를 선택했다. 사용할 수 있는 이미지들은 다음 사이트(https://circleci.com/docs/2.0/circleci-images)에서 확인할 수 있다.

```
docker:
  - image: cimg/node:18.12.1
```

7. 코드의 경우 먼저 master로 git checkout을 한 뒤 각 run 구문에서 여러분이 실행하고자 하는 스크립트를 run: steps로 지정한다.

```
steps:
  - checkout
  - run: npm install
  - run: npm run lint
  - run: npm test
  - run: ssh -o StrictHostKeyChecking=no $DROPLET_USER@$DROPLET_IP
'cd production; git checkout master; git pull; npm install; npm run
start:production;'
```

위 단계에 관한 설명은 다음과 같다.

1. 먼저 npm install을 사용해서 다음 태스크를 수행할 수 있도록 npm 패키지를 설치한다.

2. npm run lint를 사용해 ESLint 검증을 실행한다. 검증에 실패하면 개발 프로세스를 깨뜨린다. 검증에 성공하면 다음 run을 수행한다.

3. `npm run test`를 사용해 Jest 검증을 수행한다. 검증에 실패하면 개발 프로세스를 깨뜨린다. 검증에 성공하면 다음 run을 수행한다.

4. 마지막 단계에서는 DigitalOcean Droplet과 연결한다. `StrintHostKeyChecking=no` 플래그를 전달해서 엄격한 호스트 키 확인을 비활성화한다. 그 뒤 `$DROPLET_USER`와 `$DROPLET_IP ENV` 변수를 사용해 Droplet과 연결한다(다음 단계에서 이를 생성한다). 마지막으로 작은 따옴표를 사용해 Droplet 안에서 수행할 모든 명령을 지정한다.

이 명령들은 다음과 같다.

- **cd production**: 프로덕션(혹은 여러분의 깃 저장소 이름)에 접근을 부여한다.

- **get checkout master**: `master` 브랜치로 체크아웃한다.

- **git pull**: 저장소의 가장 최근 변경 사항을 가져온다.

- **npm run start:production**: 마지막 단계로 프로젝트를 프로덕션 모드에서 실행한다.

마지막으로 몇 가지 환경변수를 CircleCI에 추가하자.

CircleCI에서 환경변수 생성하기

앞에서 본 것처럼 `$DROPLET_USER`와 `$DROPLET_IP` 변수를 사용한다. 하지만 이들은 어떻게 정의하는가? 다음 단계를 따른다.

1. 프로젝트 설정으로 돌아가 **Environment Variables** 옵션을 선택한다. 그 뒤, `DROPLET_USER` 변수를 생성해야 한다.

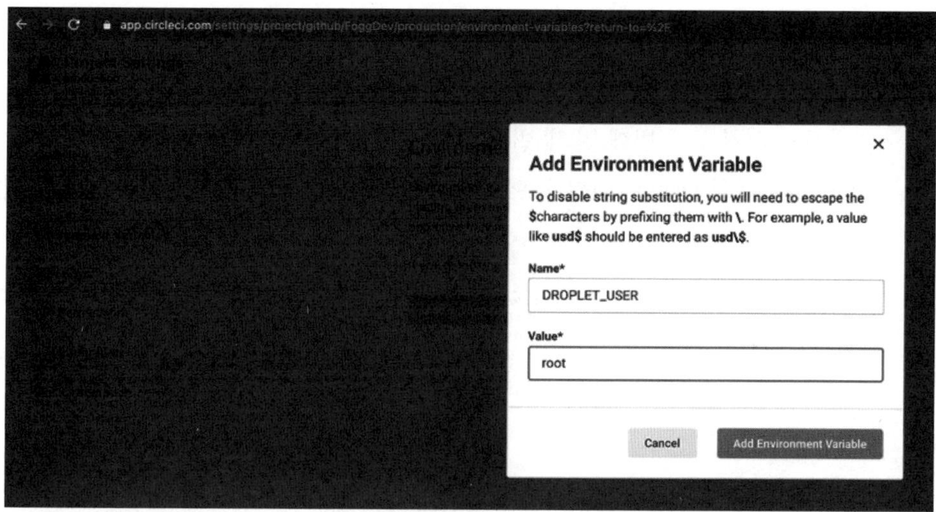

그림 17.35 환경변수를 추가한다

2. 그 뒤 Droplet IP를 사용해서 `DROPLET_IP` 변수를 생성한다.

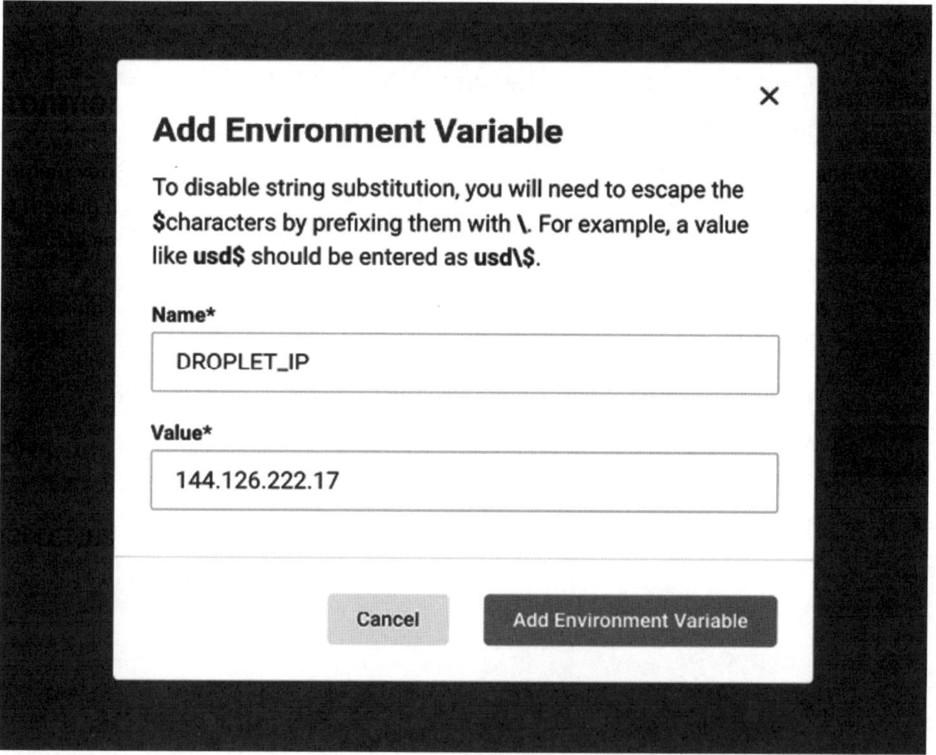

그림 17.36 DROPLET_IP

3. 이제 config 파일을 저장소로 푸시한다. 여기에서 마법이 일어난다. 이제 CircleCI는 여러분의 저장소와 연결됐다. master 변경 사항을 푸시할 때마다 빌드가 실행된다.

   일반적으로 처음 두 번째 및 세 번째 빌드는 구문 에러, config의 들여쓰기 에러, 린터 에러 혹은 단위 테스트 에러 등으로 실패한다. 실패가 발생하면 다음과 같은 내용이 출력된다.

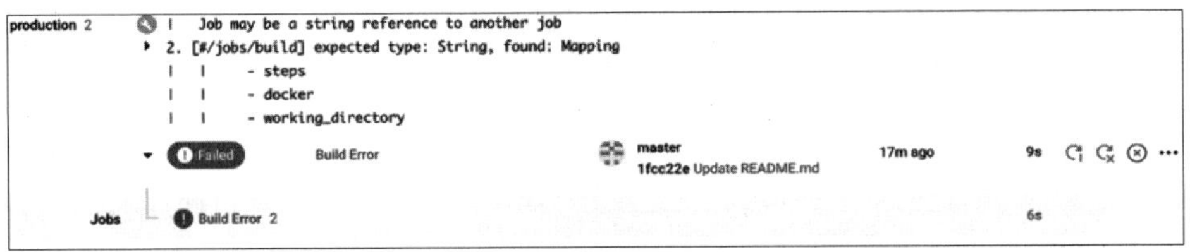

그림 17.37 빌드 에러

4. 앞의 화면에서 볼 수 있듯이 맨 아래의 첫 번째 빌드 실패는 Build Error이고, 두 번째 는 **WORKFLOW** 아래 build-deploy이다(그림 17.38). 이것은 기본적으로 첫 번째 빌드에서 config.yml 파일에 구문 에러가 있음을 의미한다.

5. config.tml 파일의 모든 구문 에러, 린터 문제 또는 단위 테스트를 수정하면 다음과 같 은 성공 빌드 화면을 보게 된다.

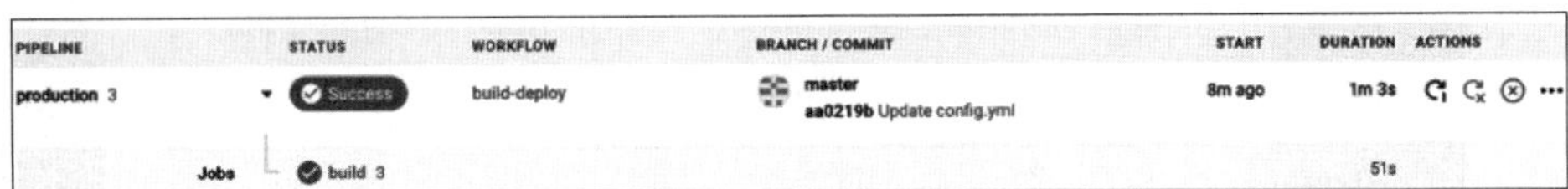

그림 17.38 SUCCESS 빌드

6. 빌드 번호를 클릭하면 새로운 변경 사항을 Droplet으로 공개하기 전에 CircleCI가 실 행한 모든 단계를 확인할 수 있다.

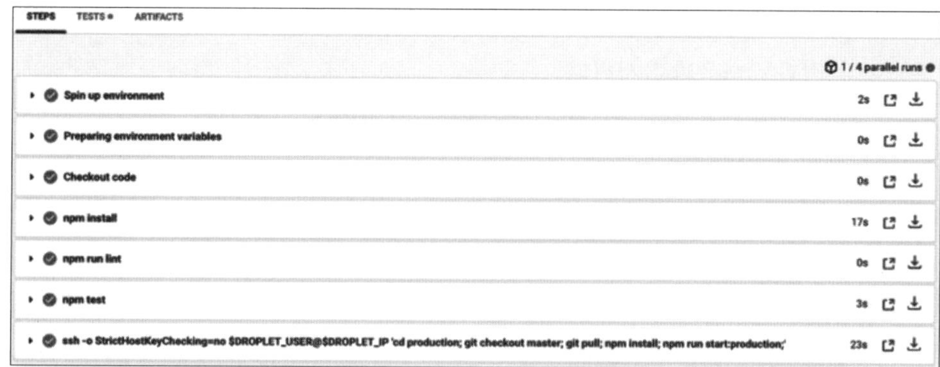

그림 17.39 CircleCI가 실행한 단계들

7. 그림에서 볼 수 있듯이 단계의 순서는 `config.yml` 필드에 지정한 순서와 동일하다. 각 단계를 클릭하면 해당 단계의 출력도 확인할 수 있다.

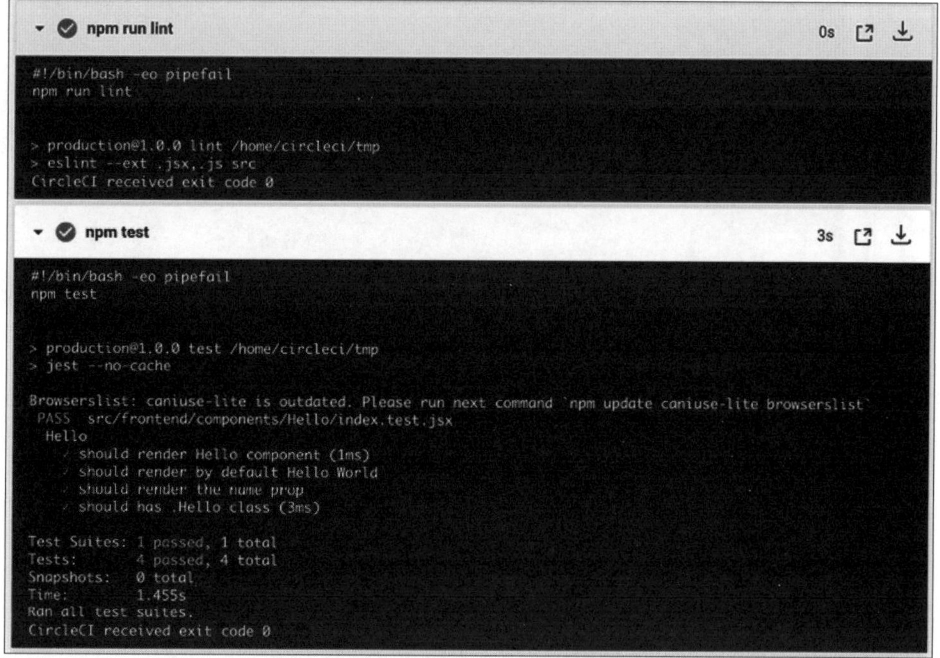

그림 17.40 린트 및 테스트 단계

8. 이제 여러분이 린터 검증 혹은 몇 개 단위 테스트에 에러를 가진다고 가정해보자. 이
   경우 결과는 다음과 유사하다.

그림 17.41 린터 에러

그림에서 볼 수 있듯이 에러가 발견되면 코드 1과 함께 종료된다. 이것은 CircleCI가 배포
를 중지하고 빌드를 실패로 기록한다는 의미이다. npm run lint 이후의 모든 단계는 실행되
지 않는다.

또 다른 멋진 점이 있다. 깃허브 저장소로 이동해 커밋을 확인하면 성공적으로 빌드된 커밋
과 실패한 커밋을 모두 볼 수 있다.

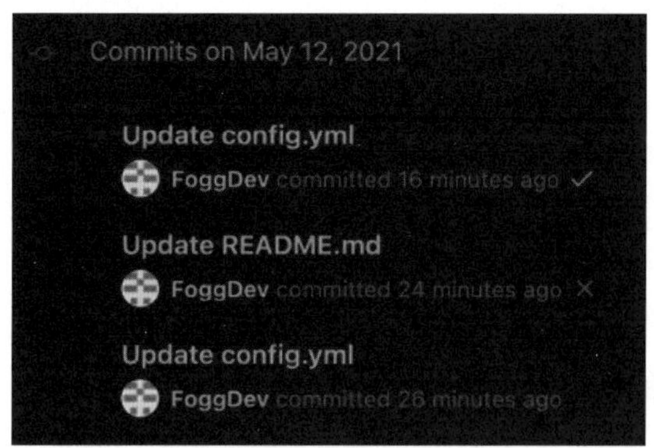

그림 17.42 깃허브의 성공 빌드

대단히 멋지다. 이제 프로젝트는 자동으로 배포되도록 구성됐으며, 동시에 깃허브 저장소와 연결됐다.

정리

축하한다! 배포 프로세스를 마지막으로 우리의 여정은 막을 내린다. 여러분은 이제 애플리케이션을 세상(프로덕션 환경)에 배포하기 위한 지식과 기술을 습득했다. 또한 지속적인 통합을 위해 CircleCI를 구현하는 방법을 학습했고, 이를 통해 개발 프로세스를 최적화하고 애플리케이션이 뛰어난 성능과 신뢰성을 유지할 수 있게 됐다.

17장에서 소개한 전략과 베스트 프랙티스를 활용해 애플리케이션을 글로벌 사용자에게 자신 있게 출시할 수 있을 것이다. 또한 이 애플리케이션은 속도, 확장성, 탄력성을 위해 최적화됐다. 이 여정에 나와 함께해줘서 감사하다. 이 책을 읽는 동안 즐거움을 느꼈길 바란다.

REACT 18 디자인 패턴과 베스트 프랙티스 4/e

보다 나은 사용자 인터페이스 만들기

발 행 | 2024년 10월 18일

지은이 | 카를로스 산타나 롤단
옮긴이 | 김 모 세

펴낸이 | 옥 경 석
편집장 | 황 영 주
편 집 | 김 진 아
        임 지 원
디자인 | 윤 서 빈

에이콘출판주식회사
서울특별시 양천구 국회대로 287 (목동)
전화 02-2653-7600, 팩스 02-2653-0433
www.acornpub.co.kr / editor@acornpub.co.kr

한국어판 ⓒ 에이콘출판주식회사, 2024, Printed in Korea.
ISBN 979-11-6175-921-0
http://www.acornpub.co.kr/book/react-18-patterns

책값은 뒤표지에 있습니다.